Media Accountability and Freedom of Publication

メディア・アカウンタビリティと公表行為の自由

Denis McQuail
デニス・マクウェール 著

渡辺武達 訳

PUBLICATION
ACCOUNTABILITY
PUBLIC GOOD
FREEDOM

論創社

©Denis McQuail 2003
Media Accountability and Freedom of Publication
was originally published in English in 2003. This translation is published by arrangement with Oxford University Press.

『メディア・アカウンタビリティと公表行為の自由』の初版は2003年、英語で出版された。本邦訳書の出版はオックスフォード大学出版局との契約による。

原著　まえがき

　メディアのアカウンタビリティをテーマとする本書執筆の背景について記しておきたいことがいくつかある。その始まりはアムステルダム大学における講義であった。その後、ピッパ・ノリスの提案で、1996年、ハーバード大学ケネディ行政学院プレス・政治・政策ショーレンスタインセンターでの研究に引き継がれた。この時の研究成果はなぜか出版編集の工程で紛失してしまったが、オックスフォード大学出版部がその研究を継続し発展させるよう私を励ましてくれた。また2000年にロックフェラー財団ベラジオ研究会議センターでの研究の機会を与えられたことが本テーマ研究再開のための省察と計画にとって欠かせない重要なきっかけとなった。

　この種の書物の前史には必然的に多くのこれまでの仕事の蓄積というものがある。私の場合、とくに今回のテーマでの基礎となっているのは1992年に出版した『メディアの活動』(Media Performance, Sage)で、そこで私はマスメディアの活動は公共善という判断基準（criteria）によって客観的な測定ができるかもしれないという指標（standard）について検討した。そこできわめて困難ではあったがなんとか果たせたのは、社会に対するメディアのアカウンタビリティの問題を広く適用できる「一般理論」として記述するという無謀ともいえる願望であった。グローバル化の時代にあっても、それぞれのメディアには独特の特徴があり、マスメディア組織、とくに新聞は今なお本質的に国内向けに制作されており、その社会の文化・伝統・諸規制に深く影響されている。しかし、追求する価値のある一般化という目的に役立つ多くの共通した特徴も同時に持っている。とくにそのことは、書物が飛び越えようとはしないような西洋的でリベラルもしくは民主的な諸原理を受け入れる

メディアシステムであり続けようという意思として表れている。

　オランダのメディアシステムは質が高く、かつそれぞれに同程度のプロフェッショナリズム（専門職業主義）・公共精神・品位・多様性があるが、本書の命はそこで宿り、完成したのは別の国、英国であった。しかし英国のメディアはじつに多彩かつ活発ではあるのだが、オランダで掲げられる指標に照らせば、その質は必ずしも高いとはいえない。研究の助けとなった第3番目の影響はアメリカで、そこはメディアと社会についてのじつに豊富で多様な思想と具体的素材に富んでいる土壌であった。しかし、アメリカ自身のメディアは少なくとも外部からの観察者の目には、たとえ広大な知的不毛時代のただ中にあることを勘案しても、一元的なプロフェッショナリズム、全般的な硬直化、偏狭な地方主義とそれとは裏腹の画一性がその特徴となっているかのようにみえた。

　現実的な立場から言えば、本書の企画はある種の義侠心的なものに支えられているものの、非現実的な結果として終わっているかもしれない。しかし、信念をもって書いておきたいことは、あらゆる種類の失敗があるにせよ、メディアはより正しい社会を作るための不可欠な貢献をしつつ、善悪両面での活動を繰り返しているという事実である。それは社会の要請に応えていないわけでも、内外からの「改善」努力に抵抗しているわけでもない。この課題に対する本書の究極的な目的は、いかに小さく間接的であったとしても、そうした努力にいくばくかでも力を貸そうとする点にある。

　本書は、直接間接を問わず、多くの人びとの励ましと助けがあったからこそ完成した。その点ではとくに、長年の協力者であり友人でもあるジェイ・ブラムラーに大いに助けられた。よって、彼に本書を捧げることにしたい。彼の仕事の目的とそれに向かう志の高さから私は長い間インスピレーションを与えられてきたし、彼はこれまでずっと、責任あるメディアの大義（cause）についての考察を深め、そうしたメディアへの私たち二人の理解を共同で進展させてきた。また本書執筆中の私のモチベーションは多くの共同研究者や友人たちと進めているプロジェクトにおける協力によって維持されてきた。

なかでもここに記して感謝したいのは『ヨーロピアンジャーナル・オブ・コミュニケーション』(European Journal of Communication) 誌の共同編集者であるエル・ド・ベンズとピーター・ゴールディング、「兄弟」のような間柄のカール・ノーデンストレング、クリフ・クリスチャンズ、テッド・グラッサー、ここで名前を列挙するには多すぎる「ユーロメディア研究グループ」(Euromedia Research Groupe) の仲間たち、アムステルダム大学コミュニケーション研究学部の同僚たち、とりわけ、ジャン・ヴァン・キレンバーグ、キーズ・ブランツ、ジャン・ウィーテン、ホリー・セメッコ、クラウス・ショエンバッハ、モスクワ大学ジャーナリズム学部のヤッセン・ザソルスキー、エレナ・ヴァルタノヴァなど、そしてジョン・ダウニングとカルステン・レンクストーフである。

　また私が本書で展開した研究にはこれまでに行ったセミナーや講義とそれらに対する反応が役立っている。このような企画への招待にはかならずそれに助力してくれる人物がいる。ここですべての名前を記す余裕はないが場所を基準にしていえば、アムステルダム、ジョージア（アテネ）、モスクワ、オックスフォード、ペンシルベニア、ヘルシンキ、タータス（エストニア）、タンペレ（フィンランド）である。また大学では京都の同志社大学、リスボンのポルトガルカトリック大学である。サザンプトン大学は研究上必要なときに研究室を提供し、施設の利用を許してくれた。さらには、オックスフォード大学出版部のソフィ・ゴールドワージーとサラハイランドからの励ましは忘れられないし、フランセ・ホイッスラーとパト・ローレンスは欠陥の多い私の原稿を最終段階まで細心の注意でもって点検してくれた。また妻のローズマリーはいつものようにたえず私を励ましかつ忍耐をしてくれたがそのことにも感謝したい。兄弟のポールはマーク・バウアリンの書いた礼儀作法における暗黙のルールについての文章を教えてくれた。おかげで、このまえがきの「謝辞」部分を書くことができた。彼にはそれ以上に、1975年の王立プレス委員会の事務局員として私が本書で取り組んだテーマを与えてくれたことに感謝している。もちろん、本書に記した内容については私自身に責任が

ある……。最後になるが、私の孫たちのローレンス、アレキサンダー、ウィリアム、ノア、カイア、アリスのおかげで若さと元気を保ち、本書を完成させることができた。感謝とともに記しておきたい。

　2003年3月　英国サザンプトンにて

デニス・マクウェール

著者　日本語版のためのまえがき

　拙著Media Accountability and Freedom of Publication（2003, Oxford University Press）の日本語版が『メディア・アカウンタビリティと公表行為の自由』として出版されることになり、こうして序文を書けることは、私にとって光栄であると同時にたいへんうれしいことである。

　その理由の第1は、私がメディアの「アカウンタビリティ」をテーマとして一冊の本を書こうと思い立ったのは1998年6月に特別招聘教授として同志社大学大学院文学研究科新聞学専攻（現・社会学研究科メディア学専攻）で教えたときだからである。第2は、その来日のお世話をしてくれたのが本書の訳者、渡辺武達教授であり、教授がその責任者を務めた同志社メディア・コミュニケーション研究センター（2003-2007）のメディア基本文献翻訳プロジェクトの一冊として本書が日本の読者の手に届くことになったことである。第3は、このテーマを着想し、まとめた素材は自分の体験と主として欧米の研究者の成果から得ているが、どうやら日本のメディア状況にも欧米と類似した面が多くあり、本書での検討事項が日本においても役立つ面が少なからずあることに2008年10月、同志社大学大学院での2回目の講義に招かれたときに実感したからである。

　コミュニケーション革命とも称される「ニューメディア」が登場し、デジタル化やインターネットについて議論されだしてからだいぶたつが、今なお、ニュースの取材者・提供者としての役割を考えると、プレスといわれる新聞と放送という従来的なメディアが、国内社会の政治・社会事象と国際的舞台での出来事の情報伝達という点できわめて重要な位置を占めている。また、

現代のグローバル化現象はメディアがそれに対応した情報を人びとに提供しているのかという意味からも、明らかにニュースメディアへの注目度を高めてきている。しかも現実問題として、そうした主流メディアの他に遠い地域で起きていることを共有すべき公共財的情報として、さらには信頼できる情報として市民＝公衆に提供できる情報ネットワークはない。にもかかわらず、私たちが依存せざるを得ないそうしたメディアは基本的にそれぞれの国内メディアである。インターネットの伸張が著しいとはいえ、地球規模でいえば、それに現実にアクセスできる人たちはまだまだ限られ、テレビほど一般化しているわけではないし、情報内容の信頼度にも問題が多すぎる。

ところがこの情報の信頼度については、主流メディアのそれも年々低下してきている。少しでも注意して現在のメディアを見れば、そうなってもやむを得ない事態が各方面で進行しているからである。本書でも触れているようにこの点についても多くの先行研究があるが、とりわけ、メディアの社会的責任の自覚とその履行という意味での「アカウンタビリティ」という点からは、少なからずのオーディエンスが現在のメディアと社会情報環境に不満を抱いている。にもかかわらず、メディア企業側がそうした現実に適切な応答責任（answerability＝答責）を果たしていない。さらにはオーディエンスにとって、現在のメディアにはその報道内容が事実であり、それに加えられた様々な解説によって「事実」の背後にあるものを同時にあぶり出すべき役割があるのに、それが見られないという不満がある。ここでもまた、メディア企業はそれらの不満を真摯に受け止めていないばかりか、ときにはオーディエンスのそうした期待をしばしば裏切ることさえある。しかし、繰り返すようだが、現代の主流メディアに代わり得るメディアと情報ネットワークは現在のところ存在していない。

その意味で現在のプレスの質の保障が現代社会の民主制（democracy）の維持と向上にとって最重要の課題となる。そのためにはメディアの現状はどうなっているかということの把握のほかに、メディア自身にどのような社会・

公共的責任を負っているかを自覚させるとともに、アカウンタビリティのプロセスを歴史的、具体的に示しておく必要がある。だが、従来的プレス機関は新規の異種メディアからだけではなく、グローバル化の速度を速めるメディア市場の競争と集中化からも脅威を受けており、アカウンタビリティにまで注力できる状態にはないかのようでもある。プレスの社会的活動には制限はほとんどないから、いろいろな試みがなされるのだが、いずれも利益が確保されるか、人びとによって支持され人気が出なければ、新聞の場合は記事、テレビの場合は番組での扱いを減らされるか、消滅させられるという運命にある。

　本書の主題はこうして激変しているメディア活動が、強制や直接的な政治的干渉によってではなく、社会の必要性を満たす自由なプレスが生存し得る環境を保全しながら公益に資するメディアとして再生する途を、過去から現在までのメディアを振り返りながら検証し直したものである。先述したように、インターネットに代表されるニューメディアが市民社会の個人や組織によって表現された声に耳をかたむける態勢を整え、自由を尊重しながらそれらの声に応えていけるのかと問うた場合、現代社会の主流メディアとのハードとしての統合はもちろん、ソフトとしても情報収集やプロフェッショナルな編集技術あるいは解説面ではやはり従来的メディアのプロフェッショナルたちによる協力が必要となってくる。そうした状況把握のなかで、本書では公共メディアの「アカウンタビリティ」構築のための基礎資料を提供したいと考えた。

　もちろん、その作業は簡単ではない。さらには、「メディア・アカウンタビリティ」を促進、進化させていく方法も一つに限られるわけではない。だがあらゆるメディアの分野に共通するのは、メディア自身が自分のオーディエンスの声に敏感にならねばならないということである。またその関係者はメディアの技術面だけではなく、その潜勢力を情報の価値の開花という側面からも活用できるプロフェッショナルにならなければならないだろう。それ

があってはじめて、プロフェッショナリズムによるメディア企業内部からの自発的な自主規制が可能になるのであろう。そしてその方法でしか、政治・経済権力からのメディア支配をはね返すための市民・公衆からの支持など考えられないだろう。すでに1947年、ハッチンス委員会報告書（米国プレスの自由調査委員会著『自由で責任あるメディア』日本語版は論創社、2008年）が危惧したように、メディアが早くそのことに気づき、自律しなければ、政府による法律や規制の制定がやってくるかもしれない。しかもその結果は人びとが求めるものとは違うものになってしまうであろう。今のままでは、市民の側がメディアを批判する側に回ってしまいかねないのである。

　本書のタイトルを『メディア・アカウンタビリティと公表行為の自由』(Media Accountability and Freedom of Publication) とし、そこに「アカウンタビリティ」と「自由」という、一見相対立する二つの語を入れたのは、私がその二つの語の両立の可能性を探るという野心を持っているためである。大事なことは、私たちはプレスが公益という観点から公衆にサービスできる環境に制限を加えるべきではないということである。だが、今のままのメディアでは公益に反することがしばしば起きるであろうし、現実にそうなっている。しかも、その原因がメディア機関そのものに帰する場合がないとはいえない。その点でもメディアに社会から課された責務を履行させるという意味でのアカウンタビリティを理解するには、プレスにとっての自由とは何かを突き詰めていくことが求められる。

　本書ではそのようなメディアと社会との関係原則をインターネットにも適用し、いまだ規制もアカウンタビリティもほとんどない現状についても考えてみた。メディアのアカウンタビリティという領域には不確実な部分が多くあり、その実施にあたっての問題もそれぞれの地域のメディアの歴史や文化環境のなかで処理しなければならないとされている。しかしそれだけでは、コミュニケーション技術の進化とグローバル化の進展において社会的現実のこれほどの激変があるとき、効果的な対応などできないであろう。

その意味でも、情報化社会論が世界で初めて提唱された国、日本の読者に今回このような形で本書が出会えることになったのはじつに刺激的である。本書を執筆して分かったことは、「アカウンタビリティ」がメディア関連の各部門においてそれぞれ都合のよいように理解され、使われてきた傾向があるということである。本書がこの時機に日本に紹介されることは文化的に違う土地でその思想の批判的検証を受けることであり、その点でも大きな意味があると信じる。また、本書がヨーロッパとは経済的に類似しながら文化的に異なる社会システムのなかでどう読み取られるのかということにも興味をそそられる。その点でも本書の和訳を率先して引き受けられた渡辺武達教授の考え方と私のそれとは一致した。

　先述のように、1998年、同志社大学の特別招聘教授として1ヶ月間の講義をしたとき、渡辺教授とは連日、メディアの社会的責任について議論した。またゼミの大学院生、とくに野原仁氏（現・岐阜大学准教授）や学部生ともこの問題を話しあったことが本書の内容に多角性をもたらしていると思う。さらに2008年の10月から11月にかけて2週間の特別招聘教授として、妻ローズマリーとともに再度の来日の機会を与えられたが、日本の学者、研究者とも自分の書いた本の内容について意見交換ができ、幸せであった。

　最後にこのように大部で、内容としても易しくはない書物をこんなにも早く日本語にし、熱心な日本の読者に届くようにしてくれた、訳者であり友人の渡辺武達教授、そして出版を引き受けてくれた論創社・森下紀夫社長のご理解、ご厚意に対し深甚なる感謝を申し上げる。

　　2009年1月10日　英国サザンプトンの自宅にて
　　　　　　　　　　デニス・マクウェール（Denis McQuail）

目　次

原著　まえがき　i
著者　日本語版のためのまえがき　v
訳語凡例　xvii

第Ⅰ部　問題の所在

第1章　情報化時代の公表行為とアカウンタビリティ　3

メディアの社会的位置　3　　マスメディアの権力　6　　メディアの役割の規範的側面　7　　警鐘　9　　公表行為について　11　　公表行為の現在的問題点　14　　コミュニケーションの作る関係とアカウンタビリティ　17　　アカウンタビリティの捉え方　20　　アカウンタビリティの「危機」の現況　23　　小結　26

第2章　メディアの社会的責任の発生　30

歴史的観点　30　　印刷技術以前の公表行為　30　　中世初期のコミュニケーション　35　　書物の登場　39　　印刷に関する概念の発展　43　　新聞　45　　近代のマスメディア　50　　重要概念の再定義　52　　オーサーシップ　公表行為　責任とアカウンタビリティ　　小結　56

第Ⅱ部　メディアの規範理論

第3章　公表行為と公益：メディアの責任の起源　63

はじめに　63　　メディアの責務に対する多様な圧力　65　　公益を定義する　66　　メディアの責務の理論的根拠　68　　社会理論　報道の自由理論　民主主

義理論:第四の社会的財産としてのプレス　党派的メディア　社会的責任論　公共サービス放送理論　発展貢献型メディア理論　批判理論　解放型メディア理論　コミュニタリアニズム(共同体主義)理論とメディア　パブリックジャーナリズム　メディアと公共圏　プレス理論の構造の探究　87　1. 市場自由主義(思想の自由交換市場)　2. プロフェッショナリズム(専門職業主義)　3. 民主主義理論　小結　90

第4章　コミュニケーションの価値からその活動基準へ　95

公表行為の基本的価値　95　真実　自由　秩序と統合　連帯と平等　正しい目的と責任　コミュニケーションの価値からメディアの責任へ　101　メディアの質的評価のための条件　102　メディア活動における真実の基準　105　公表行為における自由　110　平等と結束　113　秩序と統一　116　法と秩序　政治的コンセンサス　社会的品位と道徳　国民的アイデンティティと愛国心　正しい目的と責任　118　小結　119

第Ⅲ部　メディアのガバナンス(自律)と公共的役割

第5章　メディアのガバナンス(自律):問題点とその類型　125

自由なメディアをコントロールする　125　アカウンタビリティの問題　126　主として公共的あるいは集団的な問題〔公共的秩序と国家の安全の擁護　公共的慣習の尊重　公共圏の利益の確保　文化的問題　人権　社会への加害性　国際的な責務〕　より私的で個人的な諸問題〔個人的権利の擁護　個人への侮辱　個人への加害　コミュニケーションと情報における所有権の保護〕　規制に関するその他の問題:構造と経済　メディアガバナンスの多様な特徴　行動レベルとその関連諸事項　134　多様なコントロールの実態　136　構造レベルのガバナンス　行為レベルにおけるガバナンス　活動レベルにおけるガバナンス　ガバナンスの形態:公式的な外部機関と手段　139　ガバナンス:非公式的かつ外部的な形態　141　ガバナンス:公式的内部コントロール　143　オーナーシップと経

営　メディアの自主規制　　ガバナンス：非公式的な内部統制　147　　ガバナンスに関するメディア間の相違　148　　インターネット関連メディアへの多様な規制状況　150　　メディア統合とガバナンス（自律）の将来　154　　小結　156

第6章　メディアの責任：新しい見方　163

準拠の枠組　163　　国家と政府の視点　165　　メディア自らの視点　168　メディアのオーナーたち　編集者とジャーナリスト　ジャーナリズムの倫理規定とテレビ番組制作綱領　メディアによる情報送出のコントロール：アクセスを求める側の視点　176　　メディアに対する公衆の視点　178　　小結　184

第7章　メディアの存在価値　191

公表行為の影響に対する責任　191　　意図的に影響を与えるコミュニケーション：歴史的なルーツ　192　　思考システムとしてのメディアの力　195　権力と影響の諸概念　197　　説得　影響　行動への刺激　情報のプロセス　感情の反応　メディアの持つ力の基盤　201　　公表行為の役割の次元　203　オーサーシップ（著作者の在り方）　意図性　権威　供給側の自律もしくは要求への応答　マスメディア伝達のオルタナティブモデルとその公表行為の役割　205　　情報源もしくは著作者としてのメディア　著作者の代理人モデル　情報源の代理人モデル：アドボカシーとプロパガンダ　ゲートキーパー／伝播者＝増幅者モデル　オーディエンスの代理人モデル　メディアの影響の種類とプロセス　208　　第三者への影響　212　　メディアの影響の証明基準　213　　メディア・アカウンタビリティについてのいくつかの教訓　216　　小結　219

第Ⅳ部　メディアの理論・自由・アカウンタビリティ

第8章　自由とアカウンタビリティ　227

プレスの自由：オルタナティブな伝統　227　　区別と定義　229　　問題提起

₂₃₂　社会制度としてのプレスの自由　₂₃₅　プレスの自由を求めるさらなる理由　₂₃₆　表現の自由と変遷するその擁護論および根拠　₂₄₀　コンテンツとその形式ならびに自由の多様性　₂₄₄　変化する自由への要求：変化する責任とアカウンタビリティ　₂₄₆　メディアの自由は誰のためのものか　₂₄₈　評価：自由とアカウンタビリティとの関係　₂₅₀　小結　₂₅₂

第9章　責任とアカウンタビリティ：その概念的相違　₂₅₉

問題の所在　₂₅₉　メディア以外の事例　₂₆₁　メディアの責任の意味　₂₆₄　アカウンタビリティの意味　₂₆₈　メディア・アカウンタビリティの主要形態　₂₇₀　アカウンタビリティの多様な形式　₂₇₃　メディア・アカウンタビリティのその他のモデル　₂₇₆　二つのアカウンタビリティ・モデルの比較　₂₇₉　小結　₂₈₂

第10章　評価の枠組　₂₈₇

アカウンタビリティの過程とあるべき関係　₂₈₇　可変的な特性　アカウンタビリティの過程と履行形式　₂₉₁　メディア内部におけるアカウンタビリティの系統　₂₉₃　外部へのアカウンタビリティ　₂₉₄　メディアと情報源との連携　オーナーとメディアとの連携　顧客とメディアとの連携　オーディエンスとメディアとの連携　その他の連携　アカウンタビリティの枠組　₃₀₁　法的規制の枠組　市場の枠組　公共的責任の枠組　プロフェッショナルな責任　比較と評価　₃₀₈　実用性と実効性　問題の範囲と価値　誰のための利益か　公表行為の自由

第Ⅴ部　アカウンタビリティの方法と手段

第11章　メディアの市場　₃₁₅

思想の自由市場再考　₃₁₅　グローバルメディア市場における圧力と制約　₃₁₈　国レベルにおける生産と流通の市場：アカウンタビリティへの示唆

₃₂₀　情報源に対する市場のアカウンタビリティ　₃₂₂　広告とパブリシティ（広報）の市場　₃₂₄　アカウンタビリティの手段としてのオーディエンスとの関係　₃₂₇　アカウンタビリティの手段としてのメディア市場：評価　₃₃₀　基準1.実用性と実効性　基準2.問題の範囲と価値　基準3.誰のための利益なのか　基準4.自由　小結　₃₄₀

第12章　メディア法と規制　₃₄₄

市場を超えて　₃₄₄　アカウンタビリティの枠組としての法規制の展望と範囲　₃₄₇　プレスの自由と法律　₃₄₈　メディア法の範囲：国家と社会の本質的利益の保護　₃₄₉　個人の権利と利益の保護　₃₅₂　より大きな自由のための規制：アクセスと多様性　₃₅₄　アカウンタビリティ制度としての公共サービス放送　₃₅₇　国際的な責務　₃₆₀　アカウンタビリティの手段としての法規制の評価　₃₆₁　基準1.実用性と効果　基準2.問題の範囲と価値　基準3.誰の利益になるのか　基準4.自由　小結　₃₆₇

第13章　法律と市場への新しい視点　₃₇₁

総合的な公共的アカウンタビリティの基盤　₃₇₁　上からの抑圧　₃₇₄　世論に応えるためのアカウンタビリティ　₃₇₆　オーディエンスによる非市場的影響　市民としての公衆からの圧力　オーディエンスと公衆に対してより誠実なアカウンタビリティ履行をするためのメディア側の努力　アカウンタビリティとしての公衆による圧力とその評価　₃₈₅　基準1.実用性と効果　基準2.問題の範囲　基準3.誰のためか　基準4.自由　メディアのプロフェッショナリズムと自主規制　₃₈₈　プレスの自主規制　放送およびその他の自主規制　検証と批判　₃₉₆　プロフェッショナリズムと自主規制：一つの評価　₃₉₇　基準1.実用性と実効性　基準2.問題の範囲　基準3.誰のためなのか　基準4.自由　小結　₄₀₁

第VI部　結論

第14章　アカウンタビリティ理論からの教訓 409

メディアの負う社会的責任 409　メディアの自由と不自由 412　コミュニケーション理論と公表行為のアカウンタビリティ 414　公表されるということ 416　神聖さと俗悪性の対立 419　責任について 420　出来事の起因責任 423　アカウンタビリティについて 425　誰に対するアカウンタビリティか 427　どのような形式のアカウンタビリティか 429　再びインターネットについて 431　責任とアカウンタビリティのあるべき関係 432　小結 433

第15章　情報政策への提言 436

アカウンタビリティ：著作者 vs. メディア 436　危機を再定義する 439　展望の光と影 443　政策パラダイムの喪失と再取得 445　アカウンタビリティとその新しい形態の展望 449　メディアの自律についてのもうひとつの視点 451　インターネットをコントロールする 456　インターネットのアカウンタビリティとは？ 460　インターネットと公共コミュニケーション 463　自由とアカウンタビリティ——まとめとして 466

原著掲載の参考文献　471
訳者あとがき　491

訳語凡例

訳文の原則を次のようにした。

• 本書の読者には研究者とメディア・行政関係者が多いと思われるので、参考文献の参照が容易に出来ることも考慮し、(Castelles 1996) ─著者名・発行年─のようにそのまま訳文中に挿入した。ただし、原著では (Castelles, 1996) のように著者名と発行年の間に「カンマ」が挿入されているが、最近の国際的記述法に従って、本訳書ではそれを削除した。同じ理由で、(Weber, 1964, 29) ─著者名・発行年・引用ページ─のような場合にも、(Weber 1964: 29) のように変更した。

• 本書原文には（ ）内に入れた記述が多いが、その大半は著者が後に書き込んだ部分であり、文意が損なわれない範囲で（ ）を外して訳出した。

• 英語原文の太字は訳文でも太字にした。イタリック表記については基本的に「 」内に入れて記述したが、太字にした場合もある。

• 「公表行為」(publication)、「情報化時代」(information age)、「ネットワーク社会」(network society) のように、本書を理解するためのキーワードには各章の初出にかぎり、できるだけ原語を（ ）内に入れて併置するようにした。また脈絡上、読者が原語を知り区別すべき用語については、自由 (freedom)、自由 (liberty) のように記述した。

具体的なキーワードの訳例は以下のようである。

＊ accountability　この訳は国会の議論や新聞、テレビなどでは「説明責任」などとされ、日常語化しているが学問的な検証をするにはさらに深く分け入る必要がある（第9章を参照）。メディアとの関わりではそれは、①外部からの要請に対する答責（応答責任）を認識し、②その実行を徹底した情報公開によって行い、③本来的な対外責任を履行するという一連のプロセスのことで、一般的には「社会的責任の履行」ということである。本訳書ではそ

のまま「アカウンタビリティ」という表現を使用した。「アカウンタビリティ」の類語としてのresponsibilityは自覚としての「責任」、obligationは外部から課される「責務」、dutyは自発的行為としての「義務」、liabilityは法律によって強制される「責任」であることから、「法的責任」もしくは「有限責任」とした。

＊actor　コミュニケーション学や社会学ではそのまま「アクター」とされることが多いが、本書ではそれを踏襲した場合と、「行為者」もしくは「起因者」とした場合がある。

＊answerability　主として9章以降に出てくるが、「他者からの期待に応えるべきこと」という意味で、法的には「答責」（反対は「無答責」）のことであり、「応答責任」あるいは「応答性」ともした。学者によってはこれをアカウンタビリティと同一視するものがあるが、著者は明確に区分しており、適宜訳し分けた。

＊audience　一般的に「視聴者／読者」のことだが、第2章ではマスメディアのないギリシャ／ローマ時代の市民が「集会の参加者」になったケースにも使われたとされている。多くはそのまま「オーディエンス」としたが、必要な場合には「受容者」、「視聴者」、「聴取者」、「読者」などと使い分けた。

＊authorship　第2章のキーワードの一つで、「著作者の在り方」（著作者の職業的権利、権威とマナー」という意味であり、「著作の仕事」、「著作業」という脈絡でも使われている。「著作物にかかわる権利」という意味でのcopyright（著作権）とは違う概念で、「スポーツマンシップ」や「ジェントルマンシップ」と同様の用法である。つまり-shipはその職や立場に立つ者の質や道徳性のこと（オックスフォード英語辞典）のことであることから、本訳書内ではそのまま「オーサーシップ」とした場合や、文脈上、「著作者の権利」としたところもある。従って、第1章のrelationshipは「あるべき関係」とした。

＊claim　しかるべき「要求」、「求め」という意味だが、法的な用語法やアカウンタビリティ関連の脈絡では、苦情の「申し立て」とした。

＊cohesion　第3章と第4章を中心に単独またはsocial cohesionという用例

で出てくるが、社会的「繋がり」、「結合力」、「連携」などとした。cohesionには「凝集力」というニュアンスが強いからである。また第4章にはsocial integrationとう言い方も出てくるが、「社会的統一性」、identificationについては「帰属意識」、「社会的一体化」として区別した。

＊ collective　一般的に「集合的」「集団的」「集産（主義）的」などとされるが、collective interestは、文意をくんで「人びとの利益」とした。

＊ communicator　第7章などに出てくるが、ジャーナリストが主として報道関係の仕事に従事するのに対し、これはコミュニケーション業務、つまりコミュニケーション産業の直接的な従事者、情報の発信者、あるいはメディア機関のことである。本文中ではそのまま「コミュニケーター」とするか、（情報発信従事者）のように文脈上の補足をした訳にした。

＊ compliance　一般に「法令順守」と訳されるが、第8章にあるように、より正確には「課された条件を承諾して守ること」で、「応諾、順守」などとした場合もある。これと類似の語にconformism（順応主義）がある。

＊ conduct　通常、「行為」と訳され、本書でもそうしたが、第5章の倫理綱領上の用語法としては「品行」と訳すのが適切であろう。またactionを「行動」とし、performanceを「活動」としてこれとは区別した。

＊ consequence　本文中では複数形（consequences）で出てくることが多いが、メディアの公表行為（情報提供行為）による種々の影響の意で使われている。当然、「よい」影響と「悪い」影響があるが、後者の意味で使われることが多く、その場合には文意に従って、「悪影響」「加害性」などとした。下記のharmを参照。

＊ control　「統御」や「統制」等をふくめ、いろいろな日本語変換が可能だが、それらには戦時中のマスコミ統制といったニュアンスが強い。またcontrolには強者が弱者の行動を支配するという構造的含意があり、本書ではそうした脈絡での用語法を除き、そのまま「コントロール」とした。文脈から、「管理」や「支配」とした場合もある。

＊ discipline　regulationが比較的価値中立的であるのに対し、これは倫

理／道徳的意味合いが強いので「規律」とした。regulation（規制）の項を参照。

＊Fourth Estate（the） 一般的に「第四権力」といわれるものの原語だが、メディア学上の意味は、より正確には「第四の社会的財産」ということである。著者はこの用語を報道機関についてカーライルが、行政、司法、立法に並ぶ社会的責務をもったものとして名づけたとしている（第3章）が、初出については諸説がある。マイケル・シャドソンはこれを、「権力回廊を構成する第四の要素」（the fourth estate in the corridors of power）と呼んでいる。『メディア用語を学ぶ人のために』（世界思想社、1999年）などを参照されたい。

＊England 「イングランド」とするよりも、基本的に「英国」とした。

＊governance 一般的に「統治能力」と訳されるが、自律して組織的秩序をまともに保つ能力のことである。ここではそのまま「ガバナンス」あるいは「自律」、「自律性」あるいは「自己統治能力」などとした。本書では第5章の表題としても使われている。

＊harm 第7章で頻出するが、「有害性」もしくは「加害性」とした。文脈から「悪影響」とした場合もある。上記consequenceを参照。

＊hybrid media テレビと電話、放送とインターネットの組み合わせといった、従来的メディアの区分を横断したメディアを意味し、「メディア統合」（media convergence）がもたらしたものである。しかしこの著者の独特の言い方にも理由があり、ここでは「融合メディア」とか「異種統合メディア」、「雑種メディア」などとした（第1章、第5章）。

＊identification cohesionの項を参照されたい。

＊information 本文中news and informationというように出てくる場合にはニュースと時事問題の解説番組という意味であり、日本でいう「日常生活に役立つ情報」という意味ではない。誤解が生じると思われる場合には、「ニュース」とした場合も含め、訳し分けた。

＊obligation 外から要請される「義務」のことで、基本的には「責務」としたが、自己責任としてのdutyとは起動場所の内と外という違いを持っ

ている。responsibilityの項を参照。

＊performance　conductの項を参照。

＊personal　「個人的（な）」と訳すことが多いが本書におけるpersonal sphereといった用法では、家族や個人のせまい範囲の生活圏のことだと解される（第1章）。本書ではpublic sphere（公共圏）と対比されるが、ハーバーマスはprivateに対置されるものとしてpublicという語を用いている（1989年刊の英語版）。マクウェールは会社や個人間のつきあい集団といったものにはnon-public（「パブリック」ではない）という語を用い、privateもしくはpersonalとは区別している（第1章）。

＊people　publicを参照されたい。

＊power　「権力」としたが、一般的にそれにはマイナスイメージが強いので、中立的な意味合いのときには単に「力」あるいは「勢力」とした。

＊press　活字で捺す、「印刷する」ということから、日本国憲法では「出版」などと訳されているが、本書では「報道」あるいは全体としての報道機関を意味していることが多い（第1章）。しかし、現在ではfreedom of the press（プレスの自由→メディアの自由）というようにメディア全般を意味することが多い。本書ではそのまま「プレス」とし、文脈に応じて「報道」や「報道機関」、「新聞」などとした。

＊profession　一般に「専門職業」とか「知的専門職業」とか訳されるが、ここでは「プロフェッション」とそのまま使用したこともある。professionalismについては「プロフェッショナリズム」あるいはその後に（専門職業従事者の矜持と倫理）などと文脈に会わせて注記した場合もある。professionalについても同様で、「職業倫理的」などとした場合もある。

＊public　本書第1章で説明されるように、名詞では「公衆」（現在では実質的に「一般市民」のことで、本書では第3章でordinary citizensという言い方もされている）、形容詞では「公共的」「公的」などと訳されが、public lifeのように使われると、英語圏では一般に「社会生活」、（公共生活）のことである。ユルゲン・ハーバーマスのいう「公共圏」（Öffentlichkeit, public sphere、『公共性

の構造転換　市民社会の一カテゴリーについての探究（第2版）』未来社、1994年を参照）もしばしば英語のpublic lifeと同義語であるとされるが、ハーバーマスの場合は上流階級の自由な言語生活圏（ブルジョア公共圏）のこと（カラン『メディアと権力』、論創社、第1章を参照）であり、混同してはならない。本書ではハーバーマスの概念とは別に、「公共的生活」もしくは「公共生活圏」あるいは「公的生活圏」とした。またpublic mediaといった表現では「一般向けメディア」、public interestは「公益」もしくは「公益性」とした。the publicとして、theプラス形容詞の場合には、「一般市民」、「社会」などとした。ただしpeopleについては「民衆」ないしは「人びと」とした。

＊publication　現代の一般的語法では「出版」のことだが、著者による原義は第4章冒頭にpublication（expression/emission in public）—公表行為（公開の表現／伝達）—とあるように、メディアによって情報を「パブリック」にすること、つまり「公表すること」（publicにすること）という「メディアによる社会的情報の提供行為」の意味で使われているから、基本的に、「公表行為」、（メディアによる）「表現行為」という訳語を使用した。本書ではアカウンタビリティ（accountability）と並ぶ最重要語である。

＊publisher　一般的には「出版社（者）」のことだが、本書では全体で頻出するキーワードで、「情報の社会的公表者」、「公示者」、「公開者」の意味で使われている。具体的には新聞やテレビの発行、放送責任者、マスメディア機関、意見を公表する個人のことである。同様に、publishは情報を「publicにする」、「公表する」ことである。

＊regulation　基本的に「規制」とし、constraint（制約）やlaw（法律）と区別した。従って、self-regulationは「自主規制」とした。

＊responsibility　「責任」一般のことで、行為者自身の自覚に期待される部分が大きい。対して、liabilityはある条件のもとでの「有限責任」のことで、「法的責任」とした。マクウェールがキーワードとしているaccountabilityは外から要請される性格を持っており、その点では上記obligation（責務）として課され、実行をせまられることである。

accountabilityの項を参照。

　＊**stewardship**　stewardは「世話役」とか「幹事」という意味だが、それにshipがついた用語は「監理責務」としたが「あるべき監理」のことである。同様な訳語上のむずかしさはcitizenship（市民としての常識を備えた人が持つ権利と義務感）などにも通じる。上記authorshipを参照。

　＊**text**　一般的に「原文資料」のことで、書籍では「文章」、テレビ番組では映像と台詞を含めた「構成素材」となる。本書では、そのまま「テキスト」とするか、媒体に会わせて「文章」（印刷媒体の場合）などとした。

第Ⅰ部　問題の所在

第1章　情報化時代の公表行為とアカウンタビリティ

　　メディアの社会的位置

　「情報化時代」（information age）という概念は広く認知されている現代社会の特徴のいくつかをうまく捉えている。少なくとも世界の裕福な地域ではそうした特徴の一つとして、情報技術によって巨大な規模で急速に成長し続ける知識産業（knowledge industry）と、高いレベルであらゆる種類の情報資源が利用できる状態が確立している。また、あらゆる種類の組織的活動において大規模なコンピューター化が進み、複合的に相互浸透する多くのコミュニケーションネットワークにより、文章・画像・データの生産と流通が加速化、急成長している。このような形で人びとが相互に繋がることによって、「ネットワーク社会」（network society）という考え方が提起されることになった（Castells 1996; van Dijk 1999）。
　こうした情報化の諸傾向にはいくつかの事象や影響が伴っている。その第1は、現代のマスメディアの多くをコントロールしている民間メディア企業の規模・財力・集中およびグローバルな影響力の拡大。このようなメディア企業は小さな国家の予算に匹敵するほどの収入を確保し、いったんいくつかの国家に入り込むと自社あるいは自社に親和的な企業群のために影響力を行使し始め、外部からそれをコントロールすることがむずかしくなる。第2は、新しいコミュニケーション技術を採用しようという動きはほとんどの政府や産業的利益にプラスになるとされ、そうしたメディアの利用は新しい経済発展や投資の増加をもたらすための道具だと考えられていること。第3は、企

業自由主義の精神と、伸張する資本主義やリベラリズムを求める声やそれらの再発見はますます勢いを増し、これまでのメディアやコミュニケーションに適用されてきたコントロールや規制はもはや役立たない、あるいは不適切なものだとされるようになってきたこと。第4は、デジタル化と技術統合がメディアの部門別（新聞・テレビ・映画など）にそれぞれに適した自由とアカウンタビリティ概念を適用するという従来的考え方の根拠を崩すか、時代にそぐわないものにしてしまったこと。最後に第5だが、新たな技術や、グローバルな情報流通の規模拡大やそのすさまじさが現行の法規制の効果的な運用をますます困難にしているということである。

　そうしたはげしい変化のなかでも見逃せないのは、マスメディアが現代社会において主要な文化的制度であり、欠かせない公共的表現の手段になっているという事実である。意図的にそうした立場を選んでいるかどうかは別にして、今やマスメディアは政治の場において、観察者やメッセンジャーの立場から仲介者や参加者としての役割を果たすようになってきている。メディアは世論に影響を与えるものの一つとされ（参照：Iyengar ed. 1997）、政府でさえいやいやながらメディアを尊重し、その論理を受け入れざるを得なくなっていることは留意すべき重要な点である（Meyer 2002）。メディアはその提供する出来事に関する見方（ideas）・イメージ・情報を通して、公的・私的生活圏（public and private life）の隅々にまで入り込んでいる。そのため、人びとの頭の中では想像したものと現実との区別がつきにくくなることさえ起き、多くの出来事の内容とその重要度、あるいは公共領域（public domain）における関係行為者の社会的評価を知るにはメディアによる注目度を確認する必要が出てくるのだが、実際にはこのことはそれ以上の意味を持っている。私たちが理解したり想像している世界は、それが私たちの実際の生活とどれほど関係がありかつ一致しているかはともかくとして、私たちの多くがマスメディアからの情報に依存して暮らしているからである。つまり、コミュニケーションと情報は私たちの生活の私的側面にも公的側面にも、仕事・レジャー・教育・消費などの面でもますます中心的な役割を果たすようになり、私

たちのあらゆる経験の隅々にまで実質的に入り込んできているのである。

　書物からインターネットに至るまで、新旧のマスメディアは知識産業を構成するものとして、またこうした変化に適応する社会制度の一つとして、さらには新しい情報技術革新をいっそう普及させる推進者として、この情報化革命のまっただ中にある。そのため、あらゆるメディアは現在、その能力・目的・手段などの更新を迫られ、必然的に民衆の公的生活圏（public life）におけるその役割の再定義をしなければならなくなっている。これが本書執筆にあたっての中心的関心であり、その出発点および目的である。その大枠としての狙いは考え方・原理・手段といった分野で提起されている変化の結果を研究することである。それらの研究に従うことによって、マスメディアの諸活動はその他の社会構成部分からの要求・期待・願望に対して応えることが出来るようになる。

　今日、「メディア」という用語はさまざまな意味合いで使われている。たとえば、産業の一部門、一連の技術、一つの社会制度、社会的な力を持った一連の企業や組織、もしくはしばしば「プレス」（報道機関）と呼称される制度といったように、である（注1）。本書の中心的テーマはそれらのすべてに関連はしているが、同時に、それらのいずれでもないといえる。問題の核心に迫るために、私たちは印刷物の原初時代にまで遡り、その中心的活動に注目することから始める。印刷は公表する行為（act of publication）の実行によって、著作者と情報源、そして結果としてのオーディエンスもしくは公衆（audience or public）とのあいだの仲介を容易に実現するようになったからである。「メディア」という用語の概念には公表すること（publication、以下「公表行為」）を可能にするすべての組織・役割・手段・活動が一括した形で含まれている。ここでいう「公表行為」とは情報を公開表現し広範に伝播する行為のことである。メディア・アカウンタビリティ（media accountability）とはこの公表行為のさまざまな目的とその結果の両方に関係し、公共的コミュニケーション（public communication）が情報の発信者、受容者ならびにそこから影響を受ける人びとによってその「責任履行を求められる」

（accounted for）あらゆる方策とその履行のことである。

マスメディアの権力

　20世紀末の時点で、公共的コミュニケーションメディアはその生産や配布、多くのコンテンツや消費のパターンといった形態において、「マス」（大量）のといった特徴を持ち、社会的影響力という点で人びとから信頼されるものであった。この特徴はメディアが自身のコミュニケーション能力を社会的価値として有効に利用できると同時に、とりわけ広告業界や政治的唱道者、宣伝工作者たち（propagandists＝プロパガンダの専門家）のために利用できるものでもあった。自己選択した目的のなかで最も有効であったのは以下のようなものである。①公衆の注目を引き、その方向づけができること、②現在起こっている出来事に対して信頼できる情報源になること、③特定の意見を推奨すること、④ある種のファッションやライフスタイルを普及させること、である。メディアの顧客の間にはメディアの力への信仰ともいえるものが存在し、それは衰えることはなくむしろ伸張してきた。広告・広報・報道・世論調査などの新しい産業は、マスメディアは単にその効果面からだけではなく、説得とコントロールの手段としても欠かせないという社会通念に支えられて存在してきた。

　マスメディアの力についての、このどちらかといえば単純なとらえ方はその誕生から一世紀間、ほとんど変わらなかった。全体として根拠があるとはいえないこのメディアの効果に関する仮説は、依然として、広告その他の計画されたコミュニケーション形式に莫大な出費がなされる根拠となっている。メディアの力についてはその効果を突きとめ、証明することはじつに難しいといわれるがそのとおりである。通常、メディアの力がメディアのみから生じることはまれで、自らは完全に制御することはできないが、それが仲介し、繋ぐさまざまな社会力が複合してもたらされるものなのである。それは、メディアには力があるといったんその関係者が認めたとき、そのような扱いを

されるようになり、メディアは必然的預言（self-fulfilling prophecy）者として機能しはじめるということである。

　当否は別にして、マスメディアは多くの社会の公的生活圏（public life）において重要な地位を占めるとされ、その結果、強い、しかしじつに多種多様な期待と視線を引きつけてきた。そうしてメディアの影響は畏怖されたり、利用されたりしてきたのだろうが、とりわけ民主的な政治と法の支配に関わる公共的コミュニケーションのいくつかの不可欠な課題の実践としても期待がかけられている。メディアはそれらに応えることで意欲を高め、利益を上げられる仕組みとなっている。メディアは文化的エリートからしばしば批判を受けるが、人びとからは過大なほどの称賛を受けることもある。メディア自身にも自己愛的な部分があること、またある面ではその権力や人気、社会的悪影響や利益の可能性があることから、より大きなアカウンタビリティとコントロールが求められるようにもなる。その一方で、メディアの自立性と権力保持者にとっての重要性が高まるにつれ、とくに法律や社会的・文化的エリートたちの圧力などだけではそれを正常に維持することがむずかしくなってきた。メディアが持つ力が強大で、しかもそれが拡大していることから、その活動責任をきちんと履行させるべきだという声が出てきたゆえんである。しかし、そのために適用できるような規範やルールあるいは現代の社会環境においてそれらを実行するための手段についての明確な社会的合意は困ったことにまだほとんど出来ていない。

メディアの役割の規範的側面

　メディアの規範に関するいくつかの差し迫った問題はメディアが社会において果たすようになり、そこから逃れたくても逃れられない多くの重要な役割から出てきたものである。メディアに対する積極的な期待の中核にはメディアが民主的な政治過程において果たすべき貢献というものがある。メディアは市民と市民によって選ばれた政府を取りもつ、両者にとって不可欠な仲

介者である。民主的な選挙の全過程そのものが、結局はメディアに依存したいくつかの条件によって成立しているからである。それには有権者が十分な情報を得ることによって、成熟し安定した世論が存在し、市民の積極的な投票活動が可能になるといったことが含まれる。また、選挙によって選ばれても、政府は常に監視され、社会に対して自らの行動のプラス面とマイナス面の両方について明らかにし、責任をとらねばならないとされる。人びとは社会の政治的諸側面（political life）においてメディアが真実と公平という規範に基づいた役割を果たすことを期待する。メディアはそれらを無視することもできるが、その場合には相応の反発が出てくることを覚悟せねばならないであろう。

　法律や司法手続きにおけるメディアの役割にもこれとよく似たことがいえる。こうした事例では異なった立場の主張を受け入れ、それらに耳を傾け、法を適用する手続きが公開され、合理的で責任ある仕方で問題の進行をはかる必要がある。法的事象が最低限の市民の信頼（public trust）を得るためには、「行われていることを見てもらう」（可視化）という公明正大さが必要であり、もしそれがなければ、法が信頼されなくなる。繰り返すが、現実問題として、公共性をもったメディア（public media）は報道面だけではなく、公共情報・信頼・法的側面に関する透明性の確保に必要な条件を満たすための主要な手段なのである。公共メディアは法律の公正な執行がなされることに責任を持たねばならないがその逆はない。司法手続きにたいするメディアの監視がなければ、不公正が行われる危険性が高くなるからである。

　マスメディアは公共的コミュニケーションの手段としての高い普及度と実効性を持っていると同時に、社会における情報提供者として大きな期待を寄せられている。マスメディアは皆が知らなければならない出来事について、間断なく事実情報を集めその分析および解説をすることを期待されている。そうすることによって、メディアは同時に商業その他の社会制度や一般市民への貢献をしている。社会制度と市民にとって、メディアは暮らしのレベルの事象を知り、その解説を受けると同時に、健康・安全・経済事象に関する

差し迫る危険についての警告情報を提供してくれるものなのだ。

　これらのことがあてはまる度合いは場面によって異なるが、現代社会における公共的メディアは一般的にそうした条件下にあり、そこで求められている条件をすべて無視するというわけにはいかない。しかも現実的に、多くのメディアは社会における公共的生活圏における数々の責務を暗黙裏に引き受けてきたから、それらはメディアの規範の構成要素として当然の義務事項とされるようになっている。一般的に、こうした公共的責任を果たすことは、メディアの複雑な制度的役割を反映しているという意味で、メディアビジネスの一部であり、歓迎すべきことである。だが、メディア企業の一部がこのように自身と社会の双方にプラスになる仕方での経営・運営をしくなれば、人びとからの規範的な期待を履行しなければならない事態にほぼまちがいなく追い込まれるであろう。さらには、メディア企業が双方にとって利益となる活動を通して社会参加をしようと思わない場合でも、規範的期待から完全に逃れることはできないのである。こうしたことはメディアが現実的にどのような制限を受け、どれほどそうした考え方を否定しようとしても、メディアの持つ力が大きいがゆえにそうなるのである。またどのような形式のメディアであれ、メディアは予期せぬ個々の出来事や組織的な不祥事で非難されること、そして世論、ときには法律と対立することになるリスクをたえず背負っている。

警　鐘

　これまでのどのようなメディアも登場するや否や、ときおり新しい指摘が加わるとはいえ、決まっていくつかの角度から市民が非難する対象となってきた。最近取りざたされている非難のなかでとくに目立つのは次の四つである。①とりわけ大衆紙やタブロイド紙などに見られる数々のジャーナリズムの倫理の欠落問題、②政治に関するメディアによる歪曲報道の影響、③メディアが子どもにもたらす加害性への絶え間ない警告と、その一方でのインタ

ーネットへのアクセスによる新たな生活の始まり、④インターネットに関連した、個人や社会へのその他多くの加害性の可能性、である。

第1の、ジャーナリズム性の希薄化についてはたいてい、センセーショナリズム性の増大・傲慢・攻撃性に加え、セックスへの異常な関心や有名人による犯罪やスキャンダルなどから、バランス・誠実性・社会常識・品位・信頼性の欠如した情報などがその例として挙げられる。「ニュージャーナリズム」を名乗るメディアによる言語道断な例としては、情報取得のための詐称やプライバシーの侵害、抵抗するものに対しては尊厳や感情を傷つけたりすることなどに加え、金銭取引すること（ブラックジャーナリズム）までがある。昔はイエローペーパーの類にしか見られなかったこうした欠陥が激しい競争の中で、今ではかつての高級メディア（quality media）にも拡がっており、ジャーナリズムの職業・倫理基準は向上しているどころか下降してきたと思えるほどである（Belsey and Chadwick 1992; Snoddy 1992; Bogart 1995; Fallows 1996; Patterson 1993）。

第2については、メディアが人びとの政治的関心・知識・民主的な社会生活（democratic life）への積極的な参加の深刻な低下の主原因になっているということである。メディアには自らが民主制において果たすべき役割についての認識が低いことに加え、政治家を冷笑することが多く、メディアはそのことに大きな責任があるとして批判されてきた。こうした好ましくない「メディアの論理」（media logic）が報道にも影響し、メディアによる政治的言説やキャンペーンの影響力も落ちてきたと言われる。こうした病弊の徴候がますます顕著になり、現実状況が悪化しつつある。この事象はまさに、政治宣伝を操る者たちと、対立・悪い事件ニュース・プライバシーへの踏み込みや、スキャンダル・センセーショナリズム・報道の娯楽化（infortainment）、つまり暮らしのレベルで必要な政治情報とは別次元のものに価値を認め、それらにますます関心を寄せるメディアとの相乗作用が作り出しているものである（とくに以下を参照：Entman 1989; Blumler and Gurevitch 1995; Blumler and Kavanaugh 1999; Capella and Jamieson 1997; Bennett and Entman 2001; Norris 2000）。

インターネットは「モラルパニック」を引き起こした最も新しいメディアである。それはいとも簡単に露骨な性的コンテンツ、その他多くの好ましくないコンテンツを子どもまでが家庭でアクセスできるようにさせ、しかもそれを防ぐ法的な禁止措置や有効な手段がとられないままである。厳密にはそれらのすべてが公表されたコミュニケーションであるわけではないが、このような困った状況に加え、①情報源が信用できないこと、②好ましからざる影響を受ける可能性、③名誉棄損、④詐欺などのサイバー犯罪、⑤犯罪やテロの誘発、⑥プライバシーの侵害、⑦著作権の冒瀆などの新たな問題が多く出てきている。こうした数々の新たな不安の中心には、そうしたメディアの「魅力」や普及に加え、規制も制度化もされておらず、予測不可能かつメディア自身が自らが課されている責任とその責務の履行が本質的に理解できていないという事実が存在している。

公表行為について

上述のように、メディアは主要任務として公表行為の発動者（agents of publication）としての立場を本質的に持っている。これまでメディアの責務について述べてきたがそのキーワードは、「パブリック」（public、公衆、公的、公共の、公開の）である。これは、名詞であれば、まず、市民全体もしくはいくらかの関心やアイデンティティ、状況を共有する市民の部分集合体のことである。「市民である」（being a citizen）ということ自体に周囲の市民とある種の権利と義務、共通の関心を持っている人びという意味がある。またこの「パブリック」という用語は世論・公共圏もしくは公共領域（public sphere or domain）・公益（public interest）・公的責任の履行（public accountability、パブリックアカウンタビリティ）・公共コミュニケーションといった概念の中心を成している。情報は公開され、伝えられることによってはじめて「パブリック」（公共的）になる。そうでなければ、情報は個人の生活の中にとどまるか、個人や団体の秘密の所有物にとどまりつづける。これら多くの概念は広

く一般に通用し、常識になっているにも関わらず、それぞれに理解の幅の問題があり、さまざまな定義や解釈を生み出している。しかしそれらの概念相互間には密接な関連が実際にある（注2）。

　上述したことの潜在的責任の及ぶ範囲の広さはすべからく、その公表行為という役割から発生する。公表行為のプロセスとは文字通り、情報（思想・意見・見解・芸術作品などを含む）を「公にする」ことで、方法としては印刷、電子通信、その他のメディア的行為あるいは身体表現（performance）、公の場での口話など多岐にわたる。マスメディアによる公表は、「メッセージ」の情報源やその著作者の行為というよりは——もちろん、両者ともに関係はしているが——主として媒介者としてのメディア行為である。著作者の行為は、話す、書く、写真を撮る、描くなどの行為による表現・製作・創造であると考えられるからである（注3）。公表に欠かすことのできない要素は、以上に加えて、オープンな普及行為や露出（exposure）、公演である。つまり、すべての人がそれを利用できることだけではなく、発話者・情報源・著作者名がそこに明確に示されていなければならないという条件がつく（注4）。公表という行為は、私たちの誰もが私的生活の中、もしくは職場や関係者しか入れない特定集団や団体（association）のような、公的な性格を持たない（non-public）コミュニケーションにおける私的生活圏での個人の振る舞いとはいくつかの点で区別されるものである（注5）。

　公表されたコミュニケーションは特定あるいは限られた到達目標を持たず、販売や贈与といった形式の違いがあるにせよ、いったん公表された後のコンテンツは公共領域（public domain）内に留まることになる。こうして公表された後のコンテンツは機密保持やプライバシーという理由をつけて保護を要求することはできなくなる。コンテンツは公表の前後で内容的には同じであっても、公表行為によってある意味で特別な検証を受けるようになるということである。そうしてある種の真実性や正当性が付与されることによって、社会的な承認が得られる。こうした考え方はとくに事実情報について適用できる（注6）。このような判断ができるのは常設的な公表行為の実行者、つま

り組織メディアがいくつかのチェックを行い、その妥当性について背後で確認しているはずだという社会常識的理解がなされるからである。このことの是非は別にして、公表された情報はたいてい、日常生活的なゴシップ・うわさ・意見・疑惑などと比べて、信頼度が高く、上質であると受け取られる。また、一般的に、公表行為は後から取り消すことはできず、なんらかの公共的記録として残るものなのである。

　さらには、通常、私的なコミュニケーションとは異なる公表行為の重要な側面は、第三者や受容者、情報源の発信者（originators）にも予測できず、統御することが不可能な結果をもたらしかねないという事実にある（注7）。このことは、とくにその公表の結果としてなんらかの被害を受けたという申し立てがあった場合、公表をした側の責任が問われ、公表する権利と起きた加害性と公益性の有無とのあいだに複雑な比較考量の問題が起きるということである。この公益性の議論は、たとえば権力層への批判の必要性といったように、メディアによる公表の有害性判定度の軽減化、あるいは副作用の正当化の理由とすることが可能となるものである。たとえていえば、アカウンタビリティの包括概念には、損益計算が厳密になされる財務諸表の作成と似たような側面があるということである。このような配慮を私的なコミュニケーションにおいて行う必要はないが、後述のように、アカウンタビリティの問題は私的領域（personal sphere）においても起き得ることである。

　「公表行為」についてのこれらの特徴はマスメディアの中心的活動であり、少くとも検討しなければならない課題であるが、現実には多様な形態として存在し、アカウンタビリティの基層部分として、クモの巣状に張りめぐらされた、責務と期待、善悪の判断、公益と加害性の可能性を必然的に伴っている。また、公表行為には、より広い社会的脈絡という観点から、例示されたり申し立てられたりする数え切れないほどの有用的部分とそれらへの反応（currents and reactions）がついて回っている。これらはメディアによる公表行為の当初の意図や脈絡、自らの意志でその情報を選択したオーディエンス（読者・視聴者）の受けとり方をはるかに超えて起きることである。

公表行為の現在的問題点

現在起きているメディア状況を問題のあるもの、あるいは従来にはなかったもので不安定だが将来に期待できるものとしてとらえるかは、私たちがそれをどの角度から見るかによって決まってくる。他人の利益を守り、規範的立場を維持し、一定の公共善を向上させるために、永久にメディアをコントロールし、指示を与え、制限するという単純な考え方を採用することも可能である。だが、これでは組織・機関としてのメディアが市民に対して自由に情報提供する権利の保障の度合いが小さくなり、責務だけを多く課すということになりかねない。このような考え方は、メディアがもつ影響力を強大だととらえ、その他の社会組織がそのメディアの質に依存せざるを得ないという立場から来るものである。また、それはメディアとコミュニケーションが世界中の出来事、文化的・社会的変化に関し、単独で独自の影響を与えているという立場から来ていると思われる。この考え方はしばしば、新しい問題の技術的・構造的原因に焦点をしぼり、技術的解決をはかりながら、既存のコントロールと規制の手段を新しい状況にたいしても適用し維持しようとする動きにつながっている（参照：Price 1998; Lessig 1999）。

そうした旧来的なとらえ方は、メディアの行為（media conduct）と社会変化における同様の傾向を本質的に現在の「コミュニケーション革命」に先行し、脅威よりもむしろ解放的なものだとみなす人たちから最も強い反発を招いている。このように考えると、急速で無秩序でさえある変化に対応しながら、現在のメディアの発展の何が一体問題なのかを長期的視点から見つけていくことはじつに難しい作業となる。しかし、これは無視してかまわない小さな事柄ではなく、コミュニケーションにたいする社会的コントロールの減少を問題視しない多くの人でさえ、中毒的ともいえる過度のアクセス、個人レベルの不適切な利用から、国内そして地球規模の構造的不平等に至るまで、拡大しつつある現在のコミュニケーションの普及の実態には大いなる懸念を

表明している。いずれにせよ、情報とコミュニケーションの問題の把握は、単純に解放主義者（リバタリアン、libertarian）と、社会規範と公益を守ろうとする自称保護監視論者（would be guardian）との間の単純な衝突の問題だとして矮小化してはいけないものである。

　上述したような現在の社会的懸念となっている固有の問題の他にも、今日の社会的不安感（public anxieties）を醸成しているいくつかの一般的環境がある。その1つは、私たちの社会に何が必要とされ、何が望まれているかという考察よりも、デジタルコミュニケーションの道具としての利用によって何が可能かというように技術的側面からの革新が優先進行しているという事実である。いずれにせよ、その結果は携帯電話からインターネットに至るまでの過剰なほどの技術革新競争が進行し、その用途や価値、利益は経済活動を刺激し、個人には時間を消費させること以外の意味が見あたらないかのような状況となっている。大局的見地からいえば、そうした利用のされ方について倫理面から言及する規則も規範もガイドラインも実質的にない状態にある（Hamelink 2000）。コミュニケーション関連分野における無規範状態が広まると、一世紀以上かけて、人間的視点からじっくりと形成されてきた公共的コミュニケーションの自由と拡大の何が良くて何が悪いのかという多くの考え方の基礎が必然的に崩壊し、副次的なものになってしまう。いわゆる規範のある領域の減少がこれからも続くかどうかはまったくわからないが、少なくとも今はそれが現実である。

　2つ目は、コミュニケーションの発展を市場動向にほぼ完全に委ね、広範囲において直接的な公的機関による調停機能が少なくなってきているという現況である。従来、政府は多くの分野で市場力学の調停役を務めてきたが、それには市場が正しく機能することが公益に繋がり、最低限の普遍的なサービス（universal service）とアクセスの保障が不可欠であるという目的があった（参照：Van Cuilenburg and McQuail 2003）。市場の自由だけでは人びと（the public）を代表する組織としての目的やビジョンに欠如しているだけではなく、人びとの集合的利益（collective interest）が企業家の考える消費者にたい

する直接的なアピールのやり方によってないがしろにされてしまうという危惧があったからである。これはコミュニケーション領域を超えたことだが、新しい商業主義に固有の問題を明らかにしている。少数の民間企業（多国籍企業であることが多い）が、あたかもそれが個人の自由や民主的な自己決定であるかのように思わせたうえで、コミュニケーションへのアクセスやそのコンテンツ、インフラを支配しかねないという可能性の問題である。

　3つ目の全体状況は、以前は別々であったチャンネルやコミュニケーションのネットワークの相互連携が増大しているということである。このことは物理的なインフラや流通の手段、組織的管理、取引形態やコンテンツに見られる。最も顕著な例は、広告・ニュース・エンターテインメントなどすべてのマスコミュニケーション、個人メール、個人的表現およびグループ内・グループ相互間のコミュニケーション、その他もろもろの伝送手段（carrier、経路）としてのインターネットである。もっともインターネットにはたとえ意図せずとも、避けられない結果を生み出すこともある。たとえば、プライバシーや秘密保持の可能な範囲の減少、あらゆる種類のコミュニケーションへの「社会的信頼性」（status）のゆらぎ、公表行為を統括している不文律の規則への全体的な混乱の誘発といったことである。それが極端に進行した場合には、人びとは新たなリスクや脅威に直面し、これまで全体主義社会以外では人びとが経験してこなかったような、国家や私的権力による監視や現実の干渉による被害をこうむることになる。

　公表行為に関するかぎり、こうした面でのいくつかの変化が起きつつある。第1は、企業利益とマーケティングのためという理由から、あらゆる種類の「著作者」の役割を限定したり、コミュニケーションのプロフェッショナルたち（professionals、専門職、この場合は「編集者・記者」）の自律性を制限するといった、公表行為の決定への介入がますます多くなっていること。これは創造的でプロフェッショナル、かつ社会的な責任の基準が商業的な基準に従属するということを示している。第2は、こうして公表行為を司る最終代理人の存在がオーディエンスには理解にしにくく、その本当の役割を想像する

ことさえできなくなっていること。第3は、公表という行為のどの側面に、誰がどういう責任を持ち、その履行をするかという点での特定が難しくなっていること、である。

4つ目は、まだいくつかの面で変化の過程途上にあり断定はできないが、インターネット自体がある意味、まったく新しいチャンネル、公表の手段になっていることである。それは事実上、無料で、ゲートキーパー（情報のチェック者）もフィルター（閲覧制限）もなしに、自由に、誰でもどこでも、あらゆるメディアのあらゆるジャンルの公表されたコンテンツにアクセスすることができ、そこには規制も規範もほとんどない状態である。実際のインターネットはその大きな潜在的可能性とはまったく逆の方向での使われ方がされているかもしれない。進行中の変化のすべてが否定されるべきものではないが、その多くが問題をはらんでいるということである。

コミュニケーションの作る関係とアカウンタビリティ

この本のテーマの根幹には、個人であれ集団であれ、人間相互の社会的作用としてのコミュニケーションを大枠として検証するという目的がある。コミュニケーションとは技術上の用語やいくつかの行動モデルでは単に情報やメッセージの伝達行動のことだが、実際にはそれだけではない。それは単なる個人的な表現や表示（personal expression and display）でもない。コミュニケーションとは、意味を共有し、人間の社会・コミュニティ・グループを共通の信条、理解、アイデンティティでつなぐ行為を表すものなのである（Carey 1989）。個人の間のコミュニケーションがもっとも円滑に機能している場合には、インタラクティブ（interactive、双方向的）で、なんらかの期待された応答がなされ、その継続的な交換が保障されている。マックス・ヴェーバーのいう、「コミュニケーション行為には意思があり、主観的な意味が含まれ、他者の行動を引き出そうとする」（Weber 1964: 29）という考え方に従えば、すべてのコミュニケーションは原則として社会的な行為であることに

なる。

　コミュニケーションの社会的特徴はそれに関係する人間（human agency）とその社会背景（この二つには関係がある）に規定されるだけではなく、この過程に関わる人びとの相応性（co-orientation）、およびそこで起きる出来事への参加者による意味受容、交換される情報素材、ならびに大枠としてのそれらの因果関係にも左右される。そうしてコミュニケーションのコンテンツに付加される意味は、送信者が与える意味と受信者による解釈の双方によって作り出される。このように理解すれば、たとえ特定の到達点や明白な目標がなくても、あらゆるコミュニケーションにはある意味での目的が存在していることになる。

　アカウンタビリティにとってこのような考え方をすることの最も重要な意味は、コミュニケーションとは常に、現実あるいは仮想上の「あるべき関係」（relationship）を含んだものだということである。この関係概念こそ、第三者がそれによって影響を受けたり言及されたりすることを含め、その関係当事者間のアカウンタビリティの条件の基礎とならなければならないものである。従って、一般的に私たちには、コミュニケーションの流れによって結びつけられ活性化される、さまざまな行為者（agents）間の多様かつ重層関係にあるネットワークの利用ができているといえることになる。後述するように、アカウンタビリティの問題とは直接的な対話者だけではなく、その他の関係者にとっても重要なのである。このように考えれば、「アカウンタビリティ」の最広義の意味は、他人からの要求や解釈、あるいはその他の意味理解を含め、コミュニケーションの可能な関係枠内におけるあらゆる相応性の全局面を包摂するものだということになる。

　この捉え方をさらに敷衍すれば、コミュニケーション関係が弱く、希薄で、見えにくいほど、アカウンタビリティの効果的なプロセスが作用しにくくなるということである。社会組織という性質上、これらの形態は必然的に多種多様なものになる。最も親密なコミュニケーション関係は家族やメンバー間の緊密な関係を維持している小集団、友人関係のある所に生まれやすく、こ

うした所でのアカウンタビリティは多くの場合、直接的・継続的・自然発生的で、組織的なメディアに比較して個人間の立場や個性を尊重するという点で有効性が高い。このような関係がある場合にはたとえ組織であっても、コミュニケーションの作る関係とアカウンタビリティは多くの場合、形式として整っているか日常業務化されており、本来の仕事やその他の目的を十全にまっとうできるものとなっている。ところが、既成メディアを利用するコミュニケーションの多くは、自由な市民的つきあいとしての、緩やかで自主性の許されるそうした状況とは正反対の極に位置している。そこには個人的な相互作用という関係はまったくといっていいほど存在しないか、送信者と情報源はあらゆる意味で受信者とは離れており、社会的に確立された結びつきも規則も存在しない。様々な点で近い関係にあったとしても、受信者は相互に離ればなれにされている。情報源への情緒的な感情が見られることはまれで、両者間に責任という関係はほとんど存在しない。相互に誰と誰に関わりがあるかも不明確で、こうした場合でも「あるべき関係」(relationship)という用語を使えるかどうかということについての疑問さえ出てくる（注8）。

　しかし、マスメディアについても発信側と受信側との相互作用の要素があり、ある種の関係枠組が両者による行動や相手への期待から形成されることがある。コミュニケーター（コミュニケーションの発動者＝メディア機関／情報発信者）は現実あるいは想像上のオーディエンスに向けて発信し、その声に耳を傾けることができる。受信者は著作者や情報源、コンテンツに関心を示し有効な選択を行い、しばしば、ファンや崇拝者としての好悪、信頼、忠誠などの多様な情動的反応をする。こうしたケースでは、アカウンタビリティは脆弱で拘束性のない形式をとるのがふつうだが、ときには強烈になることがある。こうしたことは主として全国向けの新聞やテレビなどの「伝統的」マスメディアにいえることだが、どちらのメディアにおいても多様な形式として存在している。たとえば、地域メディア、政党や宗教の機関紙・誌には、メディアとそのオーディエンスとの関係という点では、一般の平均的なメディアのそれよりも強い相互の結びつきが見られる。それとは逆に、パターン

も一貫性もほとんどなく、意味のある相関関係もなく、個人が大量に消費するだけのメディアもある。

　ニュースやエンターテインメントの分野で巨大なグローバルメディア企業の支配が増大し、関係性という感覚がますます減衰しつつある。共通性があったほうがいいと考える社会基盤が小さくなりつつあるとさえいえるからである。メディア「製品」の生産者や流通業者は、自分たちがビジネス相手としている実際の、あるいは訴求相手とするオーディエンスと、コミュニティや相貌や経験を共有しているわけではない。両者の接触は販売統計や視聴率、市場調査によって維持されているにすぎないからである。半面、ニューメディアの特質がこのような潜勢的傾向の解毒剤的機能を果たしているという実態もある。私たちは現実としてメディアのアカウンタビリティが全体的に弱体化しつつあるとか、その実行が困難になっているとか、単純に決めてかかることはできないということである。こうした大局的な視点に立てば、どういう形式にせよ、少しでもコミュニケーションが存在しているところでは、アカウンタビリティの問題から逃れることはできないということが理解できるであろう。

アカウンタビリティの捉え方

　アカウンタビリティとは「コントロール」（control、監理・統制）の言い換えでもなければ、責任（responsibility）と同じ意味でもない。辞書的定義ではその主要概念として、「誰かそうした期待をする権利（right to expect、期待権）を有するものによって、ある行動（あるいは遺漏）についての対応が求められるという考え方」などとされているが、その程度の解釈でこの問題についての深い理解ができるわけがない。これでは、アカウンタビリティは「答える」（answer）もしくは「応える」（respond）と同じ語源を持つ「責任」（responsibility）に近い意味を持っているだけになってしまう。また、アカウンタビリティの多くの定義ではそれを「応答責任（答責）を有していること」

(being answerable) と同義であるとする。ギデンズのように、それよりもいくぶん広い視野でとらえるものもいる（Giddens 1984）。彼によれば、「英語の日常的用法における〈アカウンタビリティ〉とは、幅のある解釈が可能な枠組と規範が交錯する場所を適切に表現する用語である。ある人の活動が〈アカウンタブル〉（accountable）であるということは、それら行動の理由をつまびらかにすること、そしてそれらが〈正当化できる〉という規範的な根拠の両方を満たすことである」（Giddens 1984: 30）。相互行為（interaction）の規範的構成要素は常に、〈相互行為に関わる当事者に期待される〉権利と責務との関係の中心的位置を占めるというわけである（注9）。

　こうした理解をすれば、アカウンタビリティとは、期待に基づく要求を規範に基づいて行い、相手側からの応答（主張の拒否や行動の説明）を引き出すことによって、両者の和解を実現する、あるべきコミュニケーション関係（communication relationship）の全過程のことだということが分かってくる。要求に応えて行われる説明（accounts）については、それを認めて応えていく場合、あるいは当該ケースは答える必要のない事案、もしくはその要求者には説明を求める権利はないといった理由をつけて拒否するということも起きる。こうした応答の類型はとりわけ、責務（obligations）の認識や要求の社会力（social power）が関係者（participants）ごとに大きく異なることにより、多様かつ複雑である。

　こうしたアプローチを現実のマスメディア状況に適用することは、それぞれの関係者間の力が一定していないため容易ではない。メディアによる情報公表者（publishers、ここでは「メディア機関」）は法的権利によって保護され、法律の範囲内で株主からの要求に応える以外の責務はなく、自分の意思に従って公表する手段と力を持っている。しかし、公表によって影響を受けるその他のアクターは多様な期待を持ってはいるだろうが、いくつかのごく基本的な法的権利を逸脱して行動するメディアに対し、自分たちの申し立てを正当化できるだけの強さをもった規範的原理の枠組を一般的には共有していない。申し立てもまた、じつに多様な題材にわたっており、法律で対処できる

かもしれない個人的な事柄であったり、法律や規制ではカバーできないような、幅広い社会問題に関する事柄であったりする。後者の場合、アカウンタビリティに基づいた申し立てはたいてい、拒否されるか無視されることになる。

　現在の諸傾向をうまく捉えているいくつかのシナリオ（説明法）がある。1つは、アカウンタビリティは、私たちの新しいコミュニケーション様式の利用経験に合わせながら、「自然な」社会制度化の一部として、徐々に進化しているというものである。このように考えると、かなりの程度までのアカウンタビリティは20世紀の「成熟」した新聞や放送といったメディアではすでに実現しているという議論も可能である。別の言い方をすれば、こうして進化してきたアカウンタビリティは「ニューメディア」の登場によって新しい状況に適応し、更なる進化を遂げるための挑戦を現在受けていると理解することも可能だということになる。2つ目の見方は、「アカウンタビリティ」はコントロールの意味を抵抗なく受け入れさせるための婉曲表現（code word、婉曲語）にすぎず、私たちは現在、一方でコミュニケーションの自由化およびコミュニケーションによる自由化を求める勢力と、他方での抑圧的で保守的な勢力との間の不断の解放闘争の側面を目撃しているのだというものである。後者はアカウンタビリティを履行せず、「無責任」なコミュニケーションの乱用をし、社会的不安定を招いていることへの抵抗の動きだと思われる。解放論的な見方を採れば、とくにそれが政府から提起される場合には、アカウンタビリティはとどのつまり、表現の自由の制限になっているということにもなる。

　3つ目は、コミュニケーションの公的利用は個人による自由な表現の権利の単なる保障や結果ではないという見解を支持するメディア倫理の研究文献や規範理論が多く存在し、支持しているものである。言い換えれば、コミュニケーションの公共的利用は送信側と受信側が同等の権利を持った、これから発展し、擁護され、その利益がすべての人びとに享受されるべき集産的善（collective good＝公共善）だということである。要するに、この見方には、マ

スメディアに社会への応答責任を取らせるためにこれまで何がなされてきたかを問う批判的な見解が含まれている。ここでの大切な目的とは、あらゆるメディアに倫理的配慮、人権、グローバル化社会の市民のニーズや希望にできるだけ多く応えるようにさせるということである。

アカウンタビリティの「危機」の現況

　公表行為の在り方をめぐってはこれまで激論が続けられ、一時的な停戦さえほとんどなされなかったから、ここで「新たな危機」などという言い方をすれば誤解を招くかもしれない。発話（speak out、公表）の自由とアカウンタビリティの間では、それがどのような形式であれ、またどのような正当化をしようとも、根本の部分での緊張を避けることはできない。こうした考えでは、それがコントロールとは違うものであるにもかかわらず、アカウンタビリティのためのあらゆる努力は新しい口実をつくって自由に対してしかけられる戦争の継続だととらえる傾向がある。人は自らが自由に行った多くの行為に対して、それらが完全に合法的であったとしても、他人からそれらの結果にたいする責任を問われることはままあることだから、そうした見方自体は必ずしも矛盾してはいない。言論活動にはたえず不確実性がともない、それは表現の自由の範囲をどこまでとするかという問題とともに、表現の動機とその効果の問題として議論すればよいことである。

　だが、この場合のもうひとつの側面は、自由な言論がもたらす公益と同時に私益の存在である。これから述べていくように、自由な言論の保障が民主的政治にもたらす集産的利益（collective benefit）は、表現の自由がもたらすかもしれない個人的満足感や達成感（あるいはその結果、支払うことになるかもしれない代償）とは異なる基準で測られなければならない。公益が特定の人びとや主義主張に有害であることさえあるからである。たとえば、政治的対立者や巨大な経済的利権享受者、あるいは公益に反した行為をしているとされる人たちの側にとってがそうである。だが、検閲も許可も受けない自由

な公表行為に脅迫や規制をしたり、事後に制裁などを加え、萎縮させてはならないということもたしかに重要である。同時に、公益とはいったい何かを明確に説明することは不可能である。だからこそ、公表行為の後できびしい申し立てや議論が必要なのである。もしそれがなければ、そこでの社会生活は完全にユートピア的なものか、昏睡状態か、全体主義的権力による支配下にあるということであろう。

　自由とアカウンタビリティとの闘いは絶え間なく続いているが、いくつかの古い慣習が機能しなくなり、新しい局面に入ったといえる理由がいくつか見られる。その変化の最大の原因は、じつに、印刷が手書き文書に取って替わったときのような技術関連の進歩から来ている。新しい技術を基盤にする新しいメディア組織は、それまでの伝統的なメディアを支配してきたルールのいくつかを無視することができるようになった。慣習に従えとか、社会的な責任だといった要求をしても、それだけでは変化のペースに合わせることが不可能になってきたのだ。伝統的な新聞や放送などのメディアを中心に、受け入れ可能な責務と社会的コントロール（公式、非公式を問わず）の枠組を整えるまでには長い時間がかかった。メディア活動における突然の変化の例は東欧・中欧の旧共産主義諸国でも見られる。それらの国々では、古い規則や規範が崩壊し、あたかも真空状態のようになってしまった。もっと大局的な言い方をすれば、メディアの諸活動について、何が期待でき、何が必要であるかをきちんと把握できない領域がますます多くなってきたということである。

　現在のような規模における公表行為を十分に適性管理する（police）能力は、さまざまな電子メディアがコミュニケーションの流れや内容を記録し、検索し、確認をする新しい能力をもたらしているという事実があるにもかかわらず、そうした成果の利用に遅れをとっている。現在の難問のいくつかはルールがまだ出来ていない異種統合メディア（hybrid media＝雑種メディア）の登場によって起きている。電気通信ネットワークは本来、遠隔音声通信（telephone）として開発され、郵便サービスのように純粋な配信メディアであ

り、そこでのメッセージ内容は送り手と受け手との間のプライベートなものになると考えられた。ところが今では、一般の電話回線網（public telephone network）はプライベートなものであるどころか、それとは似ても似つかぬ、あらゆるもののキャリア（carrier＝伝送手段）となっている。また、現在の電話は情報提供・個人的なサービス、あるいはセールスや調査などに使われる時には、別個の新しい公共メディアと呼んでもいい存在である。電話の他にもケーブルを利用した数え切れないほどのネットワークが開発され、電話システムとの競合状態となっている。

　さらには、私的なコミュニケーションと公開のアクセスとの線引きをすることがほとんど不可能な状況も起きている。たとえば、インターネットは私的なコミュニケーションを公開の場での対話（public conversation）に変容させてきた。コミュニケーション上でのプライバシーを守る権利を問題とすべきであると同時に、システムの利用者が追跡され特定される可能性が増大している状況にも警戒の声をあげていく必要があるだろう。本や雑誌など、古くからあるメディアは私的利用のためのもので、部外者からは読書をしていることが分かるだけでその中味が理解できるようなものではなかった。こうした旧来のプライバシーをどのように回復するか、あるいはプライバシー尊重の責務をどのように効果的に他人に守らせるかは容易なことではない。電子メディアの影響力はますます増大しているが、この問題には答えるべき環境が整っておらず、まだ解答が得られていない。

　現在のネットやウェブはおおむね、1920年代のラジオとよく似た発展の局面を見せている。実験的試みが進められるのだが、それらのほとんどはなんとかして経済的利益を生み出そうとするものに限られ、コントロールや規制、内容的指標といった面での努力がほとんど見られない。誰が何を所有しているのか、何に対して責任をとらなければならないのか、誰がルールをつくる権力を持っているのかについてさえ明らかではない。規制は国際的に有効なものとして定められるべきだが、まさにそのことが理由となり、基本原則の作成に必要な多くのことが自発的な自主規制と市場力学の圧力にゆだねられ

てしまう事態を招いている。

小　結

　こうした社会情報環境のなかで、本書の主要目的は現代の公表行為におけるあるべきアカウンタビリティを検証し、よりよい公共的コミュニケーションの利益とその発展に寄与する手段の有効性の評価をすることである。メディア・アカウンタビリティは避けて通れないものであるにもかかわらず、その概念は多くの問題を抱えながらこれまで十分に検討されてきていないというのが筆者の基本認識である。アカウンタビリティという言葉は誤用されたり、コントロールや責任の拡大といった方向でより厳しい適用がされたりすることもある。本書では、メディアのアカウンタビリティの主要手段と形式を詳細に検討し、特徴をまとめ、比較し、価値評価することになる。その作業がコミュニケーションの公共的利用にたいする諸要求とそれらへの反論や対応に関する現実的な提案や施策に貢献できているのであれば幸いである。

　また、アカウンタビリティはそれ自体で価値があるということもいっておきたい。アカウンタブル（accountable）なコミュニケーションとは、著作者（発題者・情報源・ゲートキーパー）が公表内容の質とそれが与える結果への責任を引き受け、それによって影響されるオーディエンス（視聴者・読者）やその他の関係者に対応し、その人たちとそこから拡がる社会からの期待に応えるものである。これは自由なコミュニケーションの定義そのものではないが、自由に関して考えられる多様な定義と矛盾しているわけでもない。アカウンタブルなマスメディアによる公表行為の障害になるものは数も多くかつ多様である。しかし少なくとも回避すべきことは、それらが商業的利益主義と完全解放主義者（リバタリアン、libertarian）の教条的考え（dogma）の同床異夢として進行することである。

注

(1) これからの議論でも取り上げるが、「メディア」(media) という用語は「プレス」(press) よりも広い意味を持つ。プレスは主に新聞や定期刊行物、放送におけるジャーナリズム的機能のことである。(参照：Lichtenberg 1999b: 123) 多くの民主主義社会においては、プレスは政治と関連した伝統的で自己選択した課題を扱い、公的人物や出来事に注目させるものであると考えられている。このような意味で、プレスはしばしばゆるやかに組織された制度であり、そのことから権利と責任という観点からの議論の対象となる。

(2) たとえば、マスメディアの政治的な役割に関してはとりわけ以下のように言えるであろう。

ⅰ）「公益」は、「公共領域」(public domain) で活動している「公的」な実在物 (entity) やその他の組織が公共全体（public as a whole）ならびにそれに関係した特定の公衆もしくは利害集団にたいし、「公的」（オープン）に責任を果たすべきことを求める。

ⅱ）従って、公益性の実現のためには、アカウンタビリティのプロセスが適切であることを担保し、世論の形成・変化・表現を可能にするため、関連情報・思想・見解の「公表」を広範かつ継続的に行う必要がある。

ⅲ）マスメディアは一般的に上記第ⅱ項を達成するための主要な手段と考えられるから、この課題の遂行について自ら公的にその履行をまっとうしなければならない。

(3) もちろん著作者は自らの作品を個人的な伝達・展示・公開公演などによって公表することができる。つまり、メディアは公表行為を独占しているわけではないということだが、事実上、ほぼ独占状態にあり、テレビ放送や映画上映といった特定の公表形式では完全な独占状態になっている。

(4) この「公表行為」(publication) について、オックスフォード英語大辞典 (OED／Oxford English Dictionary) では二つの定義を挙げている。一つは、「公に知らせたり、公に告示・告知する行為」。もう一つは「社会に筆記・印刷、その他の形式で複製される本・地図・彫刻・写真・音楽、その他の形態で公衆向

けに発行したり、提供したりすること、ならびに、こうした作品を複製したり発行するビジネスのこと」。

(5) とくに、市民社会では市民相互間でディスカッションやディベートが行われており、私的な意見と、さらに大きな集団でのディスカッションに役立つ意見との明確な線引きがないグレーゾーンがある。

(6) フィクションに関しては公表されたものであってもその信頼度を保証するものではない。しかし、正確な事実を逸脱しているわけではないという記述とともに、もともとの情報源を明らかにし、オーサーシップ（authorship、あるべき著作者の権利とマナー）を守るべきであろう。

(7) エリフ・カッツは公表行為が規範に拘束される役割を強調している（Katz 1980）。多くのものが、「公共知」（public knowledge）でなくとも、「常識」（common knowledge）としては存在し得るであろう。公表行為は他人が知っている以下のような事実に人びとの注意を向けさせるからである。つまり「公表行為以前には、その行為者（actor、メディアのこと）は他人も同じくそれを知っていたということを認める必要はないから、あたかも自分だけが知っていたかのように振る舞うことができる……言い換えれば、規範に違反する行為を公表するという事実はその違反者に規範制定者の諸要求に正面から向き合うか、それらにオープンに挑戦しなくてはいけなくさせる」ということである。このように考えると、当局にとって好ましくない公表行為が逸脱行為として処罰されるべきだということになり得る理由が説明できるようになる。当局に立ち向かう公表行為は広い範囲で見られる不平や不満と同じように全面的に容認されることはないのである。また従来から公表行為に対してとられてきた行動の多くは、望ましくない思想や表現が広まるのを効果的に防ぐことを企図していたわけではない。とはいえ、それには象徴的性格が込められ、権力者を支持する態度や権力の誇示という側面がある。

(8) これはブルマーが展開した「大衆」（mass）についての古典的な定義に近い（Blumer 1939）。

(9) これは広く解釈し、次のように言い換えることが可能であろう。

- 社会生活は公式・非公式な状況で、とくにコミュニケーションを通して、自身の行動や、何が起こっているかということに関してそれぞれ異なる見解を持つ人びとが参加することによって営まれている。
- そこでの参加者は自らの権利や、他人がもつべき責務への期待についての考えを持っている。
- そうした人たちはしばしば、自分たちの諸要求について、規範・倫理・基準をおそらくは皆が共有していると考え、訴えかける。
- しかし考え方が異なるため、そうした要求は相互に対立したり、共通の道徳的基盤としての支持を得られない。

第2章　メディアの社会的責任の発生

歴史的観点

　たとえ、場所・出来事・状況の数量的な膨大さと多様さを知らなくとも、歴史をたった一つの標準的見方で捉えられると考えることは不可能である。人は過去を誤解しやすく、現在の概念や状況にぴったり照応する先例や等価物（equivalents）を見つけたと思いこむことがある。しかし実際には、それらの多くはすでに過ぎ去ってしまった脈絡での現在とは異なった意味合いを持っていたのであり、もはや昔のままでの復活は期待できないものばかりである。同様に、現代の概念や習慣を過去の等価物に照らして解釈したりすれば、現在を誤解してしまうことになりかねない。コミュニケーションの現在の形態と見かけ上の機能の多くや、メディアの自由、オーサーシップ（authorship＝著作者の在り方やマナー）、公表行為とその影響について現在行われている議論の中心的課題ははるか昔から存在するものだが、過去と現在を結びつける紐帯は言葉の上で存在するだけで、実態としての両者は違うものであろう。しかし、メディアによる公表行為の発展を歴史的に概観してみることは、私たちが直面している現在の状況の理解の助けになる一つの見方を提供することにはなるだろう。

印刷技術以前の公表行為

　コミュニケーション行為はアカウンタブル（外部からの期待に応え、責任を

自覚し責務を履行すること）であるべきだという要求は今に始まったことではなく、長い歴史がある。しかし、社会学者や人類学者が大まかな推測によって再現した人間社会の原初形態においては、コミュニケーションにはとりたてていうほどの役割や意識的なプロセスは存在しなかった。部族社会にはその人の地位・役割・ジェンダー・年齢による区分はあったが、心的態度（spirit）・知識の蓄積方法・信仰（beliefs）という点では違いがなく、全体として有機的に統一されていた。儀式やその他の象徴的な形式のコミュニケーションは人びとの結束と世代の継続に役立ってきた。とくに近東の古代文明のようなより高度な構造を持った社会が現れたとき、書くという技術がコミュニケーションの幅を広げることになった。しかし、そのときも社会の中核としての神話を広め、結束と支配者の権力的ヒエラルキーを維持するというコミュニケーションの機能は変わらなかった。コミュニケーションの仕事はたいてい、支配階層エリートに近い僧籍や聖職者層の手に委ねられていた。社会組織の形態が複雑になるにつれて、ますます多様なコミュニケーション形式が必要になってきたが、すべての公的なコミュニケーションは何らかの形で、必要な物品・法律条項・課税リスト・神話や物語・儀式の手順などに関するもので、権力当局と結びついていた。どのようなメッセージにせよ、最も重要な点はその情報源、発信元がどこかということであった。ハロルド・イニスによれば、この段階の社会発展におけるコミュニケーションは長期にわたり社会構造を維持することを主な目的としていた（Innis 1951）。コミュニケーションの情報源は一定不変で、聖職者や筆写／代書人といった仲介者はだいたいにおいてその当時の権力構造の代理をしていた。想像するに、当時のコミュニケーションに責任を求めたとしても、それは、神・王制・聖職・部族の権威者に行き着くだけであったろう。

　ギリシャ・ローマ時代には新しい種類の公共的メッセージと、それに対応したメッセンジャー、メディア形式が登場した。社会は政治・宗教・商売・法律・戦争・科学・文学、等々の活動領域に分けられ、それぞれの領域が独自のコミュニケーション形式を発達させた。一般市民も公的人物（public figures、公人)・アーティスト・思想家などと同様に、意見を外部に向けて公開発表できるようになり実際にそうしていた。この時代の表現の自由の多様性と相対的な自由はそれ以前の文明における統一と固定化からの脱却の象徴でもある。メディアを用いたコミュニケーション形態が制度化され、多様な表現形式による文字作品や演劇の公演なども登場してきた。

　ローマ帝国では、私的・公的を問わず、行政側のチャンネルによって流れ、指導的／活動的市民の発言や書簡によって運ばれたあらゆる種類の情報が必要不可欠な流通品となっていた。コミュニケーションは人間の身体を司る神経システムのような働きをすることによって、空間的に拡大した帝国政治の維持に貢献した。帝国の郵便サービスは道路・砲架・通信拠点・港・船舶などのコミュニケーションインフラの整備に大いに役立った。公的なイベントや政治的なイベントは世論、とくにローマ市民のさまざまな意見によって具体化された。コミュニケーションの発展は大部分、都市に見られる現象もしくは拠点都市間を結ぶものであった。イニスはこの後者の特徴を持ったコミュニケーションを地理的空間という問題点を克服して社会を維持するためのものであったと記している（Innis 1951）。

　文字言語が存在していた地域においても、原初期のコミュニケーションの多くは口頭で行われていた。比較的最近までは、演説・劇場公演・朗読が主たる公表行為であり、印刷その他のテキスト表現よりも重きをなしていた。重要なのは、話すことや書くことそれ自体よりも、オーディエンスと接触するということにあったからである。そうした口頭文それ自体は詩や歌として表現され、伝統的に存在する集団の記憶や思想の蓄積を発表するものであった。今遡れる最初の主要な例としては、紀元前1200年ごろのトロイ戦争時の出来事について詳述した、ホメロスの『オデュッセイア』や『イリアス』があり、それらは紀元前800年ごろにホメロスが最初に文字作品としたものである。

　歴史的には、ホメロスの存在に関する事実についての議論にはさらに確定しなければならない部分がある。しかし、個人がある程度のコミュニケーシ

ョンという目的を持ち、言語を使って思想や物語を発信することに責任を持つという意味での「オーサーシップ」という考え方とその実施の明らかな証拠はすでに古代ギリシャ・ローマ時代から存在していたといえる。その時代の後期になると、著者がはっきりしているテキストが多くなり、それらの複写・所蔵・発行部数（circulation）は大規模になり、図書館や個人のコレクションとして保管されるようになった。オーディエンスの構成やサイズ、テキストの使われ方やそれらの伝播の仕方はコミュニケーションの分野ごとに異なっていた。学者や哲学者は書かれたテキストを参照する傾向があったが、多くの演劇や物語を好むより広範なオーディエンスは、演劇の観客、演説の聴衆、朗読者を取り巻く聴衆の輪といったように多様であった。

　その頃には著作者と聴衆・読者の役割についての理解が発展し、それぞれが著作者は「公表」したことにどのように責任をとるべきか（answerable）、オーディエンスは何に注意を払うべきかを理解するレベルに達していた。アカウンタビリティに関しては今ここで考える必要はない。それは公的機関やオーディエンスが著作者に対して求めるものだからである。ただし、そうした公的活動がなされたという証拠があるし、他人に対し有益、あるいは有害な結果をもたらす影響という概念もでき、著作者個人に対して表彰あるいは処罰の可能性があったのは事実である。この時期にはそうした事例が数多くあるが、最も有名なのは、「若者を堕落させた」罪で裁判にかけられ死刑判決を受けたソクラテスのケースである。ソクラテスの運命は近代以前の著作という仕事に対する一般的な姿勢を反映している。著作業にはすでに称賛とおなじ程度のリスクが伴っていたということである。

　ギリシャ・ローマ時代の公的権力（public authority）は、より大きな公益に関係するすべての公共表現を国家や都市が定めた通りにコントロールし、裁定する権利と義務を持っていた。もう一つの重要な役割としての検閲がプラトンの著書『国家』で初めて明らかにされた（Jansen 1988）。検閲官の主な仕事は子ども向けの物語には非道徳的なものはいっさい含まれていてはならないということを確認することであった。ローマ時代、紀元前434年ごろには

すでに検閲官という正式な役職が存在し、国家転覆の可能性を持つものや、皇帝に批判的な公表行為を差し止める任務を負っていた。名誉毀損、とくに公的機関で働く人物に対する名誉棄損を禁じる法律は昔から存在していたのである（Foerstal 1998）。それ以来現在まで、公表行為には既存の秩序や道徳にとって危険なものが含まれている可能性があり、そのことがコントロールや事前の防止策を講ずべきだという考え方の基本になっている。

紀元5〜6世紀の西ローマ帝国時代の終わりまでに、公共的コミュニケーションにとってのアカウンタビリティに関し、今日実践されたり議論されたりしている重要な要素の多くはすでに分かっていた。それらの中には次のようなものがあった。①多くの表現手段（演説・公演・文字テキスト・音楽や歌、など）、②多様なコミュニケーション技術（書き言葉・公会堂＝演説会場・楽器・パピルス・陶板・石刻など）、③その他のテキストを運ぶ多様な手段、である。また、演劇・物語・詩・歴史・科学論文・哲学・絵画や装飾などから日々の出来事のニュースに至るまで、様々なメディアにおけるかなり多様なコミュニケーション分野がすでに存在していた。そこには、法と政治に欠かすことのできない世論や私的・公的道徳そして倫理に関する思想と現実的対処の仕方がすべてそろっていた。

著作者・メディア（媒体）・オーディエンス・筆写人・俳優や演技者・アーティスト・筆記素材生産者・メッセージ運搬人・肉声による公告のお触れ役（public crier）など、現在ある「コミュニケーションの役割」や職業はすでに分業化され、よく理解されていた。こうした活動のいくつかは後期のローマ法に従っていた。検閲官・公文書保管人・テキスト収集人・図書館司書・出来事の報告者に加え、著作者や役者の仕事を財政面で支え作品を注文する後見人など、一定のコミュニケーションの援助的役割もすでに見られた。コミュニケーションは影響力や原因と効果がプラス・マイナスの両面から議論され、理解されもしていた。当時の学校で教えられた修辞学（レトリック）の理論と実践は洗練された方法で道理と感情に訴える工夫をすることによって、他人を説得するためにコミュニケーションを効果的に利用するという目

的を持っていた。アリストテレスの『詩学』におけるドラマの研究も同様に、芸術や演劇の作品がどのようにオーディエンスの感性と知性に訴えることができるかという技術の向上を目指すものであった。

中世初期のコミュニケーション

15世紀半ばの印刷技術の導入の直前まで、コミュニケーションされる作品の生産や複製、伝達の技術はローマ時代からほとんど進歩していなかった。多様性や量という点に関しては、思想的分野で宗教の支配力が圧倒的であったため、それ以前のままの状態がほぼ続いていた。著作者や公表行為、そしてそれらの影響に関する考え方にはほとんど進展がなかったのである。西ローマ帝国の文明が衰退してからというもの、公共的コミュニケーションは再び民族ごとに分かれてしまったが、それ以前の状態への回帰が起きるのも主としてまた教会による影響によってであった。かすかに残っていた文字文化と学問的作業、著作業を復活させたのも教会であったが、それは新たな宗教的目的に利用するためであった。

12世紀まで続いた修道士的（monastic、禁欲的）時代と、13世紀以降のより人間中心主義的な時代（humanist period）とは区分されるのが慣例となっているが、それにはいささか無理がある。実際には、これら二つの特徴は同時的に併存していたのである。前者の特徴は宗教者の手になる、文書に書かれた宗教的目的（祈禱・儀式・信仰と教会の権威の促進・神学・聖職者の訓練・修道院や教会の現実的要求への対応）を持った文字によるコミュニケーションがその中心であった。この時代のあとに、非宗教者の手による、世俗的な目的を持った書物や文書がそれまでよりもはるかに多く出回るようになった。その時代以前の著作者たちによる文書の複製や、配布も多くなされるようになった。また、エンターテインメント・詩・ドラマ・フィクションなどの新しいジャンルも登場した。さらには、それまでのラテン語中心ではなく、地域の言葉による執筆や筆写も多くなった。とくに、王や王子たちのいる様々な

宮廷との繋がりをもち、市民権や市民意識（citizenship）をもった都市における、聖職者以外の著作者やオーディエンスが登場してきた。

　12世紀を過ぎてからの人間中心主義的「ルネッサンス」の重要な点は、ヨーロッパ中に大学が創設されたことである。大学も宗教を基盤にしてはいたが、神学以外の科目が教えられ、教養と科学の両分野で古典的著作者の作品が広範囲に教材として用いられた。大学の教育組織は権威のあるテキストの緻密な研究をし、たいていは、講師が基本となるテキストを注釈し、解説するという連続講義の形式を採用していた。教育方法の中心は口頭であったが、そのやり方が原文と注釈の両方のテキストを求める声を高めた。

　このような需要にたいして、オックスフォードやパリ、ボローニャなどの主要大学で、大学当局が管理する書物の製作・販売がビジネス的にも軌道に乗り、円滑に供給されるようになった。これに伴い、価格を調整しながらの、大規模な複写・図版作成・原稿の製本も行われるようになった（参照：Febvre and Martin 1984）。このような展開は、もはや修道院だけが書物の唯一の生産者ではなくなったこと、本の生産と流通が通常の取引やビジネスとして教会の外でも始まったことを示すものであった。これにより、学術書や祈禱集に加え、余暇や実用向けなど広範な分野の公刊物（publications）を受け入れる大きな市場が生まれ、ブルジョア層や貴族層が書物を購入したり収集したりするようになった。まだ識字層は限られていたが、大衆向けの作品を扱う新しい市場を登場させる土壌が形成されてきていた。

　この時代に重要であったのは「公表行為」（publication、ここでは出版行為）についての思想的発達である。新時代になるまで、中世社会における文書群は法律や経理、財産目録など、また最重要文書である聖書を除けば、その多くはすでに権威を持った学問・科学・哲学のための古典（アリストテレス・プラトン・バージル・クインティリアヌスといった著者たちの作品か、聖職者による祈禱文・礼拝儀礼・聖楽などの文書、とりわけ5世紀の聖人ジェロウムによるもの）であった。また実際、すべての文書はヘブライ語かギリシャ語、あるいはラテン語で書かれていた。それらのオリジナル文書に加筆がされていっ

たため、実際に流通する文書はもはや原文の形とはまったく違うものになっており、原著のオリジナル性は失われるか、確認できなくなってしまっていた（注1）。そうした形で多くの言語や歌、物語などによる口頭コミュニケーションがなされていたが、この初期の時代には、王子などの重要人物が関わっていない限り、ほとんど著作者が特定できるような状態にはなかった。それらの情報は通常、伝統的に継承されてきたもので、共同体の所有物（communal）であったといえる。

　それとは対照的に、中世後期には、学者・詩人・翻訳者たちは意図的に新しい作品を公共の領域（public domain）に持ち込み、オーサーシップ（authorship＝著作者の権利と在り方）を主張するようになった。ミニスによれば、こうした権利についての中世の考え方は聖書の持っているような、究極の権威としての神性（Divinity）という「権威」に依拠していた（Minnis 1984）。このオーサーシップという概念の多くは、福音書の著者としての福音伝道者たちの人間としての役割に関する議論から出てきたものである。それら人間としての著作者には世俗的次元での書き手としての役割とともに、ある種の権威が認められていた。英語の「著作者」（author）はラテン語の「オークター」（auctor）を語源としているが、そのラテン語には「権威」があるというという意味の他にもいろいろな含意がある。ひとつは発案者あるいは第一当事者という意味、その他では正統で信頼性がある真実と誠実さという意味でも使われていた。

　信頼性のある作品であるためには、特定することが可能な有名な著作者が実際に書いた作品であることが確認できることが必要であった。ヨーロッパにおけるこのような人間中心主義的中世の時代に、オーサーシップは個人に所属するものとされ、しだいに著者の名前や格付けを表示する、公刊された文字テキストを意味することばになってきたと思われる。これには文書の創作とその影響の拡がりにとっての潜在的責任を明確にするという現実的効果があった。そうなれば、著作者の潜在的な権利および責務そして結果責任がともに大きくなるからである。

先に簡単に述べたように、こうして新しく登場した著作権と公表行為（出版）の実践は社会の環境と流れ、とりわけ、教育・学術機関のニーズと、教育を必要とした交易・行政管理・法律・医学といった分野での専門的職業の登場によって大々的に求められるようになった。宗教関係の著作者や宗教的に意見を異にする著作者が増えたことが中世社会において著作者が増え続けた理由のひとつだが、著作者たちにどれほどの表現欲求があり、影響力を与え、あるいは名声を得たい衝動、つまり個人的な使命感や願望がその原因であったかについては直接的な証拠がなく、不明である。意識的な作業としてのオーサーシップは書物の生産と、利用のための現実の流通過程のどこかに必ず存在するものだが、それを見つけ出すのは容易ではない。著作者の役割は筆写時代の後期に大きくなったのであり、とくに印刷時代に入ってから大きくなったものではない。16世紀半ばを過ぎても、職業的著作者の存在はあまり知られているわけではなかった（Hellinga and Tribe 1998）。しかもこの時期の著作者たちは作品に対する権利も金銭的な報酬も要求できなかったようである。ただし、複製された作品は売られ、著作者はその複製業者（producer）から報酬の支払いを受けていたと思われる。

中世の末期から印刷時代の大半を通して、著作の仕事に従事しながら生活の糧を得ることとはパトロンの世話を受けること、ないしは他の職業との兼業をすることを意味していた。著者が個々の作品について個人的契約を締結することはなく、新作には著名人への献辞が書かれるか、贈呈されることによって謝礼や報酬が期待されたのである。このやり方が効果的な公表行為となったこともあったが、中世後期になると、印刷業者はその経費を書物の販売や著者からの「印刷代金の支払い」で埋め合わせることを期待するようになった。こうした状況でのパトロンへの依存態勢は必然的に、公刊された作品がますます支配的イデオロギーに迎合し、世俗と宗教の両方の権力に従属せざるを得ない要因となった。

この時代、公表行為の自由の問題は社会的に明確に意識されていたわけではない。表現の自由という権利概念はなかったから、それが脅かされるとい

うこともなかった。エイゼンシュタインによれば、印刷は神の言葉を広める手段として、15世紀の教会によって広く受け入れられた（Eisenstein 1978: 317）。1521年までの神聖ローマ帝国、それより後の英国（England、イングランド）でも印刷物への検閲はなされていなかった。オリジナルテキストの複製や発行は、著作者の証明がないものには価値や信頼がないこともあって、当局が統制するということもなかった。特定の刊行物あるいは英国の宗教改革者ウィクリフ（J. Wycliff、1328-1384）のような著作者の場合は、政治と宗教の双方の権力から異端ないしは治安妨害的（seditious）とされたが、中世において権力が出版行為によっていかなる形においても脅かされることなどなかったし、印刷の登場がそうした権力支配に直接的な変革をもたらすようなこともなかった。しかし、未発達であったとはいえ、15世紀中ごろまでには書物発行とその流通の規模は格段に大きくなってきていた。しかも、それは宗教革命や西欧世界の地政学（geo-politics）的大激変のはるか以前に起きていたことであった。

書物の登場

この節のタイトル「書物の登場」（The Coming of The Book）は、フィーブルとマーティンによるヨーロッパ、とくにフランスと神聖ローマ帝国における印刷技術の影響に関するすぐれて独創的な研究（Febvre and Martin 1958/1984）から採ったものである。彼らの研究は印刷技術が中世社会とそれに続く近代社会全体のとらえ方に革命的な変化をもたらしたと結論づけた二人の学者、マクルーハン（McLuhan 1962）とエイゼンシュタイン（Eisenstein 1978）による、より有名な研究に先行するものである。印刷の社会的浸透度、書物や活字文化の拡がりがいかに深く大きくても、その第一世代と第二世代ぐらいまでの直接的な社会的影響は近代を基準に考えたとしても、その技術革新そのものの進歩ほど大きくはなかった。

過去を振り返って考えてみると、手書きの原稿と大量生産され規格化され

た近代のテキストとの違いは両者の間にはほとんど相関を見つけることはできないほどに大きい。しかし実際の変化という点では、1440年代に初めて印刷が行われた後も社会的変化はほとんどなかったといえる。それまで筆写本（manuscript books）を生産していた作業場はきわめて単純であったが、組み換え可能な活字による紙への印刷というきわめて生産力の高い技術が実用化され、大幅に生産効率が高まり、おそらくコストも削減された。書物生産と取引は新しくその中心となったドイツやフランスの地方では社会革新と連動していた。しかし、その他の地域での変化はそれほどでもなかったからである。

　また、書籍の需要と需要者にすぐ大きな変化があったわけでもない。筆写本の生産が止まることもなかった。印刷された書物の体裁もそうした手書き本をモデルにしており、両者はよく似ていた。書籍は従来通りのルートで輸送され、販売されなければならなかった。書物生産の大きな顧客、とくに教会関係機関がスケールの増大による利益を得るには時間がかかった。書物の題材の多様性はしだいに増大し、ドイツ語・フランス語・イタリア語・オランダ語・英語など、各地方の言語の本もそれまでよりも多く生産されるようになったが、本の種類に急激な変化はあったわけではない。印刷による影響の歴史的説明では、書物の取引全体がきわめて商業的なベースで行われ、しばしば巨大な資本が必要となり、新しく起業的側面も出てきて、それらに応えようとして小規模な独占傾向が出てきたという点とそれらの動きを強調しすぎる傾向がある。

　15世紀後半の印刷物発行の範囲とその展開規模はいくつかの点で目を見張らせるものであったが、社会的・文化的な革命につながるほどではなかった。国家権力はそれらが自分たちへの挑戦になるなどと考えることはなかったし、大規模な範囲で著作者たちを抑圧するようなこともなかった。しかし、教会当局は異端者による作品、その他の禁書を読ませない方策をとり続けた。検閲を行う機関は印刷技術の発明から80年後の宗教改革を前にして、その取り締まりの厳しさと影響力を増していった。印刷された作品のほとんどは

メディアの社会的責任の発生　41

すでにあった筆写本を基にするか、ラテン語その他の外国語からの翻訳書であった。しかし、その規模は驚くべきもので、フェーブルとマーティンによれば、1500年以前にすでに1万〜1万5千種類の原稿が印刷書籍にされたという（Febvre and Martin 1984）。こうした出版の成功物語は、主として聖書や祈禱書印刷の大量発注によってもたらされた。歴史学者たちは段階的に変化が起きたことで意見が一致しているようだが、活版という新たな生産方式によって急激な量的増加が起きたということに間違いはない。エイゼンシュタインによれば、15世紀後半だけで、紀元330年以降にヨーロッパ全体で作られた写本の数を上回っていたのだ（Eisenstein 1978: 45-6）。

　ヨーロッパにおける印刷はしだいに、その他の面でも利益の得られる活動源となり、多くの新たな専門市場の形成を刺激した。最初に大きな成功をおさめたのはトロイの物語などの騎士道物語や歴史的な英雄伝など、構想力に富んだ大衆向けのフィクション、次に、大陸ヨーロッパでのマルティン・ルターのような宗教改革者の著作の出版であった。ルターによる翻訳聖書は1522年に出版され、フェーブルとマーティンによれば、16世紀前半にはおそらく100万部以上売れ、後半にはさらに多くが売れたという。また、フランスと神聖ローマ帝国では、宗教改革とそれに関連した宗教的議論についての書物の出版と取引が莫大な利益をもたらしたから、出版を規制する厳しい法律さえほとんど影響力を持たなかったという。いろんな理由があったのだろうが、新しい思想に向かう印刷という専門職業への一般的な支持があったということよりも、それぞれの地域言語で書かれた宗教改革者に関する著作への人びとの渇望があったということにいっそうの注意をはらうことが重要であろう。

　16世紀半ばから後半にかけてのフランスやドイツは宗教改革に向けた人びとの運動が最も盛んになった時期で、書物の印刷・販売・輸入取引は禁止され、危険であったにもかかわらず、宗教的異端かつ現状打破的な文献への需要が衰えることはなかった。法律はたいがい抜け穴だらけで、書籍取引の大物には適用されず、小規模な印刷業者や取引業者たちが犠牲になった

(Febvre and Martin 1984: 307)。著作者は出版元（publishers）よりも処罰を受けやすいのだが、禁書とされた文献の多くの原著は外国で出版され持ち込まれたものであった。この時代の英国はヘンリー8世からエリザベスへの宗教的忠誠の移行期で、印刷物の統制は中央集権的で、より効率的に行われた。印刷物とその配布の統制は基本的に、1557年に組織されたステーショナー社（Stationer's Company）による交易カルテル（trade cartel）によって行われるようになり、この組織が書物の印刷・出版・販売のすべての側面を実質的に規制する役割を果たしていた（Johns 1998）。

　王室体制と1662年の王政復古（訳注：Charles 2世の復位）で終了した清教徒革命との間の長い政治闘争の期間、英国の書籍出版はだいたいにおいて、ステーショナー社の協力を得た当局によって統制されていた。しかし、規制できないほどにあふれるパンフレットやポスター、手紙などはじつに膨大な数にのぼり、言葉や思想闘争を活発化していた。ジョンズによれば、当時、出版物の規制は商業上の積極的な利益になるということで歓迎されただけではなく、広範な書物利用者、たとえば、学者・法律家・科学者、そして著作者たちからも社会的認知と信頼性が得られると考えられていた（Johns 1998）。このことにも私たちは留意しておきたい。

　自由の程度には時代による盛衰や形態的多様性があるのだが、17～18世紀のヨーロッパと新大陸アメリカでは、需要と読者の増加を背景に本の印刷と出版は量的にも分野的にも拡大し続けた。著作権（copyright）は18世紀にしだいに確立されてきたが、著作の報酬も法的な保護も限られていた。そのため、最初のうちは影響力のあるスポンサーや政治的、社会的支援に頼らざるを得なかったのだが、著作業はしだいに専門的な職業として社会的認知を受けるようになってきた。印刷物に用いられる言語もラテン語から各地域の通用言語になり、その内容もますます世俗的、非宗教的なものに広がってきた。印刷技術も質的に向上したが、16～18世紀の間、生産規模はほとんど変化せず、15世紀後半でさえ、数百部という印刷部数が一般的であった。書物のビジネス全体にも同様のことがいえた。中世の大学の周辺の小規模な

作業所でおこなわれていた筆写・製本・販売のやり方がその規模を大きくし、金銭的・政治的重要性を持つようになっただけのようにも思われる。半面、印刷物の検閲と発行禁止を行う当局の能力は拡大したが、同時に、そのやり方は本の商業取引に関わる者たちすべてから批判され、評判が悪かった。

印刷に関する概念の発展

印刷の登場はアカウンタビリティ概念の変化にいくつかの影響を与えたが、変化自体は急速でも突然でもなく、印刷技術に直接起因するものでもなかった。第1の変化は、著者の役割がより明確に定義され、認識されるようになってきたこと。カウファーとカーレイが述べているように、印刷が始まる前は、「教会や政府の利益に反しているとされない限り、個々の著者の役割が明らかにされることはなかった」(Kaufer & Carley 1994: 136)。著者名の明記が進んだことにはさまざまな背景要因があったのである。その中には著作者と版元に法的責任や対社会的責務の自覚とその履行を求めようということも含まれていた。新たに出現した作家集団の評価や芸術的・科学的達成とそれらの賞賛の他に、著作者たちはますます多くの物や金銭を報酬として受けることができるようになった。第2の変化は、オーディエンス、つまり書物を読み購入する一般市民が増え、特別専門分化した市場が形成されるようになったということである。

第3の変化は、それ自体は目新しいことではないが、正統性 (authenticity) や信頼性 (reliability)、権威性 (authority) という点に関し、テキストそのものへの注目が高まったことである。ジョンズによれば (Johns 1998)、印刷が標準的になっても、印刷の版によるテキスト内容の違いの問題が解消されることはなかったばかりか、新たな間違いなどの不具合が起きてきたし、この種の産業に必然的に起きる「海賊版」(無断印刷、著作権侵害) や盗作といった問題も増大した。聖書やその他の聖典のように神から直接与えられたとされる作品を除けば、印刷物がしだいに獲得していった地位は短期間に確立さ

れたものではなかったのである。印刷時代が始まる前は、書かれた言葉は「凍った発言」(frozen speech) といわれ (Kaufer & Carley 1994: 169)、話し言葉よりも価値が低いとされていた。人びとに読み書き能力がなかったため、書かれた文章はあまり使われず、口話コミュニケーションのような双方向性 (interaction) も欠いていた。また、書き言葉の場合、それを直接に研究した学者以外の者には信憑性や著者が誰かを確実に知ることはむずかしかったからである。いずれにしても、書物と読書習慣の登場とともに、社会が新たなコミュニケーション概念を持つようになったことだけは確かであった。書物による仲介によって著作者との新しい関係の展開が可能になったからである。

こうしてテキストはしだいに、社会的言説の媒体としての確固とした信頼性を持ったものとして近代の位置づけに近い所に立つことになった。書かれたものが、実際にその著作者が口頭で主張したり認めたりすることよりも本人の意思を表し、著作者を代行できる確実なものとされるようになったのである。エイゼンシュタインのコメントに従えば、印刷物発行の役割とは意味を定め、それを永久化しようとすることである (Eisenstein 1978: 113)。少なくとも、印刷された文書は手書きの文書に比べ、はるかに大きな流通性と長く生き残る可能性を持っている (注2)。また、テキストは独立した媒介物として、良いものにも悪いものにもなり得る力と影響力という属性を有している。こうしたさまざまな要因によって、書籍はそれを受容する様々な人たち、それから影響を受ける人たちによって監視、統制される対象となったのである。最近の理論、とくにポストモダニズムの議論では、書籍に対するこのような見方の妥当性や適切性が批判されるようになってきた (Kaufer and Carley 1994) が、一般論としても、コミュニケーションを規制する側の態度としても、依然として、こうした見方が主流である。

印刷や刊行といった部門別の行為よりもさらに根本に関わることだが、書物の登場による意見や思想の公表が形を整え、伝播され、議論の対象とされるようになったことと、しだいにより大きな公共圏もしくは公共領域 (public sphere or domain) が形成されるようになったこととは間違いなく密接

に関係している。16世紀の宗教革命というヒューマニズム運動から出てきた、多様な形態での新たな公共的思想の発表手段としての出版の役割はその時代から今日まで、きわめて重要なものと考えられ、以下に述べるように、印刷そのものの特徴を支えてきた。おそらく、この時代の書物の中で最も重要な概念の発展は、ジョン・ミルトンの『アレオパジティカ』(John Milton: Areopagitica 1643) に代表されるような、政府による思想統制に正当性があるかどうかを問うものに見られる（第8章参照）。強固な個人的信念を印刷という形式で表現し流通させることがしだいに書籍出版の意義の中心的なものとなったということだが、悪質で間違っており、名誉毀損的で有害な出版物を禁止し、処罰の対象とすることには正当性があるという従来からの考え方も共存していた。

新　聞

　本質的な意味でのニュースという概念（idea）は共同体としての社会生活あるいは言語の発生と同じくらい古いはずである。書かれた「ニュース」の起源はローマ時代の「アクタディウルナ」（Acta Diurna、シーザー1世時代の官設の掲示板）にまで遡れるが、その概念は、新聞、その後の放送で例証できるように、近代になって新たな局面が加わり、意味としての大きな更新がなされてきた。近代の新聞の起源はヴェネチアのコラント（corantos）のように時事的な出来事の説明をする、16世紀後半に流通していた時事通信的ニュースレター（newsletters）にあるとされる。これらは主として、交易や商取引に関連する直近の政治・軍事についての事実情報を伝えるものであった。しかし、16世紀全体を通して、主として口頭ではあったが、多かれ少なかれ公開の形で、印刷や手書きの手紙・時事情報本・パンフレットといった実に多様な媒体経路（channel）によって、多様な関心とニーズに応えられる説明情報（accounts）が出回っていたという多くの証拠が残っている。

　そうして流通した素材の中には、とくに外国の権力との紛争についての支

持を得るためのプロパガンダ (propaganda、宣撫工作) という公的な目的をもつものも含まれていた。17世紀初めにアムステルダムで発行された萌芽期の印刷新聞の特徴は定期的な発行で、当時の出来事を含め種々雑多な内容を掲載し、社会的・商業的な機能を果たしていたという点にあった。英国やドイツをはじめ、どこの地域でもこうした新聞が発行されはじめていた (たとえば、Schroeder 2001を参照)。だが、たとえそうであっても、ニュースと印刷の関係が絶対的であるわけではない。アサートンによれば、17世紀の大半の期間、英国では手書きのニュースレターのほうが印刷されたものより信頼でき、新しい内容が含まれ、正確で、検閲の度合いが少ないとの理由で、より重要な形式だとされていた (Atherton 1999: 40)。英国では印刷された定期発行新聞は17世紀末まで登場しなかったため、手書きのもののほうがはるかに多かったのである。

　バランによる結論は、17世紀の英国では印刷と手書きのニュースレターが同等の勢力として共存状態にあり、「印刷新聞が手書きのものよりも世論形成に大きな影響を与えたという証拠はない」ということである (Baran 2001: 4)。手稿をコントロールすることのほうがむずかしかったが、いずれについても、国家への批判は処罰の対象となっていた。一般的にニュースレターは高い地位にある人について書かれたが、その内容は英国中に口頭で広く伝えられたり、さまざまな公共の場所 (public spaces) で読み上げられたりした。

　初期のあらゆる印刷形態のニュースは書物がそうであったように、しばしば検閲の対象になっていたが、その半面で、さまざまな形で政府からの資金援助を受けるということもあった。ただし、オランダ共和国だけはこの例外であった。また大陸ヨーロッパの場合、こうした援助は都市自治体当局によっても行われていた。17世紀末になると、ドイツのほとんどの大都市にはそれぞれ独自の新聞があり、その多くは週1回以上の発行であった。このような新聞は行政担当者たちの知的情報レベルを上げることに貢献したし、その他の公共的な影響を与える潜勢力も持っていた。これらの新聞は日常的に

検閲の対象となっていたが、新聞そのものが特定の目的による政治的話題の取りあげ方をするようなことはなかった (Schroeder 2001: 147)。

英国では17世紀の前半、議会の議論に関する情報を含む国内ニュースを印刷、発行することは禁止されていた (Levy 1999)。そのため個人で公表行為のできる手書きのニュースに人気が出たと同時に、印刷物は官憲の検閲を受けやすいということがその限界の一つとして社会的に知られることになった。このような状況は17世紀の英国だけではなく、地下出版物 (samizdat) の発行を促したソビエト時代の検閲制度にも当てはまる。現代の研究文献の教えるところでは、こうした初期時代の活版印刷ニュースの評判はそれほど高くはなく、せいぜい、単なる「うわさ」のレベルよりはちょっとはましとの評価であった (注3)。印刷されたニュースには外国の出来事や国内の危機などが掲載される傾向があったが、定期発行ではなかったし、一般的に利益を目的としたものでもなかった。しかし、1620年代のアムステルダムでロンドンへの輸出用に英語で発行された印刷ニュースや、当局によるガゼットに先行して発行された1660年代の商業的ニュースレターのような例外もあった。

ニュースその他の自由な流通に対する教会や国家当局の疑念や、様々なやり方での抑圧の証拠が数多く残っているにもかかわらず、情報の自由伝播が国家を全体として転覆させるという目的を持っていたり、有害な影響をもたらしたかどうかについては確証がない。アサートンによれば、ニュースの多くはその社会的評価にふさわしい階層の人びとの信頼度を期待する「顧客に受け入れられる言説」(discourse of patronage) の範囲内という制約のなかで作られていたということである (Atherton 1999)。さらには、17世紀のニュースの多くは、社会的地位が高い人びとや収入の多い人びとの間で流通したのであって、大衆向けのものではなかった (注4)。また、それらの多くは愛国主義的あるいは現行の秩序維持的な傾向をもち、そのため国内では議論になりにくいような外国の出来事を取りあげていた。公的な立場から危険があるとすれば、独立した民衆の立場が表明され、それが煽動に利用されることであ

った。新聞報道（newspaper press）が明らかに党派的で論争を巻き起こすような役割を果たすようになったのは、英国では18世紀、大陸ではそれ以降であった。

　書物に代わり得る重要な印刷物としての新聞を検証すると、そこにはいくつかの欠かせない要素があることが分かる。第1は、印刷された新聞が持つ共通の特徴で、定期的に発行されていること、非政府組織の発行であること、一般大衆（読者）向けの時事問題の情報源であること、国家や政党のためのプロパガンダから人びとの注目を集めることが出来るある程度中立的な事実に至るまでのいくつかの特性や目的を持っていること、等である。このことから新聞発行者については、印刷の初期あるいは印刷以前の時代から書物の発行者が著者にとって印刷物製作者とその代理人であるという一般的な概念とは違い、情報選択とコミュニケーションプロセスにおける活発な行為者という情報公表者（publisher）であるというイメージとして捉えるべきだということになった。新聞の発行／編集という役割はそれ以前までの著者・国家・社会の三者の相互関係に対して、社会の新しい自律主体としての責任ある行為者（accountable actor）の出現をうながしたわけである。このような役割は19世紀に、急進的で党派的、そして後に革新的な新聞、そして多くの国のリベラルなブルジョア新聞がおずおずと採用するようになったものである。こうして近代の新聞は自身の報道でそのように標榜してもいるのだが、自分たちには積極的かつ意義ある仕方で社会との関わりを持つのが望ましいという振る舞いをするようになる。しかし、これは必ずしも情報の客観的な運搬人であるという役割と矛盾しているわけではない。多くの初期の新聞の名前には（現在でもそうだが）、多種多様な公共的役割（public roles）の担い手であるという意味の語が使用されている（注5）。

　第2に、いくつかの都市や国で見られるようになった比較的自由で検閲のない新聞と、ハーバーマスが仮想した「公共圏」（public sphere）の出現には関連があるということである（Habermas 1962/1989）。この時代の「公共圏」がどれほどのものであり、ハーバーマスのいう概念の歴史的正確度がどの程

度のものであれ、17世紀後半から18世紀初めにかけて、この用語でまさしく表現されたものが出現したことに疑いはない（注6）。ロンドン、ハンブルク、アムステルダムといった、商業・政治・法律の活動が活発で自由の幅が大きい都市では、ニュースが出回り、ニュースレターが発行され、社会問題に関する意見がオープンに議論されるようになっていた。19世紀のヨーロッパではますますそうした環境が整い、ジャーナリズムが改革や全国的な自由化運動に不可欠な役割を担うようになった。このことから、現在ではそれ以上にその度合いが増しているとはいえ、当時のある種の新聞のモデルが多様な考えや情報が公表され、比較され、議論される公共空間や公開の議論の場（public arena）であったと理解してもあながち的はずれではあるまい。

18世紀には新聞は社会制度に組み込まれ、多くの圧力に従順になっていくのだが、当局にとっての新聞は、書籍に比べて社会に直接的、つまり潜在的により大きな影響力があり、かつ従来的な事前検閲では統制がむずかしいということから、脅威の度合いが大きくなったと捉えられるようになった。新聞のもたらす危険性はニュースや意見の直接的な伝達とその現実立脚性（アクチュアリティ、actuality）、危機が起きたときの迅速な報道、より多くの人びとへの接触とその利用の大きさ等から来ていた。書籍と比較して新聞に顕著な特徴は、その仕事が一人の著作者ではなく団体や組織によってなされ、たとえ従来的な法律による規制対象となったとしても、公表内容についての責任所在が拡散しており明瞭な特定がむずかしいところにあった。

新聞は初期の時代から、評判や権威、信用という点で書物の後塵を拝してきた。19世紀にはエリート新聞がこのような低い評価から脱却しようと努力したが、新聞というメディアは、センセーショナルで、信用に値しないという汚名を完全に払拭することはできなかった。20世紀になると新聞はその影響力をますます増大させたが、その社会的評価は不安定であった。新聞はそのような状態を保ちながら21世紀まで無傷で生き延びてきたが、内容的にはいまだに両義性がある。その理由は間違いなく、新聞が高貴なもの、悪いもの、卑俗なものが混在した記録の反映となっていることであろう。

こうした議論のなかで次第に新聞改革が具体化してきたのは、新聞の印刷／発行者による名誉毀損行為を対象とした読者からの申し立てに対応する民法の制定が始まったからである。そこから、出版／公表行為と読者市民とのあいだのアカウンタビリティを介した新しい関係を整える必要が出てきた。16-17世紀の新聞の免許制度や検閲システムは主として教会や国家への侮辱を取り締まるために行われ、個人に対する侮辱への苦情対応は可能ではあったが十分ではなかった。一般的にそれなりの公的な理由をつけて、印刷物を利用して他人の評判を傷つけるという行為の可能性は当時にも大いにあったし、実際、そうしたことがしばしば行われていた。ポスターやリーフレットのような印刷物の類は16世紀後半の英国では「名誉毀損」をするものだと人びとは考えていたのである（Atherton 1999）。18世紀には、ニュースレターや新聞による個人攻撃はしばしば見られるようになり、現在の基準からいえば、それらの行為は名誉毀損での起訴対象になり得るものであった。一方で、しだいに国家による新聞統制の正当化がむずかしくなり、民法への依存の必要性が高まってきたため、公表行為者（なかでも新聞が最大の行為者）による他の社会構成員に対する責任が明記されるようになった。このような展開は憲法上のプレスの自由規定や、表現の自由の制限を認める各種の人権宣言に挿入される条項として反映されるようになってきた。

近代のマスメディア

ここまでが19世紀までのマスメディアの歴史だが、一般の人びとはそれ以後にマスメディアの歴史の90％が起きたと考えているであろう。しかし今ここでそれ以後の経過を詳しく述べるつもりはない。この本で取り扱う主題について必要な条項を過去100年ばかりに起きた変化からまとめておけば十分であろう。それらの多くは私たちにはすでになじみ深いいくつかのキーワード、とくに大規模化／大衆化（massification）・多様化・産業化・商業化・制度化（institutionalization）・グローバル化といった言葉で表現すること

ができる。これらの変化はおおよそその順番で起きてきたものである。19世紀における読み書きのできるオーディエンスの増大に対応した印刷メディアの拡大は技術その他の社会革新の結果であった。それまでは聖書などの宗教的作品を除けば、社会の多数の人びとという意味での「一般市民」（general public）を本当の対象にして発行されたものはなかったのである。

　1900年以降、コミュニケーションはそれまでの形式をしのぐ大量生産と大量配布を特徴とするようになる。それにともない、コミュニケーション行為は複雑な組織や官僚制、多くの雇用と利益をもたらすようになった。それ以前の公共コミュニケーション（public communication＝外部に公開されたコミュニケーション）は常に財政基盤が弱く、オーディエンスの要求や著作者側の都合、政治的統制や圧力に左右されることが多かった。しかし、大新聞化とそれに伴う革新によって、公共コミュニケーションはきわめて大きな利益をもたらすビジネスとなり、経済的なモチベーションを刺激し、市場規律（market discipline）が完成し、集中とその規模の拡大の典型的な効果も表れ、ニュース・映画・音楽などの多くのメディア商品のグローバル化につながった。

　メディアの社会制度としての定着（institutionalization）については、とくに19世紀の自由主義・民主主義革命以来のメディアは、社会的・経済的・文化的生活において欠かすことのできない役割を果たす社会機関とみなされるようになり、その結果としてさまざまな形で尊敬されたり、怖れられたり、統制・価値評価されたり、批判の対象となったりしてきた。文書にこそされなかったが、社会的に認知され、保護されるようになり、その見返りとして、メディアの側はそれまでの批判性を薄め、より社会と一体化する（conformist）ようになった。この変化の原因のひとつは、権力側との取引による代償でないとすれば、自らの影響力が拡大したという事実の自覚による結果であると考えられる。またそれは市場によって課された制限の反映ともいえる。市場では広い意味で社会に適応しているほうが通常は利益を得やすく、財政的なリスクを背負わなくてもよいからである。

だが、メディアは生誕時の品の悪さを完全に払拭できたわけではない。しかし主流メディアが総体として尊敬されることを欲し、それが実現するにつれ、プロフェッショナル化が進行し、社会的責任を果たすようになってきた。といっても、急進的で破壊的かつ下品なそれまでの印刷メディアの特徴が消えたわけではなく、現在の多様化した市場枠組の中で許容される多様な形態、たとえば、センセーショナルなタブロイド紙、ポルノ、プロパガンダ、風刺、政治的過激主義、前衛主義（avant-gardism＝アバンギャルド）といった形で社会制度の中へ取り込まれてきた。もしそうならなかったとすれば、それらは変転する合法性や民衆の社会的承諾基準に対応できず、周縁に追いやられ、排除され、当局に追われる存在になっていたであろう。しかし、この社会制度化ということは公共コミュニケーションのすべてが権力の複合体構造（power complex）に組み込まれることを意味するのではなく、「主流」メディアが現行の支配体制（establishment）や官公庁の立場、いわゆる「国益」について、支持するとまではいかなくとも、それらを尊重する立場を採る傾向があることを意味している。

重要概念の再定義

オーサーシップ

マスメディアの台頭がオーサーシップ（著作者の在り方）に与えた影響には二つの相対立する面がある。一方で、それは著者が版権の所有者であることと、著者個人に法的責務を履行する義務があることをはっきりさせたことである。書籍市場においては一般的に、有名な著者はマーケティング戦略の要であり、著作の広報（publicity）は著者個人を表に出して行われる。他方、多くのメディア製作においては、著作者の概念は希薄、あえていえば意図的に曖昧にされるという面がある。オーディオビジュアルや音楽というコミュニケーション分野では新しい種類の著作者（ディレクター・プロデューサー、調整担当者やカメラマン、その他多くの職種）が登場してきており、この分野

の作品・番組の多くはチームやプロダクションなどの集団製作によるものである。多くの新しいメディア形態において、出演者やスター（あるいはメディアパーソナリティ）の存在もまた、作品の原著者の姿を後ろに隠す役割を果たす傾向にあり、作品そのものの成功や失敗あるいは発表によるもろもろの結果責任がどこに帰属するかを曖昧にしている。

　アリストテレスによって最初に概説された古典的な意味におけるオーサーシップというものの第一のあるいは主要な性格を特定するのはさらにむずかしい（注7）。こうしたメディア環境におけるこの概念的後退についてはさておき、メディアによる提供情報の重要な要素としての「著作者」は誰かがまったく示されておらず（例：ニュースの多くや広告のすべて）、通常、その責任は集団としてそれらを配信するメディア組織や企業にあるとされるようになってきた。こうした状況下では、アカウンタビリティの中心点は著作者個人から、総合的なコンテンツ（generalized content）特性（例：組織的に発生する片寄り）やメディアの構造（例：形式的統一性をもたらす集中の諸条件）へとシフトしていくことになる。

公表行為

　公表行為の特質もまた、文字通りのマスメディアとしての大変なスピードや規模による活動という物理的な事実とともに、上述のような動きに伴った変貌を遂げてきた。またある局面では、著作者たちやプロダクション組織の作品がしばしば、計画された広報つまりメディアによる本来の公表行為の前後に、販売や配信、展示あるいは公演として公開されるというケースもある。原稿執筆から印刷作品の流通までの一連の仕事の分担が活版導入の初期には曖昧になっていたのだが、今度はどういう内容の原稿を生産工程に乗せ、流通させるかという、ある種の組織化された「ゲートキーパー」が公表行為者として明確になってきたということである（注8）。だが同時に、このような形での公表に際してのさまざまな決定は分野ごとに細分化され、じつに多様であるが、表に出てくるときには編集長、メディア企業のオーナーや経営の

最高責任者の仕事にされるようである。それらの決定権は作品の生産者ではなくメディアの流通管理者に握られ、すでに発行、公的に流通している作品の再公表（再放映等）にも適用されるのが普通である。上述したような「オーサーシップ」の概念的変化とともに、マスメディアにおける公表行為について著作者が自己決定できるという原理的意味合いが大きく減少してきているということである。

　最新のマスメディアであるインターネットは情報源の不安定という問題を大きくする新しい原因となっている。一方で、インターネットは個人の著作とその公表をほとんど意のままにできるようにしたが、それがどれだけの人びとに拡がり、影響し得るかは定かではない。他方で、それはコンテンツの流れをコントロールすることで利益を上げ、コンテンツを流通させることで公表行為者としての責任を問われる危険にさらされるサービスプロバイダーや検索エンジンなどの「ゲートキーパー」の役割を曖昧にしてきた。多くの目的からいっても、インターネットは単なる「キャリアー」（伝送経路）として扱ったほうがよいのであろう。しかし、こうした不安定さはメディアとしてのインターネットが多くの機能をもっているということでもある。これらの諸点の検討は第5・14・15の三つの章でおこなうことにしたい。

責任とアカウンタビリティ

　この時点で、歴史的観点から言っておくべきことは少ししかない。オーサーシップと公表行為についてつけ加えておくことがあるとすれば、個々人の著作者にとっても外部から見ても公表行為についての責任が捉えにくくなったということである。理由の第1は、一般論としてだが、法律ならばその適用が可能でありさえすれば実務的な解決法を見いだせるとしても、アカウンタビリティという目的を持って責任の所在を明らかにしようとすればすぐ問題が起きること。第2は、著作者はもちろんのこと、編集者にとってさえ認識しているオーディエンスや社会にたいする責任の遡及範囲がますます曖昧になってきたということである。著作者たちがマスメディア向けにした仕事

は通常、事前に完成され、その配信やオーディエンスによる受容は彼らの手を離れた形で行われる。オーディエンスからの反応やオーディエンスへの影響はさらに遠いところで起きる。たいていの著作者にとって、たとえある作品の原著者であることが明示されてはいても、もっとも抽象的な意味合いを除けば、特定のオーディエンスに直接話しかけることは困難だし必要だとも思われない。もし著作者個人としての責任がそこにあるとしても、市場における成功や面倒な随伴的問題のために独自の責任概念や基準を持ちたいメディア製作者や配給組織が間に入り、両者を隔ててしまっているのである。

　ところが、マスメディア組織の近代の形態は、「誰に対する責任なのか」という新たな問いに答えざるを得ない状況をもたらすようになった。これまでのメディアの歴史では禁止されたコンテンツの問題を別にすれば、このような問題に取り組む必要性も緊急性もなかった。以前は多くの場合、著者たちが自分でその答えを出せばよかったわけで、その際に留意すべき対象といえば、それによって満足したり不愉快に思ったりするパトロンや関係グループ、利害関係者だけでよかった。今もそうだが初期の印刷業者は、自らが政治や宗教に関係した目的を持っていないかぎり、そうした設問を想定していたとはとても思えない。しかし、初期の印刷業者はある特定の出版物に出資しその販売如何に大いなる関心をもって見守っているものにたいする責務をしばしば感じていたに違いない。現代メディアにおいては、責任は何のためにあるのかということの意味は通常、よく理解され明確であるが、それは現実的な要請に対するものに限られている。メディアの製作者たち（media producers）は、しばしば多様な消費市場・株主・広告業者などの顧客として可視化されるオーディエンスという視点からそれを考える。しかし責任というものはそれらを越えて、制度化された社会的もしくは法的な責務を有する、つまり社会にたいして拡がっているものなのである。

小　結

　応答責任（answerability、答責）という意味での表現行為のアカウンタビリティ概念は、これまで概観してきた時代に急速な発展をしてきた。その変化は主として、意味そのものや、それが提示され、要求もしくは要請される状況の多様化という形で起きてきた。原理的にいえば、アカウンタビリティは宗教的権威に対する責務、学問や継承されてきたテキスト（文章や絵図素材）としての智恵の総体に敬意を払うべき責務に起源を持っていると考えられる。個人の考えと個々の良識がこのような意味と、著者が関与する芸術や科学、宗教や哲学における、より広い真実の概念とを結びつけ、拡大してきたということである。16世紀から18世紀にかけて、政治的・宗教的闘争に印刷物が使われたことにより、アカウンタビリティはまず国家や教会に対して責任を負うものとなり、最終的な処罰と永久的な統制と恫喝的効果を持つものとして極刑が用意されていた。

　これらの条件の延長線上において、あらゆる種類の印刷物取引が盛んになり、アカウンタビリティという考え方が読者やパトロン、投資家にも広がった。出版（＝公表行為）の自由が拡大することで当局からのもっとも深刻な脅威は取り除かれたが、「社会」に対する責任（responsibility）と、有害な影響に対するアカウンタビリティ（責任の履行）という新しい考え方が出現したわけである。近代マスメディアの時代はこれらすべての要素に新たな装いをさせ、メディアに対してアカウンタビリティを求めることによって、その潜在的要求者を作り出した。そうした要求者には公益を代表して行動する政府、政党や運動、広告業者やロビーイストたちが含まれ、現在では「情報操作者」（スピンドクター、spin doctors）やニュースの管理者（報道を面白くする人、news managers）などまでがその範疇に入る時代になっている。

注

(1) エイゼンシュタインはフランシスコ派の聖ボナベンチャー（Franciscan St. Bonaventure）が13世紀に書いた文章を引用している（Eisenstein 1978: 121）。それによれば、本を作ること、つまり執筆については四つの方法があったという。第1は、他の作品を正確に複製することである（筆写の仕事）。第2は、他の著者の作品を利用しながら、その他の作品に書かれていることをそれに加えることである（編纂の仕事）。第3は、他者の作品を複製しながら、それに自分自身による説明を加えること（コメンテーターの仕事）。第4は、自分自身のオリジナル作品を書き、他の著作者による文章を利用し付け加えること（これがラテン語でauctor、著作者の仕事）。だが、これらの四つには純粋な著作という作業が出てこない。「オーサーシップ」の意味が定まらなかった原因の一つは、真の著作者についての議論は聖書や他の神聖なテキストだけになされるものであったからであろう。

(2) 印刷物発行の影響例として、エイゼンシュタインは"Malleus Maleficarum"（『(魔女への鉄槌)』）という悪魔研究の百科事典を挙げている。これは、ドイツにおける魔法の廃絶を呼びかけた二人のドミニコ修道会の宗教裁判官によってまとめられたものである。この本は1486年に発行され、6年間で9回も改版増刷されたばかりか、16世紀初期には翻訳版が英国を含む各地に出回った。

(3) これは英国には適用できるものだが、17世紀のドイツの新聞のコンテンツと歴史記録の分析に基づいた最近の評価では、「原則として、初期の新聞は完全に信頼できる情報源であったということができる」（Schroeder 2001: 147）ということである。

(4) 先述した17世紀のドイツの新聞各紙の発行部数は1640年代、200から240部であった（Schroeder 2001）。

(5) 新聞が自らに割り当てた社会活動領域での役割は、初期の新聞の名前に反映されており、多くは現在でも使われている。それらはじつに多様であるが、ヨーロッパ系の言語で、繰り返されるテーマは比較的少数である。新聞の価値と目的がその名前から判断できるものは以下のようである。

①アクチュアリティ（actuality）と継続性（continuity）：The Times; Today; Journal。'Daily', 'Morning' もしくは, 'Evening' などが先頭に付くもの。Courant; Almanac など。

②情報運搬者：News; Intelligencer; Messenger; Chronicle; Courier; Informer; Advertizer; Reporter; Circular など。

③発行場所の表示：都市・地域・国の名前を前置詞的に付けるもの。

④世界の情報を網羅：News of the World; Globe; Planet; Universe。

⑤速さ：Express; Mercury。

⑥目覚まし（wake-up call）：Clarion; Bugle; Drum。

⑦出来事の先導者：Herald; Crier; Leader。

⑧人びとの味方：People; Humanite; Labour; Citizen; Worker。

⑨人びとの声・代弁者：Voice; Echo; Tribune; Word。

⑩情報配達者としての業務に関係：Mail; Post; Telegraph; Despatch; Messenger。

⑪後見人：Guardian; Argus; Sentinel。

⑫信頼性：Truth; Record; Ledger; Gazette; Tablet; Mirror; Trust。

⑬自由（'Independent' や 'Free' を含むタイトル; Liberation など。

⑭観察・監視の役割：Examiner; Inquirer; Observer; Monitor; Eagle など。

⑮象徴・指針：Flag; Standard; Leader。

⑯知性（Light）の源：Sun; Star; Spark など。

⑰テーマ別ガイド：政治、金融、スポーツなど。

(6) レイモンドは、1694-5年のロンドンで見られたという、ハーバーマスの公共圏のケーススタディの歴史的正確性に疑問を抱いている（Raymond 1999）。彼は、当時の実際の新聞が批判的な議論や世論形成に積極的な役割を果たしていたとは信じがたいという。だが、たとえそうであっても、新聞は、その公開制・定期発行性・雑多な内容という点から全体として政治的議論を促進したといえる。

(7) ミニスは著作者（author もしくは auctor）の概念について、アリストテレスの用いた四つの理由を援用して以下のように説明している（Minnis 1984）。第1に重要な要因はテキストを外部へ出すエージェント（代理行為者）であること。

第2は、そこで使用される素材と物理的な関係を持っていること。第3は、公表のスタイルや構造という形式との関係があること。第4は、その作品には何らかの目的あるいは狙いという「最終目標」があること、である。

(8) このテーマについては、たとえば、シューメーカーによる検討など(Shoemaker 1991)、マスメディアの理論や研究に関する多くの文献がある。そのプロセスにおいては、さまざまな選択基準に従って、流れ込むコミュニケーションをフィルターにかけるという連続する決断を強調する傾向がある。それらの基準には組織的な利便性、オーディエンスにとっての関係性もしくは利害、コストや収益性といったものが含まれる。

第Ⅱ部　メディアの規範理論

第3章　公表行為と公益：メディアの責任の起源

はじめに

　責務（obligation）・義務（duty）・責任（responsibility）のいずれも、たとえ基本的な動機の多くを説明しなくとも、オーサーシップ（authorship＝著作者の在り方とマナー）と公表行為（publication）との密接な関連のなかで成長してきた概念である。印刷の登場以来、公表行為としての出版活動は、個人の虚栄心から宗教の布教、国家利益の促進に至るまでの広範な動機を背景にして営まれてきた。また出版（＝公表行為）は著者のリスクと他人を傷つける可能性を伴うものであった。こうしたことを背景にして、社会との関連の中でのマスメディアの権利と義務、マスメディアが尊重すべきだと期待されている価値観についての思想体系がしだいに出来あがってきた。それらの価値のいくつかは倫理と個人の道徳に関連したものだが、それ以外は「公共的」という性格（公共的特徴、public character）を持っている。本書が強調して取りあげたいのは後者だが、たとえそうだとしても、両者の間には明確な境界線などなく、制度としてのメディアの社会的役割は著作者個人のそれとは違い、公表行為の中心的役割としての行為と活動に対し必然的に公共的性格を持たせることになる。

　公表行為に適用される様々な「責任」の意味については第9章で詳しく検討するが、さしあたりの定義としては、社会が公益として期待することのすべて、あるいは有害性を回避するための命令とでもしておけば十分であろう。この定義は外に向けて開かれたものになっており、たとえば、真実性

(truthfulness)・独立・公正・品位（decency）といったことへのメディアの責任に関連した内容を指している。さらには、外部から課されたものか自主的に受け入れたものかは別にして、あらゆる責務の起因とその強さに関わる諸問題がここでは想定されている（注1）。メディアの責務の概念は体系的ではなく、時と場所、周囲の環境によって決まることがしばしばである。またときには、相矛盾していたり、イデオロギー的な動機があることもある。にもかかわらず、あるいはそれ故に、メディアにその自己責任をとるよう求めるあらゆる期待の断片をできる限り集めようとすることには意味がある。

　絶え間ないコミュニケーション技術の発明と活用のプロセスを引き継いできたメディアという社会制度は、ひとつの統一体としてしばしば扱われるが、一体的なシステムとして出来ているわけではない。メディアには人びとに合意され、受け入れられた「社会的目的」などはない。メディアは社会にとって重要な役割を果たしているが、それは自らが存続するという主要任務の付随事項にすぎず、そのために専門の様々なスキルや知識を活かしながら、他人の公共的表現（public expression）のための手段を提供し、メディアの「消費者」や顧客のニーズを満たす活動をしているわけである。だから、私たちはメディアの活動からメディアの権利や責務を万人が諒解できるかたちで特定することなど期待すべくもないことになる。

　こうした検証で中心となるのはメディアの活動における、社会を基軸にしたときの「公益」（public interest）とは何かという諸問題である。実用的（pragmatic）か、原理的かは別にして、メディアには何らかの「目的」があるというときの目的に、公益が含まれないとしたら、メディアの「責任」あるいはアカウンタビリティについてこれ以上の探究をしていく根拠がほとんどなくなってしまう。そうした立場を採るかぎりこの問題の解決はむずかしく、何らかの価値選択や判断をしない限りそれは不可能となる。

メディアの責務に対する多様な圧力

　メディアは社会に対して責務があるという考え方には一部に異論が出されている。というのは、そうした考えは表現の自由（freedom of expression）の原則と一致しないというわけである。おそらく、メディアは自由の権利を守り、それを行使するために全力を尽くすべきだという考え方以外の捉え方は、完全自由解放論者たち（リバタリアン）たちからは確実に拒否される。この問題の詳細については後述するが、本書ではどのような理由であれ、マスメディアにはいくつかの責務があるという考えが広く存在し、マスメディアはこれを前提に行動し、実際にも公共善（public good）に貢献する一定の課題を担っているという現実的な見解を採り、論を進めることにする。このことは社会に対して少なからぬ責務のある公共部門（public sector）が運営するものだけではなく、民間所有メディアにも当てはまる。それらの責務のいくつかは飴と鞭のように出される外部からの要求や圧力から主として発しているが、その他として、メディア自身の内部に存在する不可欠な力学に起因しているものもある。

　メディアが社会のニーズを満たすよう促す外部からの刺激には主として三種類ある。第1は、オーディエンスや潜在的オーディエンス、市民の集まりである「公衆」（public）の存在である。個々の公衆によるコミュニケーションに関する要求が合体して、メディアに対し、継続的に公共知（public knowledge＝公共的知識）を提供し、また世論の運搬人として、より大きな問題について圧力をかけるようになる。第2は、その目的や活動が商業的か政治的か文化的かは別にして、必要不可欠なコミュケーション・サービスを提供するメディアに依存している多くの集合的な社会的行為者（collective social actors）がいるということである。第3は、公共の福祉や国益などの不可欠な問題に関して、すべての市民に求められる政府や当局への協力要請がメディアによってなされても当然だと期待する政府等の存在である。既存のマスメ

ディアは根底に特別な反対理由がない限り、ここで示したような圧力に抵抗することができるとは考えにくい。自由社会の通常の状況のもとであればメディアがそのような反対行動をすることはないと思われる。

「社会のために働こう」という内発的推進力についてはじつに多様なものが考えられる。そのため、さしあたりここでは三つの点にふれておく。第1は、公益の提供は通常、メディア組織自体の利益にもなるということである。そのことによって、メディアは財政的な、あるいは社会的評価や影響力という点での支持を得られる。歴史的に、多くのメディアが場所・地域・国家・都市、あるいはコミュニティに自らのアイデンティティ（基本的依存枠）を見出してきているからである。第2は、メディアの活動は様々な動機から、社会をよりよくするために、あるオリジナルな提案を公共領域（public domain）に持ち出したいという多くの個人やグループの希望を胚胎しているということである。第3は、少なくともジャーナリズムに関するかぎり、しだいにプロフェッショナル化（professionalization、専門職業化）が進み、公益に奉仕する義務の認識を含む規範や基準が導入されるようになってきたということである（注2）。

公益を定義する

公益の概念は単純であると同時に、社会・政治理論において大きな論争になっているものである。マスメディアにおける公益の意味を簡単に述べれば、マスメディアは多くの重要かつ不可欠とさえ言える情報と文化面での役割を果たし、そのことが社会的な利益つまり多数の人びとの善のために、効率・正義・公正ならびに現在の社会的・文化的価値の尊重という原則に従って十全に実行されていることが前提となっている。少なくとも、メディアが社会的有害行為をしてはならないということが公益性への奉仕になるということだが、同時に、多くの積極的な期待や制限ならびに様々な形態のアカウンタビリティにも繋がっている。

だが、このような簡単な説明では現実面ではあまり役立たない。何が社会全体にとっての善なのかということについては議論の対立があるし、とくにメディアの側にとってはこのような見解を採用することはメディアのためにはならず、単純にオーナーや、顧客であるオーディエンスに従っておればいいではないかという考え方が広く支持されている場合もあるからである。公益の概念を取り扱う難しさは、その潜在的に高度な意義と複雑に交錯している。この点に関して、ブラムラーは三つの点を指摘している（Blumler 1997: 54-5）。第1は、政府の場合のように、威信（authority）に加え、権力（power）の問題である。「コミュニケーションにおいて、メディアは同様の位置づけをされている。メディアの自由、社会における多様な役割、政治や文化、秩序の維持機能といったことが正当化できるかどうかは究極的にはメディアが奉仕すべきだと想定されている公益がどのようなものであるかによって決まってくるからである」。要するに、メディアの持つ権力は政府と同様、責任という概念からそれほど隔たることのない、正当な仕方で行使されなければならないということである。

第2は、ブラムラーがこう主張していることである。「公益の概念にはある種の超絶的な質が伴う。これは特定の利益とは違い、政治的な意味合いで、それよりも優先されるものである。これにはより長い時間軸からの視点が必要で、現代人の直接的なニーズに加え、将来の世代と社会からの要求とが同時に考察されねばならない」。第3は、「公益の概念は不完全で不純な世界においても機能するものでなければ役立たない」ということである。言い換えれば、不可避の緊張や妥協、状況への即応性を持ったものでなければならないということである。

ヘルドは、公益を形成するものは何か、また、どのようにその内容が形成されるかについて、対立する二つの考え方を提起している（Held 1970）。ひとつは、市民全体の投票によって問題の処理をすべきだという、多数派による決定論理である。これをメディアに適用すれば、メディア市場における消費者の多数を満足させられればよいということで、彼らが望むものを提供す

ることが公益になるという考え方でなる。これには公益の内容を決定する明確な方法を提供できるという利点がある。もうひとつの考え方は、単一主義あるいは絶対主義と言われるものである。この場合の公益は、ある一定の支配的な価値観やイデオロギーによって決定されることになる。これは保護者（guardian、守護者）あるいは専門家によって何が善なのかが決定され示されるといった、家父長制のようなシステムにおいてのみ機能するものである。

　第1の自由市場主義的公益論も、第2の家父長制的モデルも、メディアの関連行為者＝利害関係者（media actors）や政策立案者、はてはメディア論の研究者が直面しているジレンマに対する明確な方策を示してはいない。現在ではスミスが指摘するように（Smith 1989）、公益を確保するために政府自身がコミュニケーションに関連し、効果的に干渉すべきだという考え方から大きく隔たり、そこではとくに公共善がますます経済的観点から定義され、最も利益をもたらす市場による決定力に依存するようになってきている。さらにスミスは、グローバル化が進行し、人びとの利害が必ずしも特定の民族国家の利害とは一致しなくなってきたとも指摘している。こうした見方は現況にますます当てはまるようになり、公共放送を弱体化させ、民間メディアに対する人びとの発言権を低下させている。それにもかかわらず、議論の主題は、たとえば、技術革新や規模の拡大といった特定の目標、あるいは国家よりも市場決定力といった手段の効率性といったことにしぼられ、社会はコミュニケーションの提供とサービスの質によって強い……不可欠といってもいいほどの利害の影響を受けるのだという根本的な議論が少なくなってきている。

メディアの責務の理論的根拠

　一般的な社会・政治理論からメディアに特化した規範理論に至るまで、社会におけるメディアの役割に関する理論的省察には様々な系譜がある。社会生活がメディアを中心とする度合いが高まるにつれて、メディア研究理論の

量と専門分化が増大した（注3）。これから述べていく理論的根拠についての説明は暫定的にいくつかの項目に区分して行うが、それらの内容や分け方にはしばしば異論があるし、実際に区分自体がむずかしいものもある。記述の順番はほぼ年代順であり、取りあげる理論の順番は変えられないが、先のものが次世代のものと共存したり、新たな理論の基礎となっている場合がある。

社会理論

初期の社会学的な理論の多くは、社会システムを作動させるためにメディアはどのように必要な、もしくは積極的な貢献をするのかという注釈を行うというように、徹頭徹尾、機能論的であった。ハンノ・ハーツ（Hanno Hardt 1979）が収集した19世紀終わりから20世紀初めにかけてのドイツの初期の新聞に関する文献は、新聞について「社会の神経」、「社会の良心」、「指導性の発揮」、「社会の結束」、「情報欲求を満たすもの」、「社会を映しだす鏡の提供」、「世論形成」（ジンメルとマックス・ヴェーバーの作品に見られる）といったテーマを設定した研究の成果であった。初期の社会学では新聞の役割として、社会秩序の強化とその継続（たとえば：移民の同化については、Park 1923、都市共同体については、Janowitz 1952を参照）とともに、革新と変革の起因（たとえば：Clark 1969収録のTarde論文）といったことが強調された。ラスウェル（Lasswell 1948）とそれに続いたライト（Wright 1960）は主要なコミュニケーションの機能として以下の四つを挙げている。第1に、環境の監視、つまり社会の現実に関する情報を集め公表すること。第2は、「相互の関係づけ」（correlation）機能、つまり結束・説明・秩序維持に関すること。第3は、社会秩序の「継続性」の提供あるいは世代間の「文化の継承」。第4は、エンターテインメント、つまり気分転換をさせ、社会的緊張感を緩和し、楽しみ（pleasure）を与える娯楽提供機能である（この点についてはMendelsohn 1966も参考になる）。

社会におけるメディアの役割に関するそれらとは違うテーマについては、

20世紀の社会学者の仕事の中でさらに多種多様な形での言及がなされている。その一つは、とくに第三世界の発展という脈絡での革新の普及を促す「社会変革のエンジン」としてのメディアについての言及である（Lerner 1985; Rogers 1962）。もう一つは、資本主義社会における支配的権力の行使という役割（グラムシ：Gramsci 1971に見られるヘゲモニー理論）あるいは、「同意工作」（engineering of consent）（Lippmann 1922; Herman and Chomsky 1988）としての役割への言及である。また、メディアは国家による検閲やプロパガンダを受け入れ、全体主義社会を支持することで社会的信頼を得ることもあった。機能主義理論の近代版は、表象として重要なパブリックイベント＝メディアイベントを代行して遂行することで、地球規模でも国家レベルでも、帰属意識を促進させる力をもったテレビを重要視するというもので（Dayan and Katz 1992、和訳は『メディア・イベント　歴史をつくるメディア・セレモニー』青弓社、1996年）、メディアは長期間にわたり社会化の過程や社会運動の展開、政治的・国民的・民族的・地域文化的条件下におけるアイデンティティの形成に重要な役割を果たすことで信頼を得てきたとされる。現代の理論では、どれほど多くの「現実」経験がマスメディアを媒介した体験かという、程度の問題に注意が集中されている（Thompson 1995; Luhmann 2000）（注4）。客観性ということに高い価値を置いているにも関わらず、社会学の理論として、メディアが社会生活において持っている潜在力、あるいは実際に果たしている役割をその善悪両面から指摘するものがいくつも出てきている。

報道の自由理論

　報道の自由理論は外見上、メディアによる社会に対するさまざまな責務について考えるためにはあまり有効ではないように見える。この言い方はプレスの「完全自由解放」（libertarian）理論と呼ばれてきたものにはたしかに当てはまる（参考：Siebert et al. 1956）。だが、メディアの自由は社会的必要性と公益の観点からしばしば正当化されるものである。自由解放理論の起源は、通常、ミルトンの『言論の自由』（アレオパジチカ、1644年刊）にあると言わ

れる。この本には理性や良心の自由ならびに神学上の根拠が挙げられていると同時に、免許や検閲の制度が招いている非実用性や望ましくない結果を明らかにして報道の規制に反対する主張がある（注5）。その後、18世紀に形成された様々な「人間の権利」(Rights of Man) 概念に取り入れられたが、検閲を排するという意味での報道の自由を独裁政治からの自由の総合的要求と切り離して考えることはむずかしい (Keane 1991)。以後、自由な公表行為 (free publication) は民主主義実現のための不可欠な道具となり、とくに権力を持つ者に責任ある行動をさせる手段として必要な前提条件であると考えられてきた。公表行為の自由は批判と異見が外へ出るために不可欠なものだということである。

　公表行為の自由への支持は道徳的責務だという基本原則に由来するだけではなく、公益とは何かの考察から出てきたものでもある。とくにこのことはジェレミー・ベンサムやジョン・スチュアート・ミルが説いた功利主義にあてはまる。ベンサムによる「最大多数の最大幸福」の原則を実現するには、すべての市民による自由に表現された希望によって導かれた政府が必要だという考え方である。ミルは『自由論』の中で、進歩と福祉の保障は真実 (truth) と有用性 (utility) が最大になる手段によって自由な思想が伝播されるかどうかにかかっていると論じた。今日、共産主義などの独裁体制下による表現の自由への抑圧は経済的・文化的発展の遅れを伴うとの強いイメージがあり、そうした理解が自由 (freedom) には実利的効能があるという考え方を支えている。しかしこの自由が、私的な検閲や独占、民主的もしくは法的なプロセスへの干渉となり得るおそれがある場合には、自由そのものの制限も正当化されるという見解の支持にもつながっている。

　自由なプレスを求める運動に公然と反対するものはほとんどいないが、それら自由論者の意見は鋭く二つに分かれる。第1は、米国憲法修正第一条やその関連理論にあるように、まったく制限すべきではないという立場。第2は、自由とはアクセスと公表（メディアによる意見表明）のチャンスが十分に保障され、差別なく配分されている度合によって測定されるべきだとする積

極的な立場で、「〜を求める自由」といわれる。後者は通常、これら二つの考え方の区分は先述した「道徳主義対功利主義」という議論に関連しており、メディアの自由を積極的に推進する者は自由な議論が公益性を導くとするが、そこでの権利概念には責務という項目付与が条件とされる。しかしそれだけではすっきりと整理できない。というのは、純粋な解放論の立場に立つ者は、自由が絶対的で、そこに責務や要請などが付随していない時、公益性が最大になると主張するからである。さらに問題を複雑にしているのは、現行の公表する権利やチャンスが公表手段の所有者の権利と重複している関係にあることである。これらの問題に関しては他のこととも合わせ、第8章で詳しく検討したい。

民主主義理論：第四の社会的財産としてのプレス

現代の政治学理論において、民主主義過程にとっての重要性という点を除けば、自由なプレス（free press）の役割について大きな注目が寄せられることはほとんどない（参照：Held 1989）。しかし、その絶対的な必要性が疑われるということもない（注6）。トマス・カーライルが1841年に初めて英国の下院の新聞記者を指して用いた「第四の社会的財産」（Fourth Estate。訳注：これを「第四の権力」とすると原意にそぐわない）という言葉は、とくに裁判所や立法機関としての議会の上・下院などの統治機構のそれに匹敵する力をプレスが政治過程のなかに持っているという性格的特徴として用いられてきた。この表現と概念は19世紀の英国で新しく登場し、自らの影響力の増大の進行を自覚し始めた真面目な新聞についてのものであった（注7）。その不可欠な要素として以下のようなものが挙げられる。①政府や政治家から左右されない自律性、②どのような結果になろうとも、真実を述べる義務を有すること、③主な責務は公衆と読者に対するものであること、である。プレスの力は主として、情報の提供、世論の喚起、政府の監視という能力にあると考えられてきたということである。

新聞報道の政治的な役割は19世紀中頃から変化し拡大してきたが、現在

でも、マスメディアの全面的な関与なしに民主的な政治活動を想定することは困難である。民主主義においては理論だけではなくその実践についても、市民は社会の出来事や状況について十分な情報を与えられ、議論や多様な意見、目標（guidance）にアクセスできることが前提とされなければならない。

　プレスの自由を以上のように説明したとしても、メディアにはこれらの期待に応える責務はない。またたとえそうであっても、メディアは民主制の実践過程において、自己利益のためだけではないさまざまな理由から、「第四の社会的財産」の理想に恥じない努力をいくらかはするものである。第四の社会的財産という呼称は当初、ジャーナリズムを装ったものを嘲笑する表現であったが、今ではその役割を神聖視するために使われるようになっている（注8）。批判的な観点からすれば、自らが課した「第四の社会的財産」というモデルは、メディアがとりわけ集中度を高め、政治権力との象徴的連携を強めている今日、一般市民に比較して強力かつ社会制度として確立されたメディアをあまりにも特別視するものだといえよう（注9）。メディアへの要求がなされ、それが真剣に受け入れられる場合に、政府から市民へ、もしくはその逆方向への信頼できるコミュニケーショ経路を提供するという暗黙の了解事項としての責務を含め、一定の責任を伴うという点についてはさらなる検討が必要となる。

党派的メディア

　民主制におけるプレスの政治的役割を第4の社会的財産として位置づけるものとして、次のような別の角度からの見方も可能である。それぞれの政治運動が独自のメディアを持つという、政治的に別個で独立したプレスが存在すればいいというのがそれである。この場合のプレスは同じ頁あるいは同じ発行号において論争的な話題の多様な見解を掲載するか、内容的なバランスをとるという「内部的」多様性（internal variety）とは対照的で、いわゆる「外部的多元性」（external pluralism）ともいえる特徴を持っている。党派的プレスはこれまでも、時代と国によって様々な形で隆盛を誇ることがあった。

その一つは前衛的あるいはエリート向けの急進的プレスで、レーニンが1900年に発刊したジャーナル「イスクラ」(Iskra、「火花」の意)がそうである。通常この種のプレスのモデルは新聞が競合関係にある政党のいずれかを支持しているような民主主義社会に存在する。

このような党派的モデルはアメリカでは19世紀にだいたい姿を消した。とくに一つの都市に一つの新聞という集中化や、「客観性」とバランスを好むジャーナリストの専門職業主義 (journalistic professionalism) に代表される商業的ニーズにあまり合わなくなったためである (Hallin 1996)。また党派性は放送にも適合しなくなった。理由は新聞のそれとよく似ており、政府による広範な統制や放送の独占的性格、広告主の要求などのためである。しかし、いくつかのヨーロッパ諸国(とくにイタリア、オランダ、フランス)の放送システムには党派性という要素が取り入れられ、政治性をもったジャーナリズムへの支持が完全に消滅したわけではない(参照：Patterson 1998)。

社会的責任論

自由解放主義理論 (libertarian theory) は、市民の無条件の権利としての表現の自由を促進することによって、共同体的かつ階層的社会形態から多元的で民主的な形態への移行過程で現れるジレンマを解決した。民主主義の政治理論とその実践は民主制とプレスの在り方の要件を明確にし、その結果、適切に社会組織の一部となったメディアの第一世代である新聞は率先して自らが考える公益というものに奉仕するという責務を受け入れたわけである。しかしながら、20世紀に入る前にプレスの「マス化」(massification、大規模化、大衆化)・独占化・商業化が起きて、メディア自らが考案した報道の自由のリベラルモデルが機能しているかどうかに疑問が投げかけられるようになってきた。これに対し社会主義者と急進主義者はきびしい批判をするようになり、既存のプレスが支持していると思われた独占資本主義を非難した (Seldes 1938; Blanchard 1977)。保守的な批評家たちもまた基準や倫理が低下したことを無節操なメディア所有者と新しいマスオーディエンスの低い文化レ

公表行為と公益：メディアの責任の起源　75

ベルに原因があるとして非難するようになった。

　この見方は米国プレスの自由調査委員会（American Commission on Freedom of the Press＝通称「ハッチンス委員会」のこと）が1940年代初期に非政府機関として行った、プレスの欠陥と可能な救済策についての報告書（和訳版は『自由で責任あるメディア』論創社、2008年刊）に記されている。これはニュースメディアの社会的な役割に関し、熟慮した批判と処方箋の基礎設定をする最初の試みであった。この委員会の最重要の課題はプレスが人びとに対し十分かつ自由に情報を伝えるという、人びととの不文律の契約を果たすことによってはじめてプレスの自由という権利が得られることを確認することであった。その主な成果はその後、「社会的責任論」と呼ばれるようになっている（参照：Hutchins 1947）。

　この通称、「ハッチンス委員会報告書」によれば、プレスの自由は「条件付の権利」（conditional right）でしかない。プレスは単にその読者の直接的な需要に応じるということだけではなく、「プロフェッショナルなレベルの公共サービス」を提供するという役割を引き受けることを求められる。後に出版された本のなかでピータソンは報道機関の社会責任論の基本的条件を設定している（Siebert et al. 1956収録のPeterson執筆論文、和訳は『マス・コミの自由に関する四理論』東京：創元社）。これらの基本条件は、米国ではすでに一般的になっていた多様なジャーナリズムの倫理綱領の条項をいくつかの点で超えるものであった。情報を伝達するという役割のほかに、プレスは社会統合や、多様な社会構成を代表しそれらの描写に貢献することが要求されている（注10）。

　この新たに体系化された理論にはその重要な特徴として、抑圧からの自由では十分でなく、目標を積極的に追求する自由でなければならない、つまり、「目標を現実化する実効性のある自由でなければならない」、そして「そうした目標を達成するための適切な手段」を持たねばならない（Peterson 1956: 93）とある。またこの社会的責任論は、「政府は自由を認めるのではなく、自由を積極的に推進しなければならない」とも主張していた（同書、p.95）。そこ

ではハッチンス委員会報告書の主要執筆者であったウィリアム・ホッキングが「政府はプレス機関の十分な活動にたいする責任の残余財産受遺者（residuary legatee）なのである」（Hocking 1947）と書いている部分が引用される。つまり、これはプレスの自由を求めると同時に、プレスに対する公的関与の理論的な正当性を認める立場である。社会的責任論には志が高く、大衆迎合的であってはならないという特徴があるということで、この点が多くのプレス機関がこの立場を積極的に採用しようとするときの障害となったし、今なおそうである理由である。

　ハッチンス報告書は発表当時、米国のプレス機関から好意的に受け入れられたわけではなかった。それ以前からすでに批判の対象になっていた種々の特権を失いかねないということもその理由の一部であった（Blanchard 1977）。だがたとえそうでも、社会的責任という概念はプレスがますますプロフェッショナルな事業となり、自主規制の傾向が強まるなかで、参照しなくてはならない基本事項となってきた。また、この考え方は第2次世界大戦後、プレスシステムが改編・再構築されざるを得ない時代に海外でも大きな影響力をもって波及した。大西洋を越えた英国では、プレスに関する政府任命の調査機関である王立新聞委員会（Royal Commission on the Press、略称RCP）が米国の委員会が報告書を出した1947年に始動し、作業条件としてニュースの正確性基準の査定や、プレスの構造についての勧告を行うことを求められた。またその後、このハッチンス委員会はアカウンタビリティや自主的改善の手段としての機能を目的として設立された英国の「プレス総評議会」（General Council of the Press）の基礎にもなった（注11）。

　社会的責任論にもいろいろな形があるが、共通していたことは第2次世界大戦後の数十年、メディアと社会の望ましい関係とメディアを改善するためにはどのような政策を採ればよいかとして議論された問題意識で、それは20世紀の終わりにおける規制撤廃傾向のなかでも完全になくなったわけではない。とくに北欧では、こうした社会的責任論がプレスへの支援システムを正当化し、社会生活と政治の重要性、とりわけ独立性と意見の多様性保障

が必要という観点からのプレスの重要性の認識から補助金を提供することの理由づけともなった（Smith 1977；Picard 1985；Humphreys 1996）。

公共サービス放送理論

公共サービス放送は1920年～1930年代のヨーロッパ諸国での社会的連帯性を高めるための（coherent）ラジオ放送サービスの実現を技術・管理・財政の面からも支える一つの現実的解決法としてはじまった。そのことから、自由市場原理の商業メディアとは違う内容のメディアになるという新しい哲学が明確な形で出てくることになった。公共サービス放送はメディアの社会的責任に関する思想の根拠として影響力をもってきたが、それはまさにそのために設置されたものだったからである。自由主義経済の中心地である米国でも、連邦通信委員会（FCC）は1934年の通信法に続き何年もかけて、それに特定の名前をつけることこそしなかったが、テレビとラジオの社会的責任とアカウンタビリティに関する原則を発展させてきた。その結果、1967年になってようやく、PBS（Public Broadcasting Service）という全米ネットの公共的な支援を受けた放送形式が導入されることになった（参照：Hoffmann-Riem 1996）。

公共サービス放送はたしかに、「社会的責任論」によく似た考え方の影響を受けているが、それをさらに発展させたものだといえる。というのは、憲法で定められている自由の原則を侵害することなく、法律や規制、財政支援によって実行されるからである（注12）。その主要原則は以下の四つである。①ユニバーサルで多様な情報の提供、②公衆全体への民主的アカウンタビリティ、③公衆が決定する全般的ニーズと特定のニーズの両方を満たすこと、④利益や市場原理によるのではなく、質的維持を図るために諸種の決定をすること、⑤必要に応じて、「国民・国家」的（national）ニーズあるいは文化的・経済的・政治的優先課題に従うこと、である。ホフマン-リーム（Hoffmann-Riem 1996: 271ページ以下）は干渉を受けない送信の確保は当然のこととして、それに広く公共的アクセスを保障し、様々な社会で育まれその地

域に特有の多様な「素朴で弱小な社会的価値」(vulnerable values) を守る必要性が、放送に対するそうした広範な規制を正当化する根拠になるとしている（参照：Blumler, 1992）。

発展貢献型メディア理論

発展途上国のマスメディア状況はずっと、リベラルなメディア理論の適用がむずかしいどころか、ときには実現不可能なものであると考えざるを得ない環境にあると理解されてきた。多くの場合、自由などほとんどないに等しい状態で、支配的立場のエリート層や実際の権力支配者たちの命令に従わなければならないからだというわけである。「発展貢献型メディア理論」に関してはこれまでに何人かの研究者がそのさまざまな有り様を記してきている（例：Altschull 1984；McQuail 1983; Shelton and Gunaratne 1998）。この理論では国家経済や社会開発のための集産的努力が何よりも肝要であり、メディアは政府の方針と協同して社会発展という課題を受け入れるべきだと考える。つまり、政府の情報・教育キャンペーン、開発目標の促進、国・地域・地方という各レベルの文化を守るためにこそ積極的な支援をすべきだというわけである。ニュースにおいても、メディアは自国社会の置かれた状況や同じ地域にある他の発展途上国との関連事項を重要視すべきだし、メディアは政府や他の関連機関の権威を「無責任」な批判によって貶めることのないよう配慮すべきだという意味である。こうした考え方は社会的責任論のひとつであると主張されるが、現実にはメディアが独立の旗を降ろし、どのような権力者への従属も正当化してしまうものだといえよう。

批判理論

社会的責任論はもともと商業メディアへの批判から生まれたものだが、大枠としてそれは従来からの主流社会体制（establishment）によるプレスの社会的責務についての見解を表すものであった。「責任を果たす」プレスはどのような欠点を持っているにせよ、合法的に成立している政府を脅かすこと

は基本的になかったし、現在もそうである。1960年〜1970年代にはネオマルクス主義や他の急進的な思想の影響を受け、マスメディア全般に対して従来よりも激しい批判がなされた（参照：Mills 1956；Marcuse 1964; Schiller 1996; Hall 1977; Murdock and Golding 1977; Herman and Chomsky 1988 など）。最もきびしい批判的言説として、それらの考え方の中には公共放送を含むメディア組織そのものを、内部からの改革や民主化の可能性のほとんどない資本主義的官僚国家装置における情報・文化面での道具として機能するだけだとして、すべてのメディア制度を否定するものもあった。この立場の理論はメディアの責任についてのガイドラインを考えるという目的を持っていないから、ここでそれらを詳細に検討してもしかたがなかろう。だが、その破壊的ともいえる意図にもかかわらず、この理論系譜上にあるメディア研究と批判はメディアの質に関する議論の一定の水準をクリアしているし、他の社会では正義にもとる誤った考え方だとして糾弾されるものであっても、当該地域社会のメディアは明示的な説明のあるなしにかかわらず、その社会のために貢献すべきだということを前提条件としている。

批判論にも文化面での検討をしているものがあり、さまざま言及がなされている。初期の研究者の議論、とくにフランクフルト学派のアドルノ、ホルクハイマー、マーキューズ、ローウェンタールといった人たちの仕事 (Adorno and Horkheimer 1972; Marcuse 1964; Lowenthal 1961) では、メディアと多くの人びととの作る支配的文化であるマスカルチャー (mass culture) は審美的にも倫理的にもきわめて質が悪いとされただけではなく、資本家であるメディアのオーナーが大衆をとらえ、彼らの批判力を鈍化させ、社会改革という課題への関心を持たせないようにする思想的な道具として効果的にデザインされたものとされた。また、メディアは社会の現実、とくに労働者階級の立場を正確に伝えることをせず、保守的なイデオロギーを促進したとも主張された（参照：Hardt 1991）。

最近ではこの批判的文化理論は文化的多元主義 (cultural pluralism) としてポピュラーカルチャーを再確認することによって変化し、大枠としてマルク

ス主義的な分析を否定し、メディア文化の批判的社会分析はほとんど不可能であるというポストモダニズムとも呼べるものとなり現在に至っている（たとえば、McGuigan 1992を参照）。文化の評価には個人の趣向、市場での成功、専門的なスキル、鑑賞力といったもの以上の評価基準などないというわけである。このような議論傾向が強まることによって、文化事象面におけるメディアの責務に関する概念はぼろぼろにされている。しかし現実の世界では、メディアの質と信頼性への期待度は高く、メディアは規制当局や世論の求める文化的活動基準の策定という課題に取り組まざるを得なくなっている。

解放型メディア理論

批判理論から派生した一つの立場が最初のニューメディア、とくに大規模メディアのチャンネルから独立し、小規模で草の根レベルのコミュニケーションメディアにこれからの可能性をかけるようになった。1960年代の反主流文化の思想、つまり共産主義的というよりは無政府主義的で個人主義的な思想がそうした運動を支持し、双方向通信やケーブルテレビ、複写、海賊版無許可ラジオ、録音や再生などの新しい技術を受け入れ、コミュニケーションの自由化という潜勢力を人びとの手に握らせ、公表行為をそれまでの独占者の手から奪ったかのように思われた（Enzensberger 1970）。

これらのゆるい繋がりしかない思想をまとめる指標的諸原則は、参加・相互作用・小規模性・地域性・文化的自律性と多様性・解放・自助である。そこで強調されるのはしばしば、コンテンツよりもコミュニケーションの「プロセス」である。ある解釈によれば、そのアプローチでは社会に対する一切の責務を排除することになり、アカウンタビリティにも関係がなくなるという。そこでは、責任とアカウンタビリティという二つの概念は従来的な巨大メディアと均一的な大衆としての公衆（homogeneous mass publics）という情報環境において有効であったのであり、将来は、社会的事象と忠誠に関する枠組は政治的な実体としてではなく、関心項目ごとに自発的に集合するコミュニティになるとされる。

これらの新しい小規模メディアに関する考え方は、裕福で、メディアの種類が豊富かつ成熟した民主主義社会で典型的に見られるものだ。しかし世界の多くはこのような状況にはない。基本的権利を勝ち取るための条件を挙げる理論にも依然としてその存在理由がある。ジョン・ダウニングは、抑圧的な状況において解放と政治目的を追求するメディアを指す「反体制コミュニケーション」（rebellious communication）という用語を新たに作っている（Downing 2000）。この考え方は、メディアは批判性を持つべきだという伝統のなかでは肯定的に機能するであろう。たとえば、女性解放から圧制やブルジョワ体制の打破に至るまでの政治的大義をかかげたものや、ソビエト連邦時代の「地下出版物」（samizdat）、発展途上国や権威主義的統治下あるいは外国の占領下状況にある国々における草の根的な極小のオルタナティブメディアなどがそうである。ダウニングによれば、このようなメディアには「一般的に二つの大きな目的があるという。一つは、従属的な立場にあるものが権力構造とその行為にたいして下から上へ縦方向に直接的な異議を唱えること、もう一つは、諸政策に反対して、支持・結束・ネットワークを横方向に構築すること」（Downing 2000: xi）である。こうしたメディアはしばしば、「新しい社会運動」によって刺激されると同時に、実際にそうした運動を生みだしてきた。そこでの共通点は、「必ずしもすべてについてのすべての面でそうしたわけではないが、他の誰かが作った規則を破る」ということにあった。インターネットの重要性をめぐる初期の理論化の多くは、本質的にこの解放的思考法の延長線上で展開されてきた（参照：Castells 2001; Lessig 1999）。

　上述したように、新しい技術の潜勢力は、公表の自由・市民主権主義（civic activism）・参加型民主主義の新たな可能性への期待を増大させている（例：Jones 1997; van Dijk and Hacker 2000; Axford and Higgins 2001）。ニューメディアには秘密のベールを脱がせ、入手がむずかしかった情報を一般市民がすぐ得られるようにし、市民の力を強化する力がある。この理論にはある種のメディア活動に対する期待がある。とりわけ、政治的な議論や意思決定における生の情報や、政治的リーダーや候補者への直接的なつながりの実現、ある

いは意見や選択を表現する新しい手段としてのそれである。インターネットは発展途上国との架け橋にもなるし、地域や国家レベルの政治では対応できない、戦争・平和・環境・グローバリゼーション・開発などの問題にも国境を超えて問題を探索することができるからである。

ただし、一般的に、ニューメディアについての新しい思考法は責任という考え方からもそれを強制する方策ということからもずれたところにある。ニューメディアを行き交う情報には編集作業がなされていないか、求められていないという実態があり、そこからは責務という考え方は出てきようがない。

コミュニタリアニズム（共同体主義）理論とメディア

コミュニタリアニズム（communitarianism、共同体主義）は近代の自由解放主義や個人主義と対照的に、人びとの社会的な結びつきを再強調するものである（Taylor 1989; Rorty 1989; Sandel 1982; MacIntyre 1981）。この思想では要求すべき権利と同様に、社会に対して負うべき義務が強調される。メディアに関してはメディアとオーディエンスとの関係がいっそう相補性を持つべきだということになる、とくに両者が共通の社会的アイデンティティや居住地（実際のコミュニティ）を持つ場合にはそうだという。また、そのメディアが情報提供の対象とする民衆との対話をするという倫理的要請も強調される（Christian 1993）。このコミュニタリアン（共同体主義者）の倫理は普遍的な道徳的要請という思想から発生してきたものである。

諸事象を道徳的指向のある言語によって表現することを客観報道の規範と調和させることはむずかしい。それはある意味で、プレスが統合的で表現豊か、かつ強調点を明確にした情報提供をするといった、より有機的な社会形態（organic social form）に戻ろうという呼びかけだからである。その考え方はメディアの利益というよりも、オーディエンスとのパートナーシップを進行させることになる（注13）。メディアとオーディエンスとの契約は誓約であって、単なるビジネス的なものではないから、プレスは個人がそれぞれのマイノリティの文化やより大きな社会、人間愛による全体的な団結といった

紐帯を強調することによって、民主主義の多元性を促進すべきだとの主張である。こうして私たちはメディアの社会的役割に関して「主流の契約主義的な考え方」(mainstream contractarian version) とは違う考え方に接することになる（同上書、p.105）。メディアは「包括的で協調的な社会という共通のビジョン」を活性化し、「共同体主義の倫理が信頼できる記事作成（truthful narrative）という豊かな概念を私たちに受け入れさせる」。このことについてネロンは次のように述べている (Nerone 1994: 70-1)。

> コミュニタリアニズムのモデルでは、報道の目的は知的情報（intelligence）の提供ではなく市民の変革（civic transformation）である。プレスには技術革新や作業過程の合理化よりもやるべき重要なことがある…問題は職業的規範なのである…コミュニタリアニズムの世界観によれば、プレスは公衆のなかに同様の哲学を持った仲間を生みだす努力をすべきだということになる。コミュニティの規範によって形成される市民意識の活性化こそプレス活動の目的なのだ。ニュースはコミュニティ形成の発動者（agent）なのである。

プレスに関するコミュニタリアニズム理論はいくつかの点においてきわめてラディカルである。またその精神は自発性に依拠したもの（voluntaristic＝主意主義的）であるとはいえ、別の観点からするとそれは反解放主義的な面を持っている。またその保守主義的印象はそれが倫理的要請とコミュニティをともに重視する姿勢から来ている。それはたしかに積極的な民主制と、個人的かつ社会的性質をもった広範囲にわたる道徳的責務を強調する一つの理論である。

パブリックジャーナリズム

既述の項目ともいくらか関連したものだが、意味上はさらにプラグマティックで限定的な新しい考え方として、ジャーナリズムの実践活動それ自体か

ら出てきた市民ジャーナリズム（civic journalism）あるいはパブリックジャーナリズム（public journalism）と呼ばれるものがある（Rosen 1993; Schudson 1998; Glasser 1998）。その主な目的はジャーナリズム本来の姿である、メディアとオーディエンスがもっと近しい関係をつくろうということだけではなく、コミュニティに対してもそうすべきだというものである。そこではニュースメディアはもっとオーディエンスを引きつけ、しかるべき方法で地域に深く関わることが求められる。そこで基本的な前提となるのは、ジャーナリズムには参加と議論を促進することによって市民生活の質を改善するという目的があるということである。シャドソンはこのことについて、市場やアドボカシー（唱道）モデルよりもむしろトラスティー（受託者）モデル（Trustee Model）に基づいて次のように説明している（Schudson 1998）。このトラスティーモデルでは、「プロフェッショナル集団としてのジャーナリストの信念にしたがって市民が知るべきニュースを提供すべきである」（同書、p.136）と考える。ジャーナリスト自身が「人びとのあるべき姿に信を置くという市民意識を持ったプロフェッショナルである」べきだというわけだ。他方、グラサーとクラフトは、「情報提供のジャーナリズム」からある種のパブリック（公共的な）な「会話」への移行もその具体例のひとつだとして、パブリックジャーナリズム特有の一面を強調している（Glasser and Craft 1998）。

　こうした新しいジャーナリズム観はコミュニタリアニズムから出てきている場合もあるが、同時に、近代メディアが社会的な脈絡から、複合企業化（conglomeratization）に代表されるような仕方でますますその規模と民衆との距離を大きくしていることへの批判に立脚している面がある。パブリックジャーナリズムは従来的な中立や客観報道という伝統から離れることになるが、それはかつての党派性や政治的呼びかけ的な手法に戻るということではない。これを理論として記述すると、市民へのより親密度と近接性の高い（engaged and open-ended）形態をとっているとはいえ、公共サービス放送の役割論に似たところがあることがわかってくる。パブリックジャーナリズムが政府や法規制による支援を求めることは当然なく、メディア組織として旧来の社会的

責任論とは違う立場に依拠している。ただし自発的なものではあるものの、自由主義市場に組み込まれ、潜勢力としては弱く、効果的ではない面もある。総論的にいえば、この運動の基本的な考え方は広く浸透しているが、これが生まれた米国から外国への拡がりは順調な展開をしているとはいえない。

メディアと公共圏

さらに新しい解釈を提供し、啓蒙主義の伝統により近い考え方がコミュニタリアニズムの系譜として存在する。「公共圏」という概念で検討されているものがそれで、この用語はユルゲン・ハーバーマスの『公共性の構造転換』の英語訳が1989年に刊行されたことによって再発見され広く議論されるようになった（Habermas 1962、和訳『公共性の構造転換』は初版が1973年、第2版が1994年、未来社）（参照：Calhoun 1992）。ダールグレンはこれについて次のように述べている（Dahlgren 1955: 7-8）。

> ハーバーマスが概念化した公共圏とは、共通の関心事についての情報やニュースを交換することによって、世論が形成される社会生活領域のことである……近代の社会的規模においては、決して少なくない数の市民が共存しているため、マスメディアが公共圏を支える主要な制度になっている。

ハーバーマスが最初に描いた公共圏とは、時間、場所、諸条件という観点からの概念的な「空間」（space）であり、18世紀以降のブルジョア知識人層が政治変革のために議論し、思想を発展させた場のことである。典型的な場所としてはカフェや新聞紙面などがそうで、現代においてその状況を想像するとすれば、アテネのアゴラ（集会場）や市場がそれにあたる。そうした空間への物理的なアクセスは自由で、言論や集会の自由の保障もされ、政府や国家活動の領域と、市民の個人的な生活が営まれる場所としての社会的「基盤」との間に公共圏というさらに重要な言論空間（metaphorical space＝言葉の

交換の場）があったという理解である。このイメージは社会におけるプレスの役割をよく表現している。一つの公共圏の活動に必要な条件は公表行為の手段があることに加え、十分な教育を受け、情報を与えられ、利害関係のある市民集団がそこにあり、十分に情報を与えられ、自由な表現によって世論形成をする潜勢力として居住していることである。

　公共圏概念の復活は、市民社会は望ましい形式であるとする考え方を基本にしている。市民社会の条件とは深刻な対立がなく開放的で多元性が保障されていることであり、程度の差こそあれ、市民と国家の間に自律的で自発的な仲立ち組織が多く存在している状態である。これらは参加と帰属意識（identification）に重点を置き、最終的には国家中央の圧制的な権力や大衆社会の圧力から個人を隔て守る機能を果たし、権利と自由の維持に役立っている。メディアに課せられた役割は前述したような、効果的な公共空間（public space）の形成を促進することで、多様な意見が流通し、意見の交換や議論があり、時事的な問題が理性的に議論され、世論形成がなされる。こうした考え方はインターネットのような新しいメディアの貢献を利用する際の適切な枠組を提供するように思われる。そこでは、市民・専門家・政治家の間や、市民相互間での情報や意見のより活発な交換が可能である。ニューメディアはこうしたさまざまな目標を掲げ、ネット上の新しい集会や組織形成を活性化することが期待される。

　公共圏と市民社会の概念はコミュニタリアニズム的考え方の持つ物理的な地域性にしばられることはずっと少ない。ただし、そこには公的な性格を持ったさまざまな社会空間を分ける適切な境界線がない。また、公共的なコミュニケーションが作用している公共圏は国家レベルの空間に限定されるわけでもない。それは地球規模にもなり得るもので、法的行政的境界による単純な制限を受けているわけではない。何人かの研究者は、強化された公共サービス放送に見られる公共圏の復活過程にもその具体的な答えを見出している（例：Keane 1999）。カランのように、たとえば自主発行されるものや、党派的プレスの周縁で発行される出版物にいたるまでの広い観点からの考察を行

い、それらのメディアには「市民メディア」あるいは新しい形での「市民メディア」の芽生えを確認する研究者もいる (Curran 1996、訳註：より詳しくはカラン『メディアと権力』論創社、第8章を参照)。公共圏活性化のための適切なメディアを創るという明確な解決法がない現況がある一方で、そのためには商業メディアだけでなく、非国家・非市場メディアが必要であるという点での一定の合意がある。

プレス理論の構造の探究

　理論的にも多様な根拠が列挙できるから、社会がそこに存在するメディアに期待する権利があるということについて理由が一つにまとまらないことは驚くにあたらない。理論として提起されている様々な見解は、メディアにも社会的脈絡としても大きな変化が起きた18世紀後半から20世紀後半にかけての時期に集中して提示された。しかしそのことは、初期の考え方が消滅するわけではないが、それぞれの世代が時代に合った新しい理論を創るべきだということを示唆している。またこれまでに述べてきた理論体系にはその他の限界もある。それらの理論は安定した発展をしてきた西洋的な民主主義社会にのみ当てはまるものだということである。またそれらは主としてメディアの政治的な役割について言及しているだけで、文化的・社会的事項やエンターテインメント、広告など、プレスのより広範な活動にはほとんど触れていない。加えて、その適用できる範囲内においてさえ、社会のコミュニケーション「ニーズ」と、それらを満足させる適切な手段を提供できる政治的文化・伝統・イデオロギーには大いなる多様性があるということである。

　プレスに関する多様な理論をまとめ首尾一貫した説明と分類を行おうとする試みは何回もなされたが多くは失敗に終わった (参照例：Siebert et al. 1956; McQuail 1983; Nerone 1994; Nordenstreng 1997)。前述したような要約を基盤にしてもこの目標が達成される見込みはほとんどない。一つの大きな障害は米国とヨーロッパ、その他の諸国との経験や考え方の違いである。だがたとえそ

うでも、これまでに出されている資料の構造を分類するだけで大まかな識別は可能である。最も単純な分析レベルにおいては、二つの伝統が基本的に対抗関係にあることがわかる。一方は、何よりも個人の自由の権利を強調しており、他方は、効果的な公共圏に向かう必要条件を含む、公共的あるいは集産的福祉を優先し重要視するものである（参照：Fiss 1997; Sunstein 1993）。この二つについて主唱者の呼び方を使って呼べば、前者は「自由解放的」(libertarian)、後者は「民主主義的」(democratic) ということになる。

　同時に、これら二つの陣営に属する人たちもその実体としてはそれぞれが同質的であるとはとてもいえない。自由解放論者には急進主義者やアナキスト、極端な保守主義者、多様なレベルのプラグマティズム的自由市場支持者が含まれている。一方の民主主義陣営には、プロフェッショナル（メディアの専門職業従事者）や社会民主主義者、左派の批判理論家、地域の活動家、家父長的な保守主義者、穏健な改革派などが含まれている。以上のような分け方だけではなく、他にもいろいろな基準での捉え方があることは明らかである。考えられるものとして、左派系対右派系、公共主導対民間主導、本質主義対功利主義、イデオロギー主導対プラグマティズム的といった対立である。やろうと思えばいくらでも単純かつ簡潔で優美な理解法は見つけられるであろうが、責任とアカウンタビリティの問題と、それに関連する政策について検討するという当面の目的のためには、西洋諸国のメディアの発展過程で明らかになってきたことを理論化するプレスについての主要な議論にまず特定して検証することが有効であろう。とはいえ、これらを解析するだけで、首尾一貫し他の解釈を許さない、あるいは異なった国家システムにおいても有効な説明が可能になるわけではない。

1．市場自由主義（思想の自由交換市場）　　自由市場が個人の権利を守ると同時に、目前にある問題を解決するのに最も適しているとする考え方である。そこでは効果的で公正な運営のための市場のニーズや規制に関してはプラグマティックであるが、オーナーシップの権利を擁護し、メディアの「巨

大化」については何の問題もないとされる。その思想傾向は一般的に功利主義的であり、最低限の干渉によって、最大多数の人にとっての最大の善が達成できると考えるものである。

2. プロフェッショナリズム（専門職業主義）　責任の問題はプレスとその保有する適切な自主規制プロセスによって対処が可能だとする考え方。責任とアカウンタビリティは原則として受け入れられるが、専門職業的な自律と自主性を侵害してはならないとする。一般的に、この考え方は第四の社会的財産理論とパブリックジャーナリズムの考え方を含んでいる。またここには、「社会的責任」という概念が形を変えながら存在している。

3. 民主主義理論　この理論はマスメディアに求める公益の内容と事項を特定し、それを満たす可能性の範囲を提示する。最も干渉的な形式を採る場合には特定の公共目的に助成金を交付するといった公共サービス放送や非市場的施策（non-market arrangements）をサポートすることになる。また党派的な呼びかけを歓迎し、アクセスや多様性への支持を表明し、広告の制限などの放送メディアへの規制に賛同する。

　ここで挙げた三つの理論に類型化することが困難なその他の理論もあるが、そうした理論もメディアの責任とアカウンタビリティの問題に関する明確な指針を示す点では同じである。その他として挙げられる主なものには、コミュニタリアニズム、急進的自由解放主義、家父長主義あるいは独裁主義、急進的左翼理論などがある。さらに、オルタナティブなものとしては小規模メディアの理論、開発奉仕型理論、共産主義理論などがある。これらの理論をここで大きく取り上げなかったのはそれらを無視しようとしたからではない。ここで挙げた三つは現実に大きな勢力となっているものを単純に反映させただけである。

小　結

そうした欠点があるにもかかわらず、この章で取りあげた素材は多様な仕方で公益のために機能するメディアの潜在的な責任を定義するための準拠枠と概念を提供している。また私たちはこのことによって、メディアによる公表行為のさまざまな潜在的な責任について私たちの概念を形成している西欧の伝統における公共コミュニケーションのゆるぎない価値を見いだすことができる。このような「公表行為の価値」を定式化しようとすると抽象的になってしまうが、特定の形式として取りあげて議論したり文章化していけば、より具体的なものとなる。それには次のようなものが含まれる：公共政策や企画、法規制、編集綱領、メディアプロフェッショナルたちの倫理／行動基準、世論・思潮、オーディエンスの趣向や好みの調整等。

次章では関連する主要な価値観の概説とその検証を行うことにする。

注

(1) ウェステ（Wueste 1994）は職業倫理と関連づけ、社会的責任を次のように有効かつ正確に定義している。「私たちにとっての社会的責任とは、社会的な慣例あるいは制度の中で、公衆の信頼を得たり権力を持つ立場にいる人たちの行動に敬意を払い、合法的かつ正当な期待を表明する規範に注意を向けたり、それを実施したりするときに援用するもの」。

(2) たとえば、1926年に制定され、1973年、1984年と順次改訂された米国職業ジャーナリスト協会（US Society of Professional Journalists）の綱領にはこうある。「責任」という項目で、「社会的に重要で公益性のある出来事を知るという公衆の権利はマスメディアにとって最優先されるべき課題である。その目的は……公共の福祉に資することである」（Nordenstreng and Topuz 1989: 28、訳注：以下を参照されたい。マイケル・クロネンウエッター著、渡辺武達訳『ジャーナリズムの倫理』新紀元社、1993年）。カナダ日刊新聞発行者協会（Canadian Daily

Newspaper Publishers)が採択した原則声明（Statement of Principle）は同じ項目でこう述べる。「新聞発行活動は国民の信頼に依拠するもので、自発的義務である。だからこそ、文書的な規定にはされていない。その最優先の責任は自由を守り提供する社会に対するものだからである」（Canada 1981: 288）。「公益」条項についての現実的解釈は議論の分かれる問題について報道するかどうかという決定の正当性の証明のためにプレスが用いるものである。たとえば、英国の新聞『ザ・ガーディアン』（The Guardian）では、公益には次のようなことが含まれるとして編集規定を作成している。①不法行為や犯罪を見つけ、公表すること、②健康と安全を守ること、③公衆が誤った方向に導かれるのを防ぐこと。

(3) ある意味で、シーバートなど（Siebert et al. 1956、訳注：フレッド・S・シーバート、内川芳美訳『マス・コミの自由に関する四理論』東京創元社、1977年）は、かなり常識的な根拠に基づき、「プレスに関する主要理論」を「権威主義」、「完全自由主義」（libertarian）、「ソビエト型共産主義」、「社会的責任」論の四つに区分し、説明するという独創的な試論を提出した。この分類の仕方あるいは「理論」としての四つの立場は論争の対象となってきた（とりわけ、Nerone 1995を参照）。しかしこれ以後、それに代わる合理的な理論枠組が合意を得る形で提起されたことはなく、その探求は今も続いている（Nordenstreng 1997）。

(4) 実質的に再生（revival）理論あるいは社会システム理論とされるものでは、ルーマン（Luhmann 2000: 97）の主張がある。そこでは、マスメディアは主として社会自身による現実の構築作業に貢献している、つまりメディアは社会システムの自己観察（self-observation）を行うものだとする。メディアは意見の一致と相違の両方をより鮮明にすることによって社会の安定化に貢献しているというのである。

(5) ミルトンの出したパンフレット（小冊子）は、すべての印刷物が認可を必要とするという新規の法律を英国議会が通過させたことに反対したものである。ミルトンはすべての著作者、すべての出版物が許されるべきだと主張したのではなく、とりわけ非道徳的な作品や、布教上の迷信的著作（主としてカトリックによる）については、公表されたあとで処罰をすればいいではないかと主張

したのであった。ジェンセンによれば、当時の出版の自由権はエリートだけに認められ、女性や社会的に低い地位にあった人びとはその対象外であった（Jensen 1988: 73）。それにもかかわらず、ミルトンによる自由への願望は、その後も引き続き、メディアに対する厳格（清教徒的）かつ政治的な統制に対する闘いについても主張されてきた。この点に関して、ミルトンも『アレオパジティカ』（日本語新訳は、原田純訳（2008）『言論・出版の自由――アレオパジティカ　他一篇』岩波文庫）の中で次のように書いている。「だから、もしも私たちが印刷物の規制を考えるならば、言い方を変えれば、それは人びとに楽しみを与えるもののすべて、すなわちすべての余暇活動や娯楽を規制しなければならない。音楽を演奏したり、歌ってもいけないことになりかねない。だが、そうなれば、なんと暗くてつまらぬ社会になってしまうことか」。

(6) 初期のアメリカの民主運動家トマス・ジェファソン（Thomas Jefferson）は「新聞のない政府」よりも「政府のない新聞」のほうを重要だと言ったということでしばしば引用される。

(7) シュルツは、1852年の『タイムズ』紙にトマス・デレーン（Thomas Delane）が政治的プロセスにおけるジャーナリズムの責任について述べた有名な社説を引用している（Schultz 1998: 24-5）。しかしデレーンが言及した責任は政府の責任のようなものではないどころか、あらゆる状況において真実を述べる義務があるという主張とはしばしば正反対の位置に立つものである。

(8) シュルツによれば、彼女のアンケートに答えたオーストラリアのジャーナリストの70％以上がその役割を、政府からは独立した、その批判的な監視機関としての「第四の社会的財産」と定義することに賛同しているという（Schultz 1998）。

(9) ガリーによれば、「第四の社会的財産」モデルは、「既存のマスメディアの多くの過ちをさらに大きくしてしまう」（Garry 1994）という。それはすでに強大になりすぎたプレスにますます大きな権力を与え、「プレスと市民との距離をより大きくしてしまう」ことになるとの主張である。また、敵対的な監視役としての機能をあまりに強調することは人びとによるシニシズム（冷笑主義）や無

関心を助長することによって、民主主義に悪い影響を与えるともいう。その他多くの批評家たちも同様な意見を表明している（たとえば、Bennet and Entman 2001などを参照）。

(10) ハッチンス委員会報告書（Hutchins 1947）によれば、責任あるプレスは、第1に、「日々の出来ごとの意味について、他の事象との関連のなかで理解できるように、事実に忠実で、総合的かつ理知的に説明すること」。第2は、報道機関は「コメントと批判を交換するフォーラムの役割を果たし」、「公共的表現の社会的伝送者（common carrier、コモンキャリア）であれ」というもの。第3は、報道機関は「社会を構成する諸集団の代表的構図を描き」、「社会の目標と価値観を明確にすべき」（同書、第2章）である。最近のいくつかの批判的意見のなかからベイカーのそれをとりあげると（Baker 1998）、そこで挙げられている目標、とりわけ客観性と他者の代弁ということについてはたいてい実現不可能であるか、意味がない価値観の表明であるという。さらにベイカーは、委員会による社会的責任論は全員の意見が一致した、イデオロギーの違いにとらわれない（ideology-free）世界を想定しているといい、今求められるのはそれとは違う多様で党派性のあるメディアであり、エリートや、私的・公的を問わず、権力の中枢が相互になれ合っている状態ではいけないと主張している。

(11) その30年後の第2次王立委員会は英国プレスの改革に際して同様の課題を設定した（RCP 1977a）。その報告書で強調されたことは、報道の自由と、民主主義における公益性の進展との関係で、そのことはプレスが情報を提供し、権力を持つ者を精査し、社会の繋がりと変革の両方の促進によって可能になるとした。訳注：詳しくは以下を参照。渡辺武達「メディア倫理の社会的パラダイム～米・英・日の原初的検討から～」『同志社メディア・コミュニケーション研究』（創刊号、2004年）、pp.1-69。

(12) たとえば、人権に関するヨーロッパ会議決定（ECHR）の第10項では、プレスの自由の権利が主張されている一方で、放送の規制も認めている。競争の必要性の行き過ぎを防止するために、1994年の閣僚会議の決議では次のような要件でのEU内における公共放送を認めている。

- すべての人に参考になり、社会的連携と一体化の推進力となること。公平なニュース、情報源、コメントを提供すること。
- 市場競争の犠牲になることなく、多元的で社会改革的な番組を開発すること。
- マイノリティも含むすべての人のための番組を提供すること。
- 異なった哲学的・宗教的思想を反映していること。
- 多様性の保障に貢献していること。
- オリジナルな番組を提供すること。
- 通常の商業目的の放送局が提供しない番組によってオーディエンスの選択の幅を広げること。

(13)「そのような市民的変革姿勢を基本に持つ倫理的なプレスは人間の尊厳の尊重を前提とし、相互依存の構築を追求する。それは自然発生的な偏見（natural prejudice）の存在を認めるが、共感と相補性というやり方での平和的変革の可能性を尊重する。」(Christians 1993: 103)

第4章　コミュニケーションの価値から
　　　　　　　　　その活動基準へ

公表行為の基本的価値

　第3章で概観した諸理論から、公表行為一般に広く適用できる一連の価値観を導き出すことができる。これまで議論されてきた考え方の多くは、社会に対する積極的な責務を強調するもので、どちらかといえば、プロフェッショナルな職業責任への視点が小さいものであった。だが、これはメディア・アカウンタビリティのプロセスに最も大事な活動基準を明らかにする点で、かなり一方的で理論面を強調しすぎたアプローチである。そのため、公表行為の実践から生じてくる多くの事柄と同時並行的に考察することよって議論をより完全なものにする必要がある。そうした事象は主としてメディアが行うこと、具体的には個人や団体あるいは社会に与えた有害性についての報告といったしばしば批判的な反応や、より広い範囲での社会的影響への懸念として表明される。そうして出てくる広大で多様な考え方の全分野をいくつかの簡潔なタイトルとしてまとめることは容易ではないが、それらが、メディアが活動する規範的な環境の重要な部分を形成していることに間違いはない。

　この節のタイトルを「公表行為の基本的価値」としたが、それは場合によってはアカウンタビリティのプロセスにおいて出てくるメディア活動一般の基準とも言い換えることができる。ここではそれらの価値を、①真実（truth）、②自由（freedom）、③秩序と統合（order and cohesion）、④連帯と平等（solidarity and equality）、⑤正しい目的と責任（right purpose and responsibility）

の五つに区分して説明する。

真　実

　公表行為の自由の要求を支えるもの、公表されたことを検証する基準として、真実性は理論形成においてもっとも重要なことである。近代以前において真実を保障するものは、神の啓示、信仰に関する教会の権威、支配者の権威、個人の英知や良心、著作者への時代を超えた信頼などであった（注1）。15世紀から17世紀にかけての宗教改革やヒューマニズム（人間中心主義）、科学のルネッサンスによって、真実とは個人の認識によって決まるものと、観察や理論的説明に基づく科学的なものの両方を含むより大きな概念であると理解されるようになった。

　迫真性があり、テクストやコンテンツの誠実な再生という観点での「真実」の意味は、衰えることなく、科学・法律・政治・商業面からの要請によってむしろ強化されてきた。印刷の組織化とビジネス、またその規制はこのような意味での真実を強化し高めるうえで重要な役割を果たした（Johns 1998）。他方で、検証可能な事実として、この真実性の概念を厳密に注視しない限り、初期の新聞が17世紀の政治と商業の世界において重要な地位を築くことはなかったという主張には再検討の余地が残されているとの意見もある（たとえば、以下を参照：Dooley and Baran 2001中のSchroederの論文）。

　表現と公表行為の自由（liberty）に関する初期の諸原則をもたらした政治闘争という場面では、本質的な価値としての真実という概念は軽視された。それぞれの政党や派閥がむき出しの権力そのままを背景にした権威によって、それぞれの自己利益や信条に基づいた独自の真実というものを持っていた。政治的な脈絡においては、イデオロギーの概念枠が真実のそれに取って代わり、扇動家たちが意のままに真実を騙り、その悪用をしていたのである（Gouldner 1976; Jansen 1988）。プレスに関する自由解放型諸理論（libertarian theories）は、他人の権利と公共善（public good）が脅かされないかぎり、個人が自らの意見や世界観を表現する権利を支持し、真実についてもほぼ同様

の取り扱いを求めた。19世紀にはだいたいにおいて、合理主義や功利主義の哲学が実証的な観察の結果と拮抗する概念をさまざまな現場で適用し、真実とは何かを突きつめた。その一方で、経済自由主義（economic liberalism）はどのような考え方による真実にも平等に思想の自由交換市場（market-place of ideas）に入ってくる権利を与えた。そこでは経験や情報に基づいた判断、好み、一般市民の人気によって真実とは何かが決められていた。神学と科学は相対立し、真実の構築においてどちらがより大きな影響力を持つかの闘いを続けていた。

　私たちが生きる現代では、公表行為における真実は信頼でき検証可能なデータ、そして専門家の分析と解釈を主たる基準として決定されるようになってきている。真実の主な判断基準は有用性の度合いということになり、そのために採用された方法が、以下に述べるように、とくにジャーナリズムの客観性に代表されるような、信頼できる仕方で記録された「現実」（reality）にどれほどそれが一致しているかを測定することだということになった。こうした測定によって捉えられた真実が、プレスに関する多くの社会的責任論に豊かな知識を与え、批判理論でさえ、ある種の現実の概念に訴えかけ、偏見や現実の歪曲を明らかにしようとする。真実とはニュースや情報といった領域を超えた、メディアのフィクション（提供情報）と文化を支える、より信頼できる形式的価値のことなのである。これはとりわけ、文化的な高潔性（cultural integrity）、著作者の誠実性（authorial good faith）、現代の社会的文化的経験の誠意に基づいた描写（faithful representation）ということに関わることである。民主主義社会における公表行為の自由への要求はそれが宗教・文化・政治・科学のいずれの分野であろうとも、そうした真実に基づいておればより強固なものとなるということである（注2）。

　真実の価値の非宗教化にも関わらず、真実の核となる重要な要素は良心の声や真実の証言者のいる社会における状況あるいは出来事に関する耳の痛い真実を、ときには危険を冒してでも発言することにある点は今も変わらない。だが、このような真実は権力者によって抑圧されたり、社会的に無力化され

たりすることもある。あるいは、自らの失敗という現実に直面させられることを望まない人びとたちから大いなる不評をかうことになるかもしれない。これは人種差別から児童虐待にいたるまでのあらゆる問題に当てはまる。発言者はその高潔で勇敢な行為を称賛されるかもしれないが、必ずしも感謝されたり、その行為が報われたりするとは限らない。

自　由

コミュニケーションにおける自由（freedom）の価値は、真実であるということ、ならびに明白であるということ以上の条件をつけて説明したり正当化したりする必要はない（詳しくは第8章を参照）。コミュニケーションのその他のプラス価値を認識するにあたってもそれだけは外せない条件（conditio sine qua non）であると広く考えられてきた。「自由」はたとえ強調の度合いに違いはあったとしても、実質的にすべてのコミュニケーション理論の基礎となっている。自らは偏狭（illiberal）な諸理論でさえ、共産主義のメディアが資本主義的所有形態からの自由をと叫ぶときがそうだが、ほんとうの自由を求めようとする。多くの西欧の政治・メディア理論はたとえ批判理論であっても、公表行為の自由のさまざまな利点、とりわけ国家権力やその他の権力への抵抗という点に関しての一致点がある。また、その真実と真実の発見への貢献、社会的・文化的発展との関係、世論形成の役割、批判的言辞の保護、基本的権利としてのメディアそのものの地位についても同様である。

秩序と統合

本項ではそれぞれに異なるが相互に関連しているいくつかの価値について説明する。第1は、社会全体あるいはそれほど大規模ではないコミュニティの一体化と統一・統合の価値である。この価値は個人の孤立や社会的分断、内部の意見対立などを抑えるように作用する。またこの価値は共通の経験・言語・信条・見解を有する文化的思想を支えている。第2は、公共の場でのコミュニケーションは文化的価値を尊重、促進し、道徳・宗教・公共心を害

することがないことを期待されている。この傾向は本質的部分を守るというよりも保守的であるといったほうがよく、コンセンサスと伝統を重んじる。公共コミュニケーションにおいては、教育・家族・宗教など、社会的機関の影響を可能な限り支援することが期待されている。この価値においては少なくとも、事前に予測できる弱者に対する加害要因を回避しなければならない。第3は、犯罪・不安・法の崩壊・戦争といった混乱がないという狭い意味での秩序の価値である。これに関連して、秩序ある望ましい形の国家とは通常、合法的な政治権力、とくに民主的に選ばれた政治体制を持ち、維持されているものである。

連帯と平等

　平等の要求は概念としてのコミュニケーション権とともに他の人権、あるいは民主制の諸原理の延長や派生物として生まれてくることがある。それはまた、自由の価値や正義（justice）の原則、つまりすべての市民は法の下に平等であり、所与の政治体制における市民としての同等の利益を享受する権利と密接に関連している。このことは公表行為という観点からもう少し説明しておく必要があろう。純粋に抽象的なレベルにおいては、私たちのすべてが他人や社会に対して意見を表明すると同時に、それらを受けとる平等の権利を持っている。しかし、個人の表現（言論・意見・信条・宗教行為・集会・デモ）といったレベルを超えてそれらを実現あるいは保障することは不可能な状態にある。公共コミュニケーションに参画する機会の平等性さえ保障されておらず、少数の者が多数に対して話すというマスコミュニケーションについての支配的な考え方は、多くの公共コミュニケーションが送り手と受け手が相互にその役割を交換する双方向性という考え方とは相容れないものだということを前提として存在している。

　そのような評価の基準は上位にある合法的な権力よりも下位からの見方をより多く代表している。そこでは、場所・宗教・階級・民族・ジェンダーなどを含む多様な基準による集団やコミュニティに関係している公共コミュニ

ケーションの設備や形式およびコンテンツを好ましいものだとする。また、大きな社会でのマイノリティや下位集団のアイデンティティ形成や統合を助け、そうすることにより彼らに力を与える公表行為を支えている。このような連帯（solidarity）を促すコミュニケーションの仕方は、不利益を被ったり犠牲になったりしている人びと、あるいは不運の境遇の人びとやグループに対して同情や共感を伝えるものとなる。これは社会的に不利益を被ったり、不幸な境遇にある人びとに対する国境を越えた配慮をするという姿勢ともなる。エッテマとグラッサー（Ettema & Glasser 1998）は調査報道についての研究で、このような報道形式を支える三つの主な価値の一つとしてこの連帯を挙げている（注3）。

　神聖な文書である聖書をそれぞれの地方言語で印刷することは、すべての人びとは神の前に平等であるという観念から生まれたアクセスの自由の原則に支えられていた。言論と印刷の自由の要求は当初は神学的であったのに後のそれが政治的問題に転化し、権力もなく抑圧されている人びとも権力を持つ人たちと同じ言論の自由を有するという考えに至ったということである。すべての人びとが社会の公共生活に十分な情報を持っていつでもどこでも参加でき、質的に十分なコミュニケーションサービスを受ける権利を有しているという意味においては、どのような形式の社会的責任論も社会民主的なメディア論も平等の原則というものを尊重している。観点を広くとれば、コミュニケーションの平等という価値観は、普遍的教育、情報へのアクセス、公共図書館・その他の誰もが利用できる情報源等の民主的な利用の諸権利と密接に関連している。

正しい目的と責任

　理論あるいは実際の経験によって正当化ができてもできなくても、公共コミュニケーションはその目的の高潔さと許容されるべき活動とは何かという一般的な概念によって判断してよいだろう。しかし現在では従来ほどこの考え方が採用できるわけではない。というのは、何が善なのかという概念に分

裂が起きているからである。こうしてこの一般的な価値観の内容が空洞化しつつあるとはいえ、少なくともつぎのような概念は多くの人びとが賛同する中心部分として残っている。公共コミュニケーションにおいてはその受容者、第三者あるいは社会を意図的であろうとなかろうと、しかも予測可能であるにもかかわらず、傷つけることは許されないこと、さらにはそうした行為によって生じる潜在的な被害に対して適切な責任をとらねばならないということがそれである。この価値観の一部は真実・秩序・連帯という考え方の範疇に包摂されるのだろうが、起因責任（causal responsibility）という考え方はアカウンタビリティにとって必須であり、別個の詳細な説明が必要である。

コミュニケーションの価値からメディアの責任へ

上述したように、基本的な諸価値が必ずしも相互に響き合う関係にあるわけでも、それらのすべてが適用できるわけでもない。たとえば、真実についての概念理解は一致しており、論理的には複数の別個の真実が存在する可能性はないと考えられる。特定の真実が国家権力によって支持されている場合には自由や平等が入り込む余地はあまりなく、社会の統一性というものが自由や平等の多様な解釈を許さない。一般的に、秩序のレベルが高まるほど、表現の自由が狭まり、真実がその他の目的のために従属させられるようになる。自由が平等の結果というよりはむしろ平等の機会や外部からの制限がない状態と理解されている場合、自由と平等はしばしば対立関係となる。反対に、そこでは、平等が多くの人びとが同じ条件と生き方を共有するという社会的な理想という文字通りの意味に理解されることになる。コミュニケーションに関する平等主義的、連帯主義的政策は他の事柄と同じように、コミュニケーションのいくつかの手段を所有したり利用したりする自由をある程度制限する傾向がある。「責任を果たせるコミュニケーション」（responsible communication）とは自主的検閲（self-censorship）の婉曲表現でもあるのだ。

コミュニケーションの価値体系内部における葛藤の回避や解決は容易では

ない。しかしそれらは提案された、あるいは受け入れられた統一のあるメディアの責任枠組の内部で調整されなければならない。欧米の自由主義的伝統における政策立案者は、メディア活動に関して公益という考え方を構築しようと試みてきた。そこでは自由の価値が最も重要であり、それを促進することはメディアの義務であるとされてきた。真実・秩序・平等はメディアがどれほど適切に自由を行使しているか、あるいはしていないかを査定する基準と考えられてきた。そこで最も一般的に受け入れられている思考枠組みは、自由とは一つの権利であり、その他の価値はこの権利に繋がる責任のことだと理解するものであった。しかしこの見解にすべての人が合意しているわけではない。この考え方は一般的にメディアの側によって拒否されるが、一般大衆からは広く支持される（第6章参照）。加えて、メディアの活動と近代社会に不可欠な政治・経済・司法といったプロセスの間には多くの経験上の関連があるにもかかわらず、私たちはメディアの側が果たすべき責務について効果的な議論をすることができないでいる。そうした関係の多くが利害関係者たちの自主的な選択や相互の自己利益主義から発しているからである。

メディアの質的評価のための条件

　メディアは可能なかぎり、より具体的かつ現実的にこれらの基本的な公表行為の価値を表現し、できるだけ広い範囲をカバーできる基準に従ってその責任を履行することが求められている。先述した諸価値は、メディアが規範的な理論やマスメディアの活動に関してなされている継続的な議論・批判・解説として広く表現されている見解にしたがい、理想としてどのように活動「すべき」かを示唆するものである。それらの中にメディアを制限したり、メディアに要求をのませる力を持つものはないが、一定の条件のもとでのアカウンタビリティの実践を求める背景をよく説明するものだといえる。そのため、批判的な議論に利用され、論争や要求の中でしばしば引用されている。とくに、こうした言論が、メディアが果たす多くの公共的役割に関する期待

を伝え形成する背景となっていること、ならびにそれらが目標・責任そしてマスメディア自身の行動にもある程度影響していることにも留意しておきたい。結局、メディアの行為には常に制限があり、メディアの活動理論と社会における実際のアカウンタビリティとの間に線を引くことは容易ではないということである。

アカウンタビリティという観点からの判断は質的評価をする形式でもある。しかし、質の概念は相対的なものであり、どの程度までそれを適用をするかは脈絡・優先課題・視点・価値の選択によって異なってくる。加えて、メディアの形態の多様性や目的の多様化は著しく、すべてのメディアに同じ価値や基準を当てはめることは、「新聞」のような一つの形式をとっただけでもほとんど意味をなさない（注4）。そういうやり方の批評ではもはやほとんど役立たないのである。たとえば、センセーショナルな新聞あるいはタブロイド紙が他の政治的な高級新聞と違うことを非難しても、その種の新聞は高級紙になろうとは思っていないだろうし、読者もそれを望んではいまい。アカウンタビリティの問題は通常、公表行為が報道の自由として許され、かつそれが社会の受忍できる範囲を超えるほどの「逸脱」となった場合にのみ出てくるということである。

メディアの質を評価する枠組みにおいて、石川と村松（Ishikawa and Muramatsu 1991）は評価のレベルと、異なる視点あるいは観点との区別をしている。彼らによれば、マスメディアは、構造・メディア・チャンネル・コンテンツの四つのレベルで評価することができる。質の見方において最も重要なのは、①社会、②規制当局、③メディアのプロフェッショナルたち、④オーディエンスによる見解だという。たしかに、基準が違ってもこのような視点を採用すれば、基盤部分では繋がりができると考えられる。従って、それぞれの分析のレベルは次のように説明することができるようになる。この場合の構造には、インフラ・伝送手段・オーナーシップ・財政・組織など、通常は国内レベルでのメディアシステムに関するすべてが含まれる。メディアのレベルは既存のメディアの種類や形式（例：ラジオ・新聞・テレビ・音楽、

など）に関わっており、それらの各々には通常、技術・組織形態・公共コミュニケーションの役割・コンテンツ形式あるいは規制の仕方における違いが見られる（第5章参照）。一般的に、たとえば、テレビ・映画・新聞といったメディアの状況が一括りにされて議論されることが多いが、そのやり方では不祥事や不始末に対してメディアを全体として評価したり、特定の一つのメディアに過失責任を履行させる（accountable）ことはほとんど不可能である。

　伝送経路のレベルについては各メディア組織（系列の新聞やそれぞれの新聞、テレビ企業やそのチャンネル、プロバイダー、ケーブル会社など）で異なるから、この区分に従って公表行為に関する政策決定がなされ、それぞれの特定組織による評価とアカウンタビリティの内容が方向づけられる。最後はコンテンツのレベルで、批評やアカウンタビリティの要求の対象として、記事・写真・番組・映画・広告・ウェブサイトといったようにもっとも明快に区分できる。

　こうして視点の違いによる区別をすれば、メディアの種類によって異なる役割、異なる目標や関心、評価上の異なった指標を定めることが可能になる。社会の関心は政府・市民社会を代表する機関などによるものを含め、じつに多様な仕方で表現されるから、それらのすべてのレベルの分析に留意しつつ、政治・経済的問題だけでなく、社会的・文化的問題にも等しく向けられることになる。メディアのプロフェッショナルたちはメディア活動の技術・管理・創作の部門で専門性を発揮するが、こうしたことは伝送経路や送出活動にもあてはまる。最後になるが、オーディエンスを市民社会の「公衆」と区別するのはむずかしいが、ここでは主として、発信側とその提供情報に対して個人的趣向・利便性・満足の基準を適用して接触する消費者の役割を果たしている人たちと理解しておきたい。先に要約した基本的な公表行為の諸価値はレベルと視点を基準にしたものであったが、ここでは主として活動の種類とコンテンツを中心に考えてみた。しかしこれら三つの視点には関連性がある。基本的な諸価値から生じている評価のための特定の基準については次に検討することにしよう。

メディア活動における真実の基準

マスコミュニケーションの発達は新しいジャンルや、そこから派生する新しい表象表現（symbolic expression）の分野やその周縁現象を生んできた。そのため今では真実について適用できる基準を一括りにすることはできなくなっている。こうした変化と不安定さはとくにオーディオビジュアルの分野や双方向メディアといった新しい技術形式と、現代文化状況のなかでメッセージの新しい読み方を可能にする多様な方法を加えた既成ジャンルの両方において存在する。だがたとえそうでも、コミュニケーションにおける真実という基本的な指標が排除されてきたわけではない。というのは、それは法律・商業・教育・科学・宗教・家族といったメディア以外の社会制度（institutions）ではこれまで同様の扱いをされているからである。

活動の評価において真実をもっとも適切に示す指標について図4.1のようにまとめみた。この図ではコンテンツの質と、著作者やその活動に従った分類をした。第1の区分は、通常のプロフェッショナルな仕事と手順についてのもので、いくつかの測定を可能にするものである。第2の区分は、より可変的で、明示度が低く、特徴としても主観的な側面を多く持っている。これだと、著作者本人と情報源だけが真実とは何かという問いに答えられるのだということになってしまう。

コンテンツの質	著作者の質
正確性（accuracy）	高潔性（integrity）
信頼性（reliability）	信憑性（authenticity）
真実性（verisimilitude）	個人的真実（personal truth）
バランス（balance）	勇気（courage）
実証性（demonstrability）	開放性（openness）
関連性（relevance）	

図4.1　公表行為における真実の基準

「正確性」と「信頼性」はともにテキストの本質的な質に関わるもので、オリジナルのテキストや発信源（stated source）との交信を含み、信頼できる情報源、送信エラーの回避、言語的表現ルールの順守、プレゼンの事実形式などが保全されていることを条件とする。信頼性を保障するテキストの論点のすべてが検証可能な形で、その情報源の社会的立場を含めたすべてが開陳されている必要がある。信頼性は当事者の認識の程度と経験の深さに左右されるが、それは通常、情報を運ぶテキストの客観的な特徴と関係してくる。正確で信頼できるテキストはたいてい、完全性と妥当性という基準を満たしている。真実の説明は正しく理解されるに十分な関連情報を提供しているものである。全体としてこれらの点が十分に満たされているかどうかの検証をすれば、真実というものの価値の構築にも役立つであろう。「真実性」（verisimilitude）の担保には真実であるというメッセージが他人の目にも見える形で、現実にきちんと合致していることが求められる。「真実」について異なった視点での説明が可能な場合でも、相互に矛盾がなく、可能なかぎり、受容者の体験と観察との整合性がなければならない。

バランスの基準はすべての認識と解釈には主観性と不確実性があることを認め、理解に役立つ多様な観点と解釈による説明を可能にする認識と表現を求めることになる。

「実証性」（demonstrability）とは実験や測定、またその後の出来事等、どのような手段であれ、それが事実・思想・真実であることを含むものであることを証明できる可能性のことである。また、身近な事柄や「読者」との「関連性」（relevance）は真実の一面である。それがなければ、テキストの有益性は低下し、不鮮明、不完全あるいは信頼できないものになってしまうからである。

「高潔性」（integrity）とは情報源あるいは送信者の善意や良心、ならびに内面的な信念、イデオロギー的あるいは哲学的な一貫性のことである。事実としての正確性の基準では検証できない出来事の解釈についてはこのような観点からの考察が求められる。「信憑性」（authenticity）は主としてメディア

テキストの文化的側面についての原則に関わる用語である。あらゆる種類のテキストは、メディアコンテンツを作り、受容し、それに参加するか、もしくはそこで表現される人びとの文化的原則や実践にとって、なにがしかの真実性があるものだと考えられる。

イデオロギーや信念の体系とは別に、人はそれぞれ何が正確で真実なのかを判断する個人的な見解を持っており、それによる確認が自分にとっての「真実」となる。どのような形式が選択されたとしても、真実についての個人的な見解とそれらを尊重する自由な表現の承認は西洋文化の重要な要素であり、それもまた人権概念を構成しているものだといえる。

「勇気」(courage)は主として高潔さや良心に関連した公表行為の徳目(virtue)のことであり、良心やプロフェッショナリズム(専門職業意識と矜持)あるいは社会的関心から、社会や権力にとって公開されたくない真実を暴露する人たちによって実践される。真実を述べることで処罰や損害を受けるリスクを負うことも起こり得る。「開放性」(openness)とは著作者の立場・関心・価値観、率直さ、目的の透明性などのことである。匿名のコミュニケーションや裏で行われるプロパガンダはこれとは反対の極にあるものとして位置づけられる。

これらの基準はどのような形式のメディアテキストに対してであれ、原則的に広く適用できるものである。しかし、メッセージの真実はテキストそのものから生じるものではなく、原著者や情報源・観察者・記者あるいはコミュニケーションの受容者、そして時には報じられた出来事に関与した人などが共同して構築するものなのである。実際には、人間に関して進行中の事柄についての完全な真実を獲得することは不可能であり、何が真実のコミュニケーションであるかを、コミュニケーション関係者の善意の概念を含めて考察するための合意形成に努力していくことが肝要である。

こうした見解を採用すれば、無能力・悪意・夢想といったことは当然のこと、アカウンタビリティとしてもっともクレームの多い事項で、多種多様な形でなされるメディアの不実やその特徴の検証が可能になる。こうした場合、

とくに二つの事項が問題となる。第1は「偏見」(bias) で、必ずしも意図的ではないにせよ、真実性の一定の規範の順守ができない構造的な過失の原因となるものである。とりわけ、ニュースや情報において偏った選択や省略、一方的な解釈、暗黙裏に否定的な判断をするような場合である。フィクションの分野であれば、民族・ジェンダー・宗教・社会階級などの基準に基づいた、否定的なステレオタイプ化がそうである。第2はその反対のプロパガンダで、意図的かつ組織的に公共コミュニケーションという手段を努めて利用し、送信者や情報源のイデオロギー的大義や物質的利益の促進を図ろうとするものである。これはしばしば密かに、かつ自分以外の誰にとっても真実でないことが、受容者にとっての本当の利益を無視してなされるものである。

　メディアの側で誠実な活動がなされるべきだという期待が、情報提供面に限られず、人間が経験する現実に間接的にふれ、語られるべき多くの異なった真実がそこに含まれているフィクションやドラマに対してなされても当然なことである。感得される意図の正直さ、主題とその描写の高潔さが中心となって真実の保証となる。それにもかかわらず、現実のメディアのフィクションは多くのやり方で現実を偽ることをしている。フィクションは真実のストーリーを語るといいながら、組織的に人びとや状況、出来事や場所・思想を歪曲し、無視し、中傷していることがあるのだ。

　客観性の問題は、ニュース・「情報」(information, 訳注：これは日本とは違い、時事解説的な番組や報道記事のこと) 番組・ドキュメンタリーなど、ジャンルとして真実であることが要求される場合における「真実」の価値に関して取り上げられ議論されることがほとんどである。メディアのニュースや報道系番組における情報の質的側面の多くは公式的にはニュースの客観性についての従来的な原則によって評価することができる。しかし、それでも多様な観点・意見・価値観が入っている場合、どのような基準が適切なのかについての決まりがあるわけではない。客観性についての判断の主な基準は図4.1に示している通りで、なかでも正確さ・信頼度・関連性・バランスが重要である。客観的なジャーナリズムの実践の鍵となる要素もまた事実性 (factuality)

つまり正確で検証可能、かつ意見を含まない情報である。事実こそが真実の強力な追求に応えられるものなのである（参照：McQuail 1992: 197）。

　「バランス」の基準には現実の説明にあたり価値判断をしてはならないという困難がつきまとう。ニュースのジャーナリズムでは、関連のある別の情報源や見地から当該事象についての新しい見方で報道する努力をすることでこの点についての対応をすることができる。また、価値観が入ってしまうことや、センセーショナルな報道の仕方を避けようとするやり方もできる。ウエスタースタールが明らかにしたように（Westerstahl 1983）、客観的なニュース報道においても認知的側面とともに価値評価的側面を避けることができない。ニュースでどういうトピックを選ぶかということ自体、まさに価値観による選択なのである。「関連性」には重要度の判断によって決められる側面があり、それには過去のジャーナリズムにおける選択事例、事件の規模と強烈さ、外部の権威や専門家の意見、その事件へのオーディエンスの関心、あるいは事件がオーディエンスに与える影響の予測といった指標が想定される。

　多くの批判があるにも関わらず（参照：Hackett 1984）、上述の定義のように客観性には「真実である」（truthful）報道のための様式が適用されるという広く認められた理解があり、それは西欧の社会実態としての非宗教性・民主制・資本主義といった制約を超えるものでさえある。それはまた、ジャーナリズムが対立や不確実性といった状況に直面したときに準拠できる実践的な指針を提供している。さらに、ジャーナリストが権力を持ち、危険な者たちの活動を批判的に報道するときに起こり得るリスクからジャーナリストを守る手だても提供してくれる。記者が報じる評価や意見、（報じられた者にとって都合の）「悪い」ニュースとの間にメディアが間隙を作ってくれるからである。またそれはプレスの自由を守ることにも貢献している。つまり、ひとつのメディアが反対の立場に立つ派閥や意見を紹介するチャンネルとして活動すれば、同様にそのメディアは特定の信条をもった者の輪を超えて、その潜在的なオーディエンスを広げる活動をすることにもなるからである。こうしてオーディエンスを広げていく能力は地球規模のメディアと国際的なオ

ーディエンスの増大にも繋がることにもなる。一般的に客観性を前面に出すやり方（objective mode）はオーディエンスにも多くのジャーナリストにも人気があるばかりか、そのルールは広く知られ、情報源としてのメディアに対する人びとの信頼と依存度の向上に貢献している（参照：Lichtenberg 1990a; Ryan 2001）。

公表行為における自由

　自由は基準やなんらかの属性（attribute）というよりも公表行為の条件であり、明らかに制限がある場合を除いて、公表行為の自由の程度を客観的に測定することはできない。しかし、現時点での公表行為の自由度とそれがもたらす結果の関係を追跡することは可能である。メディアの自由が目的そのものとしてよりも現実的な有効性を持つものとして正当化されている場合には、それがもたらす利益を誰にもわかる形で説明しなければならない（第8章を参照）。公表行為における自由の行使の主な条件は認可制や事前の検閲がないこと、公表にともなう義務や公表後にその行為に処罰を加える法律がないこと、そして、公表する手段を現実として持てること（＝チャンネルが独占されず、多様性があること）、公表行為を妨げるその他の陰湿な圧力や統制がないこと、である。

　構造上の条件としての自由と公表行為の結果の関係は図4.2に簡略化してまとめている（詳しくはMcQuail, 1992: 167）。自由をその特徴とするメディアの公表行為のシステムにおいて鍵となる要素は独立性と多様性である。「アクセス」とは情報源や著作者に通じる経路（＝チャンネル）を指す言葉だが、ここでもたいてい多様性が求められる。構造上の条件としての独立性とはある種の法的制限、オーナー（施設の所有権は彼らにあるにせよ）や政府や政治家、大規模な広告業者、その他外部のグループによる圧力「から」自由であることである。それらの圧力の存在は避けられないものであると同時に、それらはアカウンタビリティのプロセスの一部といえるものでもある。だが、

自由の原則
条　件
チャンネルの独立性　　チャンネルへのアクセス　　コンテンツの多様性
帰　結
情報の信頼性　　独創性　　批判的な姿勢　　選　択　　変　更

図4.2　自由：構造から活動へ

それらの圧力に対してどれほどの抵抗をすべきかについての決まりがあるわけではなく、現在もまだ議論が継続している問題である。

　公表行為の自由によって得られると期待される利益とは何かが、メディアの行為とコンテンツの提供活動に適用できる評価基準になると考えられる。それらにはとくに次のような要素が含まれる。

- 政治的、経済的権力を持つ者を検証し、批判しようとする意欲
- 読者がしっかりとした意見と批判的な視点を持てるようにするための情報提供
- 情報や唱道（アドボカシー）、関与などの手段によって政治的、社会的、文化的生活に積極的に参加すること
- 情報とその伝播という手段によって文化的、社会的革新を促進すること
- 多様な意見や目的を持ったアクセスチャンネルを提供すること
- あらゆる種類の失敗、不公正、不正行為を調査すること

　自由が潜在的にもたらす利益は、独立性やそれに基づく活動がないところではいくつかの理由をつけて無視されたり否定されたりすることは明らかである。メディアには悪影響をもたらす振る舞いをする自由があるともいえるから、そうした利益が必ずしも保障されているわけではない。メディアのオーナーによる戦略的な利益も政府や強力な利害集団からの批判を受けるから、

そのまま実現することもないだろう。彼らの財政的利益がコンテンツにおける大きすぎる独創性や調査取材、多様性によって増加することもないだろう。一般的に政府はこうしたやり方で行使される自由からは得るものよりも失うもののほうが多い。また広告業者は通常、自分たちがメッセージを伝えるのに論争的なものよりも、内容的に明確で理解しやすい形式のものを好む。オーディエンスでさえ、行動上の自由を鮮明にする公表行為の形態的特徴となる対立・論争・挑戦などを全体として避けようとする傾向がある。つまり、公表行為の自由の理論的成果を追求することと、メディアが利益をあげる産業として必要とする条件とは相容れない部分があるということである。しかし実際には、こうした対立の一部はメディアの内部で労働と社会的役割というものを分けて考えることで解決できる。そのような状況は、批判的でかつ調査報道的、革新的な公表行為に貢献するチャンネルやジャンルを専門化することによって、規則にたよらなくても作り出せるものである。また、メディアと外の世界との境界線に存在する統制と自由の最前線を監理できるような、非公式的なやり方や取り決めをすることも可能であろう。

　公式非公式を問わず、全体としてどのような合意をしても、自由な公表行為の実践によって起きるいろいろな問題を完全に除去することはできない。アカウンタビリティの視点からすれば、これにはプラスとマイナスの両面があると考えねばなるまい。公益という点に関しても、メディアは個人や社会集団を傷つけたり、秩序を乱したり、あるいは道徳・品位・世論に反する行為をとるなど、自由を乱用しているとの批判がよく聞かれる。その一方で、メディアはその基本部分において上述したようなさまざまな圧力に屈して十分に自由を行使していないとの主張もある。彼らは公衆のために働く番犬（public watchdogs）であるよりも権力者の膝に抱かれるペット犬（lap dogs）となり、何ごとにも同調し、寄り添っていくというわけだ。メディアが恣意的に沈黙し、活発な活動をせず、社会構造の根幹への辛辣な批判や明快な攻撃をしなくなれば、外部からの申し立てや難詰もほとんど出なくなる。そのため、現実問題として、アカウンタビリティのプロセスの多くが自由を促進す

るというよりは自由を制限する方向で機能する傾向を持つことになるのも残念ながら事実だといえる（第8章参照）。

　平等と結束

　メディアに期待される平等（equality）と結束（solidarity）作用という主要な要請事項を満たす方法は構造・コンテンツ・オーディエンスというレベルに区分することによって説明することができる。これらの三つにはそれぞれにアクセス・描写・受容についての質という重要な基準がある。
　メディアの構造のレベルでいえば、「平等」についての主要点は個人やグループが享受できるチャンネルへのアクセスの可能性の程度のことである。これは経済的あるいは社会的ルールのどちらかによって解決されるだろうが、前者の場合、すべての人びとがコミュニケーションの手段を持ち、それを活用できる平等な権利を持っている場合に、平等が保障されていることになる。しかし同時に、実際には必要とされる物質的条件がそのように平等に配分されているケースはないから、このレベルでの平等なアクセスはどこにも存在しない。従って、こうした社会ルールを適用し運用できるのは、ラジオやテレビ放送の多くがそうであるように、異なる利害関係者への平等な配慮をするという条件での免許付与か、こうした条件が普通となっている公共サービス放送の形式をとるかのどちらかになるということである。
　コミュニケーションコンテンツの表現上の平等ということから出てくる問題は、条件はいくらか異なるとはいえ、送り手の立場からすればアクセスの問題によく似ている。メディアコンテンツの対象として現れる個人・思想・グループなどは、平等であるかどうかにかかわらず、必ずしもアクセス自体を望むわけでもないし、まったく要求してこないことさえある。半面、それらがメディアによって取り上げられる量と質については潜在的に問題となる部分が含まれている。社会や文化の構成要素がメディアにおいてまったく描写されない状態（invisibility＝非可視性）は、好ましくない角度から描写され

るよりはましであるとはいえ、ふつうはやはり好ましくないものだといえるだろう。メディアによる無視、ときには偏見でさえしばしば偶然に起きることもあるだろうが、公正（fairness）という理由を根拠にして、ちゃんとした角度からまともな表現としてメディアに取りあげさせようとする要求には妥当性があるといえる。

　オーディエンスによる情報受容の機会と実態の両面からの平等性の享受の実現には、あまねく存在する適切な配給システムとオーディエンスを引きつける努力が必要である。可能なコミュニケーションの趣向・関心・ニーズを広範囲で満たすような、コミュニケーションの権利として意味のあるオーディエンス側の受容の平等性にとっては、多様で豊富かつ変化のある供給の保障が求められる。従って、平等は多様性と繋がり、かつそれ自体が自由と多元主義という多くの民主社会における徳目を形成し、社会における公共コミュニケーションという価値ある原則による恩恵を受けて存在している。オーナー・送り手・対象としての個人あるいはグループ（コミュニティ・信条・文化）にとって平等で公正なアクセスの保障があればあるほど、メディアシステム全体とその提供情報に多様性が生まれ、個人の受容者はより適切な選択の幅に恵まれることになる。つまり、多元的な社会では内部で盛んなコミュニケーションがなされ、対立や緊張の緩和作用が起きる。幸いなことに、価値観の多様性は独占やエリート文化主義、大衆迎合主義や抑圧的なプロパガンダ、大勢順応主義や単一文化主義、グローバル化といった、多かれ少なかれ悪とされるものに対して対抗的な作用をするのである。そればかりか、それは肯定的な意味での寛容や協力、多文化主義や人権の尊重、文化的自律性などとの協調関係を形成する。

　望ましい、あるいはこれまでに達成されてきた多様性の程度を測定する主な基準がこの他にも二つある。ひとつは多様性を反映し表現する形式、つまりアクセスの度合いや描写されるものがその流通過程において当該の人口集団や社会的部分に相応するものになっているということである。基本的にこれは、全体としての社会状況に応じたアクセスがなされているという公平の

原則のことである。それよりもさらに重要な基準は平等性、あるいはすべての原則へのアクセスが保障されているということである。前者は実現の可能性が高いのだが、変化を促すわけではなく、いくつかの場合には平等なアクセスへのアプローチがより望ましいものとなる。それには、たとえば、応答の権利や、マイノリティがより広い社会に向かって発言するチャンネル、オーディエンスが相互に対立する意見を聴くチャンスなどの確保が含まれる。

多様性ということに関連して発生する問題のほとんどはメディアシステムの幅広い条件に関わるものだから、個々のメディア組織の多くにとって責任を放棄しても支障が起きないということになりやすい。そうなれば、おそらく公共サービス放送を除き、メディアには異なるグループや利害関係者に対する平等もしくはその大きさに比例したアクセスを提供するという責務も約束も必要がないことになってしまう。そのようになった場合でも、特定のアクセスを提供しなかったり否定したり、あるいは全体的システムとして多様性に欠如しているチャンネルに対してアカウンタビリティの履行を求めることができなくなるということである。

次に「結束」(solidarity)の問題だが、メディアは通常の機能として、国民社会 (national society) 内部のいくつかの社会的単位 (social units) のいずれかへの同一性 (identity) と帰属意識 (sense of belonging) をそれとなく促進しているものである。メディアは主として一定地域を活動のベースにして、当該の国・地域および一定言語を使用する公衆に向けて情報提供をしている。このような大枠としての同一化 (identification) の中で、あるいはしばしばそれらを横断するように、社会的・文化的、あるいはその他、人種・ジェンダー・宗教といった環境的なものに基礎を置く潜在的な同一化のプロセスという作用を果たしているということである。多くのそのような社会や下位集団の内部のアイデンティティはそれぞれのコミュニケーションのためのマイノリティメディアがあるかどうか、社会全体の多数派のメディアでどのような扱われ方をされているかによって強められたり弱められたりする。それほど目立つわけでもないし効果的でもないが、メディアは同一の国家社会に存在

する、たとえば、雇用・収入・地域・年齢障害といった共通特性を持った人たちと同一国民社会内のその他の人たちとの関心をつなぎ、注意を喚起するネットワークとなることができる。

社会的な結束は国民社会のレベルで、経済的・文化的（あるいは軍事的）成功や危機・災害の報道によって促進される。そうした表現の典型といえるのは愛国的シンボルの称揚や国家的達成事業の祝賀である。こうした立場からの報道は国外（世界）の出来事についても国内的関心や利益の視点からなされ、例示に事欠かない。同じく結束ということだが国境内部に対象を限る場合には若干違う意味あいを持ってくる。マイノリティグループに関する事柄を積極的に扱い、保健・貧困あるいはその他の不幸に関し、同じ国民が直面する問題や困難として同情的な報道をすること（理解や助け合いを促進するメディアの「社会的共感機能」）がそれである。また、このプロセスは、私たちの共感に「値するか」、「値しないか」を区別するその他の情報基準（subtext）によって実行されることもある。国際的な観点からして、メディアはよりグローバルに共有されるべき問題の概念形成を妨げているか、促進しているかで評価することもできよう。

秩序と統一

社会秩序と結合力の諸原理から派生するメディア活動に対する期待は、多くのジャンル的区分を超え、あらゆる情報・文化・エンターテインメントの公表行為にわたるものになっている。その背景になっている原理は主として、法と秩序、政治的コンセンサス、道徳と良識、国民のアイデンティティと愛国心といったものである。そこから出てくるメディア活動への期待は次のような指標として記述できるであろう。

法と秩序

法と秩序に関しては、メディアは犯罪と司法、安全と防衛、公共の秩序、

危機と緊急事態などの問題を扱う権力当事者にアクセスする特権を与えられるべきである。メディアという情報の経路（channels）は責任ある当局と一般市民をつなぐことによって、安全と秩序に関する情報・助言・警告・指示などが末端まで行きわたるようにすべきものだからである。一般化していえば、報道と文化的コンテンツに関するメディアの主要なメッセージは犯罪や反社会的行為を抑制し、象徴的な仕方で処罰する、その反対に、社会に役立つ姿勢や活動を賞賛すべきだということである。

　政治的コンセンサス
　関連するニュースや背景情報、あるいは政府・政治・法律に関連する主要機関のニーズへのサービスといった形で、メディアには既存の政治システムとその過程を支えることが期待されている。これらの事柄に関してのルールはたいてい明文化されておらず、メディアに与えられるべき特権的なアクセスは主要な政治家とその考え方、民衆からの委任を受けた議会その他の機関に対してなされるべきものである。だが同時に、政治的なバランスの保持として、社会的少数者あるいは過激論者（extremist）などの情報源にも目を向けることを忘れるべきではない。議論の際の言葉遣いにも抑制が保たれ、対立は賢明かつバランスのとれた方法によって対処されるべきで、社会・公共的に議論が展開される場合、意見の対立のある事柄に関しては、「政治的適切性」（political correctness＝ポリティカルコレクトネス）の原則を適用すべきであろう。

　社会的品位と道徳
　多くのメディアは社会的習慣（mores）を脅かす可能性のある事柄への対処については、文章化された、あるいは暗黙のルールに基づいて活動しているが、その詳細は外部から正確に知ることはできない。一般的に期待されているのは、本来的にデリケートな問題を含んでいる性や暴力、あるいはその両者の合体したもの、病気や死、オカルトなどを中心とするコンテンツの公

表に関して、社会的な合意ができていることを受け入れ、メディア活動を展開すべきだということである。飲酒・暴飲暴食・悪罵・薬物乱用といった、多くの人たちが好ましくないとする事柄はしばしば問題のあるコンテンツとして取り扱われる。また地域によっては宗教や神への冒瀆はデリケートな問題が発生する公表行為だとされる。

国民的アイデンティティと愛国心

メディアが常にその発信地と流通区域との結びつきを持つのはだいたいにおいて、共通の利害や関心、見方やアイデンティティ（同一性）のプロセスが自動的に作用するためである。このような結びつきはしばしばメディアのコンテンツやオーディエンスの趣向として現れる。多くのマスメディアは国別に存在し、それぞれのアイデンティティ（特徴）を持っており、その国の社会の価値を表現し、広める傾向があるから、愛国心や自民族中心主義がそこにどれだけ反映されているかを判断の際の参考にする必要がある。多くの場合、これらの特徴は選択や注目度の異なるパターンとして見られるだけでなく、通常、国民的文化や利害が危機に瀕した場合に考慮すべき指標となる傾向がある。アイデンティティや忠誠とよく似た表現は地方や都市および地域性の称揚として登場し、そうした場合のメディアは通常、当該地域の美徳や価値属性を支持し強化する方向で機能することになる。

正しい目的と責任

外部から見えるメディアの行為と活動の特徴の多くは、世論や公式非公式を問わず当該地域で受け入れられている規範や基準によって正しい、もしくは適切だと判断されているものである。このことはとくに、真実であることを要求するメディア活動、あるいは犯罪・暴力・品行・道徳などといった法と秩序に関わるもの、もしくは最終的な受容者としての個人や社会に対してリスクを与えかねないメディア活動に適用される。この基準に関することに

ついてはこれ以上の一般的概念説明は必要ないであろう。しかし様々な倫理的問題や、私的もしくは個人的利益や損害に関係した主要な論点についてはまだ検討していないから、とくに、公表行為の決断と行為に関わるすべての当事者の望ましい行為とは何かということについては述べておかねばなるまい。それらは以下のようにまとめられる。

- どのようなものであれ、善意の動機に基づいた公表行為を擁護すること
- 公表行為の継続に必要な、誠実な情報取得行為を行うこと
- ニュースで言及されたり影響を被ったりする人たちのプライバシーや尊厳を尊重すること
- 公表行為の結果として、第三者に対し意図せぬ悪影響が出ていることに対し、それを避けるための段階的な対策をたてること
- 公表行為の結果として起きた個人的被害について、その社会的公益性を誠実に、つまり商業的利益やその人物の力とは関係なく、考量すること
- オーディエンスに対して公表行為が与えると予測できる悪影響に適切な責任をとること
- 当該事項に適用できる職業倫理・行動綱領を順守すること
- オーディエンスおよび公表行為によって影響を受ける人たちの否定的反応と肯定的反応の両方に耳を傾けること

小　結

　この章では、社会の視点からメディアについての価値評価をどのようになすべきかという枠組の概要を記そうとしてきた。しかしそれらの記述の基礎的事項は「メディア・アカウンタビリティ」というさらに限定的な領域にそのまま応用できるものではない。だが、どのような価値がメディアの行為に関連したアカウンタビリティに要求され、それらのうちどれが役立つのかを知るためには利用できるだろう。メディアに期待されるのは何かというさら

に大きな問題と実践されるべきアカウンタビリティとの違いは、後者が特定のものや個人の苦情あるいはそれらに関連するプロセスを取りあげるものであるのに対し、前者は主として行動の正誤や、利害に関連して社会的に受け入れがたい事項全般に広く関わるものであるということである。それら二つには重なる点もあるが、そのように分けて考えれば、メディアが妥当かつ社会的に受け入れられた規範に基づいて行動しながら、個人やグループに対して向けられた中傷や加害が原因となった申し立てに対する適切な対応が可能になるであろう。メディアには本章で概述してきた規範のいくつかに違反することもあるだろうが、それ以上に何かをするよう求められたり、そうすべきだという社会的合意もないから、それ以上の責任を果たすようにせめられるおそれもない。こうしたアカウンタビリティが可能になれば、各メディアあるいはそのシステム全体が改善の方向に向かうことが期待できるようになろう。

注

(1) ジャンセンは自由な表現における真実の価値について、プラトンとその『ソクラテスの弁明』にまで遡って追跡している。そこでソクラテスの言葉が次のように引用されている。「私が真実の探究をやめてしまうということを条件に私を無罪放免しようとするのであれば、私はこう言うでしょう。〈ありがとう、アテネの人びとよ。しかし私は神に従います。神こそが真実を表明するという仕事を私に与えられたのです」(Jansen 1988: 37-8)。プラトンはさらに続けて、自分が個人的に話したり考えたりしたと同じことを公の場で表明しないということは決してしないと述べている。これは真実を求める強い要求であるとともに、「専制的な権威よりも良心の優越を」という宣言でもある。

(2) メディアの責任が問われた、1931年～1935年のアメリカ合衆国最高裁判所による195の判例の分析をしたハインドマンは、「裁判所はプレスの政治的・教育的機能を評価し、プレスの責任は真実の告知とその擁護（stewardship）であると定義している」と述べている (Hindman 1997)。

(3) エッテマとグラッサーは結束（solidarity）の価値を「苦しみの中に置かれている人びとと、それ以外の人たちを共感の環でつなぐこと」と定義している。（Ettema & Glasser 1998: 189）
(4) エリート向けの金融や政治中心の日刊全国紙からセンセーショナルなタブロイド紙にいたるまでの実に多様な形式があり、さらにそれぞれに競合するいくつかの次元や基準あるいは期待値においての違いがある。

第Ⅲ部　メディアのガバナンス（自律）と公共的役割

第5章　メディアのガバナンス（自律）
：問題点とその類型

　　　自由なメディアをコントロールする

　アカウンタビリティの問題はもっとも広い意味でのガバナンス（governance、自己統治能力・自律性）の枠組から検証する必要がある。この「ガバナンス」という言葉は今日、分散化・多様化したコントロール（control≒統制）のシステムとプロセスを説明するときに使われ、私的・公的機関とその活動のネットワーク、内部・外部のメカニズム、公式・非公式の圧力、奨励や制裁などの意味を含んでいる。それはまた、もっとも拘束力のある法律から抵抗できる程度の圧力や自主選択した規則に至るまで、マスメディアが制限され、指示され、勇気づけられ、管理され、あるいは責務の説明を求められるすべてのやり方を含む言葉である。また、ガバナンスは「政治取引のない政府」（government without politics、自律の統治）とも呼ばれるように、メディアへの政治的干渉は他の政治領域以上に微妙な問題であるため、この方面ではこの言葉を使用することがとりわけ適切であるとされる。くわえて、それには規範や基準という観念も必ずいくらかは含まれており、適用の度合いは一様ではないとはいえ、その実行のための手続き規定という意味も含んでいる。だが、制限あるいは処罰のために強制力や専制的権力を使用することはガバナンスの思想概念とは相容れない。

　メディアをコントロールする理由は通常、文章化されないし、ときには隠されることさえあるから、ガバナンスもまたそうした形をとることになる。

いずれにせよ、それらのすべてがメディアの持つ社会的・経済的・政治的価値や力から派生してくるのだが、それによって恩恵を受ける者や利害関係者は可能性として膨大な数にのぼる。メディアのコントロールについては、五つの一般的な理由が挙げられる。第1は、既存の秩序を守り、現在の政府やその他の公的機関に情報面での影響力のある手段を提供すること。第2は、多くの個人や社会的諸部門の権利や利益をメディアによる加害性や不公正から守るため、さらには道徳や核心的価値等が被るより大きな被害から社会を守るために必要だということ。通常、これらの二つの理由はコンテンツの規制を意味している。第3は、新規のコミュニケーション経路（new channels）の参入、平等なアクセスの促進と普及、競争と多様性の推進など、コントロールにはコミュニケーション全体の自由を拡大するような側面もあるということ。第4は、前章で概説したような価値を守り、発展させるために必要だということ。最後の第5は、コントロールすることで長期的な視点での経済利益を社会にもたらすと考えられる変革や技術革新が推進されること、である。

アカウンタビリティの問題

外部からのコントロールも内部での自主的コントロール（self-control）もなんらかのアカウンタビリティの形式がなければ完全ではない。しかしメディアのコントロールはメディアのアカウンタビリティと同じものではなく、これらの二つには別個の検討や説明が可能である。公表行為に伴う価値と社会のメディアに対する期待を探求する過程において、以下のような二つの区別が必要になるからである。一つは、公共的な影響と私的なそれとの区別であり、もう一つは、利益の追求と加害性の回避との区別である。図5.1に示しているように、これら二つの区分に従ってアカウンタビリティのプロセスに生起する様々な事項を取り上げていけば理解しやすくなるだろう。

関連するすべての問題が一つのカテゴリー内にきちんと収まるわけではな

	問題の形式	
	公共的	私 的
方向性 　利益性	公共圏利益	コンテンツやサービスの質
加害性	社会への加害性	人びとや利益への加害性

図5.1　アカウンタビリティの問題に関する分類枠組

い、つまりそれぞれが明確かつ単純に区分でき、そのままあてはまるわけではない。たとえば、法と秩序の問題は利益を確保することと加害性を避けるという二面をもっていると考えられる。しかし、この分類によって、公表行為から発生する可能性のあるクレームの源とその性質の基底にある違いを知ることは可能である。以下に示す問題の概説では公共的と私的の区分だけを用いて説明する。

主として公共的あるいは集団的な問題

公共的秩序と国家の安全の擁護　公表行為が安全と秩序を脅かす可能性をもつ情況がいくつかある。社会への危険や脅威とされる問題は主として、軍事・防衛上の機密、メディアがそれらと戦ったり、ときには助長することもある犯罪や犯罪者、メディアによる広報がその実行者の目的を抑えたり助けたりする武器となるテロや反政府活動、同様なことが適用できると考えられる市民による騒乱や暴動などがこれにあたる。

公共的慣習の尊重　多くの社会には、実際に加害性があるかどうかは別にして、何を公表していいのかということに関して広く適用される常識や品位の規矩というものがある。たとえば、セックスや裸体、言葉づかい、暴力的な映像表現など、公衆の感情を害する可能性のあるものがそれによって抑制される。宗教上の信念や信条への侮辱といった神への冒瀆も同じカテゴリーになる。常識やその尊重といったことは病気・死・身体機能・動物の虐待などについても適用される。根拠なく政府当局を誹謗すること、国家や愛国

的な象徴を侮辱することは公共的犯罪（public offence＝公共善の侵害）としてコントロールの対象となり得るということである。

　公共圏の利益の確保　メディアの公表行為には立法・行政・司法制度の正常な機能に対し大きな助けになる場合、反対にその妨害者になるという可能性がある。それはメディア本来の目的ではないし、強制したり法律制定によって防止を図ることも適切ではないが、そうした制度自体はメディアによる情報提供その他のサービスに依存している面が多い。この点での公共的利益は、信頼でき、多様かつ適切な情報の、広範で自由な流通によって実現される。批判的で、政治的あるいは社会的に逸脱した公表行為は当局によって歓迎されることはないだろうが、それらにも社会貢献的な側面がある。自由市場の原理で提供されるメディアサービスの最小限のレベル以上に、メディアには情報・アクセス・関与といったことで公共圏を広め豊かにするためにできることが多いからである。メディアは報償や強制がなくともその他の社会制度への貢献ができるが、その意欲の程度にはそれぞれの組織ごとに違いがある。

　文化的問題　メディアに対する要求あるいは公共善への期待の起因となるものについては、三つの条項に分けて説明できる。第1は、社会一般に受け入れられている芸術・教育・文化の基準に従って、メディアの条件の総合的な質の向上をアピールすることである。第2は、とくにいくつかの面で外国からの文化侵略的な脅威がある場合、自国の言語や文化を守ろうとすることである。第3は、国内社会における文化的マイノリティに対して適切な対処をしているかどうかという点である。

　人　権　メディアはさまざまな社会集団を取り上げるとき、人権尊重の立場からの描写をすることをますます求められるようになってきている。偏見・差別・アクセス・無視といった問題がそれらによって影響を受ける側や、

正義（justice）と連帯（solidarity）を求める人たちによって提起されている（注1）。

社会への加害性　たとえ意図的でもなく予測も不可能であったとしても、自己抑制や責任感のないマスメディアの公表行為の結果として、社会が全体的かつ長期的に受ける影響の恐ろしさがしばしば指摘されている。子どもや青少年の社会的・教育的・道徳的問題、犯罪・暴力・反社会的行為・攻撃性の助長、道徳水準の低下、乱交や性的倒錯、物質主義・消費主義の助長など広範な問題がそこから出てくるとされる。

国際的な責務　国内向けのメディアが国境を超えて他国領域に進入することがしばしばあり、他国の法律によって規制を受ける可能性がある。とくに衛星放送・ラジオ・テレコミュニケーションといった伝送システムのいくつかには効果的な運営のための国際的な合意が必要となってくる。戦争・平和・公正、社会経済発展等を活動対象とする国際的な組織は、国際的なメディアによる認知や支援を頼りにしているということもある（参照：Hamelink 1994）。反対に、コミュニケーションの「自由な流れ」の原則は一般的に一国の主権の及ぶ範囲（territorial sovereignty）を超えるものではあるが、たとえば、インターネットのウェブサイト上のコンテンツに関する法律には国ごとの違いがあるといったことに起因する問題も多く起きている。

より私的で個人的な諸問題
個人的権利の擁護　いくつかの点で、メディアの行為は公表の自由の権利よりも優先するとされる個人の権利を侵害することになり、問題となることがある。言及された人物への名誉毀損や、それが引き金となって起きる実際の物理的加害が主としてこれにあたる。

個人への侮辱　一般的趣向（taste）や品位（decency）といった社会常識

的基準の尊重といった大きな問題とは別に、公表行為が特定の個人にショックを与えたり侮辱となりかねないものを含む多くのケースがある。そうしたことはしばしば予測できず、さらには意図せずとも起きることがあるし、ときにはある特定人物のことを述べるつもりでもたまたまそれとは別の人物についての不本意な情報暴露になってしまうケースもある。加害の内容にはいろいろあるが、精神的ショック・警報（alarm）・恐怖・苦痛・侮辱などが含まれる。

個人への加害　特定の公表行為が個人の受け手に対する特定の加害の原因となっている疑いがある時、あるいは特定の加害行為だと受け取られる場合にしばしば起きるケースである。多くのこうした加害行為は犯罪行為や自殺を含む暴力的行為をまねしたり刺激したりする行為との関わりがある。いわゆる猥褻やポルノ的なものの公表行為による悪影響はこのカテゴリーに入る。また、公表行為が言及された当該の個人あるいはグループに対する憎悪や物理的な加害を引き起こすこともある。

コミュニケーションと情報における所有権の保護　知的財産権という考え方は少なくとも17世紀以来のヨーロッパにおいて、特許や印刷物に関連して次第に確立され、その後の情報の重要性と商業的価値の漸進的増加とともに整備、拡充されてきたものである。法的保護を要求できる情報のカテゴリーも増加の一途をたどり、それが今ではインターネットのドメイン名、ロゴや表象などにまで適用されるようになってきた。原則的には、公的、私的を問わず、コミュニケーション上の権利はなんらかの法的保護を求めることができるということである。

規制に関するその他の問題：構造と経済

アカウンタビリティの問題をこのように説明するだけでは、可能性として考えられるガバナンスシステムの在り方をすべて列挙したことにはならない。

その他にもアカウンタビリティを生じさせることになるリソースの配分・経済的規制・技術水準についての本質的な構造やシステムに関して問題となるものがいくつもあるからである。インターネットは暗号化・サイバー犯罪・電子商取引などの分野で、こうした問題の幅をさらに拡大した。だが、これらの事柄は本書で定義して検証しているアカウンタビリティ概念の中心にあるわけではない。それらは通常、実際の公表行為の問題とは違う種類の、政府による介入がより容易なものだからである。

　公共コミュニケーションの施設はどのようなインフラが設置され、管理がどうなるかによってその質が決まる。それらの施設はリソースを消費しており、公益性を最大にするためにしばしば競合する運用者（operators）間で責任の分担がなされる必要がある。また、コミュニケーション構造へのアクセスやその多様性の問題、コミュニケーションネットワークとの多くの関係事項への対処も重要である。こうした問題もまた公表時にそれほど大きな直接的関係を持つわけではないが、長期的にはメディアの行為と活動に影響を及ぼす。

　マスメディアは経済活動の重要な領域であり、そのことが他の企業と同様の規制を受ける理由となる。全体としていえば、公益という観点に縛られるビジネスというマスメディアの特異な状況が、通常は市場選択あるいは市場規則や規制機関に委ねられる決定にしばしば政治的な判断を持ち込ませるべきだという意見の根拠になっている。

メディアガバナンスの多様な特徴

　メディアのコントロールは必要不可欠かもしれないが、表現の自由への願望や創造性とはしばしば相容れない。それがどこまで受け入れ可能かは当該メディアの形式、公表予定までの時間的余裕、コントロールの形式などによって異なる。さらにいえば、おそらくその程度についても、何が可能かを決める当該地域での法規制の伝統や政治文化としての社会的な脈絡によって変わる。まず第1に、しばしば反対はあるのだが、放送などのメディアが技術

的な理由や公共政策によって包括的なコントロールを受けることは事実として一般的に受け入れられてきた。第2に、コントロールの受け入れは、実際にコンテンツの決定がなされた場所からの距離が大きければ大きいほど起きやすい。メディア所有と、免許付与によるチャンネル利用（access）についての規制条件は原則として受け入れられている。だが、外部組織による公表行為の事前検閲や、法的に問題なく公表されたものが後に処罰されるようなことは拒否される。これら二つの間には第3番目として、各地域の状況や環境によって、受け入れられたり拒否されたりするコンテンツに影響を与える問題が可能性として存在するという状況が考えられる。公表行為の自由が必ずしもすべての表現を等しく守るわけではないことは明白なのである（第8章参照）。

　実際に適用されるコントロールの形式は上記の第3パターンに準拠することが多い。それらは以下の五つのカテゴリーに大別することができる。①公式的な法律や規制、②自己統治（self-government＝自律）の手段として具現化された倫理規範のガイドライン、③市場の自制規律（disciplines）、④メディアシステム自身の技術と組織およびその「構造」、⑤あらゆる種類の非公式的な圧力、である。多くの場合、市場の作用だけでなく、システムや組織への制限の強化あるいは緩和の影響は、ときには抵抗が見られることがあるものの、市場作用と同様に、たいていは所与、あるいは不可避のものとして受け入れられている。一般的に、コンテンツに影響を与える特定の法律や規制に対しては異議が出されるが、加害性や侮辱、他人の権利の侵害だと思われる場合には必要なものとして受け入れられる。倫理的な制限の場合はさらにあいまいで、多くの場合、関係当事者の自主性に委ねられ、強制力はない。たとえば、ジャーナリストの間には、倫理規制が「忍び寄り」、法規制としての地位を獲得するのではないかという恐れがあるからである（Voakes 2000; Drechsel 1992）。

　これは上述したいくつかのコントロールの領域がそれぞれ厳密に切り離されておらず、しばしばその適用対象が重複している場合が多いことの反映で

ある。統制の手段として非公式的な圧力まで挙げたのは、さまざまな権力機構がそれこそさまざまな誘導や脅しによってメディアのコンテンツに影響を及ぼそうとしている事実が存在するからである。公式的な法規制を行う当局でさえ公的な権力執行ではなく、非公式的なコントロール手法を用いることを好むことが往々にしてある。検閲にはやっかいな問題が生じてくるからだけではなく、そのほうがより大きな効果があがるともいえるからである（注2）。コントロールの手段については、乱用を防止するという意味合いからも改善の実をあげる上からも、警告や処罰を科すよりも非公式的なやり方のほうがいいのだと一般的にも言われている。

　ホフマン-リームによれば、規制当局が厳格かつ特定の規範的要件を課すことは逆効果をもたらすことが多いということである (Hoffman-Riem 1996: 290)。放送分野に関して彼は「強制」＝「命令と統制」モデルと「構造」モデルに分けて説明している。前者は主に、薬物やアルコール、ポルノなどの広告のような活動を制限するのに用いられるが、これはかつての米国の公正原則 (US Fairness Doctrine) や、現在のヨーロッパにおけるマイノリティや文化的番組への配慮、あるいは子どもの保護といった措置に見られる積極的な目的を有するものだという。「構造」モデルは、システム全体に対する規則やアクセス・品行・サービスの質に関するガイドラインを定めることによってメディア活動全体に影響を与えようとするものである。

　図5.2はメディアと社会の関係が管理されるときの方法を図式化したもの

ガバナンスの形態		
	公　式	非公式
外　部	法律と規制	市場力とその動向 圧力とロビー活動 世論調査と批判
内　部	運営と財務管理 自主規制	プロフェッショナリズム 組織の慣習 規範と倫理

図5.2　ガバナンスの形態の類型

である。先述したガバナンスの定義を踏まえていえば、このようなコントロールのシステムは実際には存在せず、異なるレベルのプロセスで起きる出来事に個別に対応する一連のゆるやかな形式として存在している。その領域は図示したように、ガバナンスに関する外部対内部、公式対非公式という二つの次元に大別できる。これらのレベルはガバナンスの二つの形態であり、いずれも主要なアカウンタビリティの指標になるもので、詳しくは後述する。だが実際にはこの区別だけによるこれ以上の検証は容易ではない。公式にせよ非公式にせよ、とくに組織内部で多様な形態を採っているガバナンスはしばしば外部からの圧力を受けて強化されるからである。

行動レベルとその関連諸事項

メディアガバナンスのプロジェクトが現在、国際的レベルからローカルのそれまで、多様な形で実行されている。国際的レベルで進められている事項には以下のようなものがある。①コミュニケーション空間における国家主権、②周波数の割り当てや衛星の位置あるいは最近ではインターネット管理の諸側面といった技術やインフラにかかわる協力、③国境を越えた公表行為や送受信における著作権、④コミュニケーション権の保障、⑤プロパガンダや敵対的なコミュニケーション、⑥共通の目標に対する国家間の地域協定（ヨーロッパ・北アメリカ・東南アジア・アラブ圏など）、⑦国際的なメディア動向のバランス、⑧メディア製作物やサービスの自由取引、⑨開発問題、⑩人権、など。これらの問題解決における主要アクターはたいてい政府や主要産業界の代表で、国内レベルの一般市民（national publics）はほとんど関わってきていない。

こうした分野では一般的に、産業や経済の諸政策と論理が支配的である。このような目的を効果的に果たすものとして、国際電気通信連合（ITU）や国際貿易機関（WTO）、世界無線監理委員会（WARC）のような国際機関などがある。それらの機関は非政治的な方法で主要な国家やメディア企業の経済

的利益を促進している。メディアによっては独自の国際機関を保有し、望ましくない介入から自らの権益を守ろうとしているものがある。またその性質からいって、インターネットには国際機関が必要であろう（詳細については後述）。ヨーロッパではEUが国境を超えたガバナンスシステムの要素を統合しようとしてきた。その目的は、純粋に技術的な分野と、自由・多様性・広告・コンテンツ基準・文化的規範といった行政的制約を超えた領域において影響力を発揮できるようにすることにあった。

　現在までのところ、メディアガバナンスの中心は国家レベルである。今なお、国民国家が主な政治単位であり、マスメディアがそうした国家の境界線の内側で活動していることが圧倒的に多いからである。実際にグローバルに拡がるオーディエンスに向けた公表行為や情報伝達という意味での、真に国際的なメディアがほとんどないということもある。ただし、娯楽や情報のメディア製品の国際市場における流通は増加の一途をたどっているし、いくつかの衛星放送のように、便宜的にだけ所属国家を明らかにして活動しているものもある。とはいっても、やはり多くの国ではあらゆるメディアに対する政策と規制機関の活動範囲は国レベルである。それらの典型的な特徴を以下にいくつか述べておく。

　まず、行政目的のために区分される「地域」だが、同じ「地域」と呼称を使ってはいても実際には国によって大きく異なっている。たとえば、米国の「州」(state)、ドイツの「ラント」(land)、英国の「地方」(province)、スペインの「自治共同体」(autonomous community) は同じものではない。広く認められている理想的状況は地域に向けて発信されるメディアが存在し、それらが相互の競争状態にある状態である。地域の声やチャンネル、そして地域住民としてのマイノリティコミュニティも全国規模のメディアにおいて取り上げられ、アクセスされる状態が求められるということである。地方主義 (localities) とは違うそうした共益的地域 (regions) がとくに言語的アイデンティティにおいて、より大きな政治的・文化的自治能力を持つようになれば、国家的なものに匹敵するような水準のチャンネルの確保が要求できるように

なる。また、連邦制をとる国家は通常、メディアに関するその権限のいくつかを地域に委譲している。そのよい例としてドイツを挙げることができるだろう。そこでは放送と新聞に関する法的権限を21の連邦ラントの代表者（Lander）に与えている。米国の場合には原則として、国としてのメディア規制そのものが存在せず、ケーブル放送に関し、州や地方当局がいくらかの司法権（jurisdiction）を行使しているだけである。

多様なコントロールの実態

　行政単位という地理的レベルに加え、先述したようなさまざまな問題がメディアシステムあるいはコミュニケーションのプロセスで発生する可能性がある。このことはどういうガバナンスのメカニズムが適切で効果的なのかということ、ならびにどこでアカウンタビリティが必要となるかという正確な場所を直接的に示唆してくれる。民主主義社会がコミュニケーションシステムを効果的かつ適切に、つまり理性的かつメディアの自由に関する規範を侵害することなく運営する能力はこれらの二者を区別できるかどうかで決まってくる。もっとも単純なモデルはメディアの構造（structure）・行為（conduct）・活動（performance）を区別し、かつそれら三者を相関関係にあるものとして捉えるものである。この区別のそれぞれは公表行為のプロセスの各段階にほぼ相当していると同時に、公表行為や提供情報からの相対的距離とも関係している。多くの場合、構造とはメディアシステムのことであり、行為とはメディア組織の行動のことで、活動とはコンテンツとその結果のことである。

構造レベルのガバナンス

　構造とはオーナーシップ（形式と実際の配置）、法的要件、生産と流通のためのインフラを指している。コミュニケーションシステムの仕組（architecture）とは、レッシグのいうように、現実的・観念的空間における他

部門との繋がりや配置のことだといってもよい (Lessig 1999)。メディアによってどのような規制が効果的かについては違いがある。これは以下に記すように、政府による政策・法律・金銭的課金・技術その他の規制など、メディアの分野ごとの特性に従って異なっており、それこそ多種多様なコントロールの方法によって管理される広大な領域である。構造のコントロールといってもそれ自体は必ずしも、実際に公表あるいは伝達されたコンテンツに直接的に関与するということではない。だから、社会がメディアの自由を侵害することなく、メディアの構造に意見をいうべき範囲がより大きくなるわけである。公益に基づいていくつかのガバナンス形式を応用できる主な構造上の事項は次のようになる。

- 国家とメディアの関係
- 国家の領域内においてマスメディアを所有したり運営したりするための条件
- オーナーシップの集中と競争
- 公的なメディア所有とそれに伴う規制
- 多様性、アクセス、ユニバーサルサービス
- とくに電子メディアの送信設備に関するインフラの諸問題

全体としてこれらすべての事項は公共領域に関わるものであり、政治的な議論あるいは政策提言を受ける対象となる。これらは非公式な圧力もいくらかはあるにせよ、主に公的で法律や規制といった外部からの圧力によって対処されることが多い。それらは全体的にこの章の初めに説明した一連のアカウンタビリティの問題とは異なっており、通常、メディアが要求される事項の根拠とはならない。というのは、それらは法的に制定されたものではないため、その責任を問うことができない抽象的なメディアシステムあるいは制度に関する一般的条件にすぎないからである。

行為レベルにおけるガバナンス

行為（conduct≒倫理的行為）の領域とはメディア組織自身が内部的に、その置かれた環境の中で何をすべきかという規矩のことで、主としてガバナンス（自律性）に関わるものである。しかし、そうであっても、こうした行為の問題のいくつかは公共領域（public domain）にも関係してくる。たとえば、以下のような項目がそうである。

- 編集権の独立およびメディア組織内部における編集者、ジャーナリスト、その他クリエイティブな仕事に従事する者の思想の自由（注3）
- 情報取得やアクセス提供における、情報源との関係や、公平、透明性、誠実さといった問題
- ここでいう「行為」とともにコンテンツや倫理にも関わってくるプライバシーや秘密保持についての問題
- 倫理的諸事項：コンテンツの選択、取り扱い、提供、ならびにプロフェッショナルな自律性に関わる多くの側面

活動レベルにおけるガバナンス

メディアの活動は主としてコンテンツ・質・影響に関わりがある。またそれらに起因する公益の問題があるが、それらの大部分についてはすでに概説したように、個人ないしはグループや社会全体を代表して詳細な要求が出てくるのはこの分野である。それらは質（多様な定義がある）、加害的な影響の可能性、あるいは秩序・公共圏での期待・文化的条件という観点からメディアが要求され、履行を求められる公共的利益に関連している。定義上は自由なメディアが自分で、何を公表するかを自主的にコントロールすることで、原則的にも外部からのコントロールは公表行為が実践された後でのみ適用されることになっている。つまり、多くのコンテンツの問題は内部的な方針と経済的条件に従うメディア運営の仕方によって解決されるべきだとされている。だが、たとえそうでも、外部からのコントロールとアカウンタビリティ

が入り込む余地はある。コンテンツの問題は構造もしくはコンテンツによる行為（content conduct）というよりも一般公衆による社会的知覚や深層の感情に関わっている面が多い。とくに、社会的品位（public decency）・愛国心・倫理・順法的行為の規範が問われる場合にはそうである。メディアは、公表に関わる実際の権利がその特定行為によって侵害されたり、自らの商業的な利益が必ずしも脅かされるとは限らないときには、それらのことをしばしば受け入れることになる。

ガバナンスの形態：公式的な外部機関と手段

　国家やその執行機関は常に、必要な場合には、必ずしも違法とはいえないが法として規定されていないやり方で、抑圧したり実権を握ったり特定の公表行為を禁止したりすることによって、メディアをコントロールするという究極的な権力を保持している。ただし、民主主義社会でこのやり方が正当化されるのは、米国的原則の表現を使えば、公衆や国家に対する「明白に現存する危険」（clear and present danger）を考慮に入れる場合だけである（注4）。さらにいえば、国家とその治安機関は脅しや圧力、選択や報道操作（news management）、あるいは公益性を理由にしたメディアへの訴えかけといった、より非公式的な方法を使うことを好むものである。国家の介入や影響力の範囲を十分に納得できる形で説明することはできないが、当該国家がもつ政治的文化によって相当な開きがある。公表行為の自由といっても、干渉の根拠などいくらでも挙げることができるからである（注5）。そのやり方と手段の主なものを以下に例示しておく。

- 憲法で自由が保障されているが、しばしば、他の権利を尊重するためにいくらかの制限がなされることがあると示唆されること（注6）。
- 司法制度と一般法（国際協定を含む）はメディアに関して重要な役割を果たしているが、同時にその自由は政府を含め、個人や外部の利益がメ

ディアに対して要求できる権利を保障しているものであること。公共コミュニケーションに関しては数々の法的要件があるが、それらは必ずしもマスメディアに対してだけのものではない。名誉毀損・プライバシー権・言論の自由・知的財産権・情報の自由あるいはコントロール・法廷侮辱・選挙・政治キャンペーンの条件・世論調査・公的機密保護法の制定、国家の象徴あるいは国家の高級役職者への尊敬、人権の尊重・社会秩序・卑猥な言葉や冒瀆などがそうである。

- また、多くの国ではマスメディアに適用されるメディア法が制定されている。初期の新聞検閲諸法の他に、一般的には、これは電信、点から点への無線通信や電話利用などの法的条件規定として始まり、ラジオやテレビ放送を経て、ケーブルや衛星などその後の新たなメディアや配信方法の領域をカバーするものになってきた。このような法律の多くには制限する面と、他方では何か別方向のことを伸張させてきた面とがあると一般的に考えられている。新聞の場合も、いくつかの国で特定局面における法的規制をしてきているが、通常、それらは集中や廃業を防止するためになされてきたものである（注7）。

- 公共放送システムがある多くの国には必ず、少なくとも一分野としてその構造や行為、その他の広範な活動を包括的に対象としたメディア法が用意されている（参照：Barendt 1993; Hoffmann-Riem 1996; Crauford-Smith 1997）。ただしメディア諸法はその地域の状況や伝統、政治的文化によって異なっている（注8）。ヨーロッパやその他の諸国（日本・オーストラリア・イスラエル・インドなど）では今でも、単一でもっとも影響力のあるメディアの自律機関（media governance）は直接的あるいは間接的に政府によって設置され財政運営され、かつ国会に対して応答義務を有する（answerable）公共放送局である。とはいっても、これらのうちのいくつかの国ではメディアが明らかに政府や政党の影響力行使のために使われてきたという歴史がある。

- 多様なメディアを管轄下に置く国家中央メディア規制機関といったもの

を設置する傾向がますます増大してきている（参照：Robillard 1995）。その例として、フランスの視聴覚高等評議会（Counceil Sperieur de L'Audiovisual、CSA）、英国のオフコム（OfCom）、ポルトガルのメディア高等監理機構（High Authority for the Media, AAM）、オランダのメディア評議会（Media Council）などが挙げられる。そうした組織が結成されたのはメディア統合が進展してきたことと、従来にも増して総合的かつ首尾一貫した規制体制を保有したいという理由からである（注9）。これらの組織は政府のメディア政策機関、アカウンタビリティの履行機構、紛争の調停機関、公衆の反応や申し立てに対するパイプ役など、多様な機能を果たしている。

ガバナンス：非公式的かつ外部的な形態

メディアの構造・行為・活動は多方面において外部からのさらに非公式的な手段によって影響を受ける対象である。それらの手段の中には恒常的で包括的なものもいくつかあるが、多くは特定個別の問題のそれぞれに合わせて起きているものである。主なものは以下のようである。

- メディア市場そのものがもっとも大きな外部圧力としての影響力をもっている。通常、市場はコントロールの形式とは考えられていないが、それは多くの場合、「目的」や「方針」に従って動いていないからである。だが、たとえそうでも、競争の仕方や、顧客とオーディエンスからの要求が一貫して存在し、それらが公表行為の実行にあたり基軸的な役割を果たしている。
- 政府には法制化あるいは直接的な規制のほかにもメディアに対して圧力を加える手段がある。よくあるものとしては、本来なら単独での規制をする、あるいは共同して規制にあたる機関の責任者に政治的配慮で息のかかった者を任命するといったやり方がある。第二次大戦後の一時期

(1945年〜75年)には公益のため、あるいは表向きにはメディアのためだと称して、メディアの構造と活動を検証する調査委員会や諮問委員会を設置するといったやり方が採られたことがある。一般的にこれらの組織は準政府的な性格を持ってはいたが形式としては非公式で、必要に応じて設置され、とくに報道機関(press)に対しては執行権限も限られていた(注10)。そうしたやり方では直接的にその効果を高め、コントロールや基準の改善が出来ないとされ、結果的に審査そのものが不十分だと判断されることが多かった。しかし同時に、そうした組織が報道の自由の侵害になったということはほとんどないし、その証拠もない。ただし、多くの場合、それらの活動は一般的に議論の促進や証拠の収集に役立ったり、報道機関に対し、自分たちが社会に負っている潜在的な責任を自覚させたりするといった効果はあったといえる。

- メディアが外部の団体や組織化された世論から圧力を加えられるという多くの可能性がある。少なくない利害団体や圧力団体がそれぞれの立場でメディアを標的にし、自分たちの活動目的に注目させ、好意的な記事あるいは否定的部分がより少ない描写がされるように働きかけるのがそれである(参照：Mongomery 1989)。また、特定の事柄に関するメディアの取り上げ方をモニタリングするためにいくつかの機関が設置され、その活動成果や広報が効果的に機能するといったこともある(注11)。多くの国に自主的に設立された消費者団体があり、オーディエンスの立場から、とくに道徳・品位・倫理・青少年・家族の価値などに関連してメディアの改革を目的とした活動を展開している。

- このような組織化された圧力団体によるもののほかにも、世論による恒常的な影響もある。それらの世論はメディア自身によるオーディエンス調査や一般的な世論調査から得られるものである。世論調査のトピックは通常、現代の問題、とくにセックスや暴力とともに、政治的偏見や戦争・災害・スキャンダルといった大きな問題の報道の仕方などに関わるものである。

- 他メディアによるメディア事象の検証や批評が非公式的な影響力を増大させている。それはメディアシステムの範囲と多様性が増加し、「メディア」そのものが大きな話題となる報道対象となってきているためである。
- 大学を含め、独立した非営利組織による教育や研究はメディアの活動を監視する大きな力を秘めている。書籍や専門定期刊行物、啓発活動なども公開の議論、メディアのプロフェッショナルな行動、そしてときには政府の方針にさえ影響を与えることが可能である。

ガバナンス：公式的内部コントロール

　外部か内部かといった境界線そのものを明確にすることは不可能だが、公共的アカウンタビリティ（public accountability）に関連して、組織として正式になされる内部コントロールには主として三種類ある。①オーナーシップ、②経営、③プロフェッショナルな自主規制、である。最初の二つはまとめて説明することが可能である。

オーナーシップと経営

　多くのメディアは民間所有であり、それをどう利用するかはまったくオーナーの自由であるという状態にある。こう考えると必然的に、オーナーにはより広範なガバナンスのプロセスにおける権限があることになる。この点では主として三つの問題が出てくる。①オーナーが社会における政治的な影響を与える役割をどれだけ担うか、どれだけ政治的な主体的行為者と見られているか、②そのような選択をしてもしていなくても、どの程度まで純粋な商業利益目的がメディアの政治的・社会的役割に影響しているのか、③公表行為の決断に際してのオーナーの権力の使用、についてである。現実と規範とは異なり、その両者の一致は困難であるにもかかわらず、現代の民主主義社会においてはそれら三つの領域のすべてにおいていくらかの規範的な期待がある。第1に、メディアのオーナーが政治的な役割を果たしている場合には

単にビジネスのためにメディア経営をしているとは言えないことになる。第2に、オーナーがプロフェッショナリズムや社会的な立場（status）を放棄して、利益獲得という動機だけで公表行為をすることはあり得ない。しかし実際には検閲などしなくても、オーナーの希望はたいてい思うがままにつまり非公式的なかたちで実行されている。

日々のメディア経営やそれに伴う組織構造・日常業務・実践が先に定義したガバナンスのプロセスの中核を成していることはいうまでもない。公共的アカウンタビリティの領域に関わることはメディアの経営者（オーナーではなく、編集等の業務責任者）によって選択されるか承認された行動から生じてくる。民間所有のメディアがたいていの場合、そのオーナーと経営者によって運営されていると結論づけることには妥当性がある。つまり、多くの国々で、あるいは国際的にいって、比較的少数の者が実際にメディアの権力を掌握しているということである。

とくに重要なのは、ほとんどすべてのメディア分野に国レベル・国際レベルの同業者団体があるという事実である。このような団体の目的はメンバーである組織の自己利益を守ることであり、しばしば政府の方針や規制に対して強力なロビー活動を行う態勢を整えている。

メディアの自主規制

メディアは外部からの圧力を頻繁に受け、外部からのコントロールと内部によるそれとの平衡を保っており、その結果、自主規制についても多くの形態を用意している。そのため、ゴールドバーグらは、ときに共同規制（co-regulation）ということばで、公式的規制と自主規制との間の連続性を強調している（Goldberg et al. 1998: 313）。彼らはその特徴を「別の新しい規制」というよりも「規制の技巧」（technique of regulation）であると位置づけている。エベレット・デニスはアメリカにおける公式的なアカウンタビリティの欠如を強調する一方で、「ニュースメディアを公開の形で批判することが……必然的に、事実上のアカウンタビリティシステムとして機能してきた」（Dennis

1995: 697）と述べている。同じことが他の民主主義的なシステムについても言える。経営面でのコントロールとは違い、自主規制には一定の手続きが必要であり、通常それは社会に対して開かれている。そこでは主として行為（conduct）とコンテンツの問題が扱われるが、メディア側が行動（action）の自由を主張する一方で、規範的な制限の必要性も認められている場所となっている。自主規制の適用がしばしば政府当局から直接的な規制の代替として求められることもある。たとえば、映画やレンタルビデオの閲覧規制のための分類や事業認可の条件に、モニタリング・倫理綱領・苦情申し立て手続きの明記が求められるといったようにである（注12）。

　ベルトランはまだ決着のついていない議論の領域を残しながらも、「メディアのアカウンタビリティシステム」の概念についてだけでなく、外部からの反応についても掘り下げ、深化させてきた（Bertrand 2000）。彼は「メディアのアカウンタビリティシステム」を「メディアに公衆に対する責任を取らせるための非国家的手段」と定義している。ここでベルトランが述べている主要な一般的手段とは、トレーニング（教育訓練）・評価（活動の批評）・モニタリング・公衆からと公衆に対するものとの二種類のフィードバックである。彼が挙げている37のアカウンタビリティシステムは、①組織内部で行われるもの（調査・オンブズマン・倫理綱領）と、②メディアの外部で行われるもの（メディア教育・ジャーナリズムの検証・モニタリングのための監視機関・消費者団体・規制機関）、そして、③両者の協同的なもの（編集者への手紙・報道評議会・パブリックアクセス）の三つのどれかに分類できる。①と③の二つは少なくとも自主規制だといって差し支えないだろう。

　外部によるコントロールを回避したいという願望のほかに、主として二つの異なる理由から自主規制が行われている。ひとつは社会的なイメージを好ましいものにするためであり、もうひとつはプロフェッショナル（専門職業人）としての水準を上げるためである。最初の自主規制の例は1920年代に制定されたジャーナリストの行動綱領あるいは倫理基準の作成に見られる。これらの基準はたいてい、公衆や報道の対象、そして情報源を守るための一般

的な理想と最低限の行動規則となっている（参照: Nordenstreng and Topuz 1989; Laitila 1995、および本書第13章）。プレスカウンシル（press council、報道評議会）は自主規制を実行させる目的で各所に組織され、それらが後に、オンブズマンあるいは係争中の議論においてオーディエンスを代表する組織となった。テレビでは製作綱領が定められ、映画にも適用されることがあった。それは公衆や規制当局を安心させ、番組の加害性を抑えるための、より厳格な経営をさせることを目的としていた。広告にも基準が設けられ、広告についての一般的に好ましくないイメージの改善に利用できる苦情申し立て機関を設置するようになった。

　自らの行動を監視しようというメディア業界の意志があるところでも、放送業界を除けば、違反是正の強制手段を持っていない。自主規制の強さとメディアの自由との両立は通常、自発性（voluntarism）に委ねられている。裁定の執行は通常、ささいな訂正や謝罪を除いて、自由への危機であるだけでなく自主規制の精神に反するとプレス側は考える。しかし、現在のメディアの拡大と規制緩和の動きの中で、質の高さやアカウンタビリティを問題にする世論の声に応えるためには自主規制に依存せざるを得なくなってきている（参照：第13章）。

　メディアの自由を擁護しようとする立場からすれば、このような傾向は必ずしも歓迎されるとは限らない。ニュースメディアの場合はなおさらである。効果的な自主規制はジャーナリズムの役割（とくに社会批評や行政機能の活性化、権力者に対する監視役）のいくつかの本質的要素とは相容れないものだという強い主張もなされている（参照：Kepplinger and Koecher 1990）。さらには、ジャーナリズムのプロフェッション化（professionalization、専門職業主義化）は独立性を高めるよりもより大きなコントロールや画一性を招きやすくなるという意見もある（注13）。

ガバナンス：非公式的な内部統制

　内部の者が決まった規則などなくとも自主的に目標を設定しそれを実行するということは、創造的で規範的あるいはイデオロギー的な課題をもった組織にはよくあることだ。このテーマはガバナンスの一側面として体系的に取り扱うのは困難であるがその説明を省くこともできない。メディアのプロフェッショナルや著作者たちは常に、自分たちの活動の選択をし、決定をし、それに対する責任をよろこんで受け入れ、他の人たちや所属組織の活動に影響を与える。彼らにはそうした準公共的な性格があるから、メディア関係当事者はしばしばその内部的役割から一歩踏み出して、より広い影響を与えようとするようになるわけである。

　くわえて、巨大組織の内部やその境界を越えて非公式的な影響を与えるやり方も数多くある。行為と仕事現場の規範は職場内で非公式的に設定され、非公式的に社会化し、先例となっていく（参照：Breed 1956)。組織内部で行われる非公式的なコントロールのより明らかな特徴はプロフェッショナリズムの概念につながるさまざまな活動に見られる。それらの中には専門教育、組織内研修、主として関係者向きだが、公開だけはされている冊子刊行物（ジャーナリズム評論、など）、コンテストやフェスティバル、顕彰式などがあり、それらは多くのメディアによってメディアのために行われているものである。これらの活動が取り扱いの対象としているのはスキルやパフォーマンス、その他の成功事例であり、内部におけるすぐれたパフォーマンスの促進に繋がっている。こうしたことの影響を測るのは不可能であるが、同業者たちによる評価は外部における他のアカウンタビリティの形式よりも大きな影響力をもち、一企業の枠を超えたものになっている。

ガバナンスに関するメディア間の相違

　コントロールと規制の範囲はメディアの種類ごとにかなりの相違があるが、基本的にはそれに対応する規制モデルという観点からは三つの主要メディアに分けて考えることができる（参照：Pool 1983）。1つ目のもっとも古いものは「印刷」メディアモデルで、規制の度合いはもっとも緩い。その主な理由はそれが民主主義的で自由解放主義的な傾向と、長い伝統を持つ自由な表現の原則の直接的な恩恵を受けているからである（注14）。さらに、印刷メディアは読み手自身が積極的で自発的かつ責任をもって利用し、そうした行動を自発的に行うといった意味で、「参照・自己選択」メディア（consultation media）だといったことが考えられる（Bordwijk and van Kaam 1986）。その結果、印刷物の読み手は自分が望まない影響を受けることから保護される必要がないということにもなる。

　生産と流通の技術に関するかぎり、映画とある程度までのレコード音楽は印刷物と同じカテゴリーに含まれる。両方とも本質的には利用者が参照・自己選択するメディアであり、その商品を選び、購入するのはオーディエンス自身である。芸術的文化的表現の自由の原則は映画や音楽にもあてはまる。にもかかわらず、両者、とくに映画とポピュラー音楽は印刷メディアほど規制からの自由をもっていない。映画の社会的コントロールは健康・安全・公表のタイミングなどに関しその公開を規制したことに端を発している。しかしそれ以上に、映画がとくに多感な若者に対し有害的影響を与えかねないという恐れがその草創期に広範にあったことが作用している（参照：Foerstal 1998; Sutter 2000）。映画と音楽の規制は劇場公演に対する公共的コントロールから始まっており、それらは政治的メディアというよりは主としてエンターテインメントや芸術と見なされてきた。

　経年的順序による2つ目のモデルはいわゆる「コモンキャリアー」（公共伝送手段）としてのメディアである。これらは多くの場合、個人間をインタラ

クティブに結ぶためのコミュニケーションプロセスである。最初は郵便から始まり、それが電信や電話になり、いまではワイヤレスの個人的電話通信になっている。現在、この関連カテゴリーは携帯電話や多種多様なインターネット利用までの広範なものに拡大しており、後者はどのカテゴリーに入れていいのかまだ議論の途中にある。当初から、このようなメディアは、個人目的あるいはビジネス目的の利用のどちらであっても、公共的な設備を私的な目的に利用する形態だと考えられてきた。

　コモンキャリアーの伝達するコンテンツは私的なものであるとされ、受容者としては個人のみが対象となっている。郵便・電話・電子メールのプライバシーという原則はそれらがコンテンツ規制から自由であるという意味で、広く認められている。しかしそれとて、犯罪や国家の安全などの公益や、特定の内容の送信禁止に結びつくような悪用や意図的な他人への加害防止基準への配慮から免れられるわけではない。コモンキャリアーメディアは誰をも自由に結ぶネットワークを構築しており、それらはしだいに国際化の度合いを高めている。そのことによって、私たちは国家レベルのコントロールや規制の効力を減少させ、国境を越えた国際的なコントロールを拡大している、潜在的にグローバルなネットワークに結びつけられていることになる（注15）。

　3つ目のモデルは1920年代にスタートした「放送」である。当時、多くの国でラジオの利用が拡大し、「一から多へ」（「大量伝達」＝mass dissemination とも呼べる）の公共コミュニケーションの手段となった。このモデルの特徴は通常、その通信の仕方の原型であるところの、チャンネル数という面での能力的限界はあるが地理的にはどこへも送信できるという強力な地上波伝送にある。このような通信方法の重要な特質は利用可能なラジオの周波数と周波帯域の許容力に限界があるという事実にある。電波配分を求める競争率が高く、そのことがきめ細かい監督や準独占的システム、コンテンツや目的に対する包括的規制の基本的背景となっている。

　1980年代に衛星通信が利用されるようになるまでのテレビにもこれと同様のことがいえる。電波利用帯域が限られている問題のほかに、映画をはるか

に超える社会の内外に与える潜在的影響の大きさがテレビ放送に対するコントロールを正当化したのである。だが、電波の希少価値性が小さくなっても放送への規制は緩和されず、当分の間は変化が起きそうにないのはそのためである。また、主として送信対象が地域的に決まっているという放送の性質がその対象地域（地域や地方あるいは国民国家）の規範や価値観を尊重すべきだという要求を受け入れやすくしている。放送における自由な表現の権利はより多くの人たちに認められるようになってきているとはいえ、同時に、アクセスや影響という観点から、公正や正義、多様性や平等性ということを理由にした挑戦をたえず受けている。

だが、1970年代以降のケーブルや衛星波放送の発展によって、これら三つのモデルは送受信能力の面での制限の意味が薄らいできた。にもかかわらず、方法と程度は国によって異なるが、依然として他の理由によって規制はなくなっていない。また、全体としてそれらは今でも伝送の手段として地上波の後塵を拝している。規制が少ないという事実だけがその普及の主要な要因になるとは考えにくいということである。

多様な規制のシステムがあるということのほかに、それぞれのメディアがいつ、どこで法的な干渉を受けるかということに対しての現実的な対処法も用意されている。その方法は各メディアがもっている組織構造によって異なっている。書籍や新聞は公的にもっとも手厚く保護されているにもかかわらず、それらの生産の物理的な形態が介入されやすい条件を備えている。それら産業の生産物がモニターし易いこともその一因である。その反対に、電波による放送や、有線のラジオやテレビメディアは連続して多量の情報送出をしているから、送信時に厳密なモニタリングをすることには困難がある。

インターネット関連メディアへの多様な規制状況

今でもインターネットはアクセスやコンテンツに対する従来的な規制から比較的自由で、かつそれらへの抵抗力もある。しかし、それもまたいくつも

の制約の下での活動であり、それらの制約は情報発信者 (publisher) がコントロールできない技術インフラに起因している。しかもたいていそれらはアカウンタビリティ意識の希薄な事業体やサービスプロバイダーによるコントロールなのである。またアクセス制限が厳しくなってきた徴候も出てきている (Goldberg et al. 1998: 297)。さらにインターネットは自由といわれながら、さまざまな権力からの恣意的あるいは秘密の介入から守られるという保証のない状態に置かれている。レッシグによれば、インターネットが「規制される可能性」は逆説的に言えば、その本質的な構造、とくにそれが「コード」に依存しているという事実から来ているという (Lessig 1999)。その電子利用という形態が自動監視プログラムに対して弱い構造となっているということである。

インターネットの利用はインターネット・サービスプロバイダー (ISPs) やその他の「ゲートキーパー」(最終チェック者) による任意かつ非公式的な検閲を受けやすい。さらには、個人からのクレームや政府による法的な圧力による脅威にもさらされている。キムによれば、「インターネットに対し米国憲法修正第一条が保障する権利が守られるという可能性はゼロに等しい」(Kim 1999: 80)。この保障条項の適用が考慮されるまでにはまだ数年かかるかもしれないようだが、反対に、インターネットを直接コントロールできる可能性は今のところその範囲においても有効性においてもかなり限られている。方法としては現行法や新法の制定、ブロッキングや機械的なフィルタリング (filtering、閲覧制限)、ラベリング (閲覧禁止指定) や保護者によるコントロール、業界やインターネット利用者集団自身による自主規制などが考えられる (参照: Greenberg 1999; Verhulst 2002)。

インターネットを基盤とした新たなメディアが先述した三つのモデルのどこに、どの程度まで分類できるかはまだ明確ではない。インターネットにはコモンキャリアーと放送メディアを組み合わせたような要素と同時に、たとえば電子新聞や利用者に選択が任されている大量の公開情報という印刷メディアの機能も備わっているためである。最初に挙げた三つのモデルは主に

国家レベルの規制が行われている領域に関するものだが、インターネットという新しいメディアは本来的に「国境を超える」という特徴を持っている。従って、それ自身がもつ多様な機能とともに、そのことが規制の原則や手続きに関する合意形成をきわめて困難にしている（Akdeniz et al. 2000）。通常、インターネットは国レベルだけの規制ではうまくいかないため、テレコミュニケーションの総合的ネットワークあるいは施設形態として取り扱われている（注16）。しかし、すべての公共的コミュニケーションを監理する多くの法的規制の対象外となることはできない（Gringras 1997; Edwards 1997; Drucker and Gumpert 1999; Sutter 2000; Langford 2000; Biegel 2001）。

それにもかかわらず、インターネットの商業的な可能性は秩序正しく効率的な運用ができるかどうかにかかっており、そのことが自主規制の範囲をより広げようという動機になっている。地球規模のネットワークとして効果的に機能するためには、程度の差はあるが、自発的で開放的かつ民主的な国際的組織による連合が必要となり、現在そうした活動が広く展開されるようになっている（Marsden 2000）。その代表的組織はインターネットソサイエティ（Internet Society）で、技術水準・教育・政策事項への対応をしている。もう一つのワールド・ワイド・ウェブ・コンソーシアム（W3C）はワールド・ワイド・ウェブ（WWW＝インターネット）の規制を目的としたものであり、アイキャン（ICANN）はインターネットの調整とドメイン名の割り当てと所有権に関する紛争の調停にあたっている（Slevin 2000; Charlesworth, 2000; Castells 2001）。

公共政策や議論の領域を大きく超えて技術基準・規範・プロトコールを設定するきわめて産業的色彩の濃い組織が存在するが、それらにも意味がないわけではない。その他にも、望ましくないコンテンツ・自由・検閲の問題に注目する団体も登場してきている。その代表的組織が主として英国で活動するインターネット・ウォッチ財団（IWF＝Internet Watch Foundation）で、インターネット・サービス・プロバイダーたちの自主規制組織である（参照：Slevin 2000）。インターネットが社会に責任を負うべきだとされる問題は多岐

にわたり、他のメディアのもつ問題とはいくらか異なっている。グリーンバーグによれば、その主要な懸念はプライバシー・不正行為・監視・高潔性・オーバーロード（過剰送受信による機能不全）等についてである（Greenberg 1999）。ウォールは「有害なもの」と「犯罪的なもの」とを区別し、猥褻・道徳的逸脱・窃盗・暴力などの重大な問題を挙げ、それらには心理的な加害性があり注意されるべきものだとする（Wall 2000）。国レベルでは、ウォールが「監視」（policing）と名づけるさまざまな段階での取締りが行われている。彼はまず、ガバナンスのプロセスという点からそれらの組織を三つに分類している。①一般的な価値あるいは政策的立場を強化するための利益集団、②政策立案や立法機関といったルール作りを目的とする組織、③それらのルールを実施するための機関、である。最後の機関はさらに、a）圧力をかけてその参加者に規範を守らせようとするインターネット利用者の集団、b）自らがもつ加害の可能性に対し、より直接的な自主規制を課すインターネット・サービスプロバイダー、c）主として現実の違法行為に対処する警察などの当局機関の三つに分類される。

また現実問題として、インターネット利用者の大部分が米国やEU地域に居住し、政策を策定し、それらを実施する能力をもっているにもかかわらず、彼らはそうしたことに敏速な対応をしていない。多くの場合、インターネットはその発信地あるいはその受信地としての国家の法律の規制を受けているがここでは詳述しない。インターネットの直接的なコントロールをし、比較的高いレベルの自由がある現在のような状況を保ちながらその利点だけを残すことはむずかしい。それが乱用され、法的その他の責任が曖昧になり、恣意的な検閲を受けるようになれば、自由の擁護あるいは検閲に比較的強いという利点がなくなってしまいかねないからである（注17）。ブランズコームによれば、インターネットは自由を謳歌しているけれども、その影響力が増大するにつれ、その謳歌が理由となって放送がたどった運命から逃れられないのではないかと危惧されるという（Branscomb 1995）（注18）。

メディア統合とガバナンス（自律）の将来

　メディアにはそれぞれの種類ごとに独特の制度があるのだが、従来的な技術の違いに基づく差異の部分はメディア統合によって大部分がなくなるか、その意味を薄めてきた。また現実の活動としてもメディア間の多くの社会・文化的差異においても同様なことが起きてきた。これまで、たとえば、電波帯域の希少性という技術上の制約事項に左右されてきた規制関連事項も考慮の必要がなくなってきた。全体としての伝送の量と内容が豊富になり、オーディエンスが供給者側の独占的体制に従属しなくてもよくなってきたのだ。現実的にも、すべてのメディアが積極的な利用者との相互交流という形を採った参照系メディア（consultation media、利用者が自発的に選択するメディア）という要素を拡大しつつある。

　こうしたメディア統合そのものは長い間歓迎されてきたとはいえ、いまだ規制体系の統合という効果を生み出すまでには至っていない。ゴールドバーグらは、規制の統一がなされるかどうかということだけではなく、果たしてそれが望ましいかどうかについても疑問をもっている（Goldberg1 et al. 1998）。異なるサービスをそれぞれ個別に規制することにも、多様性・アクセス・利益の平衡という観点からメディアの一部を公的に規制することにも、賛否両論が絶えない。いずれにせよ、従来的メディアの垣根を越えて新たな規制をする機関が設置されるといった方向で法や規制は進むことになるから、最終的には独自の新しい法制定にいたることになろう（Goldberg et al. 1998: 311）。

　こうして新たに出現した公共的関心と規制の可能性の複雑さが主として意味しているのはガバナンスのシステムを考えるにあたり伝送メディアの種類がもはやそれほど大きな決定要因にはならなくなったということである。つまり、テレビや映画にはきびしいコントロールが必要で、新聞や書籍・雑誌は規制から自由であるべきだといった議論には本質的な根拠はなくなったということである。程度は異なるとはいえ、あらゆるメディアはコントロール

されるべきだという考え方が歴史的遺産として残ってはいるが、今ではオーディエンスへの影響がとりわけ大きいと考えられる特定の公表形式にだけ注意が向けられるようになってきている。その関心は「あらゆる」メディア交信のゲートを効果的にコントロールすべきだという考え方から、程度や方法的差異はあるものの、適切な対社会的責務の自覚やその履行としてのアカウンタビリティという形式に対するものに変わってきている。

　多くの識者がニューメディアの登場に伴う規制方法の転換についての指摘をしている。一般的な傾向としてはホフマン-リームが示唆したような「法令的規制」モデル（imperative model）とは違い（Hoffman-Riem 1996）、自主規制や共同規制（co-regulation）という方向に向かいつつある。この移行は大枠として市場の決定力に委せることを止め、相当な程度までメディアシステムをコントロールされた条件の下に置くことによって達成されるものであろう。フェインタックは、「公的機関が『漕ぐこと』（rowing、自ら現実に公共サービスを提供すること）から『舵取り』（steering、公共サービスが行われる方向をコントロールすること）へと移行してきたという、多くの分野で公共政策に影響している主要傾向について述べている（Feintuck 1999: 209）。このことは主として放送への規制緩和にあてはまることだが同時に、インターネットのような媒体を別個のメディアとして規制することにも消極的であることを示している。

　これらのことからアカウンタビリティについてのいくつかの示唆が得られる。第1は、社会的な利益のため、あるいは公表行為によって影響を受ける人びとが設置した機関によるアカウンタビリティには直接性と公式性の度合いが小さいということである。第2は、公的な関心のある多くの事象についてのアカウンタビリティの責務がメディアとそのサービスを消費するオーディエンスとの関係、およびオーディエンス自身へと移行しているということである。オーディエンスとなった人たちは、違法行為や加害行為に対して選択や家庭内での操作あるいはその他の積極的な対応をすることによって、より責任のとれる消費者になることで自らの利益を守ることが期待されるよう

になった。こうしてメディアの非マス化（demassification）が進行していけば、このやり方に対する期待度の現実性が増すとともに、それが必要不可欠だと考えられるようになるであろう。しかし、実際には、ますます巨大化するメディアの運営者と公衆との力の不均衡には変化がないままである。

小　結

じつに複雑な動機によるコントロールから自由なコミュニケーションへという流れが成立しつつあるにもかかわらず、多様な形式での規制やコントロールが依然としてなくならないのは驚くにあたらない。それらの変革力と同等の、コミュニケーションを継続的にコントロールしようとする複雑な力が存在しているからである。その中には警察や治安維持サービス、小さな子どもを心配する親たち、電子商取引のために秩序ある安定した情報環境を望み、メディア施設の所有や活動から利益をあげたいメディア事業者たちが含まれている。メディアへのコントロールを維持したい者はそれらの目標が達成される限り、論理や問題解決の整合性など考えはしない。これが実質的に意味することは、たとえ弱い形であれ従来的コントロールが維持されるということだし、新しいメディアの登場によって規制の空白状態が発生すれば、すぐさま従来の方式が適用されるだろうということである。

注
(1) 状況によってはいわゆる「政治的公正」（political correctness）もまた、常軌を逸するほどのある種の過激な公共的発言を閉めだす効果を持つことがある。ホロコースト（ナチスによるユダヤ人虐殺）の否定、ナチズムの復活、人種差別、その他の様々な偏見に対しては、たとえ法的な制限がない場合でも禁止することができるということである。「政治的公正」という用語はそうした規制法を嫌う人たちにとっては好ましくないものであることも忘れないでおきたい。
(2) ホフマン-リームは厳格に規制されている電子メディアに関してつぎのように

いっている。「通常、監視機関は公的な力を使うよりも非公式的な手段によって問題解決をすることを好む。そこで用いられる道具とは、〈眉をひそめてみせる〉といったことから、問題を公にして公的な制裁措置をすることをほのめかすという次元まである。摩擦を避け、意見の相違が裁判所に持ち込まれることを防ごうとするわけである」(Hoffman-Riem 1992: 194)。

(3) いくつかのヨーロッパの諸国では、ジャーナリストの表現の自由は法律ではなく協定（agreement）によって守られている。ドイツ・オランダ・ノルウェーなどのいわゆる「編集法」（editorial statutes）、フランスにおける良心条項がそれにあたる。また、ノルウェーでは新聞の編集者は公表する内容についての独占的決定権（sole right）をもっている（参照：Humphreys 1996)。

(4) この原則は1919年、戦時中の徴兵忌避を促すチラシを郵送配布した社会主義者への有罪判決に関連して最高裁判所で定まったものである。ホームズ（Holms）判事による判決文には次のようにある。「いかなるケースにおいても問題になるのは、こういう状況で言葉が使用され、議会がその防止のための権利をもつような現実的な悪をそれらの言葉がもたらすという明確で差し迫った危険があるかどうかということである」(Smolla 1992: 98)。

(5) ボイルは民主主義諸国において公表行為が制限されるときの理由を20以上も挙げている（Boyle 1988）。それらには公共の秩序・道徳・健康・暴力・猥褻・人種差別・神の冒瀆・プライバシー・戦争・選挙時、などが含まれている。自由な公表行為（free publication）のとりでとされる米国でさえ、とくに異質な思想や「反米主義」と受け取られる反体制的な行為には長い間不寛容であった（Demac 1988; Powe 1998; Smolla 1992; Garry 1994; Bracken 1994; Foerstal 1998）。

(6) 自由に関する法律と制限についてはさらに詳しく第8章で説明する。プレスの自由をはじめて法的に保障したのは1766年にスウェーデンの憲法に加えられた条項であり、これが現代における多くの自由の保障条項の先駆けとなっている（Picard 1988: 43）。ピカードのこの本には1814年にノルウェーの法律として制定された以下の条項が引用されており、自由の制限についての典型的な概念を提供している。「故意に、かつ明確に、法律違反をそそのかしたり、宗教や道徳、

合法的な権力を侮辱する記述をしない限り、あるいは他人についての虚偽表現や名誉毀損をしない限り、何人もどのような内容であれ、印刷されたり、公表された記述のために処罰されることはない。」

(7) たとえば、条件をつけて、補助金の支給やその他の公的支援がなされることがある。しかしその見返りとして、新聞関連諸法（Press Laws）に制限条件が付けられることもある。1881年にフランスで制定された新聞法は検閲をなくし、プレスの自由を宣言しているが、報道（reporting）に関していくつかの制限をもうけて、フランス市民の権利を制限し、新聞の発行者に対しても法的責任の義務を課している。また、1944年の解放後には集中を禁止する法規定が加えられた（参照：Barbrook 1995）。プレスに対するもっとも包括的なサポートシステムが見られるのは今でも北欧諸国である（参照：Picard 1988）

(8) たとえば、英国の放送法は商業テレビやラジオの多くの側面を規制している。一方、公共放送は王室免許特許状（Licence and Royal Charter）によって同様の規制を受けている。ドイツでは21のランダー（Lander、地域自治体知事）がそれぞれ放送法を定め、その是非は最終的には連邦憲法裁判所によって判断される。オランダではすべてのメディアに適用される法律が一つのメディア法として成立している。フランスにおける放送は視聴覚メディア高等評議会（CSA, Conseil Sperieur de l'Autovisuel）という国家機関によって統一規制されており、新聞は1881年以降、新聞法による管理下にある。

　ホフマン-リームが行った、米国を含む6カ国における放送に関する法律の研究では、監理活動の主な分野として次のような分類がなされている（Hoffman-Riem 1996）。①多元主義・多様性・公正・中立性、②政治的放送、③ニュースの正確さ、④番組の質、⑤国内および地域内製作の強化、⑥未成年者保護、⑦暴力・セックス・社会常識・品位に関する基準、⑧広告、⑨消費者保護。

　米国では憲法上の原則がプレスに関する法制定を禁止していることが主たる理由となって、例外的に国（連邦）レベルのメディア法の制定をしていない。それにもかかわらず、1934年の通信法によって設立された連邦通信委員会（FCC）のような規制機関がある。またより最近の規制法としては、1990年の子ども向

けテレビ番組規制法（Children's Television Act）、1992年のケーブル法（Cable Act）や96年のテレコミュニケーション法（Telecommunication Act通称「通信品位法」で、後に事実上廃案になった）、などの制定がある。規制については数え切れないほどあるが、いずれも裁判所による再審議の対象となっている（Napoli 2001: 227-50）。放送に関して規制者側が商業メディアに課してきた主な「公益」のための義務は、教育・情報提供番組の条件、下品なものや猥褻なもの、テレビ広告、政治候補者へのアクセス、公平さなど、コミュニティのニーズに応えることに関連したものとなっている（参照：Napoli 1992）。

(9) 皮肉なことに、それほど規制の厳しくない米国が連邦通信委員会（FCC）という、これらの組織の先駆的モデルをつくった。ロビラードによれば、こうした機関の役割は次の通りである（Robillard 1995, など）。

- 政府からのメディアの自由と独立について、高いレベルの原則に従って問題に対処する。
- メディアの公表行為に関し、人びとからの苦情に対処する。
- メディアにおいて見られる一般的な道徳や倫理の問題に対処する。
- 広告の水準を監視し、苦情の申し立てに対応する。
- 消費者としての視聴者の利益を代表する。
- メディアとコミュニケーションに関する施策に関して、政府に助言を行う。
- タイプや適切性に従って映画やビデオコンテンツの閲覧分類をする。
- プレス機関への補助金の分配。

(10) 米国の非政府組織であるプレスの自由調査委員会（Commission on Freedom of the Press）による報告書（1947年刊）は実効性においては欠けるところがあったものの、影響力のあるモデルを提供している（この通称「ハッチンス委員会」報告書の日本版新訳は『自由で責任あるメディア』論創社、2008年刊）。その後、多様性の欠如（政治的偏向）や報道水準の低下についての社会的批判に対処するため、英国において王立プレス委員会（1947年〜49年）が設置された。それ以後も英国では1962年と1977年に新たなプレス委員会が設置され、英国の新聞状況についての報告書が出された。同様の例がスウェーデン・ドイツ・カナ

ダ・オランダでも見られる。1971年と1976年のスウェーデンプレス委員会は、政治的な多様性と競争を保つための補助金制度についての調査および政治的な議論の場となった。ドイツでは、1970年代初めに設置されたプレス委員会が、集中およびその関連事項を扱い、ジャーナリストの表現の自由を守るプレス（とくに編集条項あるいは「良心条項」）の成立を促進させた。こうした努力に対して新聞発行者たちがかなり巧妙な反対運動をしたにもかかわらず、1976年には反カルテル法のプレス企業への適用が強化されるようになった（Kleinsteuber 1997）。オランダでは、政府の委員会がすべてのメディアに諮問を行い、1984年の統一メディア法の制定へ地ならしをしていった。そのことが放送やプレスにそれほど大きな影響を与えることなく、ケーブルや衛星波など新しいメディアにも対応できる法的枠組みの成立に貢献したのであった。1981年に設置されたカナダのプレス委員会は主に、新聞所有の集中問題を取り上げたが実質的な変化をもたらすことにはならなかった（Canada 1981）。米国では、1947年のハッチンス委員会報告のような例が繰り返されることはなく、政府の役割はどこよりも小さいままである。だが、その後の米国では一般的な関心事項、とくに犯罪と暴力におけるメディアの役割について高いレベルの公的な調査が行われてきている（参照：第7章、第12章）。

(11) フォエスタルによれば、米国だけでも、アドボカシー（社会的提言・唱道）活動やモニタリングを行う32の団体があるということである（Foerstal 1998）。

(12) ここで定義されているような自主規制の主な形態は公式の申し立て手続きや倫理規定、報道評議会（press council）やコンテンツ分類システム、ジャーナリストの規律委員会や編集諮問委員会、あるいは製作規定の適用等である。

(13) オレンは、ジャーナリズムはプロフェッション（高度な専門職業）に「なるべきではない」と主張している（Olen 1988）。彼がそこで挙げる理由は、表現の自由というものがジャーナリズムというひとつの社会制度によって独占されることがあってはならないというものである。プレスの重要な役割とは、規制当局から見れば、危険かつ無責任な行動となる可能性を有するものなのである。ソロスキーの見解では、プロフェッショナル化は両刃の剣であり、既成秩序へ

の支持を強める作用をすることもあるという（Soloski 1989）。

(14) プレスの自由については数々の詳細な説明がある（参照：第8章）。ひとつの簡潔な説明は英国の王立プレス委員会による次のようなものである。「我われが定義するプレスの自由とは、民主主義社会の選挙民がそれなくしては責任をとれる判断ができない事実や意見をプレスのオーナー・編集者・ジャーナリストが人びとの利益を増進するために公表することを妨げる諸々の制約からの自由の程度のことである」（同報告書1977年版、a: 8-9）。この定義は米国の憲法修正第一条とは一致しないであろう。クラッテンメーカーとポーが次のような四つの原則として自由解放論者としての見解を提供している（Krattenmaker and Powe 1994）。①何が、どのように公表されるかの権能は政府ではなく、編集部の内部に委ねられるべきである、②政策に関連しては、政府は代表者を立ててメディアにアクセスする方式を確立すべきである、③政府の政策はメディア市場における多様性を促進すべきである、④政府は、以上三つのうちのいずれか、あるいは二つの促進のために、残りのどれかをひとつでも犠牲にするようなことがあってはならない。

(15) コモンキャリアー（公共伝送手段）としてのメディアに対する国際的規制は17世紀の郵便条約に始まり、その後、1865年の国際電信連合（International Telegraph Union）や1874年のベルン郵便会議（Bern Postal Congress）などもそれに数えることができる（参照：Cate 1997）。

(16) ますます規制が強化される状況の下で、初期のインターネットは自由を勝ち取ったといえるかもしれない。たとえば、米国政府は1996年制定の通信品位法（Communication Decency Act）をインターネットに適用しようとしたができなかった。しかし現在、サービスプロバイダーが自主的に導入している分類システムによる規制（Foerstal 1998）、そして、保安・警察、法的処罰要求への可能性といった、警告の形によるコントロールの輪が掛けられようとしている。

(17) たとえば、ドイツやフランスでの国境を越えたコンテンツの伝播についての外国による法的決定の影響に関して、フォエスタルは次のように言っている（Foerstal 1998）。「国境に左右されないというインターネットの性質は逆に国際

的な法的責任 (liability) の議論を導きだし、言われているような利点とはなっていない」。この見解は、2002年12月のオーストラリア最高裁判所の事案で強く肯定された。オーストラリアのビクトリア裁判所に、オーストラリアの原告が米国企業のDow Jonesを、実際にはオーストラリアでその有料配信を受けている人がほとんどいないオンライン金融情報サービスの「バロン」(Barron) 上で名誉毀損を行ったということで訴えることができるとしたケースなどがそれにあたる。

(18) この点に関しては放送と同等の規制をしてもよいとする社会的な支持があるのは確かである。米国では、ロイターによる1997年の世論調査によれば、回答者の50％がインターネットで伝送できる情報を政府が規制すべきであると答えている (Greenberg 1999)。英国では、消費者連盟 (Consumer Association) の調査によれば、58％が「インターネットは国家の道徳基盤を弱体化させている」と答え、同程度の人たちがインターネット上のポルノ規制に賛成している (Svennevig and Towler 2000)。

第6章　メディアの責任：新しい見方

準拠の枠組

　マスメディアの社会的責務に関するいくつかの理論は、第3章で説明したように、すべてが次の二点を前提としている。第1は、メディアは、①オーディエンスを満足させ、利益を得るという直接的な目標（goals）を超えて、とりわけ民主主義・社会秩序・社会変革との関連において、②社会にとって重要ないくつかの役割を担っているということ。ほとんどの場合、②のような派生的な目的（objectives）は①の目標とは分離できないし、矛盾するものでもない。社会のために尽くすという役割のいずれもがまずは市民・社会集団・社会制度を満足させることによって達成され、それがいずれにせよ、メディアのビジネスとなると考えれば二者の両立は可能だからである。第2の前提は、メディアは外部からの圧力や、その結果としての処罰を受けることなく、自由にその役割を選択し、意見を表明し、他人の意見を公表することができるし、そうすべきだということ。これはメディアの責務の概念については述べていないものの、上述した目標と目的の両方を達成するために必要な条件として広く認められているものである。

　しかしながら、これら諸点においての合意ができるとしても、それぞれの意見や信念による違い、また自らがメディアシステムに対してどういう立ち位置にあるかによって、その後の展開や解釈がまるで違ってくる可能性がある。とくに参加・唱道（アドボカシー）・批判といった点からのメディアの役割や責務については必ずしも十分な意見の一致が見られるわけではない。そ

れらのいくつかが相互に矛盾した関係にあるのも驚くにはあたらない。アカウンタビリティを分析するという目的を果たすために、私たちはメディアの責任に関して、必ずしもそれらを調和させたり天秤にかけたりする必要はない。まず、そこにオルタナティブな視点を導入し、そこから出てくる主な考え方を検証することから始めよう。

　メディアの責任について考え、その活動の価値評価をする基点としてすでに認められているのは国家・社会・メディア自身、そしてオーディエンス（もしくは公衆）である（第4章を参照）。その他にも、メディアが関係を持ち、継続的に取引を行っている一定の行為者（actors）や関係事業者（agencies）、利害関係者（interests）を入れてもよいだろう。ノーデンストレングが提案しているように、さらに視野を拡げ、複合体としてのメディアがその中で重要な位置を占める三角形状の関係枠組として捉えることも役立つであろう（Nordenstreng 2000、以下から引用：Galtung 1999）。つまり、図6.1のような国家（政府）、資本（市場）、市民社会（公衆）を頂点とする逆三角形の枠組である。

　この図のように考えれば、より広く、かつメディア中心的ではない枠組の中でメディアの責任を捉えることができる。国家と政府は実質的にも概念的にも別のものであるが、多くの場合、国家の利益は行政府によって擁護されるから、両者はメディアの役割を検討するという立場からはいっしょに取り扱うことが可能である。市民社会とは資本と国家権力の両方を抑えながら公共圏を支配し活性化する、世論形成機関や公衆自身を含む多くの非政府組織や制度のことである。これらすべてのものがメディアに依存しながらそれぞれに異なる役割を果たしているという関係にある。だがこの考え方では、メディアは本質的に自由ではあるが、その他の政治的・経済的諸制度に従属し

```
　　　国家（政府）　　　　　　　　　資本（市場）
　　　　　　　　　　メディア
　　　　　　　　市民社会（公衆）
```

図6.1　社会的影響の三角形の中のメディア

たものであることになり、本来の自由なメディアが担うべき社会における明確な役割を持ち得ない状態に置かれてしまうことになる。その場合のメディアの主要活動はせいぜいのところ、コミュニケーションの流れによって社会の各要素を繋ぎ、その内部で機能するだけのものになってしまうからである。

　メディアは通常、ここで図示した関係以上に密接に市場と結びついている。メディアの市場からの独立性は見た目以上に小さいのである。非営利目的のメディアの存在はあるにはあるが、メディアは多くの点で他のビジネス部門とほとんど同じく、利益獲得が主要な目的となっている。半面、メディアには市場の効果的な運営を助け、生産と消費のシステムの正常な活動を助けているという面がある。だが、メディアは単なる市場システムの一機関ではないのであり、社会的に期待をされている多様な役割を果たし顕在化させるという立場を求められる。その結果、メディアの検証には主として以下の四つの視点が必要になってくる。第1は国家と政府、第2はアクセスその他の利益を求める行為者やその代理権者、第3は多様な役割をもった公衆、第4はメディア自身あるいはメディア内部のさまざまな利害関係部門、である。

国家と政府の視点

　政府とは違い、国家はもちろん声を出して発言することはないが、国家の意志は概念上、憲法・象徴・儀礼・法律条文・司法制度といった形で表現される。またそれは政府の施策や省庁の要求・要請として外へ出てくることもある。国家をこうした形態として捉えると、民主国家の声は国家そのもののためではなく、その能力は公衆の願いの実現のために使われべきだという社会全体としての表出であることを前提としていることになる（注1）。そのように考えれば、メディアに関連して使われる国家の権力は公共善（public good）のためにということで合意された基本的要請事項を定め、それらを実行させるために用いられるということになる。とすれば、法律によって、政

府の干渉を含む検閲や専制的なコントロールからメディアの自由を保障するのも国家権力だということになる。そうすることによって、その種の自由が社会的善（the good of society）のために必要であるということが確認できることにもなる。つまり、このようなメディアの自由が保障されている状況においては、近代国家はメディアに対して通常の法令を順守させること以上の責務を課すことは出来ないことになる。

　政府の立場から見た場合のメディアの主な社会的責務は法律を順守し、他の社会制度からの一定の重要な要請を満たすことである（注2）。そのため、戦争や危機の際や重大な犯罪の追跡時においては、メディアの自由はそうした「より高い目的」に従属すべきだとされるようである（Smith 1999）（注3）。多くの主流マスメディアはこのような事柄に関して、世論動向に同調する形で国家利益のために奉仕することを「選択」する。だが、このことはメディアが政府の求める市民的もしくは愛国的な義務を受け入れなければならないということを意味しているのではない。メディアには通常は特定の官僚や行政部局によって解釈されるような、表面的な意味での国家利益への支持要請をそのまま受け入れることを避けたいという、情報や調査に関するその他のいくつかの主要な責務というものがあるからである。暴力を煽るというやり方は駄目だとしても、原則として、メディアは政府に反対する権利を保持していなければならない。

　戦時においての国家は政府を通して、通常の自由な表現の原則を一時停止し、メディアに対して国家への忠誠（loyalty）を要求できるかもしれない（注4）。また、国家はこれまで事実上の権力を行使してメディアによる現場へのアクセスを制限し、効果的に報道統制を行ってきた。最近の地域戦争の例（フォークランド・湾岸戦争・コソボ・イスラエル・アフガニスタン）を取り上げても、政府はたいてい世論をバックにメディアの支持を取りつけようとしてきた傾向が見られる。近代の戦争ではたとえ限定的であったとしても、メディアと国家との関係はますます緊張感のあるものになってきている。情報のグローバル化に伴い、世論形成への影響の大きさを考慮した場合の戦争

や国際関係における情報と広報の役割がますます増大してきたからである。だが、国家にとって自らの活動についての情報受容のされ方を最大限にコントロールすることは重要であるが、実際にそれを実行し、正当化することはそれ以上に困難なことである（注5）。

　政府の指導者がメディアのチャンネルを使えるかどうか、少なくとも政府がその時期と条件を決定したうえで、一般市民とのコミュニケーションのためにそのような使い方ができるかどうかについては、効果的な政治や民主主義のための権利もしくは必要性という観点から議論されるべきことである（参照：Seymour-Ure 1974）（注6）。国会やそれに類似した政府機関の審議に関する報道はもともと新聞や放送が求めてしかるべき権利であると考えられてきたが、今ではメディアの義務だとされるようになってきている。しかし近頃ではメディア側が消極的なことが多くなり、そのことを無視する度合いが高くなっている。公共放送にたいする規制にはしばしば、多様な政治的コミュニケーション形式への市民によるアクセスの保障という要請条項があるにもかかわらず、である（注7）。

　メディアは社会の出来事、世論の動向、そして政府の立場などについての有用な情報提供源だと考えることができる。このようにメディアの「情報提供者としての役割」は重要でないとはいえないのに、メディアがそのようには必ずしも理解されないことが起きてきている（注8）。民主主義社会においては選挙活動に関わる事項はメディアが十全で公正なアクセスと報道をすべき責務を課された分野の主要事例である（Baker 1989, 2001）。そのため、民主主義社会においては選挙活動費に関する規制とともに、選挙活動の意味を貶めるような公表行為を制限する法律が多く存在している（注9）。

　メディアは常に法律による規制対象となっており、報道によって法制度の機能不全が起きたり、司法の執行を妨害することになる活動を禁じられている。加えて、政府の側は施策実施に不可欠だと考える情報のコントロールを継続しようとする。実際にはこの政府のやり方には正当化できないほどひどく、しかも秘密裏になされることが多くある。メディアが政府にとってたえ

ず脅威的なものとして捉えられているということである。政府とメディアの間の情報統制をめぐるこうした闘いはなくなることはないだろうが、インターネットの普及によって新たにいくつかの側面の展開が見られるようになってきた。とくに危機に直面しているときには、選挙に関わることであろうとなかろうと、諸々の情報管理は多くのプロパガンダやニュース項目の操作、情報操作者（spin doctors）の大々的な活動展開を含め、公共コミュニケーションの顕著な特徴となっている（参照：Swanson and Mancini 1996; Blumler and Kavanagh 1999）。

こうしたことやその他のさまざまな要素が絡み合って、政府が理解する、ときには間違ったメディア制度についての公共的義務の概念がそれなりの実態として、市民個人としての義務を超えた形で定着していく。こうした点がメディアの社会的責任論に対する疑念が出てくる理由のひとつであるし、社会的に認知されるメディアの責任がしばしば世論によって形成され、政府や国家が合法的に要求できるよりも厳しい内容となる所以である。またその結果、メディア自身はそれらとは反対の姿勢として自分たちの自律を強調しながらも、そうした責務のいくつかをしばしば受け入れることになる。

メディア自らの視点

それぞれの部門のメディア、またその内部におけるそれぞれの組織やチャンネルは、コンテンツや質の観点から独自の目標や責任を決定する。第1は、メディアが自らの責務に関しての自らの見解を決める際の最重要点は、オーディエンスの立場から目的を設定し自分たちの活動を判断することによって、いかに自分たちの基準でオーディエンスを魅了し、引きつけることができるかということである。これをタンストールはメディア組織の「連立目標」（coalition goal）と呼び、多様な内部組織（管理・編集・技術要員など）を統一するためのものだとしている（Tunstall 1971）。第2は、すでに見てきたように、民間のメディアは、たとえ自分たちの挙げている理由と一致する場合で

も、外部から課される責務や責任には強く抵抗したり拒否したりすることである。実際、これには多くのメディアがどのように自分たちの責務を評価することを自主的にできるのか、つまりそうした評価にともなう価値やコストをどのように判断するのかという、3つ目の一般原則が反映している。公共放送は別として、多くのメディアが最終的には利益を得ることを目的としているから、責任の遂行はオーナーにとってのコストや利益を勘案したうえで受け入れられたり、遂行されたりする。たとえば、真実を暴くという、一般的に受け入れられているジャーナリストの責任を果たすかどうかは、相対的な作業コストやオーディエンスの関心に左右されるということである (Murphy 1976; McManus 1994)。さらには、メディアの視点は組織のヒエラルキーにおける役割や地位によっても異なる (Cantor 1971; Engwall 1978)。それぞれのグループがそれぞれに優先すべき目的に関して独自の見解をもっているからである。また、編集や創作部門の人たちはオーディエンスを満足させることが出来るかどうかということよりも、より大きな社会に対する責務という観点からものを考えようとする傾向がある (Tunstall 1971)。

メディアのオーナーたち

　最高決定権を持つオーナーやメディア組織の管理者を対象にした体系的調査はこれまでほとんどなされていない。しかし、大メディア企業の戦略的行動に関し、いくつかの総括をしておくことは可能である。大新聞社やテレビ放送の初期の所有者たちはしばしば、あるいはたいてい、個人的に関心のあるプロジェクトを実施し、自分のメディアのより大きな目標、とくに政治的・社会的な問題における関心事項とを一致させる傾向があった。少なくとも、メディアの歴史はこのようにして刻まれてきている。ところが、現代のオーナーは一般的に、高い技術と専門的基準に従って顧客やオーディエンスへのサービスを提供するという限られた観点からメディアの責任を考えがちである。これは社会的責任の否定ではないが、そうすることで自律性を求め、維持しているということである。オーナーであることの権利のひとつは、メ

ディア（といってもたいて新聞であるが）に対し、選択された社会的・政治的目標を達成するためのサービスをさせるということである（注10）。グローバル化が進んでいるにも関わらず、新聞社や放送局が特定のコミュニティや地域（およびそれが選択した市場）のためにサービスし、その目的が自分の利益や福利のためであることでも共通している。こうしたことは地域レベルで見られるとされてきた（Gieber and Johnson 1960）が、国レベルでも起きていることだと考えても不思議ではない。

編集者とジャーナリスト

メディア組織のヒエラルキーにおいて最も重要な中間カテゴリーは、新聞の編集責任者やテレビ局の上級プロデューサー、経理担当者である。編集責任者は二つないしはそれ以上の方向性を持った職務に従事する傾向がある。なかでも、①彼らを雇用している所有者の願望を実行するという責務を担ったり、②創造的でジャーナリスティックな仕事の主要部分を担っているスタッフのプロフェッショナルな目標やスタッフの忠誠に応えるという二点が留意しておきたいことである。こうして彼らはしばしば二律背反的な責任を負うことになり、企業の所有者を喜ばせるという経営者としての目標を別とすれば、彼らにはプロフェッショナルな目標に従って製品の質を最高度に保つこと、あるいはオーディエンスを喜ばせ、販売を促進し利益をあげるといったことを考えるという道しか残されていない（参照：Tunstall 1971）。

編集者は内部や外部からの多様な要求とメディアの責任に関する主張を最も直接的に聴く立場である。編集者の有り様についての一般的な理解はきわめて断片的なものでしかないが、それでも倫理的な問題に関するかぎり、編集者とジャーナリストのそれにはほとんど違いはないと思われる（参照：Meyer 1987; Anderson and Leigh 1992）。ただし、編集者のほうがビジネス上のニーズや外部からの圧力により敏感である。多くの商業的報道機関では編集者はその報道機関の責任を決定する権限をそれほど持ってはおらず、ビジネスとプロとしての基準の板ばさみになっている。にもかかわらず、彼ら編集者

は何を公表するかの決定に自主性を必要とし、ある程度までそれを持っていると感じていることが多い。また、編集者はオーナーに集中した権力によってその自主性が脅威にさらされていると感じているという証言もある(注11)。

最近では国際的な比較調査が数多く実施され、ジャーナリストがどのように自らの社会的役割を認識しているかについての多くの証言が得られるようになった。もちろん、調査実施国や回答者によって相当に異なる結果が出ている (Weaver 1998; Patterson 1998)。それでも、報道機関の責任についての解釈は特徴的に大きく二つに分類することができる。第1は、ジャーナリストがどのように政治的・社会的生活に関与し、どのような立場にあるべきかという考え方を反映した、「能動的／受動的」(active-passive) という次元である (参照: Cohen 1963; Janowitz 1975; Weaver and Wilhoit 1986; Donsbach 1983; Weaver and Wilhoit 1996)。ここでいう「受動的」とは何もしないということではなく、徹頭徹尾、観察者、情報の送信者に徹するということである。能動性とは率先して探索・調査し、必要になったときにその公開を行うということである。

第2の次元は、中立的なものとアドボカシー（唱道）の二つに分類でき、後者は対立する意見のうちどれに賛同するかについては立場をはっきりさせ、ある種一定の信条に従って作られる目標に向かってのキャンペーンをするものである (Johnstone et al. 1976; Kocher 1986; Patterson 1998)。中立的な観察者であると同時に、熱心な唱道者であることは困難であるが、両者の立場はともに米国新聞編集者協会（ASNE）の原則声明（訳註:『ジャーナリズムの倫理』新紀元社、に収録）に書かれている、広い意味でのプレスの責任概念の範囲内にある。プレスの責任とはメディア業界のさまざまな人間・組織・部門が実行している一連の役割を含めて考えるべきものであろう (注12)。

ウィーバーとウィルホイトも米国のジャーナリストたちを対象とした調査結果から三つの特徴的な主要役割を挙げている (Weaver and Wilhoit 1986, 1996)。

1つ目は最もひんぱんに見られる役割で、解釈と調査である。つまり、現実描写にあたり、客観的あるいは中立的な立場をとることを示唆すると同時に、社会的・政治的システムにおいて一定の規範的任務というものを認める

ものである。それには公衆の利益のためになされる経済的・社会的権力に対する監視と批判というウォッチドッグ機能が含まれている（参照：Gleason 1994）（注13）。この考え方は主として民主主義政治実現のためのアカウンタビリティという思想からその正当性が確認される。だが実際には、それだけでは必ずしも公平（even-handed）とはいえないし、党派的な立場を採った場合、「ウォッチドッグ」活動の最も大切な目的が実行できない理由にもならない。

ウィーバーとウィルホイトが挙げる2つ目の主な役割は正確で適切な情報を効果的に伝達するということである。これは、「公衆に対し迅速に情報を伝える」という概念として表現されている。じっさい、ジャーナリズムの大部分がこの役割に徹している。米国の社会環境で見られる3つ目の役割は、政府に対抗するというものであるが、これにはきわめて小さな力しかない（参照：Rivers and Nyhan 1973）。他にもジャーナリストによってなされている社会への貢献活動が以下のようなさまざまな形で見られる。多様な意見を公開形式で表現するフォーラムやプラットフォーム、あるいはそれらの出会いの場を用意すること、地域的ないしは国家的レベルでの合意形成をおこなうこと（Fjaestad and Holmlov 1976）、社会のさまざまな部門を繋げ、連携を図ること、文化的なアイデンティティを支援すること等である。

国際的な比較でいえば（たとえば以下を参照：Patterson 1998; Hallin and Mancini 1984）、歴史的な事情により国レベルのメディアシステムにはある程度まで党派性があり、かつイデオロギー的な特徴があることがわかる。米国のメディアシステムは、おそらく当該地域の市場においてどれだけ集中化を進行させているか、また他所よりもどれほどプロフェッショナル化（つまり中立化）が進んでいるかという点では、もっとも党派性の少ないものであると思われる。ジャーナリストの役割はどうあるべきかについては、分析や解釈を含む多様な情報提供という面が重視されるようになり、強力な世論形成あるいは社会的な提言者としての役割という考え方が減少しつつある（Weaver and Wilhoit 1996）。

いくつかのヨーロッパ諸国のように、各メディアの政治的特徴がかなり顕著になっている場合、ジャーナリズムの役割と政治運動主唱者としての役割をはっきりと分けることはむずかしく、客観性が最高の道徳的要請事項（virtue）となっているわけではない。たとえば、共産主義を脱した後のロシアでは、ジャーナリストが今なお西欧諸国よりも政治的・文化的に、より積極的な役割を果たそうとしている一方で、ウォッチドッグとしては控えめになっている傾向があるとする証拠がある（例：Wu et al. 1998）。これは欧州大陸の規範とソビエト時代の理論にしたがったジャーナリズム教育の影響の残滓の両方を反映しているからであろう。他の旧共産主義諸国の場合にはいささか事情が異なっている。たとえば、オルデツキーの指摘によれば（Oldezki 1998）、ポーランドにおけるジャーナリストたちの役割についての考え方は米国のジャーナリストたちにきわめて近いものとなっているという。

公共放送のような特殊な事例では、社会に対する責任が国家・国民的な優先課題に従って決定されるということが放送システムの目標としてはっきりと述べられる（参照例：Hoffmann-Riem 1996: Barendt 1993; Blumler 1992; Atkinson and Raboy 1997)。そうした目標は主要な商業メディアに対して広く期待されている目標枠組とそれほど大きく異なるわけではないが、それらが建て前として標榜している事実とはアカウンタビリティの問題に関し大きな違いがある。公共放送の目標には商業メディアにとって必ずしも利益を生み出さないような目標も含まれているからである（注14)。また、理由を詳述する必要はないが、公共放送がある程度まで政治性をもつことはあり得るとはいえ、積極的に党派性をもつことは禁止されている。

既成のメディアや主流メディアは新聞でも放送でも一般的に、なんらかの論争の的となり政治的に微妙な出来事が発生すると、重要な問題に関しては観察者的役割を維持しながら第三者として一方に偏しないというスタンスをしばしば採ろうとする。第四の社会的財産（Fourth Estate）あるいは社会的権力としてのプレスの概念はこの点では誤解されている。というのは、通常、プレスの権力の行使には一貫性や特定の意図などないからである。またメデ

ィアは株主・広告主・ロビー圧力団体、さらにはオーディエンスを含むあらゆる影響者といったあまりにも多くの主人（master）に仕えすぎているため、プロフェッショナルな理想の追求もしばしば困難になるほどである。しかもそうしたプロフェッショナルとしての理想が組織内においてさえ十分浸透していないという事実もある。

　プレスはときには社会的理想、コミュニタリアニズム（共同体主義）的目的あるいは社会的良心に従い活動するのだが、メディア状況には原理的なものやビジネス的なものなど、じつにさまざまな要素が混合して運営されている面がある。ブロダソンは（Brodasson 1994）、ワイズボードのいうような意味で（Waisbord 2000）、たとえ大きな犠牲をしばしば払ったとしても公表内容やジャーナリストを利他的なものに奉仕するようにし向ける伝統的ジャーナリストの「聖職者」的要素は大切だと記している。利益を追求し、権力に従属するという支配型モデルだけではなく、今日では小規模で小さなオーディエンスしか持ってはいないが、多くのラディカルなオルタナティブメディアという表現手段が存在するようになってきている（Downing 2000）。さらには革命や変革（あるいは反動的なもの）の運動を背景に持ち、そのために大いに働く政治活動中心のプレス部門もまだ残っている。パブリックジャーナリズム運動（第3章を参照）には主流の枠組み内でなされ、政治的意図を持つことなく、とくに参加型市民の育成という、望ましい社会目標に向けた取り組みを私利私欲なしに行っているものがある（Glasser 1998）。

ジャーナリズムの倫理規定とテレビ番組制作綱領

　メディアの責任についての多くの課題が、ジャーナリストによって自主的に採択されたあるいはテレビ放送における広範かつ外部から半ば強制的に採用させられた制作綱領の形式をとった職業倫理行動綱領として記されている。これらの綱領規定の多くは潜在的な起因責任とともに、含意としてあるいは明文化条項として、一定の広い範囲の社会的責任を受け入れているが、行動に移すべき責務はどういうものかを具体的に述べていることはほとんどない。

それらの規定の多くが外部からのコントロールからメディアを守るために導入されたもので、メディア内部の人びとの実際の見解あるいは行動を反映したものだと解釈することはできない。ライティラはヨーロッパ31カ国のジャーナリストの綱領を比較し（Laitila 1995）、それらは主要な原則という面からほぼ一致していると結論づけている。それらには真実性や表現の自由の擁護、平等と差別の撤廃、情報収集における公正、情報源と取材対象の尊重（プライバシーを含む）、独立性と高潔性（賄賂の拒否など）が含まれているという（注15）。

　綱領の典型的な特徴は多種多様な要求者に対し幅広く責任を果たすということを記していることである（Evers 2000）。それらにはジャーナリストという立場やプロフェッショナルなレベルの高潔さを維持し、社会に対しそれらを守るという約束をするという目的もあるわけだが、すべての規定が社会に対する大きな責任に言及しているわけではない。英国の新聞界がプレス苦情処理委員会（Press Complaints Commission, PCC）の監理の下に1991年に初めて採用した倫理綱領は、公衆の「知る権利」については触れてはおらず、不正確な記述からハラスメントにいたるまでの間違った行動を避けるための大枠としての約束をしたものである（PCC 1999）。一般的には倫理綱領の規定から公的サービスあるいは社会的快適性に関する具体的な結論を引き出せると期待することはできないであろう。

　テレビの制作規定は、潜在的に望ましくなく、意図せずとも起きかねない悪影響や不法行為の事前回避、とくに暴力（個人的あるいは集団的）や中傷、性的表現、弱者（子どもを含む）や社会的品位規範への冒瀆を避け、道徳やモラル、ある種のマイノリティ（エスニック、その他）の保護をすることをいっそう重視している。またそれらの規定には、社会不安や抵抗あるいは意図せずとも社会的混乱を助長し、反体制のテロリストに操られる役割を放送が果たしかねない可能性に注意すべきであると記されている（注16）。

メディアによる情報送出のコントロール：アクセスを求める
側の視点

　メディアの社会的役割はしばしば、誰が、そして何が公表行為のチャンネルにアクセスでき、公開の討論の場（public arena）で明らかにされるべき情報かを選択し、送出する「門番」（ゲートキーパー）としてのそれであると考えられてきた（Shoemaker 1991）。だが、アクセスの形態や基準はじつに多様であるため、メディアの門扉も門番もそれに応じて多種多様になる。メディアが自ら選択した役割には世論を代表したり、社会の現実を反映すること、あるいは多様な声を一覧できる場（platform）を用意することなどがある。いくつかのメディアにはそうした目的を果たすために、編集者への手紙や投稿文、政治キャンペーンの報告、ラジオやテレビでの討論やトークショー、視聴者による電話参加番組、その他の参加型番組などがそれぞれの要望を満たせるような形で用意されている。この他にも、多様な広告、スポンサーつきの特集や情報提供に多くのメディア空間が割かれている。それほど目立たないが同様に重要なのが、利害関係者から無料で提供されるプレスリリースや広報の類である。このような多彩なアクセス形態は文章にはされていない慣習や規範によって実行されている。しかし、こうしたことは出版を目指す小説家や映画制作を志す者、あるいは広告主やPR会社などがメディアを外から理解しようとするときに大切な参照事項である。

　何が「門番」（ゲートキーパー）としてのメディアの責任であるかということに関する一致した見解はない。メディアに対する総合的なアクセス権など存在しないからである（注17）。しかし、外部からのイメージとしては、公正に関する一定の規範についてと同様、アクセスについての正当な要求を期待できるという人たちがいるようにみえる。この点については三つの主要な問題が提起されてくる。第1は、文化的生産に関するもので、作家・芸術家・出演者・映画制作者などになろうとする人たちにアクセス権を与えるか

否かということである。第2は、とくに権力の配分と行使ならびにその影響に関わる領域で、情報源であるニュースや広報のチャンネルへのアクセスを認めるかどうかという、より専門的な問題である。第3は、とくに社会を構成する諸集団とは何かという点で、メディアが取り上げる事実やフィクションは社会をどのように描写したらいいのかということである。

これらのいずれについてもメディアが責任をとるべきいわれはないが、そのゲートキーパーとしての行動が大きく期待されるということにもそれなりの根拠がある。メディア業界は全体として公表行為の手段を独占しているため、それなりの責任をとるべきだという主張は、たとえそれが弱いものであっても、メディアの権力に抗する力になり得る。現在、メディア自身が検閲を受けているわけではないし、じっさい、検閲などはいっさい行ってはならないものである（参照：Foerstal 1998）。また、メディアは公共空間での振る舞いにおいて、差別的・不公正・非倫理的であってはならないという主張には妥当性がある。放送に関しては、このことが免許交付条件として明らかにされていることが多い。

メディアチャンネルへのアクセスについての要求は、より一般的にいえば、程度の違いこそあれ、適切であるとされている以下の四つの基準（criteria）のうちのどれかをその根拠としている。①オーディエンスとの関係もしくは彼らの関心、②金銭的利益、③社会的あるいは文化面で合意された基本的な規範のアピール、④社会的権力のある種の形態、である。だが、これらの基準にはそれぞれに大きな対立的立場があり、アクセスへの要求を同じように支持しているわけではない。第1の「オーディエンスとの関係」は自由メディアのモデルから出てくる、メディア全体にあてはまる経験則である。このモデルにおけるメディアは自らが選んだオーディエンスのニーズを満たすために存在し、それに従って公表行為の決定をするものだとされている（Westley and MacLean 1957）。直接的か間接的か、あるいはその当否を問わず、金銭はアクセスに関する主要な決定要因ではあろうが、それだけをアクセスの要求の理由とするわけにはいかない。アクセス権を販売することは、公開

の形で、かつ従来からなされてきた方法で行わないかぎり、メディア組織の信用と社会的地位を低下させてしまうことになるからである。

　社会的・文化的規範がさまざまな仕方で、しかも間接的にメディアへのアクセスをサポートしているが、それについて詳細に述べる必要はないだろう。いかなる時点で、特定の価値観や権利あるいは公益などのアピールといった外部からの規範的圧力が社会的な権力の行使として作用し始めるかについての法則はない。しかし、メディアがそれらの圧力に従うときには通常、ニュースの本質的な価値に従ってそうしたということができるし、結果責任さえ引き受ける覚悟さえできておれば、メディアは圧力を拒否することもできる。

　先述した四つの基準のどれかを理由にしたアクセスが結果的にではなく、事前の意図として組み合わせられれば、オーディエンスが関心を示すはずがない意見や主義だけが公表されることや、グループによる組織的な偏見に抗うものとなり、適切なコンテンツも提供できず、社会的な力もお金ももたず、社会規範からのサポートも得られない人びとはいなくなる。そうしたやり方が採用されれば、一般市民を含め、社会のかなりの部分、とくに、貧しい人たち・逸脱者・高齢者・病人・移民、周縁に押しやられた人たち、反体制派などへの差別もなくなるであろう（参照：Paletz and Entman 1981）。そうしたやり方でメディアが問題を取り上げることは、通常であればたとえ同情的な扱いがされたとしても、いくらかの人びとにとっては否定的に受け取られかねない問題をしっかりとメディアが受け止めていくことに繋がっていくといえよう。

メディアに対する公衆の視点

　多くの国において、メディア活動の質は常に世論の話題となっている。調査の結果、一般市民は制度（institution）としてのメディアを認めていると同時に、コンテンツとサービスの質に期待を寄せ、意見を持っていることが分かった。だが、たとえそうであっても、現実のメディアの活動についての意

見以外に、一般市民がメディアの「あるべき」姿について本当はどう考えているかを確実に知ることは容易ではない。メディアの責任に関するオーディエンスの考え方はしばしば、メディアによる自己認識とも規範的なメディア理論の教義とも異なっている。これは公衆の側の純朴さを反映しているかもしれないが、公衆とメディアとの関心の違いや責任に関する意見の相違の反映でもある。社会におけるメディアの公的な立場が権利や責任といった点から、多くの市民に十分に理解されていないことは驚くべきことではないのである。

オーディエンスとしての公衆が日々接するメディアに対して深刻な不満を抱いていることを誇張することは危険である。市場システムが効果的に機能している多くの場合には、オーディエンスがもっとも望むもの、あるいは少なくとも与えて欲しいと願うものを与えられているということに疑いはない。だがたとえそうでも、オーディエンスが個人的にも社会的にも生活上、マスメディアが広範に果たすべき貢献について確固とした見解を持っていることを証明できるだけの証拠がある（参照：McQuail 1997）。オーディエンスが考えるマスメディアの機能には、①さまざまな危険の警告などの適切で役立つ情報の提供、②解説やガイダンス、助言、③娯楽や気晴らし、④他人との社会的な交わりに使える基礎情報、⑤洞察や豊かな経験、気分転換やアイデンティティの確認モデルの提供など、が含まれる。こうして追求され、実際にも見られる個人や社会の満足指標と比較すると、多くの場合、公衆のメディアに対する苦情はそれほど重要な位置を占めていないようにも思われる。

見解が分かれる重要な問題は、とくに政府のコントロールや法的規制を離れ、メディアがどの程度まで自由を享受できるかということである。時代をほんの少し遡っただけでも、人びとがメディアは自由すぎると考えてきた多くの証拠が残っていることがわかる。マクマスター（McMaster 2000）は、米国市民の多くが公共的言論の制限、はては憲法修正第一条の変更をして、種々の言論活動、とくに政治キャンペーンのための投稿や国旗への冒瀆、人種差別的な発言や露骨な性的素材の公開などを規制することを支持している

という調査結果を報告している（Wilson 1975; Hentoff 2000; Sanford 1999、なども参照）。ゴールディングとファン-スニッペンバーグがヨーロッパでの調査指標を基にして、過半数まではいかないが1980年代半ばの西ヨーロッパのかなり多くの人たち（英国では多数派）が書物の検閲を場合によっては合法だと考えていたと報告している（Golding and van Snippenberg 1995）。またそれと同時期の他の調査によれば、ヨーロッパのいくつかの国では人びとの過半数が新聞による政府の防衛機密文書の公表には賛成しかねると考えている。インターネットが享受している自由に対する社会の見方を測定評価するのはまだ早いが、人びとは調査結果から、その自由についてよりもそれがもたらす脅威についての警告をされることのほうが多い。1997年に米国で行われたロイター通信社による世論調査では、50％が政府はインターネットで伝送されているような情報を制限すべきであると答えている（Greenberg 1999: 94-5）。

　米国のメディアシステムはヨーロッパほど政府による介入の機会を与えていないが、米国の世論は戦時や社会的混乱といった国益を守る必要がある場合や、不可欠な社会的・道徳的価値観を維持する必要がある場合、これまで政府の介入を強く支持する方向に動く傾向があった。また米国では主流から逸脱した意見や人びとの多くが支持しない意見をメディアが公表することに対しては驚くほど不寛容であるのに対し、そうしたものへの検閲やコントロールには寛容である。ワイアットは米国における自由な表現を制限することを認める一連の傾向を発見して、過半数とまではいかないが、相当多くの米国人はメディアによる以下のような活動の保障は必要ないと考えているという（Wyatt 1991）。選挙運動期間中にそれを社説で取りあげること（28％）、ジャーナリストが軍を批判すること（23％）、政治指導者への批判（22％）、外国政府の味方をすること（36％）、政府の事前承認なしに国家の安全に関わる報道を行うこと（45％）、投票前に選挙の当選者を予想すること（55％）で、（　）内に記した数字は否定者の割合である。

　全体としてもすべての問題事項において、完全に保障することへの支持率のほうがまったく保障しないことへのそれより少なかった。性的な逸脱・神

への冒瀆・ポルノ・「下品な言葉づかい」などに関しては、公表行為を制限するということへのいっそう大きな支持が寄せられた。その結果、報告書は結論として、「自由な表現を支持したいというアメリカ人の考え方についての測定評価はじつに惨憺たるものとなった」(Wyatt 1991: 32) と記すことになった。この状況を説明するものとして、別の研究による発見もここで紹介することができる (Andsager and Miler 1994)。かなり多くの人びと(約30％)がメディアに表現の自由があるなどとはまったく信じていなかったのである。

　イマーワールとドーブルによれば (Immerwahr and Doble 1982)、米国民はその新聞やテレビが政治報道において主要政党の候補者に平等なスペースと時間を割くべきであるといった程度までは、メディアの公的役割についての法的規制について強い支持を与えている。対立している政策の論者は双方ともに同じ量の報道をされてしかるべきだと考え、公衆は検閲を拒否しているが、「公平さを高める」法律には賛成しているというわけである。そのことについてイマーワールらは、ジャーナリストに特徴的な「〈プロデューサー〉的観点」とは対極にある、公衆の側に見られるメディアの権利と義務に関する、彼らのいう「〈視聴者〉的観点」があるのだと説明した。これは、政治について中立的な取り上げ方をして、論争となっているすべての問題に確実にアクセスできるような方法を講じておくという考え方の反映である。グリアソンはまた、報道機関のウォッチドッグ的機能に対して相当な世論の支持があるとも主張している (Gleason 1994)。

　オーディエンスは、メディア(とくに新聞)の持つ表現の自由の権利を考慮、理解することなく、情報についての自らのニーズを定める。しかし、日常業務におけるジャーナリズムの倫理に関する調査データは、公衆の規範的な期待は大枠としてメディア自身が宣言している倫理・行動綱領の内容と一致していることを示しているようである (Braman 1988; Lind 1999; Bergen et al. 2000)。こうした結論は、ジャーナリズムの綱領は一般的に世論を反映する形で作成されているという事実を示している。両者の相関はとくに、客観性や公正性、政府や特定利害からの独立性といった点についていえる。ホイッ

トニーは米国市民のメディアへの姿勢に関し、調査者たちが次のような結論に達しているという。「メディアへの信頼と信用はひとえに世論がそれをどう考えるかにかかっている。プレスの自由とあらゆる圧力グループからのメディアの自律（autonomy）という根本的な問題が……公衆からの関心を集めることはほとんどない」（参照：Whitney 1986: 24）。ある意味では、一般の米国市民が憲法修正第一条を知らないことは問題ではない。しかし、調査の結果、「米国人の大半が……〈プレスは自由すぎる〉と刷り込まれている」（Hentoff 2000、後にMcMasters 2000が追認）ということが発見されるようであれば、それはメディアに対する明確な姿勢と法理解の欠如ばかりではない社会的束縛が存在しているということになる。

　ジャーナリズムに対する態度に関連して、性・道徳・品位についての公衆の見方にも同様の結論があてはまる。映画やビデオの制作綱領や規制基準枠組（classificatory schemes）は世論の期待にときには先行し、ときには遅れるが、一般的には一致しているといってよい（参照：Gunter and Winstone 1993）。英国での継続的な調査の結果からも、テレビの規制にはかなり高いレベルの社会的支持が恒常的に寄せられていることがわかる。（ある調査では、およそ55％が「ほぼ正しい」に同意し、25％が規制は緩すぎるとしている⇒Svennevig and Towler 2000）。一般市民の中でも満足度には大きな差があることは避けられないことであり、じっさい、いくらかのマイノリティの人びとがまったく満足していないというデータもある。そうした見解が出てくる理由には、道徳的な原則あるいは個人的な不快感、またその持っている加害性への考慮や子どものような社会的弱者に対する有害性への危惧などがある。マイノリティの一部が満足していないという状況は多くの大衆向けに提供されるメディア情報の質が低いことへの嫌悪感の反映であることもある。現在では、好ましくないコンテンツへの望まない接触と、いかがわしい大人向け情報を自分の意志で選択することとの区別は公衆の側が行っている。こうした題材についてはメディア側が配慮して、望むオーディエンスに適切かつ効果的にそれらのコンテンツが届くような送出法を考えることが期待される。

メディアに対する社会の期待の重要な側面は、信用と信頼度（trust and credibility）についての諸事項である。この点については重要な三つの要因を指摘しておきたい。第1は客観性で、情報が正確で、完全で、信頼できなければならないということである。第2は信頼性（reliability）で、素材を隠したり特定の利害関係者への配慮をせず、偏りのない情報と分析が求められているということである。第3はオーディエンスとしての公衆はジャーナリストが一般市民の利益（公衆の利益）のために活動していると信じられるとき、ジャーナリストを評価するということである（Gaziano and McGrath 1876, 1987）。こうした信用は人びとにとって身近な地域のニュースメディアや情報源によって形成されることが多いと思われる。信用に関わる事項は全体としての大問題であり、すべてのメディアがそのオーディエンスに対するアカウンタビリティとの関係として考慮しなければならないことである。メディアはこれまでにいろいろなことが原因となって信用を失ってきているが、それは一度失うと取り戻すことがむずかしいものである。そのことは、たとえばオンラインニュースの場合がそうであるようにすでに証明されたことである（Johnson and Kaye 1998; Althau and Tewkesbury 2000; Schweiger 2000）。

　メディアのオーディエンスがもつ期待度はメディアの種類によって異なるし、とりわけそれはテレビと新聞とでは違う。また、新聞とその他の種類のメディアとでも相互に異なっている。こうした違いは一般的に各メディアの社会制度的差異に原因がある。たとえば、新聞は放送と違って規制が緩いがそのぶん政治性が強い。それにはそれぞれのメディアが全体の中で自分の特色を出そうとしているということも原因している。だが、今ではテレビが多くの国でニュースの主要な供給源であり、最も信用、信頼があるとされている（注18）。しかし、フィッツシモンとマギルによれば、日刊新聞やテレビのニュースサービスについて尋ねられたとき、回答者には個人的な好みとして両者のそれぞれに親しみを感じているものがおり、その肯定的評価はおよそ80％と、きわめて高いものであったという（Fitzsimon and McGill 1995）。だが、テレビが相対的に好まれている理由はそれが中立性を要請され、ニュー

ス情報が要領よく寄せ集められ、情報源として単純かつ親しみやすいということにあるのだろう。

　米国では制度としての新聞の信頼度は低く、20世紀の最後の四半期に確実な下降線をたどり、フィッツシモンらによれば、1976年の24％が1994年には10％にまでなったという（Fitzsimon and McGill 1995）。だが、専門職業としてのジャーナリズムよりも、制度としてのプレスのほうがその社会的評価が高いという調査結果はなにも米国だけに限られたことではない。1994年には新聞ジャーナリストが正直さと倫理性で高いあるいはかなり高い水準にあると評価したのは17％であったが、1981年のそれは30％であった。その一方でテレビ記者の評価は高まってきている（同上書、p.99）。国によってかなり状況は異なるが、一般的に米国よりもヨーロッパのほうがメディアの社会的評価は高いように思われる。EU地域内では、テレビとラジオという放送メディアが最も高い信頼度を得ている。

小　結

　この章で述べてきたメディアの責務と見方についての多様な見解は、それが本質的に混乱した状況にあるというよりは、複雑で変化しつつある実情を反映したものであるということである。現状では、相容れない根本的な利害や認識の違いがたくさん存在している。メディアとそれを取り巻く状況はじつに多種多様であるのだが、国ごとの多くの違いは別にして、この領域をさらに掘り下げていくためのいくつかの鍵がある。その第1は、政府は通常、メディアとの距離を保っているが、程度と関与の仕方に違いがあるにせよ、自らの必要性と社会のさまざまな集団からの要請があればそれに応えてメディアへの関わりを持たざるを得なくなるということである。だが、もしそうなれば、しばしば、なんらかの言葉や勧告をメディアに向けて発しなければならなくなり、さらには規制の発動やさまざまな形での非公式的な圧力や誘導に発展することになりかねない。

公衆によるメディアに対する姿勢はいくつかの要請を断続的に行うものとして理解できるものである。私たちはメディアの自由の必要性を支持するが、その行動やコンテンツにおける秩序と品位も尊重したいものだと考える。メディアがもたらす楽しみや娯楽は行き過ぎや過ちをともなうものである。私たちは信頼できる情報源から情報を得たいが、現実としてはセンセーショナリズムや些末的事象（triviality）にほんろうされやすくなっている。

　メディア自身は自らの役割について両義的な態度を保持し、実際に多くのモデルをその選択肢としてその眼前に置いた状態にある。これらのモデルには、社会的責任・商業主義・党派性・解説・アドボカシー・センセーションやゴシップといったものがある。通常、それらのモデルは複数のものが合体した形になっており、グローバル化と独占の進行がいっそうその傾向を強めている。その先にあるものもまた錯綜としており、確実な予測がむずかしい。

注
(1) 国家（state）と公衆（public）はそれぞれに独立しているわけではなく、それぞれの利点もあいまいで、明確に分けることはできない。だが、メディアの場合には市民・公衆を「代表して」表現するということの正当性をいくらか主張することができるかもしれない。しかし、私たちはここで、国家をその維持にとって必要不可欠な権力・権利・必要性の唱道者として考察することになる。
(2) ハインドマンによるマスメディアに関する米国最高裁判所の判決の研究の結論は、裁判所は「メディアにかなり高いレベルの自由を認めてはいるものの、メディアは社会で活動している多くの制度の一つにすぎず、社会が機能するために完全な自由を持つ制度などはない……自分の望むことが何でもできる制度はない」（Hindman 1997: 149）というものであった。
(3) 実際、すべての民主主義国家が例外的条件を設けて自由な公表行為の権利を制限している。米国の法制度においては、「明白に現存する危険」（clear and present danger）原則に従い、大統領令によって国家機密に関わる情報についてはその公表を制限できることを認めている。また現実として、戦時中を例外と

してというよりも、公式な検閲を除いてもこれまで多くの隠蔽がふつうに行われてきたことが歴史的にも分かっている。スミスは、「米国が関与したすべての戦争においてなんらかの形で検閲が行われてきた」(Smith 1999: 27) と結論づけている。第2次世界大戦中、ローズベルト大統領 (1882-1945) は後に「戦争情報局」(Office of War Information) となる「検閲局」(Office of Censorship) を設置し、メディアに自主検閲をさせることとプロパガンダ (宣撫工作) 活動の両方を担当させた (Foerstal 1998)。英国を含むいくつかの国では、放送に関する法律において、緊急事態における政府によるラジオとテレビの情報伝達のコントロールを認めている。英国では公職守秘法 (Official Secret Act) も、政府が機密扱いと決定した事項を守らせるため、あるいは脅しとして利用されてきた。また、とくに重要な機密事項に関しては、「特別機密D指定」(D Notice) として知られる非公式検閲システムがプレスを沈黙させるために常時使えるようになっている。

(4) 1991年の湾岸戦争中、連合軍 (Allies) は戦闘に関するニュース報道の制限を効果的に行った。デニスらによる調査報告によれば、57％の米国市民が軍に関するニュース報道の仕方はもっと統制されるべきべきだと答えている (Dennis et al. 1991)。2001年9月11日のニューヨークの世界貿易センタービル (WTC) の破壊をきっかけに、政府によって新聞は特定の情報の公開を控えるよう、そして映画業界のリーダーたちは、テロとの戦いをどのように支援することができるかを集まって話し合うよう要請された。近代に起こった他の武力対立でその直接関係した政府がメディアに対して、支援が十分ではないといってこれほどまでの積極的な応援を働きかけた例は見られない (参照：Morrison and Tumber 1988; EJC 2000)。

(5) メディアは愛国的に活動する義務があるという主張はしばしば、外国の指導者や象徴に敬意を表し、国に悪い評判をもたらしたり、とくに大きなビジネス的な取引が関係するような外交上の問題を引き起こさないようにするといったように、広く解釈されている。ときおり、政治的指導者たちは、自国のメディアが諸外国で実態以上に重要視されていると誤解して、メディアが自国の否定的なイメージを伝えていると苦情をいう。また、いくつかの国では外国資本に

よるメディア所有を制限する法律が制定されているが、それはメディアの国益指向は当然だという考え方からきている。

(6) 登場初期の新聞のいくつかは市民へのコミュニケーション（情報提供）という名目で、中央や地方の政府から公式に金銭的援助を受けていた。プレスの政治的役割を支持する政府の行為が助成金という形でなされることもある。ヨーロッパではとくにそうだが、放送に公的資金を拠出する主要な理由のひとつは、政治的コミュニケーションにおける積極的かつ協力的役割への期待である。また、国会中継や海外向けの放送あるいは選挙期間中の広報番組などの政治的アクセスを提供した見返りに直接的・間接的な助成が行われている国もある。米国では大統領選挙のキャンペーンに、民間の私的資金に加え、莫大な額の公的資金が使われている。

(7) 公共放送の規則では一般的に、全体にバランスがとれていることに加え、多様な政治的な見解の表明がなされることが求められている（Barendt 1993; Hoffmann-Riem 1996）。米連邦通信委員会（FCC）は当初、ラジオやテレビが見解の分かれる問題に対するオルタナティブな意見の表明に十分な機会を提供することを義務づける公正の原則を支持していた。これが規則として廃止された今も、放送は自らの責任の自覚によって、そうした観点からの公正を実践するよう努めている。

(8) この点に関しては多くの逸話的説明はあるが体系的な証拠はほとんどない。しかし、米国の調査には興味深い事例報告がある（Abrams and Hawkins 1984）。プレスの機能に関連し、「連邦議会議員」に尋ねたところ、上位には「監視」と「コミュニティとの接点」という機能が挙げられたのであった。

(9) ドイツやスペインといった国では、選挙運動期間中を除き、新聞への政治広告は禁止されている。対して、選挙機関中の政治広告に一定の制限をしているフランスやイギリスのような国もある（参照：Article19 1993; McChesney 2000b）。

(10) しかし、個人的な主張をしたり、友人を助けるために所有者としての影響力を利用することは一般的に編集者やジャーナリストから快く思われなかったし、オーナーもたいていそうしたことがあることを認めない。（参照：Meyer 1987）。

(11) ガリーは、単独であるかチェーン（系列）に所属しているかに関係なく、多くの編集者がオーナーシップの集中はプレスの自由を脅かすと考えていることを発見した（Garry 1994）。英国の王立プレス委員会報告書は編集者について、その26％が所有者の影響力がプレスの自由を脅かす原因だと考えていると報告している（Royal Commission on the Press 1977b）。シュルツによって面接を受けたオーストラリアのジャーナリストたちの圧倒的多数が、メディア企業が商業目的のためにニュースをなくす権利があるという考え方を受け入れない（Schultz 1998）。同時に、ほとんど3分の1ものジャーナリストが、オーナーからの圧力がメディアのウォッチドッグ機能にとって障害となっていると答えているという事実がある（同書、p.258）

(12) ウィーバーとウィルホイトの調査に対し、回答者が「きわめて重要である」と答えたメディアの役割は次のとおりである（Weaver and Wilhoit 1996）。
- 政府による要求や声明を調査すること（67％）
- 公衆に対し迅速に情報を伝えること（69％）
- 国家政策が立案されている間に議論すること（39％）
- 事実が検証できない場合には報道を避けること（49％）
- 一般市民に意見を公表する機会を与えること（48％）
- 公衆の知的・文化的関心を高めること（18％）
- 最大のオーディエンスが関心を持つニュースに全力を傾注すること（20％）
- 娯楽と安らぎ（relaxation）を提供すること（14％）
- 官僚には懐疑的に接し、そのきびしい批判者となること（14％）
- 公共的な課題を定めること（5％）

(13) たとえば、メイヤーによれば、85％のメディア関係の回答者（発行者・編集者・記者）が政府と新聞が敵対的な関係であることが、長い目で見れば「国の健全さを支える」ことになることで意見が一致しているということである（Meyer 1987: 225）。またシュルツによるオーストラリアのジャーナリストへの調査によれば、政府との関係において、ジャーナリストが批判的かつウォッチドッグとしての役割を果たすことに圧倒的多数が賛成である（Schultz 1998）。だが、

ジャーナリストが第四の社会的財産（Fourth Estate）たろうとすることと、彼らのオーストラリアのメディアの現実についての評価との間には大きな差がある。66％が第四の財産としてのメディアの役割に賛同しているが、わずか10％だけがオーストラリアのメディアの現状がそうなっていると考えているにすぎない。そこではウォッチドッグ機能を果たすために主な障害となるのは法律条項・国家機密・商業的配慮などであると考えられている。グリアソンの分析によれば、「ウォッチドッグ機能」の導入は米国の報道機関には問題が多いものであるという。なぜなら、それ自身が報道の自由（たとえば、ウォッチドッグにならない自由）を制限することになるからである（Gleason 1994）。

(14) たとえば、国家とスウェーデン公共放送機構（SR）の間の協定では、公共放送側に対して、スウェーデン語で、とくにニュース・情報・論評の伝達、社会的・文化的事項に関する議論を活性化し世論形成を促進すること、公的機関や民間企業を監視すること、芸術的・文化的革新を促進すること、多様な関心を満たすこと、言語およびエスニックマイノリティの要求を満たすこと、障害を持つ人びとのニーズに注意を払うことなどの条件を満たした番組をまんべんなく提供することを求めている。

(15) ライティラによれば、倫理綱領の構造は、外部向けとしての社会に対するアカウンタビリティと内部向けのジャーナリズムの擁護という二つの原則に分かれるという（Laitila 1995）。その全体構図は以下のようである。

I-1 公衆に対する責任履行としてのアカウンタビリティ
- 情報の真実性
- 情報の明晰性
- 公衆の権利の擁護
- 世論形成を担う責任

I-2 情報源・報道対象者へのアカウンタビリティ
- 情報の収集と提供の仕方
- 情報源の高潔性（integrity of sources）

Ⅱ-1　ジャーナリストのプロフェッショナルな高潔性の擁護
- 一般的な権利と禁止事項
- 公的権力からの擁護
- 雇用者と広告主からの擁護

Ⅱ-2　プロフェッションとしてのジャーナリストの地位と団結の擁護
- ジャーナリズムの地位の保全
- プロフェッション内部の連帯の保全

Ⅱ-3　雇用者に対して示すアカウンタビリティ
- 雇用者に対する忠誠

Ⅱ-4　国家に対して示すアカウンタビリティ
- 国家機関の尊重

(16) テレビコードは新聞のそれよりも潜在的影響力についてより大きな懸念を表明し、それについて詳述し、新聞の規定よりも頻繁に経営者によって適用される傾向がある。これは世論の圧力に加え、政府がより強い権力の行使を望んでいることの表れである。

(17) リヒテンバーグが述べるところでは、「〈公表されるべきだという権利〉などない」(Lichtenberg 1990b: 119)。

(18) 15カ国のヨーロッパ諸国を対象にした1999年のEU圏内調査 (Eurobarometer) によれば、全体平均の67％がテレビを信頼し、49％が新聞を信頼していると答えている。また、いくつかの国ではテレビと新聞の両方に高い信頼が寄せられており、テレビでも新聞でも米国に比してはるかに高い信頼度を示しているようである。またそれは1997年の調査データよりも高くなっている。英国はヨーロッパ中で最も信頼度が低く、新聞に対しては24％に過ぎなかった。

第7章　メディアの存在価値

公表行為の影響に対する責任

　有害だとされるマスメディアの影響については常に議論のテーマとなり、研究対象とされてきた。にもかかわらず、この問題は政治的・法的・規範的あるいは社会科学的アプローチのいずれを採用してもいくつかの障害が出て、いまだ決定的な結論には達することができないままである。障害の第1は、さまざまな価値観の違いがあることから、何が有害の原因になっているかの合意形成がほとんど不可能であることである。第2は、影響にはメディアの他に、さらに強力であるかもしれない要因がたえず同時的に作用していることである。第3は、表面的には、メディアが直接的な加害原因となっていると思われる事例、また加害性の起因としてほとんど疑いがない事例がいくつもあるにもかかわらず、結論的な証明をすることが依然として困難なためである。第4に、「メディアを非難」しようとするすべての言動が表現の自由の主張と正面からぶつかることになるからである。

　メディア活動の結果についてはメディアのコミュニケーター（情報発信従事者）や発行者がとるべき適切な態度とは何かという、より大きな問題の検討が必要である。彼らは自分たちの公表行為の影響にどれだけの責任を自覚すべきなのか。他の分野、たとえば、法律・医療・商業・行政においては、通常、その行為の目的は明白であり、それがどの程度実行されているかについては市民による判断が可能である。それらに関わる人たちは自分たちの職務や役割の失敗に対して責任をとらねばならない。メディアに託されている

と「考えられている」責任についてはすべに述べたが、公共的コミュニケーターについては同様の捉え方で対処することはできない。彼らにはコミュニケーションの自由があるという理由からだけではなく、その活動目的は多種多様で、彼ら自身にとってもよくわからない面があり、社会的合意ができていないからである。さらには、影響したとされることがその前からあったのか、本当に後で起きたことなのかが明確ではなく、その他のいろいろな解釈も可能だからである。真実の風は「思いのままに吹く」ように、創造的行為には縛りがかけられないということもある（訳注：「真実の風は思いのままに吹く。あなたはその音を聞いても、それがどこから来て、どこへ行くかを知らない」"the wind of truth "bloweth where it listeth"、ヨハネによる福音書3章8節、新共同訳）。おそらくもっとも重要なことは、こうした場合に危険のないやり方を採ることはオープンなコミュニケーションとは完全に矛盾することになり、想定し得る加害性とともに利点までも同時に破壊してしまう可能性があるということである。ただし、メディアは自らの行動の結果責任に関して全面的にその免除を主張することなどできはしない。とくにメディアはしばしば多くの良い影響を賞賛されるのに、意図的に引き起こした加害行為への告発がほとんどないのはじつに公平を欠いたことである。しかし、メディアが公表行為によって、意図的に加害行為をしたのか、もしくは不作為であったのか、その有害的影響の責任を認めるのか、あるいはそれらの責任の履行を求められるべきかといった、表現行為が与え得る加害性については広大なグレーゾーンがある。

意図的に影響を与えるコミュニケーション：歴史的なルーツ

第2章で概説したように、メディアの前史時代においては公表行為（公開の表現／表出）とオーサーシップ（authorship＝著作者の在り方）は影響という点で同じ位置づけをされ、たいていは両者ともにオーディエンスに対して「良い」（positive）影響を与えるべきものだと考えられた。公開のコミュニケ

ーション（communication in public）に関するこれまでの主要な西洋的考え方は、行為には本来的に「意図」（intentionality）がある、もしくは個人の道徳的責任原則が必然的に発生するということを前提としてきた（注1）。ギリシャ・ラテンの時代には、口頭でのコミュニケーション（雄弁術）は「レトリック」として体系的研究の対象となり、聴衆に対する説得力のある言語の使用法が研究されていた。アリストテレスによる『詩学』にもこれと同様、オーディエンスは演劇を見て主として感情面での訴えかけによる影響を受けていることが書かれている。ギリシャ・ローマの公共機関も書面もしくは口頭での公表行為が引き起こすかも知れない加害性に注目した結果、「検閲」を行う機関を設置したのである。西ローマ帝国の衰退後ならびに中世初期には、公共的コミュニケーションの重要な役割は、福音とキリスト教信仰の宣伝ないしは世俗的な権力の伝播や行使をすることであった。

　それらの中には布教を目的としたものだけではなく、異端的な「意図を持ち」、他からは本当の信仰を弱めるような情報やテキストだとされるものもあった。政府の転覆を図るものだと考えられる公表行為もそうしたものと同様の扱いをされ、抑圧の対象になった。中世初期の研究や科学は口頭コミュニケーションであれ文書によるものであれ、真実あるいは当局が保障した説明であるかどうかが最重要の基準であった。それらの主たる目的が啓発的（教育的）か、精神的高揚を図るものか（inspirational）、哲学的なものに限ることにあったということである。とくに加害性に関して意図しない影響についての考え方が採用されるようになった理由には、不完全な写本テキストあるいは教皇庁が許可していない聖書の地域言語への翻訳がなされたということもあっただろうが、多様な印刷物が普及し徐々に知識階級を超えて読書人口が拡大していった結果でもある。

　中世末期や近代初期に想定されたメディアによる典型的な加害事例は宗教上の間違いや市民の不満、個人的道徳の退廃などとして分類できるものであった。意図せずに起きる公表行為の危険は通常、無知・無学で、おそらく社会的にも弱い立場にある一般市民に向けて公表された言辞が無原則に拡がる

ことに関係があるとされ、多くの場合、ラテン語の出版物は現地の一般通用言語のものよりも安全であると考えられていた。この件に関わるヘンリー4世によるイギリス最初の成文法、「異端者火刑法」(De heretico combrendo、1401年) は、読者を堕落させる傾向のある書物の執筆や作成について述べている (Trapp 1998: 36)。その後の法律、たとえば1543年のヘンリー13世による法制定などは、間違った方向に導かれるかもしれないという恐れから、女性・徒弟・給仕人・農夫・労働者が英語版の聖書を読むことを禁止していた (Trapp 1998: 38)。高い身分の男性は周囲の人に聖書を読み聞かせることができたが、同等の身分でも女性の場合には隠れて自分一人で読むことしかできなかった。印刷物の生産規模とその到達範囲が大きくなり、公表行為がもたらす加害性の危険度を増大させた。そのため、印刷には必ず当局による認可が必要となった。オスマン帝国では異端を恐れ、印刷そのものが18世紀初期まで禁止されていた (Briggs and Burke 2002: 16)。

　15世紀中頃に印刷が登場したがその数十年後には、当然のことだが書物の執筆や製作はコストや時間を含めて計画的に行われるようになった。また、書物は専用の市場と利用者のために生産されるようになったが高価で、とくに法律のプロフェッション (専門職業)、学問や教育、宗教分野での用途に価値があるということで購入され、そのことが出版物と特定目的との結びつきを強くしていた。15世紀後半以降、少なくともイギリスとフランスでは、印刷物はとくに国際紛争時のプロパガンダの道具として利用されるようになっていた。印刷とプロパガンダとの繋がりは、16世紀から17世紀にかけての宗教戦争と王家間の紛争時に強まった。プロパガンダほどはっきりとした目的を持ったコミュニケーション形態はないのである。

　印刷による公表行為がしだいに宗教分野以外に拡大し加速化するにつれ、社会的に普及するテキストの種類が大きくなり、その時代の影響力についての概念を見直す必要が出てきた。こうして出現してきたもっとも新しい出版ジャンルはフィクションあるいは神話や伝説といった準フィクション (quasi-fiction) であった。はじめのうち、文学的つまり空想的内容の出版物

の多くは王室や貴族の利用に限られていたので、教会あるいは国家からの批判は免れていた。印刷時代の初期（15世紀末）にはすでに様々な言語で書かれていた詩や恋愛小説などの文学が信仰を深めるための書物とともに、淑女たちに読まれるようになっていた（Meale and Boffey 1998）。しかし、こうして人気があり広く読まれているものには虚栄心・怠惰・肉欲、その他の罪を潜在的にもたらすという有害性があると考えられていた（参照：Lowenthal 1961）。プロテスタントの宗教改革家たちはカトリックの聖職者たちよりも厳しい検閲を支持する傾向があったが、16世紀になると宗教改革への反対者たちの間にも大衆文学や娯楽が信仰を揺るがせるのではないかという疑念が強まった。宗教的疑念を抱かせるような作品の場合とは違い、一般的にフィクションの分野においてはそうした影響を与えることが意図的であったかどうかについての区別はされなかった。問題とされたのはそれらが読者のモラルに悪い影響を与えるかどうかということであった。

思考システムとしてのメディアの力

　このような背景を理解すれば、公表行為とその影響、そして影響に対するアカウンタビリティの問題がこれまで、公表行為には一般的に認識できる影響がある、そしてそれらの影響には意図的なものとそうでないものがある（といっても、そのこと自体は責任そのものとは関係がない）という前提枠組に基づいて取り扱われてきたことは驚くにあたらない。同様に、本来備わっている利点や、善意か悪意かの判断は情報を豊富にそろえ、偏見のない、望むらくは善意の観察者によって、もしくは明確な道徳あるいは倫理規定に従い、実際に送出されたコンテンツという証拠に基づいて可能になると考えられてきた。だが、このような公共コミュニケーションの枠組の設定は、コミュニケーション行為が当初の宗教的・教訓的なものから娯楽や情報提供のための世俗的で表現豊かな道具という形態に次第に変化していったことの適切な説明にはなっていない。

そうだとしても、この枠組による議論は少なくともマスメディアの影響についての公開討論において近代まで続けられてきた。そして今日でも、送信された実際のメッセージがその影響の意図や行為そのものだと捉える傾向がある。メディアのコンテンツと影響についての初期の研究は、メディアの影響はコンテンツからだけでだいたいは読み取れるという考え方と対立したが円滑に進展したわけではない（参照：Berelson 1952; Holsti 1969）。今日においても、名誉毀損や猥褻表現の場合のように、これから起きるかも知れない影響を「すでに起きた」影響であるかのようにして、当該コンテンツへの規制が日常的に行われている。

　ここで説明したような状況は、マスメディアの影響の調査と与え得る影響に対するメディア・アカウンタビリティについての研究の両方の特徴となっている多くの混乱と間違いの根本的原因となっている。旧来的な考え方ではいわゆるマスコミュニケーションの過程に十分な対応をすることができなかったのである。また、メディアの権力に関する概念枠組の形成作業は哲学者や社会科学者に委ねられてこなかったがそれも理解できることである。それは世論や通念として表現され、しばしば自己利益を目的とした広報の専門家（publicist）や、積極的あるいは消極的なメディアの影響を前提としたメディア自身を含むその他の関係者が参加した一般公開の討論の場でなされることが多かったのである。

　メディア自身による自らが持つ力の把握とその外部への宣明（proclamation）は重要な役割を果たしてきた。メディアはしばしば自分の都合で自らの責任を放棄してきたのは事実だが、公的情報の提供者・広告仲介者・エンターテイナーの役割を果たすことによって自らの力に対する信頼度を高めてきた。公共的コミュニケーターやプロパガンディスト（宣撫工作者）、広告主たちは相変わらず、メディアには計測可能な影響力があるかのようにふるまっており、世論も従来どおりそうした考え方を承認する態勢のままであるようだ。社会の集団的な行為とメディアの権力に関する社会の集団主義的な行動と立場が、半ば神学的な根拠しか持たないにもかかわらず、一般的にその時代の

支配的な思考体系に従うことを選択してきたこともまた驚くにあたらない。

権力と影響の諸概念

　マスメディアが持つとされる権力のいくつかの意味は先述したような思考体系に根ざしている。まず、私たちは物理的な力つまり行動や物質的な作用ではなく、言葉やイメージによる「コミュニケーションする力」(communicative power) について検討しているのだということを忘れるべきではない。社会理論における権力の意味については多くの論争があるが、マックス・ヴェーバーによる以下の権力概念の定義から始めるのがよいであろう。「(権力とは) ある行動に参画している他者の抵抗をたとえ排してでも、ある個人もしくは何人かの人が共同して自分たちの意志を押し通して実現できることを可能にする力のことである」(Weber 1964: 152)。

　「コミュニケーションする力」にはこの意味でのフルパワーを発揮し、他を効果的にコントロールする強制力や物質的な報償という要素が欠けている。そこで残っているのはコミュニケーション関係における片一方だけによる支配的状況であるが、それはコミュニケーションの技術や資源はもちろんのこと、名声・信頼・魅力・信念・専門知識、象徴的あるいは精神的な報償や処罰などの要素から構成されている。コミュニケーションは道徳や規範的な責任、政治的・思想的責任といった人間の行動の多くの基盤となっているものに訴えることができる。それらはきわめて貴重な資質的要素だといえるが、確信を持って計測したり、予測したり、操作したりすることが簡単にできるものではない。またそれらの現実的もしくは潜在的質量や効率性の測定も容易ではない。

　この種の思考体系は最初、メディアの権力とはいくつかの立場が採用され、思想の宣伝がなされたり、攻撃されたり、情報や説得あるいは教育がなされたりする体系的なプロセスに依拠するものだとの前提で始まっている。そのプロセスはたいてい、先述したように、情報源あるいはコミュニケーターに

よって指示された目標を追求するという目的を持ったものだとされてきた。実際にはこの意味での影響が送信者あるいは受信者によって追求されないような場合には、この理想的な形式はたいていのマスコミュニケーション状況にはまったくあてはまらなくなってしまう。それにもかかわらず、たとえ象徴的あるいは心理的なものであったとしても、目的と強制という双生児的な概念をメディアの影響に関する議論から排除することがむずかしいことは明らかである。

　メディアが他者の行為に強力かつ総合的な影響を及ぼすと考えられる場合には、上述のようにメディアの力を理解しても全面的な誤解を招くことにはならない。世論形成にはメディアによる作用もあるし、メディアによって世論の内容が知られるのだが、世論がどのようなものであるかによって最終的に、政治的アクター（行為者）が多くの事柄について何ができるかについての限界を設定し、把握された世論の強さと方向性が強い影響を持つことになる（注2）。こうして、意図されているかどうかにかかわりなく、公表行為に期待される影響が現実の一連の行為となり、そうした影響は物理的・財政的権力によってさえ、簡単には逆転したり転換したりできるものではない。

　そのため、メディアの影響の体系的な分析において、「権力」という概念を用いることは適切であるとはされず、それよりも、とくに、説得や影響、行動への刺激、情報プロセスや情動的反応といった用語が使われてきたという経緯がある。

説　得

　説得とは、ある人の信条・姿勢・意見あるいは行動に対し、なんらかの目標を持ってコミュニケーションをもっぱら意図的に行うことである。このような目的を持ったコミュニケーションは、政党もしくは宗教などの他の信条あるいは国家の戦争行為等の社会の集団的目標のためにするプロパガンダから多様な個別目標（健康・安全・市民活動の関連など）に至るまでの広範囲なメディアの形態として見られる。こうした公共的説得のプロセスにおける違

いはそれに関わる心理的な強制あるいは集団的な社会圧力の程度の差異であると考えられる。説得は常に送り手側によって強力にコントロールされている。

影　響

影響 (influence) はコミュニケーション過程で起きる権力概念のもう一つの側面である。パーソンズは、影響とは社会的な相互作用の意図的な形式であるとし、それが「相手」(alter) 当人にとって「良いことである……つまりそれは規則違反による義務の放棄ではないと感じさせることによって、その相手に一定の行動をさせるための手段である」とした。(Parsons 1967)。説得とは送り手と受け手の双方が結果として同方向へ向かうことになるもので、一般的に非強制的であり、しばしば共通の規範に適うといった道徳的基盤への合致が存在することになる。影響のプロセスは必ずしも意図的なものではなく、「送り手」だけではなく「受け手」によって始められることもある。それにはコミュニケーションによる無意識あるいは予期しなかった影響と重なる部分がある。影響という言い方は主に、意見の形成といった認識のプロセスや投票、物品購入といった、それに続いて起こる行動に対して用いられる。

想像・印象・イメージ・快楽あるいはアイデンティティへの効果 (effects) に関して、影響という語を用いるのは適切ではない。なぜならその種の影響は一方向の伝達の流れによる暗示 (connotation) や認知に関連するものだからである。そのような場合、結果のほとんどが受け手次第ということになることと、そこには感情や感性が含まれているからである。

行動への刺激

特定のメディアの刺激に対する直接的な反応であると考えられる個人の行動を含むメディアの影響はかなり明確に把握できる分野である。このような問題を扱うために、反射的行動（条件反射）においてはもちろんであったが、

精神動向に関する科学的なアプローチの初期においてもパブロフの心理学的条件反射モデルが参考にされてきた（参照：Skinner 1959; McQuail and Windahl 1993）。この条件反射モデルによれば、メディアのメッセージ（音・言葉・イメージ・テキスト）は欲望・賞賛あるいは動機という他の目的を伴う刺激のことである。このモデルは多くの批判を喚んだが、広報や消費などのような意図的なものであろうが娯楽のように意図しないものであろうが、メディアがどのようにその接触者つまりオーディエンスの行動を誘発するかの説明枠組として今でもよく用いられている。

とくに社会的に好ましくない、あるいは反社会的な行動においてもっとも注目されてきたのは、意図がなくても起きる行動への影響と思われるものであった（本章の注9を参照）。これらには自殺や暴力的行為の模倣といった暴力、犯罪や薬物乱用、性的乱交や逸脱、あるいは子どもや女性の虐待などが含まれる。こうしたケースではメディアが、当該人物が青少年時代やジェンダーその他の環境によって強い影響を受けて形成したある種の行動様式を刺激したり、教えたり、行動の引き金を引いたりしたから起きたのだといわれる（参照：Comstock et al. 1978: DeFleur and Ball-Rokeach 1989; Gunter 1994; Harris 1994, Bryant and Zillmann 1994; Perse 2001）。

情報のプロセス

情報のプロセスとは認知（知識・意見）の伝達や学習のことで、感情・情動・信条の刺激や助長とは違うものである。現代的意味合いでは主に、意識的か無意識的かを問わず、メディアの利用がもたらす影響（情報自体の取得・記憶・理解）一般を指している。特定の情報ジャンルや形式（ニュース・分析・ドキュメンタリー等）を真っ先に思い浮かべることになるが、フィクションから現実を学ぶこともあり得るし、主観的に創られる認知の構造を発展させることもある。フィクション・広告・ニュースを含む多様なメディアが、多くのあるいはほとんどの人たちの狭い範囲の制度内教育や個人の経験を超えた、現実世界に関する事実・イメージ・考え方を形成する知識の源となっ

ている（注3）。

　情報のプロセスは送り手・受け手の両サイドの持つ意図によって異なり、通常は両者による相互作用によって結果が出てくるものである。つまり、学習には受け手の側による関与・協力・適切な動機が必要なのである。情報提供による影響力（informative power）とは、価値や正確性とは関係なく、情報を伝達する媒体の持つ潜在的能力を指す言葉だが、それがどこまで届くかとかその明示的コンテンツとは何かということだけにとどまらず、オーディエンスの姿勢や選択性・利用傾向を考察し、理解すべきものである。また、それは情報の価値・信頼性・メディアテキスト（media text＝表現を構成しているもの）の魅力についても注目しておかねばならないということである。

感情の反応

　感情の反応（response）というカテゴリーは主に、メディア接触をしている間もしくはその後に見られる明確な感情や感覚として現れる影響のことで、趣向・嫌悪・恐怖・憎悪・ショック・幸福・不快感などが含まれる。インパクトは強ければ強いほど、そして発現が明確であればあるほど、反応というよりも反作用（reaction）という語の方がより適切なことが起きることになる。もっとも感情的な反応は積極的で、その効果は意図的に起こされたものである。しかし、本書で検討している主たる関心はメディアに接触することによって引き起こされる悪影響や障害、そして問題とされているコンテンツ（しばしば、内容的に暴力的で過激的あるいは性的なもの）に知らず知らずのうちに接触してしまう青少年や社会的弱者を傷つける可能性にある。

メディアの持つ力の基盤

　メディアによる潜在的影響を予測し説明をさらに進めていくために、私たちはコミュニケーション力の基礎的事項についていっそう詳しく検討していかねばならない。目的を持ったマスコミュニケーションについての研究が始

まり、コミュニケーション過程を成功させる多様な要素・要因が特定できるようになってきた（例：Hovland et al. 1951; Klapper 1960; Trenaman 1967; McGuire 1973）。成功の条件には情報源・チャンネル・コンテンツ・プレゼンテーションの方法・オーディエンス・脈絡といったことが大いに関係しているということである。簡単にいえば、評価の高い主要チャンネルで、魅力的で信頼できるコンテンツが伝えられた場合、メッセージはより効果的で、かつそれにふさわしいコンテンツとなり（注4）、オーディエンスが注目し、影響を受けやすくなるということである。多くの異なった受容の条件が実際のメディアのコミュニケーション過程に貢献したり障害となったりするが、とくに個人的な「知る欲求」（need to know）や積極的な性格、メッセージが向けられた直接的な集団や社会環境の存在が関係していることも多い。これらの点はメディアとメッセージがそれだけで力を持つのではなく、社会的にコミュニケーション可能なプロセスを活性化し、それと一体化することでメディアの力がいっそう発揮できるものだということを裏づけている。

　「メディアの力」や「プレスの力」といった言葉が空虚だというわけではないが、これまで述べてきたように、メディアには注意を引くこと、つまり公表する力以上の現実的パワーがあるわけではない。しかし、メディアがその影響力を行使する能力という点に関していえば、それ自体でかなり大きなものがあるといえる。そのため、ある目的を達成するためにメディアを利用し、自分の立場を向上させようとする者が出てくることになる。メディアが情報源に対するオーディエンスの信頼と評価を高める機能を果たすのは確かであろう。それがあるから、メディアの責任（responsibility）とその結果に対する法的有限責任（liability）が問われる可能性が出てくることになる。情報源や発信者（communicator）に権威があったり人気があればあるほど、とりわけ、メッセージが大規模かつ大衆的人気の高いメディアで伝送されるときには、その影響がよりいっそう大きくなる。情報源の社会的立場と伝送の規模あるいはインパクトという要因からだけで影響の程度を推し測ることはできないが、影響力があるという主張がなされた場合の要因としてこれらはも

っともわかりやすいものである。しかしながら、影響要因のすべてを発信側がコントロールできるものではない。それらの要因はさまざまな予測できない状況やオーディエンスしだいで可変的だということである。(参照：Comstock et al. 1978)

公表行為の役割の次元

マスメディアの影響に関する公開の議論（public debate）はメディア研究自体と同様、しばしば、前述のような意図的なコミュニケーションの連続モデルあるいは刺激反応モデルの想定の下でなされてきた。このモデルはコミュニケーションの影響に対するアカウンタビリティについて法律的な考察をするときにとくに有効で、加害者と被害者を特定し、その原因をはっきりさせようとする。しかし、それは多くのコミュニケーション過程を誤って認識させるもので、マスメディアによる影響が「仲介」という特徴（mediated character）を持っていることから、そうした取り扱い方は適切であるとはいえない。それとは違ったモデルあるいは公表行為の役割形態によって考察されるべきものであり、以下はそうした視点から述べていくことになる。そのことについて説明する前に、現在の区分である四つの次元、すなわち、①オーサーシップ（authorship＝著作者の在り方）、②意図性、③権威（authority）、④自己決定の違い、に触れておく。それらの区分が公表行為の分類の理解の助けになると思うからである。

オーサーシップ（著作者の在り方）

新聞やテレビは会社ごとに独立したマスメディアであると同時に、情報コンテンツを自らも製作するし、製作委託をしたりする、また外部からの情報コンテンツを中継したりといった点での共通の機能も持っている。個々のそうしたマスメディアは自らの意見を表明したり、他者がその意見を広報できる空間を用意したり、販売したりしている。また、自らの計画にしたがって

情報を集め公表すると同時に、多くの他の情報源や通信社からの情報を伝えている。メディアはどの程度まで著作者として認められるかにもよるが、多くの場合、ほとんどのメディアはこの点を明確にしていない。だが、アカウンタビリティが関わる場合には、この点でのオーサーシップとは何かについての解明をしておかねばならない（注5）。

意図性

　一般的に、より目的のはっきりした公表行為つまり目標が明確にされそれが公開されたような場合、それらにはそれぞれに背景となる理由があると認識したほうがよいであろう。しかし、意図性が十分にあるといえるのは通常、メディアが著者・唱道者・情報提供者・公表者として主要な役割を果たしている場合に限られる。コンテンツにはたいてい他人の目的が盛り込まれているもので、メディアの目的はオーディエンスを魅了し、オーディエンスに奉仕することにある。メディアが実際にどの程度まで自分の設備やアクセスを提供している他者の目的から距離を置くことができるかどうかについては議論を重ねる必要がある。ただし、いくらかのリスクがあるにせよ、メディアはプレスの自由についてのこれまでの歴史的慣行にしたがってそうすること自体は是認されるべきことである（注6）。

権　威

　権威の次元は潜在的な影響に関係してくる。だが現実にはこの次元はただ一つから成立しているわけではない。メディアによるコミュニケーションにはいくつかの異なった権威というものがその背景としてある。そのうちの一つは実際の政治的あるいは経済的な権力との親密な関係から来ている。その他では確立された専門性や情報的価値、情報源あるいは発信者の高い評価や名声、オーディエンスを魅了する力量など、多様である。だがたとえそうだとしても、潜在的な影響は、認められている権威、情報源の訴求力や信頼から派生してくるものだといえる。そうした権威が関係してくればくるほど、

メディアの影響力は増すことになる。逆にいえば、それらとの関わりが深くなればなるほど、影響が大きくなるから、その原因となる責任を取らねばならなくなるということである。

供給側の自律もしくは要求への応答

先述したように、直線的な影響モデルは総じて、オーディエンスを受動的かつ他者依存的で、順応性があり、影響を受けやすい、つまりメディアの側にその原因となる責任があるという見方を支持するものだといえよう。だが現実には、メディアが送信するものの多くはオーディエンスの要望に基づき、それらを満たすようにしているか、さまざまな方法で選択したり応答したりする能力の範囲内で行われている。そうであればあるほど、メディアの責任あるいは結果についての法的責任は小さくなる。このような理解は影響についてのメディア側の主張とその責任放棄の理由が相互に対立する関係にあることを明らかにしている。これら二つの要因の調和はそれほど簡単ではないといえよう。

マスメディア伝達のオルタナティブモデルとその公表行為の役割

以上のように考えれば、私たちには情報源に始まりオーディエンスによる受容に至るまでのメディアコミュニケーション過程における多様なアクター間における、新しい関係モデルを構築できるようになる。コンテンツは多様な方法と場所でその製作が始まり、メディアはその始まりとオーディエンスによる最終的な受容との間の仲介役を務めている。メディアはその両者の中間で、①情報収集と選択、②メディア内部での外部送出に耐えるコンテンツの適切な加工、③発表とオーディエンスの関心のモニタリングによる再送信、といった様々な中継役（mediating role）を果たしているわけである。総合的な公表行為者の役割としてのこうした行動の実行にあたり、メディアは自ら

の組織外部での「情報創出者」(originator) と様々なオーディエンス集団間との関係を確立することになる。ここにもじつに多様な可能性があり得るのだが（注7）、現時点での目的としてはとりあえず以下の説明をしておくことで足りるであろう。

情報源もしくは著作者としてのメディア

このレベルでのメディアは仲介役ではなく、コンテンツといわれるものを生み出している。意見形成やキャンペーンの役割を果たすニュース提供、コメントを伝える時のメディアがこれに当たる。具体的には、編集局内部における社論や解説・調査報道、権力監視や批判的報道、出来事の解説などである。影響はたいてい意図的になされる行為の結果だから、このケースではメディアがその起因責任（causal responsibility）を問われることになる。さらに、このことは映画・ビデオ・テレビショー等の独自の文化的作品やエンターテインメントを製作したり発注している多くの視聴覚メディアにもあてはまる。

著作者の代理人モデル

メディアは独立して、様々な種類の個々の著作者をオーディエンスのもとに届けるための製作や配信の組織的および技術的手段を提供している。しかし、著作者の持つ権利を共有することはないから、メッセージの内容に責任を持つ度合いは小さくなる。著作者の意図がそれを伝送するメディアに対して特別に伝えられるわけでもないし、知られることさえない。中継するメディアにはその影響はたいてい分からないし、予測もできないから、伝送者としてのメディアの起因責任は一般的に大きくはない。

情報源の代理人モデル：アドボカシーとプロパガンダ

この役割は可能性としての「影響の代理人」の役割に従事しているか、それにコントロールされている場合のメディアについていえるものである。これらの情報源は通常、政治的・イデオロギー的・宗教的・商業的なプロパガ

ンダの目的を持った制度ないしは集団である。このレベルでのメディアの行動は情報源の代弁者あるいは拡声器、ないしは単にチャンネルとなる。たいていの場合、独立あるいは中立的なメディアはそうした内容の情報送出を否定する。しかし、目的とそれによって起こり得る影響についての明確な認識がメディア側にあり、情報源との関係があるとなれば、応分の責任を負わねばならなくなる。

ゲートキーパー／伝播者＝増幅者モデル

メディアは出来事に関する情報に対し、組織的・技術的手段を提供し、送り手／情報源が決定し、主として受容側のオーディエンスの関心によって選択されるコンテンツや意思を意見＝メッセージとともに社会的に流通させる。その典型例がニュースである。このモデルにおけるメディアの役割の代表的特徴は選択と編集のプロセスである。この役割は「プラットフォーム」、「掲示板」（bulletin board）、アクセスや議論の「フォーラム」などと名づけられている機能とも重なっている。結果として起きる影響の責任については前項「情報源の代理人モデル」と同様のことがいえる。

オーディエンスの代理人モデル

いくつかのメディアあるいはメディア形式では自分たちが選んだオーディエンスが望むだろうと思えるものだけ、もしくはそれらを中心とした情報提供をしている。そこでは他の選択基準あるいは自分たちがコミュニケーションすべき目的ないしはその他の人たちのためといったことはまったく顧慮されることがない。その場合、どのような責任が発生するかは定かではないが、どのような影響が出たとしても少なくともオーディエンスがその責任の一半を共有していると考えるのが妥当であろう。メディアは伝送内容についての選択だけはするが、メディアのオーディエンス市場が適切に機能していれば、最終的な責任は参加するかしないかを自由に選ぶことができるオーディエンスにあることになるからである。つまりどのような結果が出るにしても、オ

ーディエンスはそれに対処することができたはずだという考え方である。こうしたオーディエンスの「自己責任」(self-culpability) という問題は主として、編集する側の選択とオーディエンスによる注意力の双方における不十分さが原因となって起きるのが常である。多くのメディアコンテンツの配信はオーディエンスの趣向や好みの違いに合わせてすべて調整されているわけではないから、意図せず、望んでいなかった情報内容に接触させられることが多いということもある。

　これらのメディアの役割モデルにも多様な形態があるが、それらは必ずしも互いに相容れないものではなく、しばしば公表行為に関わっている大規模なメディア組織の現実の活動において同時的に起きている。インターネットがメディアの領域に登場したことで、この構図がより複雑になった。メディアの主たる役割であるゲートキーパーや編集者としての部分は、サービスプロバイダーや検索エンジンによる限られた選択の役割を除けば、インターネットではほぼ消滅している。だが、表に出てこないことが多く、説明がしにくいのだが、インターネットにおけるゲートキーパーや編集者的役割はこのメディアが商業的に管理され、規制当局が秩序を守るための圧力をかけるようになった結果、その比重を大幅に増やしている。だが、原則的にはすべてのインターネットの情報源は今でもその公表者であり、情報源がそのコンテンツに責任を持っている。現状のやり方であるかぎり、インターネットは単なる情報の運搬人にすぎないということになる（第5章参照）。

　　　メディアの影響の種類とプロセス（注8）

　意図性のあるなしの問題を別にすれば、メディアの影響はそれが短期的であるか長期的であるかによって区別することができる。短期的な影響とは主として、宣伝された製品を買ったり、ある一定の方向での賛意を表したり、それまでとは別の反応（ショックや恐怖など）を見せるといった形で、直接個人の行動に現れるものである。引き起こされた影響についてメディアに多

くの注目が集まるのはこの領域である。そうした場合には原因と影響のつながりが直接的で見えやすいことがそうなる理由の一つである。いっぽう、定義としてその長期的な影響を、報じられた特定の一つの出来事と関連させて説明することは簡単ではない。なぜなら、その他の要因が果たしている役割があるに違いないからである。加えて、一般的に加害性が予測されるときにのみ、アカウンタビリティの問題が取り上げられるが、肯定的効果と否定的な効果との区別もしておかねばならないだろう。これ以外にも私たちはいくつかの種類の影響の構造に注意しておく必要がある。しかしここでも、学習・誘引・模倣・帰属感などのそれぞれについて、情報源あるいはメディアそれぞれの責任の度合いとその内容は異なってくる（本章の注9を参照）。

　これらの区別はそれらの起因責任をどこに置くべきかを明確に示している。半面、それらを過去の経験に従って適用するのも簡単ではない。他の分野である交通事故の場合のような一定時間の枠内で望ましくない出来事が起きる可能性が統計的に予測されるような場合でも、メディアはその意図性や事前予測の可能性、あるいはランダムな反応を引き出す役割を果たしていることさえ全否定するかもしれない。ただし、個人に対して直接的に加害性を持つと疑われるコンテンツというカテゴリーの内部ではさらに詳細な区分をすることが必要である。ニュースや古典文学のような、肯定的で非難されるところのないコンテンツが意図することなく悪影響を与えることもしばしばあるからである。この場合、責任が否定されるのは理にかなっているかもしれない。

　とくに、長期的影響というカテゴリーではさらに細かく分類され、その種類があまりに多く、区分することさえますます困難になってくる。多くは個人というよりも集団に対する影響であり、①投票パターン、②生活スタイル・健康・消費のパターン、③社会的不参加や孤立、④公共的知識の普及、⑤文化的趣向、⑥その他の多くの現象、がこれに含まれる。長期的な影響の考察に関しては、それがメディアとオーディエンスの直接接触の時間とはあまり関係がないことがすでに明らかになっている。この点に関し、私たちは

起因責任どころか道義的責任さえどこにあるかを明確にはできないし、その他考え得る原因者からメディアを除外することも、十分な影響の証拠を挙げてその起因責任を追及することもできないであろう。だが、特定の公表行為の決定によって何かが起きたということが直接的に言えないからといって、メディア内部の決定者の責任が免除されるわけではない。別の準拠枠と影響の検討が必要だということである。

また常識的には、その時のオーディエンスのタイプと質もメディアの責任の測定には関係してくる。とすれば、一定のメディアと公表の形式にはおおよそ、それに対応するオーディエンスが想定されるということである。つまり、意志をもって接する場合とそうでない場合とでは通常、その両者を区別して考える必要があるのである。道路際のポスター広告やプライムタイムの主要なテレビチャンネルにはほとんどすべての人が接触する可能性が大きい。そうしたところではオーディエンスの側による選択や回避、フィルタリング（閲覧制限）が実質的にほとんどできない。つまり、いくらかのオーディエンスは望まない、不適切なコンテンツに接触させられている可能性があるということである。それに対して早朝のようにアクセスが少ない時間や、オーディエンスの少ないチャンネルの場合のように、特定のオーディエンスの期待する内容や水準に対応できているものもある。

影響プロセスの基本モデルとしてどれを選択するかはこれまで常に議論になってきたテーマであったし、メディアの影響に関する学術的見解の分かれる点でもあった。それぞれの目的に従って適切なモデルが存在すると言われてきたが、その通りである。しかし、理論化のためというよりも現実生活上の出来事に対するアカウンタビリティという目的のためには、初期の直接的な影響の「伝達」モデルの採用が妥当である場合が多い。多くの注目を集めてきたのは、メディア接触とメディアに接触した人たちによる他人への物理的加害との間に直接的な因果関係があるかどうかということであった（注9）。これは、米国コロンバインの学校で起きた大量殺人事件（Heins 2000）や、シュローデル首相がメディアの役割についての調査を求めた、2002年にドイツ

のエアハルトで起きた同様の事件で採用された仮説である。米国ではこれまで長年にわたり、個々のケースとしてこの考え方が法廷で争われてきた。米国の裁判所における15のこうした訴訟を検証したディーは、法的な起因責任はそこに過失があったかどうかにひとえにかかっていると報告している（Dee 1987）。つまり、ある特定の出来事において、メディアの行為に起因する加害の程度が「常識を超えている」かどうかによって判断されるということである。研究対象とされたいずれのケースにおいても、憲法修正第一条という保護条項があるため、提訴者は勝利していない。だがたとえそうだとしても、ディーによる結論は、怠慢および予見の可能性がある場合、とくにそれが若者についての場合には、メディアアカウンタビリティに関係してくるというものである。

　カルヴァートは、カレーが最初に打ち出したモデル（Carey 1975）に代わる、目的によってはそれよりも適切な「儀礼」モデル（ritual model＝慣習的モデル）というものがあると提案している（Calvert 1977）。それが適用されたケースはいくつかの憎悪表現（hate speech）で、被害者は個人ではなく、マイノリティ集団であった。カルヴァートの主張によれば、伝達モデルは「憎悪表現の対象の直接的で明白な行動の変化や身体的な反応、精神的な苦痛に対する影響」に裁判所の注意を向けさせるものであるという。それに対して、「儀式モデルは……それとは異なる加害性に注目する。それは特定のマイノリティに対する人種憎悪的な言葉を繰り返し使うことで、差別的な扱いを助長するような長期にわたり累積される加害性のことである」。これはポルノグラフィなどにも広く応用できる新しい考え方である。儀式モデルは憎悪表現の特定のケースの法的責任を決定することには適していないが、裁判所や立法機関にとっての問題点を明らかにする。職場におけるセクシュアルハラスメントの例もこれにあたるであろう。ここには言論の自由を侵害しかねないいくらかの危うさが見られる（参照：Heins 2000）。

第三者への影響

　表現行為による有害な影響はその直接のオーディエンスだけでなく、他の人にも及ぶことがある。その可能性の範囲としては一方の極として個人への中傷事例が挙げられる。受け手というよりもコミュニケーションの対象や話題になっている特定の個人に対する加害となる場合がそれである（注10）。不正確であったり誤った引用などによって起きる意図的でない有害的な影響にはとるにたらないものが多いが、そのような間違いのケースは驚くほど多くある（Pritchard 2000）。ある一つのメディアによる公表は他のメディアに語り継がれ当該の個人のプライバシーの侵害につながりかねない。こうした望まない公表をされることによるその他の副次的影響はしばしば見られることである。

　さらにこうした例として、メディア報道によって不正確な情報が流されたり、無視されたり、否定的な報道をされたりする社会集団やマイノリティを挙げることができる。ここで直接の影響を受けるのは実際のオーディエンスの認知と情動面であるが、その他の人たちもメディア接触をした人からの個人的な伝達によって影響を受けることになる。メディアが法律の制限の範囲内で活動している限り、たとえ誤りの修正のチャンスを活用しなかったとしても、第三者に起きる多大な被害行為についての責任は問われず、まったく自由にそうした行動ができる現状がある。多くのこうしたメディア被害者は無力で反発することもできない。時代や国によって違いはあるにせよ、ここでいうマイノリティには精神障害者・犯罪者・薬物中毒者・移民・ロマ（ジプシー）、その他社会的な逸脱者や弱者集団が含まれる。もう一方の極として、文化やモラル、あるいは社会全体に対する集合的加害性が申し立てられる場合がある。一般的に、公表による被害者だとされるものの特定が簡単であり、当該加害行為が実行されてからの時間経過が短ければ短いほど、当該メディアによる起因責任（causal accountability）への追及が強くなされること

になる。

メディアの影響の証明基準

　アカウンタビリティとして取り上げられるべきだとされる問題の多くは、原因から結果に至るプロセスが複雑であるにもかかわらず、メディアの影響の証拠を確保することが「可能」だという前提で組み立てられている。しかしこの主張は、たとえ現実的因果関係の証拠の確保が可能だとしても通常それが求められることのほとんどない法律や規制に必要とされるものを超えたやり方である。名誉毀損の場合、公表行為とそのコンテンツの証拠および理にかなった前提条件に基づく説得性のある議論がなされればたいていはそれで十分である。しかし法制度が違えば、この場合でも影響の証拠の問題には異なった取り組み方があり得るであろう（注11）。メディアの影響に関する社会科学的探究には長い歴史があり、そこから分かったことがしばしば、とくに暴力と社会的混乱に関連した公的調査や議論におけるメディアの影響の証拠とされてきている。現在、メディアの暴力表現は現実社会の暴力的行動に影響を与えているというのが公式的なコンセンサスとなっているが、どのような状況下でどの程度までそれが起きるのかは依然として未解明である（注12）。暴力事件についての調査や研究はなされてきているが、メディアがどの程度まで社会的混乱を誘発し、助長しているかについては結論が出ていない（注13）。

　この関連分野として、露骨な性表現の影響についての調査や研究が進んでいるが、ここでもその影響評価はそれぞれの研究者の立場によって分かれる傾向がある。だがたとえそうでも、そのような露骨な性描写は女性への暴力に対して人びとを寛容にさせ、問題意識を鈍くしているとパースはいう（Perse 2001）。また、「ポルノグラフィに接することは有害な結果をもたらすことと関係している」（同書、p.229）ともいっている。これらの記述そのものは短いが、メディアによる「ポルノグラフィ」表現（この意味については

露骨な性的事象の公開表現ということ以外の統一的定義はない）と、有害かつ違法な行為との起因関係については長い議論の歴史があるがこれにも結論は出ていない。アインシーデルは英国・カナダ・米国の三カ国の公的委員会（public commission）による調査を検証し、以下の三つの結論を引き出している（Einsiedel 1988）。第1は、社会科学的証拠は問題の解決をしてきていないということ（参照：Paletz 1988）。第2は、事前に習得されている態度（リベラルか、フェミニストか、保守か）によってそれによって誘発されるものが違ってくるということ。第3は、証拠の解釈は政治的・イデオロギー的配慮によって異なっているということ、である。

以上のことに留意し、かつ「言葉は行動ではない」ということを念頭においていえば、因果関係に関する従来的な基準に全体として私たちは何をつけ加えることができるのであろうか。まず第1に、因果関係の論理に従ってメディアはコミュニケーションによって「意図した」影響を達成することができるかどうかを私たちは問わねばならない。もしそうでなければ、意図された影響を証明することはさらにいっそう困難になってしまう。たとえば、ニュースの伝達についていえば、そのニュースの中で取り上げられた出来事がそれに続くさまざまな実験や調査によって人びとの公共知（public knowledge＝社会共通の知識）の度合いを増しているのがふつうである（例：Robinson and Levy 1986）。人びとの心の中にある公共知の一般的な構造もまた、それが提供されたときの情報の構造ときわめて密接な関係があるということである（注14）。しかし、ニュースからの学習もまたきわめて非効率的で不完全であることがわかっている。

広告効果の確認要求もしくはそれへの信頼性の議論はあったが、広告の有効性の証拠もまたそれらと同様、寄せ集め的で不確かなものであった（例：Stewart and Ward 1994）。政治的なコミュニケーションにおいて世論に影響を与える一般的な条件については知られているが、影響の精確な量的測定は出来事の前の予測、後の計測の双方においてとても困難である。結局のところ、マスコミュニケーションの意図的な影響に関してはケースによる違いや確度

の差が大きい。同じことが、意図せずに起きる影響についても言えることはさして驚くにあたらない。当然のごとく期待されるメディアによる影響要因の多様性と複雑度はあまりにも高く、概念的にも実際の運用としても、現在あるいは近い将来に使える研究手法やモデルを考案することはできないと思われる（注15）。

　影響の直接的証拠を突き止めることは常に困難で、特定分野においてさえ、多くのメディアによる影響調査の結果は一般通念的な直感とは合致しない。計画された影響が出たという証拠よりも、その影響は「なし」あるいは当初意図していなかった影響が出ることのほうがはるかに大きいのである。従って、メディアの注目を浴びる多くのものとそれによるパブリシティ効果との間になんらかの具体的関係があるとは思えない。すべての意図的なコミュニケーション効果には大きなバラツキがあり、いかなる事例においても成功の程度の予測はほとんど不可能なのである。

　とすれば、現実的な問題として、誰が責任をとって、アカウンタビリティを履行するかということを因果関係の「動かぬ証拠」（hard evidence）に基づいておこなうことなど不可能になってくる。加えて、影響のテストはアカウンタビリティの多くの要求事項や時間幅と関連して行われるという仕組みにはなっていない。こうした経験に関する被影響調査は申し立てに続いてすぐ実施されねばならないし、その結果は特定のケースの議論によってのみ適用され得るということである。現状のようなやり方では、メディアの法的責任を問う多くの事例は裁判所で法律により対処される医療や経済関連分野での加害事件での責任問題とは同一に扱えないことになる。それらの分野における調査では問題に先だって起きている特定の出来事を時間経過に従って再構成することができる。だがそうしたことはメディアによって被害を受けたという申し立ての場合には不可能なのである。その主要な弱点は表現行為を行う側と、受容して反応を示す側との間の関係の特殊性にある。つまり人間の認識と行動は基本的に反射作用性を持ったものであり、両者の関係はたいていの場合、不確定（indeterminate）なものだからである。またその関係は受

容者自身が能動的な役割を果たすという、発信者との相互作用的なものでもあるからである。

メディア・アカウンタビリティについてのいくつかの教訓

　前節で述べたことの意味を評価するにあたり、第1に、私たちはメディアの責任とアカウンタビリティとの区別を再確認しておかねばならない。前者は自主的であろうとなかろうと、メディアは公表行為の結果責任をいかなる場合も取ることを考えておく責務があるということ、後者は、従って、メディアが自らの伝送行為の結果として起きたことに対して要請される対応策に関わることだということになる。このような問題理解をすれば、つぎに私たちはメディアが潜在的に要求される起因責任の再定義をしておくべきだということになる（第9章参照）。

　第2に、メディアによる影響の責任の明確化を試みることによってどういう目的が達成できるかについては相当に慎重な考慮が必要だということである。そのためには以下のようないくつかの個別の項目が立てられるであろう。その第①は、メディアが誘因となっているという点でほとんど合意を得ている有害性、とくに、暴力・犯罪・社会的混乱から全体として民衆を守るということである。これにはリスクの証拠があるといった予防措置的な理由づけがなされている。第②は、人びとが、品位・品行・道徳の社会的標準を守るようメディア側に対して一致して行動することを求めるという、いくぶん異なった問題である。これは、文化的環境を守ること、つまりコミュニティには公示物（public display＝誰の目にも触れる可能性のあるもの）について自主規制の権利があることの承認であると考えてよいだろう。第③は、限られた選択や抵抗力しか持たない社会的弱者、とくに子どもを利己的利用や有害物から守ることである。第④は、特定の個人に対する特定の損害の起因責任の問題で、この場合、事前に予測できる可能性があったか、意図的であった証拠があるか、もしくはイベントの後においてもなおそれらの結果を無視し続け

ていたかどうかに注意しなければならないであろう。第⑤は、自由解放論もしくは文化的な視点からして、メディアによる影響の検討はどのような結論を出すにしても、自由の犠牲を最小限にするためにとくに慎重を期さねばならないということである。これらのことに留意しながら、以下の事項を見ていく必要がある。

- 申し立てられた影響要因がメディアに現実として存在する可能性があり、オーディエンスの要求や判断が妥当なものであるとするに十分な確信がなければならない。その次の段階がその影響が届いたオーディエンスとその規模ならびにコンテンツの妥当性の評価ということになる。これも簡単ではないが、証拠収集手続きとしてはもっとも易しい部分であり、この場合の証拠の水準は高いものであらねばならない。規模や特徴という点でメディアが訴求対象としたオーディエンスへの意図的な影響は一般的に、メディア自身が事前に自ら予測したものであり、オーディエンスに対する責任としてかぶらねばならないものだといえよう。
- これは、判断に際して一定の要素となる公表者の側の動機と過失の程度の問題に行き着く問題である。そのことは一面では、加害の潜在的可能性はあったが意図的ではなかったものを公表したことにはそれを正当化できる説明が必要だということである。そこで問題となるのは影響の種類と過失の程度であるのにたいし、他方では、表現行為が意図的に行われた場合、肯定的な影響が企図されたとしても、それが同時に、有害あるいは侮蔑的なコンテンツとなった時には真実や公益性もしくは芸術的な理由があるということで正当化できることもあるだろう。
- 意図性について考える場合、コントロールの程度・動機・意識度を含め、公表行為の過程におけるメディア側の立ち位置を考慮しなければならないということである。メディアが情報源というより経路（チャンネル＝中継者）としての役割の度合いを高めるほど、責任の度合いは軽減されるか、その他の関係者と共有されることになる。たとえば、ニュースの

場合、メディアは文章化されてもいない規則や期待に従い、事前に別の場所でそれらに沿って内容が決められているものを報道している。

- 意図性の程度の確認は本質的にむずかしく、ましてやメッセージには副次的あるいは隠れた意味がしばしば存在することもあり、他の者がそれを確定することは困難である。責任が事前の意図の度合いによって増加するかどうかについての単純明快な規則などないが、そうしたやり方がしばしば適用される。社会悪についてのそうした申し立てがとくに時間が経過した後でなされるほど、メディア側がそれに対する責任を拒絶することさえ起きかねない。その理由として挙げられるのは、それは意図していなかったもので、かつ事前の予測が不可能であるとともに、他の原因によって起きた可能性が高いといったことである。

- メディアはその社会における立場（社会的信頼度／評価）や自らが選択した社会における役割（たとえば、ビジネス関連情報からソフトポルノの提供に至るまで）によっても異なる。こうしたことが自ら選択した責任と、ある程度までのそれらの影響の程度を決定している。

- コミュニケーションの影響にはマスメディア以外の要因もある。個人的なコミュニケーションやその人に協力的な周囲の環境、規範的枠組などがそうである。多くの場合、その他の要因による作用よりもメディア自体による影響は限定的であり、時間的な制約もあり、むしろ周縁的である。従って、特定の状況下における、あり得る影響の可能性をできるだけ正確に把握することが重要となる。

- 事前に十分な情報を持っているオーディエンスがメディアやコンテンツを選択し、メディアに対してある種の条件づけの要求をする場合があるが、そうした後で起きる影響の責任はオーディエンス側にあることになる。すくなくとも、その直接的影響に関してはそうであるが、第三者を介しての間接的影響については断言することができない。

- 最後に、といっても同等に重要なことだが、影響の問題の解明に採用されたアプローチを明確にしておく必要性があるということ。その他の選

択肢もかなり多いが、上述したことから、四つのアプローチが自然に出てくることになる。第1は、何に影響を受けたかという詳細な証拠よりも、公表行為における何がよくて何が悪いかというコンテンツと考え方の判断の基礎になる道徳的あるいはイデオロギー的な論理に関連することである。第2は、短期的な加害原因としての影響に注目するアプローチで、処罰や補償を中心に考えるものである。第3は、長期的で、社会の情報環境の論理に関係しているもので、公表行為の一定の形式が社会とその構成員に対して与える間接的かつ長期的蓄積となって与える影響に注目するものである。第4は、自由解放論の見解で、影響があるという主張への懐疑もさることながら、影響調査そのものに自由の代償が必然的に伴い、そのことから派生する抑圧のほうがさらに有害ではないかという懐疑的な立場である。

小　結

原因となったという証拠を少しでもきちんと押さえることがきわめてむずかしいため、影響についての議論がメディア責任論の重要な部分を占めるべきかどうかについては問題があることになる。影響、とくに加害性の証拠を出すことがメディア・アカウンタビリティ要請の必要条件だということになればなるほど、メディアに対するどのような申し立てや行動の正当化もますます困難になる。しかし全体としていえば、メディアは測定できる影響ということを基本にして問題を定義すべきだという議論の傾向があることをいいことに、過去あるいは未来の公表行為についての一般的な影響の可能性について述べること以上のことは不可能に近いと主張して責任回避をしてきている。

先に説明したメディアの責任の特性そのものの多様性に留意しながら、より有意義な考え方をするとすれば、メディアの責任とはその結果に対してのものではなく、公表行為者・情報配信者としての自らの行為そのものへの責

任をとるべきだというものである。つまり、この責任論は、情報として流された批判・議論・詳細な価値観や基準ならびに公表されたコンテンツの性質に関する体系的な証拠に基づいてなされるべき議論だということである。現実問題として、これには少なくとも道義的アプローチの部分的な復活ともいえる面がある。加害性と価値観の概念は本来的に対話すべき関係にあり、両者は個人・コミュニティ・社会がそのように標榜しながら一貫して透明性をもって行動することができる理解・選択・信条・判断・定義として取り扱われてしかるべきものであろう。このようなアプローチに不可避な偏向とのバランスをとるために、私たちは科学的な証拠を基礎にするモデルではなく、提案されているあるいはすでに実行されているアカウンタビリティのための方策を自由に採用とするというやり方に取りかかる時機に来ている。

　このようなアプローチは行動的な再評価とは違い、文化的・道徳的・倫理的・美学的考察の再評価を含むものである。そうなれば、コミュニケーションの複雑さと曖昧さ、受容のされ方の大きな幅と解釈の可能性、そして継続的な基準の変化といったことに対してより正当な評価をすることができるようになる。しかしこのような、より規範的なアプローチにはリスクが伴う。とくに、それがアクセス基準による区分やフィルター（閲覧制限）装置、その他の検閲的な方式によってオーディエンスを守ることができるという考え方を支えているように思われるからである。しかし、メディアに対する今日の公共的懸念の特徴は加害性の問題と同時に、メディアの質の高低の問題にも関心が移ってきていることである。

注

(1) このように意図性を強調する傾向は近代のコミュニケーション理論にまで持ち込まれている。コミュニケーションの定義は数多くあるが、ダンスはそれぞれが異なる特徴を持つ、15項目の定義を挙げている（Dance 1970: 201-10）。そのうちの一つは、意図性あるいは目的性で、それはコミュニケーション行為について語る際の必要条件だという。だがたとえそうでも、目的性の程度はじつに

多様であり、現実の多くのコミュニケーションには意識的な目的などはほとんどないといってよい。マスコミュニケーションの場合、影響を意図したりあるいは予測したりという意味でのコミュニケーション上の目的はしばしば存在していないとさえいえる（参照：Westley and MacLean 1957）。

(2)「沈黙の螺旋」として知られるようなメディアの影響の形態は、何がその時点での主流的思潮であるかという理解に従って人びとの意見は形成されるという仮説に依拠している。個人は最も適切であるとされ、世間に大きな流れとして存在している主流的意見、世間的な合意のなされている考え方に同調し、そうした意見を自らも表明することによって、安全を求めるのだとされる。人びとがそうする時の情報源がマスメディアだというわけである（参照：Noelle-Neumann 1984、和訳は、エリーザベト・ノエル・ノイマン著、池田謙一訳『沈黙の螺旋理論　世論形成過程の社会心理学』改訂版1997年刊、ブレーン出版）。この仮説の検証の結果はそれを100パーセント確認するものではない。ある状況においてはその妥当性は認められ、他の社会心理学理論とも一致する面があるということである（Katz 1980）。

(3)「教化理論」(cultivation theory) 学派ではしばらくの間、社会的現実に関する考え方の発展をメディア、とりわけ現実の特徴的描写としてテレビのコンテンツによく使われるものと同じパターンで取り上げて調査、研究してきた（参照：Gerbner et al. 1984）。だが、そうした調査からはたいていはっきりとした結果が出てこないが、いくつかのトピックが同様の仕方で描写されれば、たとえば、世界の自然地理学の認識といったことにおいては教化的な影響が起きることに間違いはない（参照：Rosengren 2000）。

(4) 意図的か無意識的か、良いか悪いかなどとは関係なく、それぞれ異なった特徴が異なった影響を引き起こす。暴力や攻撃性についてのメディアの影響に関して、ロバーツは九つのコンテンツ要因が影響の可能性を持っているとの結論に達している（Roberts 1998）。それらは加害者と被害者の性質あるいは質、暴力の理由、凶器の有無、暴力の程度や描写、事実描写の程度、当然の報いか処罰か、事件の結果、描写にユーモアが含まれているかどうか、といったものである。

(5) オーサーシップを決定する法的手続きについてはおおまかな手続きというものがある。たとえば、公表されたことに対し、そこに公表者として名前の出てくる人はその責任履行を求められる（例：編集者、出版者）。
(6) この申し立てはそのメッセージが関係当局に批判的であったり、抑圧的か緊急性がある場合には議論になる傾向がある。多くの国では、たとえ善意でなされたことでも、そのコンテンツが加害性があった（harmful）と申し立てられた場合には法的責任をとらねばならない場合があるとされる。
(7) メディアは以下の図式のように、独自あるいは主要な役割に相当する、それ自身の一連の特徴ある副次的（secondary）あるいは媒介的な（mediatory）コミュニケーションの役割を果たしながら進化してきたと考えることが役立つであろう。

コミュニケーションの役割

第一次的	副次的（媒介的）
著作者	発行者（公表行為者）
唱道	フォーラム／ポディウム（演壇）
情報提供者	ニュースの導管
エンターテイナー	ステージ
広報者／プロパガンディスト	公告掲示板

(8) この件に関する調査・研究の概観は数多く存在するが、最近のものでまとまりのよいのはパースによる仕事であろう（Perse 2001）。
(9) この提訴はヘビメタ系音楽バンドのスレイヤー（Slayer）のファンがカリフォルニアの10代の少年を殺害した事件で、スレイヤーがそれを扇動したとして責任を問われたものである（The Guardian, 24 January 2001）。
(10) 英国の例を挙げると、報道によって名前を特定されたペドファイル（子供・幼児を相手にした買春・売春行為）容疑者に対してなされた攻撃は実際の物理的加害をもたらしたかなり決定的な証拠となるといえよう。9.11事件の勃発以来、メディアがイスラムに対する憎悪を扇動し、意図的ではないにせよ、テロリズムとイスラムを結びつけようとしたという影響に関しては多くの証拠があるわけではない。しかし、西洋諸国においてイスラム教徒への攻撃があったという

多くの報道がなされた。

(11) ほとんどの国ではポルノグラフィや猥褻表現の公表を法律で禁止している。しかし、それら素材の定義と規制の理由も変化してきており、それらはときには公共道徳への攻撃に関係しているとされたり、性的感情を煽ったり、危険や加害を引き起こしたりするものとされる (Feinberg 1987)。英国の法律／猥褻図画取締法 (Obscene Publication Act、1959年制定) では、それに接することによって「人をふしだらにし、堕落させる」傾向のあるものと定義している。米国では憲法修正第一条を順守する形で、以下の三つの規則に従っているといえる (1973年、ミラー対カリフォルニア事件、最高裁判決)。①平均的な人の「猥褻な感情」を刺激するもの、②「州法が定めている、性的行為をはっきりと暴力的・攻撃的だと分かるように描いている」もの、③文学的・芸術的あるいは科学的な価値を欠いたもの (Perse 2001: 225 を要約した)。米国の法律は許される下品な発言と配布できない猥褻な発言とを区別している。どの国でも、特定のコンテンツを禁止したり処罰したりするために、実際の被害が「生じた」という証拠が必要とされることはない。

(12) 米国心理学会の研究による評価では、「テレビの中の暴力が、番組を見た子どもやティーンエイジャーなどの攻撃的な行動につながっている」(Perse 2001: 202 からの引用、Roberts 1998; Wartella et al. 1998 なども参照) との結論を出している。

(13) たとえば、1960年代の米国は市民社会の不安や暴力を経験したが、ジョンソン大統領はそれに対処するため、「暴力の原因究明および防止に関する調査委員会」(National Commission on the Causes and Prevention of Violence) を設置した。しかしその報告書はそれらの問題にメディアが関わっているという明確な結論を出していない (Kerner Commission 1968)。対して、1972年に出されたテレビと暴力の関係についての報告書の結論は慎重な言い方で、テレビの暴力表現を目にすることで攻撃的な行為が増える傾向があるかもしれないとする (Surgeon-General 1972)。1970年設置の大統領の諮問委員会では、猥褻表現やポルノグラフィと犯罪の関連の証拠を分析し、両者に実際の関連があることに疑問を投げか

けている（Easton 2001）。英国では1981年に国中に衝撃を与えた暴動の原因の調査を行い、その中にはメディアの役割に関する調査も含まれていた（Tumber 1982）。こうした調査では科学的な中立性を保つことはほとんど不可能である。通常は、それらの現象よりもさらに根本的な原因が作用しているものである。

(14) メディアの影響研究において最も信頼できる仮説とされる「議題設定」過程論では、出来事や政策について世間で理解される重要度は一定期間内の一定のメディアにおける要点の露出によって決定されるとする（Dearing and Rogers 1996）。こうした見解を支持する証拠はあるが、メディアがそこで決定的な原因者としての役割を果たしているとの結論が証明されたことはないし、メディアがそうすることも不可能であろう。というのは、報道機関そのものが他の情報源の代理人として行動しているという傾向があるからである。

(15) メディアの影響研究の展望に関するこのような絶望的なコメントは過去あるいは将来の研究努力の有用的可能性を否定するものとして読まれるべきではない。むしろこれは、数量的・経験的な研究では、多くの個人や数々の刺激や変化が伴うコミュニケーションが取り扱う出来事に対して十分に対処できないということの証明だと理解すべきものであろう。研究が明らかにしてきたこと、そしてこれから明らかにするであろうことは、その時点で起きていることの論理的なプロセスの説明を助けることであり、この点において研究が果たすべきことは多い。

第Ⅳ部　メディアの理論・自由・アカウンタビリティ

第8章　自由とアカウンタビリティ

プレスの自由：オルタナティブな伝統

　プレスの自由は18世紀末までに、英米や共和制下のフランスの伝統として、民主的つまり自治的で公正な社会にとっての理想的かつ必要な条件、さらには法的・政治的変革の現実的な目標として確立された概念である。それ以来、プレスの自由は公表の手段を保持し、許可を受けるなどの国家による事前検閲に悩まされることなく公表し、そうした公表行為の後で恣意的かつ不合理なかたちで処罰されないことの総称として使われてきた。その意味では、このプレスの自由は1789年のフランス革命における人権宣言や1791年のアメリカ合衆国憲法の修正第一条に記されている宗教・言論・集会・政府への請願の自由とも密接な関係を持っている（注1）。
　多くの民主国家の憲法や基本法（common law）に取り入れられているように、「プレスの自由」は現在でも政治・法律用語の中核をなしている。この用語が生まれた背景の多くには独裁・専制政治との闘争があり、そのため、プレスの自由の主張は国家あるいはその代理執行機関を主要な敵対者とし、法的ルールや民衆の願望に従い、コントロールや干渉、制裁をするという権利を国家に放棄させる要求となるのが常であった。だが、このような基本的な理解だけであれば、プレスの自由はその権利の行使という点で、その目的あるいは目標への配慮をしない消極的な概念にとどまってしまう。なぜなら、それは本来、オープンで多様な政治的・宗教的表現の実現に大きな関心を寄せる考え方でもあったからである。しかも、もともとプレスの自由への要求

を支持してきた議論には、一定の社会的共通利益とともに個人的利益の追求もあったという経緯があり、政府を唯一の敵としてきたわけではない。

歴史の記述は勝利者によってだけではなく、著述者(writers)によっても左右される。20世紀は自由市場をその主要な勝利者としてスタートしたと言ってよいとすれば、そこでの主要な著述者が自由市場的マスメディアあるいはそのオーナーと擁護者たちで、彼らのプレスの自由観が自己利益主義的になるのは必然であった。別の角度からいえば、私たちが生きる時代の主要な勝利者は米国である。米国では言論の自由は憲法修正第一条(1779年制定)の中で、政府を敵であると明言し、不可侵の神聖な文言として祭り奉られている(注2)。この圧倒的な力を持つ文言が同時に権威を保有できるようになった理由として、それが民主制(democracy)の歴史的始まりを示すものであったことだけではなく、20世紀になってから米国からそれほど遠くない多くの国々が国家専制主義を経験したことを挙げることができる。しかし、プレスの自由に関するこのような説明にはいくらかの誤りや恣意的な解釈がなされており、修正しておかねばならい部分がある。米国憲法に影響を与えた18世紀のヨーロッパの理論家たちは国家だけではなく、私的な権力の乱用にも反対していた、つまり民衆の持つ権力に対しての国家によるいくらかの矯正も必要であると考えていたということである(Holmes 1990)。

プレスが19世紀末、そして20世紀に入るとますます、産業化・商業化・独占化を進行させ、市場システムの悪影響や公表の自由ばかりを強調するメディアに批判の声が集まるようになった(参照:Baker 1944; Entman 1989; Herman and Chomsky 1988; McManus 1994; Murdock and Golding 1977; Sunstein 1993、ほか多数)。批評家たちがメディアの独占的な私有権力に対しそれを制限し、メディアがさらに多くの人びとに利用され社会的な責任を果たすよう、政府がこれまでよりも多くの力を行使すべきであると主張するようになったのである。バレントが指摘しているように、「ジョージ・オーウェル的論者は政治的・社会的議論のアジェンダは唯一政府が決定していると主張しているがそれは間違いで、新聞貴族たちやメディアコングロマリット(巨大複合企業)

によって決定される」(Barendt 1998: 31) ようになってきた。少なくとも、公表の自由についての説明にはそうした二重的性格があること、そして政府と自由市場はともにそれぞれが公表の自由を実のあるものにするためにプラス・マイナス両面に作用する要素を持っている事実を認めずして成立しないだろう。もう一つの主要な考え方は、といっても相互に関連しているのだが、「言論についての自由解放主義型と民主主義型」の違いとして簡潔にまとめることができるものである (Fiss 1997: 2)。そこには、理論上でも実践上でも即座に解消することがむずかしい自由と平等との間に基本的に存在する価値観の対立がある。

区別と定義

　プレスの自由は表現 (expression) の自由、とくに言論 (speech) の自由に関する広範な要求の一例である。これはプレスの自由が主として以下の二つの大きな特徴を持っていることを示している。第1は、それが常に公共的表現に関係していることであり、第2は、それが生産と伝送を物理的な形式によって行い、施設の利用と所有を伴っているということである。第1点が重要なのは、潜在的に大きな影響力を持ち、しばしば大きな目的に奉仕するとともに、思考と行動を結ぶ交叉点となっているからである。さらに、いったん公表されれば、その後の否定や取り消しができないということもある。第2の点が問題になるのは、それが公表行為の範囲や規模を拡大し、地域の特定を行い、そのコントロールをしやすくし、公表する権利と所有権とが結びついているということである。加えて、メディアによる公表行為と、言論やその他の象徴的形式による個人的表現とでは、アカウンタビリティの程度と種類に多くの違いがあるということである。ただし、現実問題としては、そのいずれもが対外的責任履行を免れ得ない。

　ある点では、生産のための物質的な手段の必要性ということから、公表する権利は単純に所有者が意のままにその施設を利用する権利となるし、さら

に別の見方をすれば、肯定的か否定的かのどちらに見られるかによって、そうした所有形態が外部からのコントロールに対し強く抵抗できるか弱いものになるかが判断されることにもなる（参照：Lichtenberg 1990b）。私的所有物が神聖で不可侵のものであれば、政府による介入が正当化されるのは極端なケースだけである。仮にそうなった場合でもその施設利用の仕方の決定までが出来るわけではない。もしその私的所有が他人の権利を制限しているという理由で、好ましい使い方をせよという条件づけがなされることがあれば、それは外部からの指示に従い、アカウンタビリティの履行をするときであろう。このような解釈上の問題点を避けるには、私たちは公表の自由というものをそれ自身が独立して正当性事由を主張できる独特の権利として認識する必要がある。

　公表の権利と所有権とを切り離すことも重要である。コミュニケーションのコンテンツと、生産と配布という物質的な手段との違いに照応しているからである。この考え方に立って、近代のメディア規制ではメディアのコンテンツに直接影響を与えることなく、報道のインフラ（施設）と所有権の在り方に言及することが可能になっている。それは公共放送システムのように私的所有物ではない手段による自由な表現の可能性を認めるものでもある。

　自由なプレスによる自由な言論と公表行為との区別は一連の別の問題群をもたらす。既成の自由市場的プレスが自律（autonomy）とアカウンタビリティへの相対的抵抗力を主張するときの根拠は自由な表現の権利である。しかしながら、リヒテンバーグが指摘しているように、「言論の自由を支持するものがすべて、プレスの自由を支持するとは限らない」(Lichtenberg 1990b: 105)。彼女はその理由として二つを挙げている。第1は、「自由な言論についての理論により踏み込んでいけば、メディア側が情報を抑えたり公表のためのチャンネルへのアクセス制限をしようとする時、自由な言論がプレスの自由そのものを制限すべきだという考え方の根拠になるかもしれない。第2は、「近代のプレスはたいてい、個人的なものや初期の時代のそれとはいくつかの基本的な点において異なった巨大かつ複雑な制度となっている」というこ

とである。世論はこうした変化をはっきりと認識し、メディアの自由への支持を急激に減少させてきているという事実がある（第6章を参照）。

　これらのことからわかることは、求められる公表行為の自由の程度や、それがどこで誰によって保有され、どういう意味を持っているかということにもいっそう複雑な面があるということである。おそらく、個人とプレス一般（初期の小型のものだけではなく近代の大規模なものを含むすべて）の区別だけではなく、現代の巨大メディア企業やメディアコングロマリットを前にした時には新しいカテゴリーが必要になるということでもある。同様に、コントロールとアカウンタビリティに対する要請もまた変化してきており、今日では自由な表現やその程度についても実質的に違ったものになってきている。私たちが今日の対処にあたって最も問題があり、かつ重要であると考えるのはこの第3のカテゴリーである。バレントがいみじくも指摘しているように、「20世紀の終わりの今日、重要な演説はすべてマスメディアによって伝えられる演説（mass speech）」（Barendt 1998: 30）だからである。

　以上のような区分、あるいはプレス、放送、インターネットなどのように区分することは、プレスやマスメディアによる自由への要求に必ずしも不利に作用するわけではない。そうした区分はまた、メディアがある種の公益的課題である調査や批判、抑圧への抵抗などを達成しやすくするために一般市民が与えられている以上の権利や保護をメディアが獲得できる途を開いていくのである。

　基本的原理にはおしなべて言えることだが、プレスの自由の中心概念は変化する社会状況の中でその適用において多くのあいまいな事項や問題点を抱えていたにもかかわらず、長い間まったく揺らぐことなく安定していた。しかし、インターネットに代表される最近のメディアの発展は、はるか昔に議論された何が私的で何が公的なものかという区別についての関心をふたたび大きくすることになった。ここでの後者の「公的なもの」がアカウンタビリティにも関係してくることになる。

　プレスの自由概念の主要点は以下に記す四つに対する個人あるいはメディ

ア企業や政府、市民社会の諸団体といった組織の権利としてまとめることができよう。

- 公表の手段を持つこと（生産と配布）。
- 情報や思想およびその他のコンテンツを印刷またはその他のメディアによって、許認可や事前の検閲なしに、さらには公表後に処罰される恐れなく、その他にも適用される一般的な法律だけに従って製作し、公表し、配布すること。
- 一般に公開されている集会に参加したり、その報道をしたりすることなど、情報を収集したり交換すること。
- どのような問題でも主体的にその公表を拒否することができること。

要約したこれらの事項は新聞のケースに限られたことではない。だが、新聞がオリジナル情報の発信源としてもその他のコンテンツの伝送（配布）手段としても今なお、公共コミュニケーション活動をするメディアの中心的な位置にあることも事実である。しかし同時に、これらの要約事項が公共的コミュニケーションシステムとしての能力という点で、新聞以外のメディア、とりわけテレビやラジオ放送に対しても同様にあてはまるものとして適用できるわけではないことを忘れないでおきたい（注3）。

問題提起

この章の中心課題はかつてドリス・グレーバーが同様の全般的問題について書いた次の言葉で表現することができる。「公的／私的福祉を危険に陥れる無責任な活動をするプレスにその独立性を損なうことなく、アカウンタビリティを果たさせるにはどうしたらいいかという問題はいまだ解決されていない」(Graber 1986: 274)。アカウンタビリティの概念はじつに広い範囲にまで及ぶものだが（第9章を参照）、現在求められている目的という観点からは、

自発的かどうかは別にして、コミュニケーターたちが自分たちの公表行為の目的やコンテンツあるいは結果に対しての応答責任を果たす過程のことだと定義することができよう。

　そうした定義を表面的に解釈すると、アカウンタビリティとコントロールとは定義として相補的だけではなく、逆の相互批判的な関係にもなり、自由の増大がアカウンタビリティの減少となり、アカウンタビリティが必然的に真の自由の程度を矮小化してしまうともいえることになる。実際、リベラルな資本主義体制下のプレス自身や自由解放論者たちがこうした主張をすることが多かった（Merrill 1989）。しかしアカウンタビリティとコントロールという概念は必ずしも相容れないものではなく、双方が独自の機能変化をすることも十分にあり得る。プレスの自由に親和的なアカウンタビリティの形式とそれを達成する方法はいくつも考えられるが、それもまたアカウンタビリティをどのように定義するかによって決まってくる。とくに、表現の自由は抑制も制限も受けない孤高の存在として必ずしも考える必要はなく、むしろ自由から生まれる利益は政府によってさえ認識され促進されるものだというように積極的に理解すべきものである。プレスの自由がそうして肯定的に理解されれば、アカウンタビリティはアクセスを拡大し、倫理基準をより高め、公共の利益のためにメディア活動をモニターするための手段として捉えることができるようになるであろう。

　表現の自由とプレスの自由を公式に認める文章にはそれを制限と責務に関する事項と結びつけて言及しているものが多い。18世紀のイギリスの法学者、ブラックストーンは1759年に、公表者（出版者）の法的地位について次のように書いている。「自由人（freeman）であれば、何人といえども自分の望む意見を公衆に対して述べる絶対的な権利を持っている。これを禁止することはプレス（出版／公表）の自由を破壊することである。しかし、出版者が不適切で悪意のある、もしくは法に触れる出版を行った場合には、それらの行為の責任をとらなければならない」。1789年の人権宣言では自由な表現について、「法律によって定められた自由の乱用があった場合にのみ、アカ

ウンタビリティを果たすことを求められる」と記している。現代の法律の条文にはすべてこのような内容が含まれている。

　アメリカ合衆国憲法はその修正第一条において、「連邦議会はプレスの自由を制限する法律を定めてはならない……」という絶対的な条件に例外はないとしている点で特異な存在である。しかし、多くの解説者たちがこれまで指摘してきているように、米国における公表の自由は法的にもその他の手段によっても決して無制限な保障をされているものではない（注4）。英国には成文化された憲法はないが、すべての民主主義社会がそうであるように、現実の法の適用においてプレスの自由の保障があると同時に、一定の制限も課されている（参照：第19条、1993）。国連による世界人権宣言（第19条）でも、ヨーロッパ人権条約（ECHR、第10条）でも、表現の自由の要求に対しては部分的な制限を設けている（注5）。

　自由な表現の保障がまったく尊重されていない多くの国ではともかくとして、とくに公開された言辞が程度の差はあったとしても、他の人びとに相当な影響を与え得るところでは、どのような手段による表現の自由であってもその行使が多くの制限や潜在的なアカウンタビリティの要求によって保護と制限の両方を受けていることは明らかである。とくにこのことはいくつかの基準によってその特別の能力を評価され、公共的コミュニケーションの主要手段となったラジオとテレビにあてはまる。

　自由とアカウンタビリティとの関係を解明すること以外にも、述べておくべき問題がまだほかにもいくつかある。その一つは、「メディア」の自由の本質とその議論、そしてそれを支える価値観についてである。先述したように、メディアの自由は表現の自由に関する個人の権利とは異なるものであり、絶対的な原則に基づく議論と、利便性・実践的目的の議論との区別にとくに留意しながら両者の違いについてさらなる検討を加えておくことが必要である。また、近代メディアの複雑な制度的環境のなかで、表現の自由の権利は正確にはどのように位置づけられ、誰に所属するものなのかという問題もある。これらのことは、もし私たちが「メディアの中の」誰が、「メディアの

外の」誰に対して、どのような項目についての、根拠のあるどのようなクレーム（もしそれがクレームであれば）に対しても、応答責任を果たそうとするとき、解決しておかねばならないことなのである。

社会制度としてのプレスの自由

　プレスは社会制度の一つで、用語としてはひんぱんに、またときには特定の意味で用いられているが、実際には明確な定義や意味領域が決まっているわけではない。用例を挙げれば、「記者席」(press gallery、訳注：たとえば、英下院の記者席は、議長席の後上方にある)、「プレスの代表」、「記者会見」(press conference)、「プレスの権利や特権」、「プレスの倫理」(press ethics)、「第四の社会的財産」(Fourth Estate) といったようにである。しかし、通常は一国の地域内であるとはいえ、その社会一般に広く浸透した「プレス」には法的な規定がなにもないのに、しばしば集合的に、言論と公表行為の自由を保障されるほど信頼され、責任を負わされ、公共的論議を行い、失敗に対しては世論から批判される。また、定義や明確な意味領域を持たないことがプレスの本質的な特徴でもあるのに、プレス活動の核心部分には自由が必要だという要求がたえずなされている。いずれにしても、プレスがどのような本質的要素から構成されたものであるにせよ、自らが表現の自由の権利をすべて自分でコントロールできるものではあり得ない。もしそのように解釈できるならば、すべての人によって享受されるべき自由という権利を制度としてのメディア機関が独占できることになってしまうからである。

　多くの場合、プレスの中心的な活動は一般的に関心が持たれそうなニュースや最近の出来事についての意見を収集し、週刊またはそれ以上の頻度で定期的に公表することである。そのように定義した場合のプレスの主要な特徴は、たとえば、政党新聞のように同列に扱えないものもあるにはあるが、自分自身の見解を直接に外へ伝達するというよりも、さまざまな原材料のなかから何かを見つけ、集め、伝送する役目を担っているところにある。プレス

の自由の原則は情報の原著者とその伝達者との間、あるいは公表形式（＝メディアの種類）の違いによって異なるものではない。いかなるプレス機関も法人として自由に行動することができるし、外部への責務を果たすことを求められる。プレスの自由が存在するところでは誰もが、それぞれの地域における法規制の範囲内において公表者となることが可能である（注6）。

　プレス機関はしばしば、プレスの自由についての公式的な条項で述べられているよりもさらに慣習的な権利、はては特権といえるものさえ持っている。このような権利は国によって異なるが、以下のようなものを例として挙げることができる。法廷・犯罪現場・戦争地帯の情報やそうしたことが起きている現場にアクセスする特権、情報源の秘匿や黙秘の権利といった法的特権、コミュニケーション施設への特別なアクセスや情報伝送への助成金受領、税優遇措置や利益、職業ジャーナリストへのさまざまな便宜供与、その他の公的支援などである。こうしたことやその他のプレス機関の特徴がプレスの自由の概念の社会的拡がりをよく反映しているといえる。また、それらはプレスが公衆の代弁者や召使い、あるいはその利益の擁護者とみなされているということでもある。さらには、それらはプレスの自由について憲法の条文が記していない積極的な意味合いを示唆しているものでもある。そうすることで、自由と上述したようなさまざまな責任とを結びつける作用も果たしている。しかしそれは必ずしも直接的な、あるいは特定のアカウンタビリティとを結びつけるものではない。これらのことから指摘できることは、プレスは特別の権利というよりもいくつかの「有利な条件」（privileges）を与えられているということである。半面、それらには通常、1991年の湾岸戦争時の「プール取材」のように、一般市民による享受よりも当局あるいは情報提供者側による情報操作に便利なものとして作用するということもある。

プレスの自由を求めるさらなる理由

　プレスの自由は勇気ある民主主義者や公表行為者による横暴な国王や国家

権力との激しい闘いから勝ち取られた基本的権利であるとしばしば語られる。しかし、「いつどういう闘いがあったのか」ということを含め、多くの議論すべき余地が残され、その種の物語には確たる証拠はない。プレスの自由にはそれ自体に価値があるから闘争によって獲得され尊重されてきているのか、それともそれは現実的利益をもたらすものであるのかと問う場合、前者に基づく答えであれば、政府によるどのような強制や干渉にも反対できる絶対主義的なものだということになってしまう。それではプレスの自由を本質的に「否定する能力をもった」ものとして捉えることになる。後者の考え方については、プレスの機能主義理論あるいは結果責任理論（consequentialist theory）といわれるものがある。そこでは、プレス機関は民主主義社会において期待される役割を果たそうとする限りにおいて必要なものだという立場が採られ、広範な対象を想定し、オープンで、応答性を持ち、批判的であることが求められる。これらの要件は積極的で肯定的なプレス理論の中心に位置する属性であり、それぞれが自由解放主義的傾向を含んでいる（注7）。

　グラッサーは個人の自由を守るという点で上記二つのどちらがより優れているかをいうことはできないとして次のように述べる（Glasser 1986）。「むしろ、これら二つの視点の本質的な相違点に注目することは、国家が基本的自由を平等に与えることに自らが関わるべきかどうかを問題にすることになる。自由についての否定的な概念という立場からは、プレスは自らの自由を拡大したり、他人の自由のために便宜をはかるといったような責務を課されない……つまり自由解放主義の本質とは責任の否定ということなのである」（同書、pp.92-3）。それとは対照的に、プレスの自由の肯定的な概念では、「私的やりとりは絶対的だとする考え方（tyranny of private transaction）は政府による規制と同じくらい個人の自由への脅威となる」と考える。結果として、プレスは民衆の表現の機会を増大させ、その範囲を拡大するという責務を持つべきだということになる。一般的に、それは「プレスは自己利益のためだけではなく、より大きなコミュニティのためにも奉仕すべきだという期待を実行する」ものだと理解されている。

前者の自由至上主義的な自由という考え方には、行為が本質的に正しいか間違っているかを判断する本質論的見解あるいは「義務論」的（deontological）な見解がある。シャウエルによれば、「言論の自由論の多くはこれらの二つの哲学的な考え方の中間領域に存在している。もし仮に自由に発言する権利が〈自然権〉であるならば、発話行為の自由（liberty of speaking）は、そうすることが公益になるかどうかは別にして、適切に構成された国家によって保護されるべきものだということになる……通常、こうした理論は、自己表現や自覚もしくは自己達成という言葉で表現されるものであるが、核となる考え方は同じである。つまり、発話行為は人間であることの証の一部であり、国家による人間の個人的側面への制限は間違いであることに疑問の余地はない」(Schauer 1986: 771)（注8）。

　プレスの自由を正当化する二つの基本的なアプローチ、つまり本質的に民衆の意志の程度を参考にするのか、あるいは多数決的原理（majoritarian power）によるのかという考え方の間にはかなりの対立的緊張が起きてくる。功利主義的／結果主義的な見解では、さまざまな形態の言辞を発する人びとや言論への制限はあり得るということへの相対的な価値評価への判断、つまり民主的な方法によるものではあるのだが、公衆あるいはその代表者によってなされる判断が優先されることになる。この考え方では公衆の利益への配慮が権利に優先し、それに従ってある種のアカウンタビリティが要請されることになる。

　その反対に、本質主義者たちのアプローチでは、両者ともに個人的な自己達成を目的としているかもしれないが、表現の位置づけをその内容によって区別したり、結果として加害性をもたらした発言者を処罰するといった点での明確な方法が示されていない。そこでは「自由な言論とは何かという理論と公衆の利益についての理論」(Schauer 1986: 774) とが実質的に別なものとして扱われている。このやり方であれば、それぞれに対応するアカウンタビリティがあることになる。本質主義者たちの観点からすれば、個人的かつ道徳的責任以外のことを求める現実的根拠はない。それでは究極的にも論理の

帰結としても相容れないことになるが、これら二つのアプローチは必ずしも相互に排他的であるわけではない。しかし、議論をするとき、両者のどちらを選択しているかの自己認識だけは必要であろう。

エマーソンは本質主義者の立場が社会における他者への責任を否定しているわけではないということを強調している（Emerson 1970）。また、その立場は「一方での信条・意見・思想の交換、他方での多様な行動様式との間の基本的な区別」（Emerson 1970: 60）によっても生じていると述べている。これは表現と、国家がコントロールを行うことを認める行為との区別である。この理論の基本的な特質は、人間による行為のうち「表現」だけを特別な領域として別に考えるということである。エマーソンによれば、表現とは「通常、行為よりも社会的目標に対して加害性が小さなものであると考えられている。それは一般的に直接的な結果を招くことが少なく、影響としても取り返しがつかないことはあまりない」ものである。これらのことは言論の自由を守るための重要な論拠となっている。しかしそのことが他者に対して物質的かつ直接的にはるかに大きな力で作用するようになっているマスメディアの言論行為にも等しくあてはまることであるかどうかには確信がもてない。

本質主義者の立場に近いものとして、表現の自由は真実の発見を可能にしているという見解がある。しかし、真実は本質主義者の見方と同様に結果主義者においても重要視されている。そこでは、間違った判断がされるかもしれないにせよ、真実は相反する見解や主義の衝突から生まれるといわれる。その近代版がいわゆる「思想の自由市場論」（theory of the market place of ideas、第11章参照）で、多様な情報と意見が最大限に流され競争しあうことによって、真実が明らかになるチャンスが最大になるとされるものである（注9）。

前述のように、表現の自由と所有権との連携は、とくにアメリカ合衆国における規制や政府による制限に対する強い防御策として生まれた。リヒテンバーグは所有権の主張は後者の絶対主義的な観念に基づいており、メディアビジネス以外の業界には規制免除条項がないという事実を無視していると主張している（Lichtenberg 1990b: 120）。彼女の出した結論は、「発行者や編集者

による編集権の自立というよくある主張は所有権の裏返しとしてあるもので、言論の自由を旗として掲げた所有権の表明である」というものである。そこからは、リベラルな原則を使って利益をあげようとする巧妙なやり方が見えてくるというわけである。

　市場支配に基づいた私企業メディアの自由に対する主たる批判は、公表の自由の権利とは結局のところ、良質で多様な情報と多様なコミュニケーション形態にアクセスできる公衆の持っている諸権利によって正当だと認められるものだけだということである。もしそうであれば、このことは所有者の特権よりも優先されるべきだということになる。言論の自由は話す人のためであると同時に、聴く人のためでもあるという考え方はアメリカ合衆国において、放送コンテンツについてのいくつかの側面に対するFCC（連邦通信委員会）による規制として登場した。ヨーロッパやその他の地域では、放送コンテンツへの大規模な規制は、アカウンタビリティの過程に付随した、公衆の利益を代表する要求に従って生まれた。スキャンロンによれば、もし財産がそれを守るための法律を必要とするならば、プレス機関にも「効果的な表現の自由の確保のための前提条件として積極的な国家による行動を求めるべきだ」(Scanlon 1990: 43) といった主張があっても驚くにあたらないということである。

表現の自由と変遷するその擁護論および根拠

　本質主義者たち（essentialists）は強烈に、そして正統的な自由解放論者たちはねばり強く、政府による干渉がまったくない場合にのみ、表現の自由は有効に機能するのだと主張している。しかし、現実問題としてはすべてのコンテンツやコミュニケーション手段に完全な自由を与えるわけにはいかず、じつに多様な制約がなされることになる。たとえばラブランドは、「すべての言論（speech）の自由が米国憲法修正第一条で保護されるわけではない」、さらには「政府機関は正当な権利として、そうした言論の発せられる時間・

マナー・場所に対する制約を課している」（Loveland 1998: 11）と指摘している。規制についてコミュニケーションの構造と手段に限定して検証したスキャンロンは、「表現の自由についての議論を実用的かつ効果的に展開するにあたり、いくつかの表現形態には他のものよりも高い価値があるのだという事実を認識することが不可欠である」（Scanlon 1990: 350）と述べている。コミュニケーションの種類によっては、たとえ検閲制度がないところでも、その特殊な内容のために事前に禁止されているものもある。違法または加害行為につながると解釈される言葉は口話であれ活字であれ、禁止され、後に処罰の対象となる例は数多くある。自由な言論の擁護という面からの例外事項があるとすれば、テロとの戦いや国防機密の保秘等に関するものだけである。

米国憲法修正第一条に関連して、言論の擁護論もしくはその条項の無視といった主張についての一般的なガイドラインがいくつもある（Smolla 1992）。とりわけ重要な規定は、被害を誘発した言論への処罰を許認する「加害性」原則である（注10）。スモラは、言論を現実の、あるいは懸念される加害性と関連づける際の因果関係は厳密な方法で集められた証拠による証明がなければならないと注意を促している。加害性があるとされるものも、禁止あるいは処罰という点で、一般的にはいくつかの段階に分けられる。これには主として二つの関係要因がある。第1は、その加害性が人間に対するものか、所有物に対するものかという段階で、たとえば、殺人や傷害などを誘発したり、発言者に対して暴力行為が加えられたりする場合の検討がなされることになる。

第2の段階は、直接の物理的加害であるか、付随的加害（relational harm）か、反作用的加害（reactional harm）かを区別することである。人の場合、付随的加害は名誉毀損事案となり、反作用的加害は精神的苦痛の原因となるものやプライバシーの侵害といった事案である。またこの段階に含まれるものとしては、人種差別的あるいは性差別的な言辞やポルノグラフィーなどのように、特定集団に対する侮辱がある。加えて、たとえば、暴力の描写などが社会にもたらすとされる加害性は規模においても比較的小さく、その公表行

為に対する規制は正当化しにくいという場合もある。それらは直接性や即時性、正確性が低く、その影響を証明することが難しいものである。

　メディアの視点からすれば、このような区分もまたその潜在的な責務を分類したり、それを批判する要求に応じるうえで大切な枠組である。メディアはリストの一番目に記されるようなそれらの加害性に対して法律的な責任を果たすことを求められることが多い。公表行為によって個人が物理的に傷つけられることはまれなので、付随的加害か反作用的加害かに注目が集まりやすい。とくに後者には多くの人びとが関係することから大きな問題となる傾向がある。しかし、物理的な加害が報道（publicity）によって起きることがある（第7章参照）。テロリストや小児性愛者などの疑いのある社会的逸脱者が特定され、いじめにあうといったことが起きる。また、人種的・宗教的なマイノリティがメディアの否定的な報道によって犠牲になることもある。メディアによる公的な非難や暴露によって自殺に追い込まれる人たちもいる。

　ヴァン・アルスタインは、米国憲法修正第一条によって一般的保護が適用されるものの形式を分類した（Van Alstyne 1992）。第1に、彼は憲法条項における「言論の自由」は現実のすべての言論に適用できるものではないこと、つまり言論には加害の起因となるということの他にも、それ以上は擁護されないという境界線というものがあり、偽証・わいせつ・名誉棄損といったいくつかのカテゴリーがそれにあたることを指摘している。第2に、加害性をもつ可能性のある要因には二つの原則があるとういうことである。1つは、言論あるいは公表行為の結果としてもたらされる加害の可能性で、2つ目は、その加害による影響の重大さである。これらについてはすでに検討したとおりだが、一般的に、悪影響の可能性が高くその被害が大きければ大きいほど、言論の自由による擁護がなされないことになる。ただしここで忘れてはいけないのは、たとえヴァン・アルスタインの分析には出てこないとしても、当該公表行為による加害性の大きさとその影響が及んだ人びとの数が規制や処罰の正当性の判断に関係してくるということである。

　報道の自由についての考え方の歴史的経過については憲法や法律の条文と

して記述されているわけではないが、とくに一定の政治と宗教に関する表現と公表行為を保護する必要性とは大いに関係がある。これにはそれ相応の理由がある。というのは、信条と意見に関する事項はじつに多様な形式によって表現され得るから、内容的な当否の区分を可能にするための確実な基準が存在しないからである。この意味での中立性（neutrality）原則はこうした状況を見越したものでなければならないが、内容に従ってなされる実際上の様々な保護の厳正中立性の可能性についてはいくらか疑問が残る。図8.1はアルスタインの分析に基づいて作成したもので、コンテンツの種類によって保護される内容が変わり得るという段階を表している（Van Alstyne 1992: 171）。

　コンテンツの項目とその順位は当該体制の規範・伝統・政治文化による枠組に左右されるから、国によって異なるものとなる。何が有害で、どこからが加害的であるかの境界線については見方の差異があるということである。国家の指導者や、大統領・王室・国旗といった国家の象徴に対する侮辱についても、ある国では言論として許容されるが、別の国ではそうではないということが起きる。神への冒瀆とポルノグラフィーについても国によってその公開が公認されるかどうかについての扱い方がまったく異なる。アメリカ合衆国では猥褻なもの（定義については第7章の注11を参照）は許可されていないが、過激な暴力表現や、人種や宗教に対する「憎悪表現」（ヘイトスピーチ）は禁じられてはいない（Heins 2000）。多くのヨーロッパ諸国では人種的憎悪の扇動は違法行為となるが、猥褻についてはケースによってまったく制約されないものがある。このような法規定による違いがあるものの、図8.1に示した段階による制約そのものには一般的有効性があるといえよう。ポルノ製作者や神の冒瀆者、人種差別主義者たちには社会的影響力があるのに、問題の克服に努力している政治活動家や抑圧されているマイノリティが自由な言論の擁護を前面に押し出して過激と思えるほどの自説キャンペーンをしても、それには簡単に成功できないからである。

コンテンツとその形式ならびに自由の多様性

　図8.1が示しているように、政治・宗教・科学・審美的事象についてはより大きな自由への要求がある。これらにはアイデンティティ・自己達成・社会参加・真実の探求と密接な関係があるからである。その他の構造的な原則についてもこの考え方から導き出すことができる。たとえば、あらゆる種類のフィクション・ユーモア・娯楽とは反対の極にある事実に基づいた情報あるいは時事問題に関する意見の公表にはより大きな特権が与えられる傾向がある。一般論としていえば、ニュースメディアは娯楽メディアに比較して規制される度合いが少ない。真実の情報の価値（truth value）には公表されてしかるべき度合いが大きく、それらの公開という基本的なコミュニケーション価値が高く評価されて当然なのである（第4章を参照）。このように、情報の公表行為の擁護は自由についての功利主義的つまり機能論的検討をすることによって、より簡単にできるようになる。情報は一般的に使われることによって価値がより高まり、効果的な民主主義政治への参加プロセスに必要なも

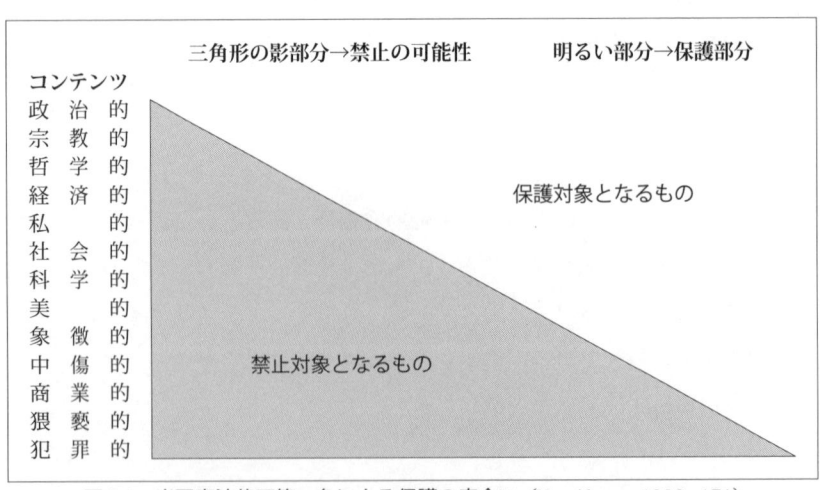

　　　　　　三角形の影部分→禁止の可能性　　　明るい部分→保護部分

コンテンツ
政治的
宗教的
哲学的
経済的
私的
社会的
科学的
美的
象徴的
中傷的
商業的
猥褻的
犯罪的

保護対象となるもの

禁止対象となるもの

図8.1　米国憲法修正第一条による保護の度合い（Van Alstyne 1992：171）

のなのである。

　はっきりしないこともある。たとえば、同様の諸原則から説明できるにもかかわらず、特定形式（format）の情報への保護が他のものよりも手厚いということが現実に起きていることである。いくつかの政治的プロパガンダの形式が保護されないことがあるのに、政治的意見の直接的な表明であれば是認されている場合である。例を挙げれば、政府や政治組織の財政支援したものや商業利益目的のドキュメンタリーなどは駄目だとされる。そのため、それらの中間あるいは曖昧な形式を採用したものがますます増えてきている。それはとくにテレビにおいて顕著で、それらには信用度や真実性あるいは情報価値の程度への疑問があると言わざるをえない。このことはとくに、いわゆる「娯楽情報」（インフォテインメント）番組や「ドキュドラマ」（docudrama＝ドキュメンタリー的素材をドラマ風に演出したもの）、あるいは情報操作が表からは分からない「リアリティショー」（訳注：一般視聴者が参加して、体力や知識、才能を競う、あるいは、一定の状況を設定して過酷なゲームを競い合う番組）等にあてはまる。またこうしたことは情報源の確認がむずかしいインターネットの問題にも関係することである。

　このような多様な形式はオーサーシップ（authorship、著作者の在り方や権利）の問題や、第7章で概説したメディアによる多様な公表行為とも関係してくる。コンテンツのオーサーシップや著作者名、その背景にある組織が明白な場合、アカウンタビリティの程度がより高く、自由への要求もより大きなものとなる。その理由としては、個人による自由な表現の権利がメディアの自由の一部として含まれていることが考えられる。その意味では、メディア自身が主要な著作者になり得ることになる。インターネットのプロバイダーが物議をかもし問題となるウェブサイトを除去する圧力に屈しやすいのは、この原則が適用されるからであると同時に、著作者／公表者としてのメディアと単なる通信事業者としてのメディアとの違いを示してもいる。もしここで述べている議論が妥当であるならば、自由解放論者的な思考体系における自由とアカウンタビリティとの間の外見上のパラドックスが消極的にという

よりもむしろ積極的なものとして立ち表れてくることになる。

　ここで検討している価値の順位に関して議論となるのは商業的コミュニケーション、とくに図8.1に示しているような段階では広告のケースに多い。一般的に、それは検閲の対象にもならず、多くのメディアで自由に公表できるものではあるのだが、自由な表現と同様の情報提供をすることを巧妙に否定する様々なやり方で規制やコントロールがなされてきた。商業的コミュニケーションの場合には平等に自由を主張できないような方法で規制・統制されることが多かった。広告主たちが完全な自由を享受できないことと、公表行為の自由という原則との調整は簡単ではないからである。その理由として、広告等に対して払拭できない否定的な社会的態度や、それに接するいくらかの人たち、とくに社会的弱者や傷つきやすい人たちに対して加害性を持つ可能性があることなどが挙げられている（注11）。

変化する自由への要求：変化する責任とアカウンタビリティ

　表現の自由権に多様な適用法があることはそれぞれに対応する責任とアカウンタビリティが必要だということである。自由への高い要求が表現あるいは公表行為に加わることになれば、発話者のほうも個人的な責任を全面的に受け入れ、大枠として想定されるオーディエンスや一般市民、社会に対する誠実性と高潔性（integrity）を示すべきだとされるようになる。高潔性とは勝ち取っていくべきものであり、アカウンタビリティを果たしたいという願望がそれを実現する方法のひとつとなる。それによって自由と責任とが繋がりを持つことになる。重要なのは高い評判を獲得することであり、注にも記したような一定の表現形式が他のものと比べて、より高い高潔性を保障するようになると思われるからである（注12）。

　表現の権利の基準としてはあまり高い位置を占めず、規模としても大きくはないが、犯罪行為やポルノを除いたもう一方の極にある主な例として、すでに検討した商業的コミュニケーション、様々な形態のプロパガンダ、いく

つかの大衆エンターテインメント（ゴシップ・スキャンダル・センセーショナル化されたニュース）などを挙げることができる。広告の場合は例外となるかもしれないが、発信者側からの自発的で信頼できる責任がなければ外部からの強いアカウンタビリティの履行要請、とくに法規制という形での強制的な圧力がかけられることになる。こうした状況下では、受容者の利益を代表するアカウンタビリティが発信者の利益を代表する責任の喪失や弱化が起きたときに活発に展開されることになる。

　この場合のもうひとつのケースとして、公共コミュニケーションにおける権力バランスの変化の考察が必要となる。オーナーシップとコミュニケーション手段のコントロールがその代表的事例で、一般的にはより大きな権力を持つものがより大きな社会的責任を持たねばならないということである。表現の自由に関して想定される最大の利益は権力者に対してではなく相対的な弱者に対して、それらの人たちのためになることが実行されるということである。いうまでもなく、これは自由を求めて闘ってきた者たちの見解であり、現実がどうであろうとも、多数の意見や社会的知性として着実に根づいているものだといえよう。

　このような視点からすれば、アカウンタビリティとはかなり少数の権力者たちによるコミュニケーションに対して、多くの受容者や情報送出をしたいが弱い立場に置かれた潜在的送信者たちの利益を代表して、制限を加え、チェックし、バランスをとるための手段だということになる。別の言い方をすれば、このことは権力を持つものから独立した基準と裁定者（adjudicators）が必要であるということである。以上からわかることは、コミュニケーションを実行する力関係に適用できる効果的なアカウンタビリティはこうした状況に影響を与えることが可能な手段を持たねばならないということだ。これは権力を持った発信者側の自由を制限することを意味している。具体的には、メディアを横断した集中所有の規模や情報を享受できるオーディエンスのシェア制限、あるいはその他のものに別のチャンネルやアクセス権を保障するといったことなどを挙げることができる。

メディアの自由は誰のためのものか

　個々の著作者を別にすれば、プレスの自由という権利を主張する主なものはメディアのオーナーや外部の情報源、様々な意見の持ち主といったところである。表現の自由は基本的に一定の集団的実態として存在している公衆のものであり、しばしば言及されるように、最終的にはそれらの人たちの利益になるように行使されるべきものだとの主張も可能であろう（注13）。プレスの自由を主張する上記三者の中で、すべてが同じではないにせよ、単なる議論ではなく現実問題として誰がその実行の保障をするかを明言することはきわめて困難である。たとえば、カナダ王立新聞調査委員会（Canadian Royal Commission on Newspapers）は1981年刊行の報告書の冒頭で次のように述べている。「プレスの自由はオーナーに帰属する所有権ではない。それは民衆（people）の権利である」。

　所有者がどのようなメッセージを送信しても排除しても、その行為そのものは法律的な意味でのオーナーシップの権利として認められる。だが実際には、公表者（publishers＝発行者、メディアの所有者）が個人的に公表行為の具体的な仕事に関わることはまずないし、外部の情報源やどのようなメディアにおいても公表の権利を持たない潜在的な発信者を認定したり拒否したりすることを含め、多くの決定は編集局の誰かによってなされる。この点に関してのラッグルズによる結論は、自由な言論とメディアの権利についての支配的な法解釈に従えば、編集者のみがその代理権（proxy rights）を行使することができるということである（Ruggles 1994: 149）。だが、彼ら編集者が享受できる特権は、選択の権利等を実質的に所有しているメディア企業とそのオーナーたちの代理人として行動できるだけのものにすぎない。実際、ジャーナリストやメディアの制作スタッフもそうした限定内における自律の範囲で編集業務を遂行しているにすぎない（第6章参照）（注14）。

　公表するかどうかの決定において、編集者やジャーナリストにそれぞれの

良心に反する行動をせよという圧力がかかること、あるいは編集スタッフが経営側と対立してに起きる葛藤はしばしば見られ、それはメディア業界に特有のものであるとも言える。メディアの内部的自由という問題は簡単に解決や整理ができるものではない。それはメディアの継続的なグローバル化と集中化とコングロマリット化によってだけではなく、通常、そのプロフェッション（専門職業）の象徴と考えられる、より高い自律性を求めるジャーナリストとメディアによる不断の努力によって生命を保ってきたものだからである。プロフェッショナルであるということは、行為へのより広い責任を果たし、外部からの要求や期待に恥じない行動をするということである。ベイカーによれば、アメリカには当初からプレスの専門従事者たち（プロフェッショナル）にとっての自由をプレスの自由と同一視する考え方があり、一般市民もそうしたとらえ方を是認してきたという。同時に彼は、こうした理解を受け入れるためには、オーナーによる干渉から自由を守るための法的ルールが必要となるとも述べている（Baker 1989: 253）。しかしそのようなルールの制定には現実問題としてきわめて大きな障害が出てくるであろう。

　自由権の位置づけが確立していないとしても、メディア組織、とりわけ報道機関が公表した内容に関し、そこで業務を遂行している者たちの道徳的責任が免じられるわけではない。だがそうした関係がある以上、公表した内容に対する個人的な責任と、その結果として生じ得るアカウンタビリティはいずれにしても小さくなることは確かであろう。一般的に見られる労働の分業化、日常業務の固定化、メディアの巨大企業化がそうした傾向を促進しているわけである。ますます増大するメディア企業の巨大化による影響の一つは、実際のアカウンタビリティ履行が減少していることである。経営責任者やオーナーが直接的には不正に関わっていないと言い逃れられるような場合には、責任そのものが命令系統の経路のなかでうやむやにされてしまいやすいからである。映画・テレビ・音楽・書籍出版やその他の類似メディアの場合には、公表の自由に関する諸権利は個々の著作者やアーティスト、演出者たちによって、明瞭なかたちで実行されている。彼らの場合にはその責任を取る、あ

るいは課せられた責任を受け入れるという点で、報道の従事者たちのようにうやむやにしてしまうことは少ないと思われる。

評価：自由とアカウンタビリティとの関係

　公表の自由が民主制の確立しているところを含め、どこにおいても様々な制約を受けていることは明らかである。そのことは当局側がいかにリベラルで規制緩和をしようとしても、そしておそらくは、公共コミュニケーションの機会を増やそうとするだけでは克服できない問題を孕んでいる。メディア機関が行使できる言論の自由は個人としての発話者（speaker）のそれとは異なる。メディアによる言論には自由そのものと、それを行動（action）として可能にする物的資源としての施設の保有が必要であり、それらの二つを切り離して論じることはできないからである。さらには公表行為は外部からの制約や外部への影響なしには成立しない。つまり、メディアの自由は法的に許される範囲においてのみ存在するものだということである。

　公表行為に対する制約として、公式的なアカウンタビリティの主要な形態である法律・規制・自主規制はおそらく、自由に対する障害物リストの上位には挙がってこない（注15）。全体として、メディアは自らの順法性の確立のためにアカウンタビリティの仕組みを必要とはしていないようである（注16）。とはいっても、私たちは結論として、アカウンタビリティの諸形式をその他の制約と同じものにすべきではないし、自由とアカウンタビリティが同一次元の両極のように正反対の位置にあると考えるべきでもない。また、アカウンタビリティの程度が低いということは、その言葉のいかなる意味においても、自由の幅が大きいということでもない。

　アカウンタビリティを果たすことが期待される様々な形式が組み込まれているマスコミュニケーションのプロセスには多くのコントロールが行われている。だがその事実に私たちは安心することはできない。その種のアカウンタビリティは、通常、商業的あるいはその他の圧力や制約と区別することは

不可能なものだからである。巨大メディアの運営形態では、被雇用者であろうとなかろうと、個人が創造的かつ有益な情報コミュニケーションを個人による表現の自由によって実現することなど、まず不可能である。現実の表現の自由の行使権は経営者とオーナーの側に「移転」(migrated) してしまっているからである。アカウンタビリティを果たすこと (accountancy) と自由が両立し、相互補完の関係にあるという理論的な主張は中空のリングのように中核部分が欠けている。

　公表の自由とアカウンタビリティは様々な仕方で相互に関係しているが、内実としてはときに相反し、完全に対立することがある。が、必ずしもそうはならない場面もある。しばしば、アカウンタビリティは自由を守るためにその代価として自発的に履行されることもあるし、最初から両者はセットだとされている場合もある。現在ある形態あるいは現在よりきびしいメディア・アカウンタビリティの提案よりもさらに大きなメディアの自由への脅威となっているものがある。それは富と権力が作り出す不公平で、大枠として公表手段にアクセスできる者とできない者とを区別してしまっている。この点についての適切なアカウンタビリティとはそうした不均衡を是正し、メディアが持たざる者の声にも耳を傾けるようにさせるものでなければならない。

　自由とアカウンタビリティの二つの原則は概念的にも経験的にも相互にかなり独立した存在である。公表の自由は固定的なものではなく、数量的にいえばゼロ・サム的であり、どのような規制でも自由度を全体として減少させることになるということだ。だがそれは具体的な数量では表せない。もしある人がアカウンタビリティをコミュニケーションの機会の減少だと考えたとしても、その人が目をこらせば、種々の厳しいアカウンタビリティを課そうとする試みを打ち負かすような能力を持つメディアを開発し、新しい方法を採り入れたコミュニケーション事業を容易に発見できるであろう。そこではより多くのチャンネルが存在するだけでなく、発言しようとする人びとや意見が増え、社会的・文化的環境の拡大とともに、より多くの話題が取りあげられるようになっているはずである。

アカウンタビリティは多くの場合、公共コミュニケーションに関する既存の不文律規定を具体化、可視化するという機能を果たしている。そうしてできた規定はある程度の強制力を持ってはいるが公共コミュニケーションの活性化にも役立っている。そのいくつかの形式では、既述のように、アカウンタビリティの諸規定は、多様な意見のバランスをとり、それらにアクセスさせ、一定のマイノリティを保護することで自由を拡大している。メディアの独立性とその社会的評価（public esteem）はより大きなアカウンタビリティの実行ということによって高まる。また、多様な責任が自己選択され、それが履行されている場合には、外部からの干渉の脅威が実効性を持つ可能性は少なくなる。メディアがオーディエンスに対して高い水準の質とサービスを提供できている場合には、オーディエンスから愛され、彼らからの忠誠の享受という見返りを得ることができる。実際にはそうした状況はメディア市場とテクノロジーの急激な変化によって脅かされているとはいえ、その根底的な原則が変わるはずがない。アカウンタビリティ自体には外部からの強制という次元をはるかに超えた意義があり、それが個人的であろうと広く社会的なコンテキストであろうと、そのいくつかの形式はあらゆる意味において人間が本来もっている自由なコミュニケーションの本質を支えるものである。アカウンタビリティがなければ、コミュニケーションは目的の限られた、反応もガイダンスもない、はてはその影響すら知られない、単純な一方的伝達でしかなくなってしまうからである。

小　結

本章の全体的な結論は、自由とアカウンタビリティという二つの原則は相互補完の関係にあるとはいえ、究極的には相互に独立性を保持しているということである。アカウンタビリティがもし国家による検閲や抑圧的手段として強制されるようなことになれば、自由を脅かす存在となるが、ある種の指標の明示（manifestation）であれば、肯定的な作用をする。またアカウンタビ

リティは検閲やその他の抑圧形式の反対の極にあるものではないが、それに替わり得るものとして理解することも可能である。いずれにしてもそれには特異性があり、私たちが目的とすべきはこの二つの原則を調和させることであり、自由を制限するどころか、自由を促進させるアカウンタビリティの在り方を定立し、実効化していくことであり、それに向かって努力していかねばならないということである。

注

(1) 1789年の人権宣言（訳注：フランス革命初期に国民議会で採択され、「1791年憲法」の前文となった宣言。正式には「人間および市民の権利宣言」）のこの部分のテキストはバーブルックによる訳では以下のようになっている（Barbrook 1995: 10）。「思想と意見の制約のないコミュニケーションは人間のもっとも貴重な権利の一つであり、あらゆる人は自由に発言し、書き、印刷物を発行することができる。ただし、法律によって規定されているこの自由（liberty）の乱用についてはその責任を取らねばならない」。バーブルックによれば、この条項は政治的な検閲の正当化を防ぐために1793年のロベスピエールによる宣言の改訂版において強化されたという。その第7条にはこうある。「自らの思想あるいは意見をプレスあるいはその他の手段で表現する自由は……禁止されてはならない」。訳注：この件の理解には、トーマス・ペイン著、西川正身訳（1969 [1791-92]）『人間の権利』岩波書店（文庫）などが参考になる。

(2) アメリカ合衆国憲法修正第一条は言論の自由の擁護の素材としてしばしば利用されてきたが、この問題での歴史的な影響系譜としてはそれほど大きな存在ではない。ラッグルズによれば、最高裁判所が修正第一条を根拠の一つとして、ボストン市当局が一人の黒人牧師による市営公園での反人種主義演説が市条例違反であるとしたマサチューセッツ州最高裁判所判決を覆した1897年がその最初であったという（Ruggles 1994: 61）。州裁判所の最初の決定の根拠となったのは、公園は市が所有するものであるという所有権であった。皮肉なことに、覆えされたこのマサチューセッツ州の判決文は、後に「思想の自由市場主義」の

推進者となるオリバー・ウェンデル・ホームズ（Oliver Wendell Holmes）が書いたものである。

(3) ホフマン-リームは放送の自由を制限することの正当性を次の五つの項目を立てて記している（Hoffman-Riem 1996）。①コミュニケーションへの干渉をふせぐこと、②メディアへのアクセスの保障、③メディア活動の質とその実現の可能性、④健全経営の財務的保障条件、⑤ヨーロッパ放送市場の統一性。米国における放送規制の正当化の主要な根拠は電波の希少性である。ボリンジャーはこの点について、フランクファター判事が下した権威ある裁定（1943年）を引用し、「電波発信は誰にでも出来るものではないので、いくらかの人は希望しても認められないことがある」と述べている（Bollinger 1991: 67）。つまり一部の人にだけラジオ免許が与えられるということは自由な言論の否定にはならないということである。その理由は、自由な言論の権利には放送施設使用の権利（access）は含まれていないからである。ボリンジャーによれば、レッドライオン訴訟（1959年）ではとくにそうだが、その後の最高裁の判決は熱心に放送に関する規制を肯定的に扱うようになった。また修正第一条を脅かす要素としては、当局による規制よりもプレスが独占化と私的検閲を進めていることのほうが大きいと捉えるようになってきたとされる（Bollinger 1991: 72-3）。米国では1915年、連邦最高裁の判決によって映画は修正第一条の保護対象からはずされ、それが1957年まで続いた（Foerstal 1998）。

(4) ハインドマン（Hindman 1997）およびボリンジャー（Bollinger 1991）の著作を参照。プレスの特権というものがあるにもかかわらず、様々な理由をつけてメディアへの民事訴訟を提起することができる。だが、過去のほとんどの期間、修正第一条はほぼ死文化状態に置かれ、1931年までそれがプレスに関する判決に用いられることはなかった（Blanchard 1977）。しかし20世紀半ばから後半にかけて、それがプレスの自由に関する重要事件の判決に適用されるようになった。とくに、1960年のサリバン事件判決のように公務員や公的人物を批判する判決に多く利用されるようになったり、その反対に、誰もがメディアにアクセスできるようにすべきだとする要求を否定する根拠として使われるようになっ

てきた（1974年のトーニロ事件判決）。国家防衛の問題に関わる事件では、プレスへの保護は小さくなっている（参照：Foerstal 1998; Patterson 1993; Herman and Chomsky 1988; Smith 1999）。

(5) ECHRは自由の約束条項に以下を付加している。「（自由な表現に関する）これらの自由の実行には義務と責任が伴うため、法律としてのそうした規定・条件・規制もしくは処罰に従わねばならないし、民主的な社会においては国家の安全や領土の保全あるいは公共の安全の保障が必要であり、そうしたことが治安維持や犯罪の防止、健康や道徳の保護、名誉や他人の権利の擁護、秘密保持指定をされた情報の漏洩防止、司法制度の権威と中立性の維持に役立つのである」。

(6) フランスをはじめ、いくつかの国では新聞法で発行者の登録を義務づけているし、ある一定部数以上の発行者に登録を義務づけているところもある（ロシアでは1000部以上の発行の場合、その登録が求められる）。

(7) ネローンによれば、プレスの自由の概念における「肯定面」と「否定面」、つまり民主政治哲学の消極面と積極面の二つの並行的流れの特徴を検証し、両者が和解し得るという見解を出したのはイザヤ・ベルリン（Isaiah Berlin 1958）であるという（Nerone 1995: 84）。ここに見られる二つの自由の概念は次頁の対照図として描くことができる。

(8) 自己表現であることを根拠に自由な言論は本質的に保障されるべきだといった意見を持つある著作者は、自己実現の権利と人間の尊厳だけでなく、「社会の一員としての個人の役割という西洋的な基本概念」にも言及しているという（Emerson 1970: 71）。彼はこの考え方に立ち、社会の目的は個人の福祉の増進にあり、その反対ではあり得ないと指摘している。第3に、彼はこの問題を平等性の原則、とくに、共通の決定を市民一人ひとりが共有する権利があるということに関連づけている。ここから、知識にアクセスする諸権利、自らの考えを形成し、ニーズや好みを他人に伝え、社会に参加するという権利が発生する。この流れを妨害しようとすることは、社会や国家を専制的な形に追いやることにつながるというわけである。

プレスの自由の2つの概念比較

否　定　的	肯　定　的
個人的	集合的
自　由	責　任
機会の平等	分配の平等
自然権	道徳的義務
無規制	自由の制限
絶対的価値	目的に応じた価値

(9) メディア市場は実際にはどのような展開をするのかという観察を基にした理論に対してはかなり多くの反対がある。シャウアーの場合はそれよりもさらに基本的なレベルにおいてこの理論に疑問を呈している。彼によれば、「真実が思想の自由市場において強い普及力を本質的に持っている、あるいは、真実と虚偽の違いはどちらを一般に受け入れ、どちらを拒否すべきかを私たちが判断できる説明基準を本質的に提供する」（Schauer 1986: 777）という証拠あるいは説得性のある理由は存在しない。

(10) その他として、中立性（neutrality）原則というものがある。言論はある特定の観点から好ましくない、あるいは間違っているとされることによって処罰の対象となってはならないということである。第2は、情動の原則（emotion principle）である。それは情報や議論の場合とは違い、無礼で粗暴、ショッキングで情動的、またそれ自体が誰かを傷つける性格を持っている表現についても、原則的には平等な保護を与えるというものである。第3は、象徴的原則（symbolism principle）とも言えるもので、そこではデモなどの表現行為、あるいは国旗を焼くといったコミュニケーションの象徴的な形式も平等に保護されるというものである。実際にはこれらの象徴的コミュニケーション自体は言論表現というよりも「行動」そのものであると考えるべきものかもしれないし、しばしば現実的あるいは潜在的な加害性を持ったものだと考えられるということである。

(11) さらに一般化していえば、「商業的コミュニケーション」はここで述べたような、いろいろな仕方で正当化できるコミュニケーションの自由に従ってきちんと形成されているわけではない。それはいかなる個人や組織にとってもその

自己実現の個人的な（personal）表現であるとか、広告主の人間としての尊厳にとって必要であるとも思えない。さらには、一般の常識的意見からみて、それは真実へのまっとうな貢献をしているとは考えられないし、政治的な広告を除けば、政治的プロセスや市民文化への必要な貢献をしていない。それは市場経済にとって重要ではあるのだろうが、経済システムにとって無規制の広告が必要であるかどうかについては定かではない。ラッグルズは以下の理由を挙げて「商業的言論」（commercial speech）の自由の保護に反対する意見を述べている（Ruggles 1994: 15）。それは自由にインタラクティブなコミュニケーションが出来る条件を保障するものではない、つまり本当に自由な言論ではない。そこではオーディエンスには応答する権利も機会もなく、コミュニケーションの目的は完全に発信者の利益のために存在する、つまりプロパガンダの典型事例そのものだというわけである。

(12) 前述した客観的に記述されたニュース表現は、メディアが必要に応じて引証できる証拠と情報源によって支えられており、そのことによって信頼性の一部が形成されている一例である。一般的に、メディアは事実によって記事の間違いを指摘されると、その不正確さを認めることになる。これは最低限のことであるにせよ、アカウンタビリティの履行の一形態としても重要なことである。

(13) ベイカーは個人・プレス関係者・メディア所有者にとって、プレスの自由という言葉は何を意味しているかを検証し、一般市民のそれが弱いということを発見した。その主な理由はプレスの自由とは何かがはっきりせず、その結果、おそらくは公共放送を除いて、実際的な対応ができないためであると主張している（Baker 1989）。そして次のようにいう。「〈公衆のための自由〉という言葉の持つ響きはいいが、それには明確な内容がない。公衆の側がメディア所有者やプレスのプロフェッショナルたちの自由のように、より狭い範囲のグループ化によって自分たちにとっての自由の意味の限定化をすれば、最大の利益が得られることになろう」（Baker 1989: 252）。

(14) ウィーバーが行ったジャーナリストの見解の国際比較を見れば、自律性の自覚は仕事の満足度や政治・経済的環境の現実状況によって変化することがわか

る（Weaver 1998）。北アメリカにおける自律性の自覚はきわめて高いレベルにあるが、ヨーロッパではそれより低く、かつバラツキが大きい。自律性という点での満足度はその社会における主流的な政治文化とも関係しているとはいえ、英国やオーストラリアのように、ジャーナリストがウォッチドッグ機能を重視しているところでは、社会的に認定された自由の程度に満足していないことが多い。

(15) 自由市場の作用を含め、論争点や斬新なものに萎縮効果をもたらす原因が明らかになっている主なものは次の三つである。その第1は、所有者の関心や偏見への従属、どのような規模のものであれ、とにかくオーディエンスの怒りを招くことへの恐れ、広告主を怒らせたり失ったりする恐れである。第2は、メディア産業の仕事が主としてルーティン化していることで、創造性や独創性、事前予測ができない公表行為が構造的に減少していることである。第3の自由に対する敵は、従来からある政府ないしは公的権力である。これは進行中の証拠がいつもあるわけではなく、ふつうはメディアと政治システムが共益関係となったときに見られる。

(16) 現行体制の秩序を支持し、政治・経済的資源を持たないオルタナティブな意見や情報源を無視したり、正しいと認めないメディアの強い傾向を示す証拠もたくさんある。

第9章　責任とアカウンタビリティ：その概念的相違

問題の所在

　これまでは、「責任」（responsibility）と「アカウンタビリティ」（accountability）という二つの用語を常識的かつ緩やかに定義して使ってきた。これらの用語はほぼ交換可能で、現実に同義語のように使われていることがしばしばあるのだが、本章ではもう少し厳密に検討しておきたい。哲学者のJ・R・ルーカスは、責任のことを「応答責任」（answerability）もしくはアカウンタビリティと等しいものだと言っている（Lucas 1993）。彼の見解では、そこでの中心的問題は行動あるいは不作為の動機について、「なぜそうしたのか？（もしくはしなかったのか？）」という問いが提出され、そうした問いをすることは正当な行為で、それに対する回答（answer）への強制はないにせよ、回答がなされるべきは当然であるという前提があるという。だが、このような問題提起の仕方は別の大きな問題をもたらすことになる。そこで期待されているような答えをするには、そうしたコミュニケーション的行為に関係する人たちが置かれている状況の定義が明快かつ同意できるものとしてまずなされている必要があるからである。

　これら二つの語は英語でも他の言語でも、動詞の'answer'（答える）あるいはその類義語と関係のある語源を持っている。この共通のつながりは応答責任という一般的な概念を介して形成されるが、この言葉自体も明晰ではない。しかし、こうした混乱は単なる意味論上からだけでなく、この問題そのものが派生してきた状況との類似性と異質性に根本的原因がある。同様に、これ

らの用語法は、特定の社会的概念や所与の状況に適用されるルールに左右されるということでもある。しかもこの場合のルールはきわめて変化しやすく、その場しだいで適用の仕方が変わる。ましてや、マスメディアの場合には決まったルールがあるわけではなく、その自由の程度も不確定きわまる。さらに、これまで検討してきたように、メディアは一般的に、外部からの責任の押しつけを拒否し、公表行為に対するアカウンタビリティの手続きに従うことに抵抗する。しかし同時に、メディアの場合には程度の差こそあれ、それぞれがある種の責務（obligations）や義務（duties）もしくは課題（tasks）を負っており、それらを応諾、順守（compliance）するための手続きが用意されている。

　この点に関する基本概念はホッジズによって以下のように簡潔にまとめられている（Hodges 1986: 14）。

　　責任（responsibility）の問題とは、ジャーナリストがどういう社会的ニーズに対して応えるべきかを私たちが期待できるかということであり、アカウンタビリティの問題とは、社会はジャーナリストに対し、彼らがどのように与えられた責任に応えた行動をするようにし向けられるかということである。したがって、責任とはなされるべき適切な行為とは何かを定義することに関わることであり、アカウンタビリティとはそうした行為を強制的にさせる（compel）ことに関わることなのである。

　しかしこのホッジズの説明にはいくつかの疑問が残る。第1は、ジャーナリストは社会のニーズに応える「べき」（should）は当然だという主張についてである。第2は、この件における責任内容は周知のこととされ、なんらかの方法ですでに与えられたものだという前提があることである。第3は、ここでのアカウンタビリティが強制ということと関わりを持っていることである。もし私たちがメディアの自由の権利やその制限の議論という泥沼にはまりたくなければ、これらの前提からまず脱却する必要がある。とすれば、私

たちに求められるのはそれら二つの用語がメディアによる公表行為という特定場面においてどのような意味をもっているのか、さらにはその他の分野においてはどのように使用されているかの追究からはじめなければなるまい。

メディア以外の事例

そのためにはメディア以外の分野の事例研究が役立つ。たとえば、政治や政府、官公庁における責任の概念は特定の部署や役割に対して与えられた特定の機能や権限の分野に関わる、あたりまえの一連の職務や義務として理解されている。原則として、公務員たちは課された職務遂行のための権力と手段を持っている。そこには職階的な指示系統があり、それがある一定の職務を誰がどのレベルのどのような行動によって遂行していくかが示され、アカウンタビリティへの対応がなされていく。この場合、アカウンタビリティが権力（power）と権威（authority≒職務権限）に依拠して履行されているのは明白である。フェインタックは公的なアカウンタビリティを二つに区分して次のように述べている（Feintuck 1999: 121）。「第1は、当該公務員が市民に対して行う行為を責任あるものにする要請のことである」。第2は、「権力の行使に関して求められる要件や期待に違反した行為が見られた場合の制裁に従うという前提での職務遂行」ということである。

責任は、法律的には刑法でも民法でも、ある人の地位や職場によってでもなく、すべての個人や法人（legal actors）に適用される一連のルールに則り定義されている。そのような意味での責任の多くは性格としては消極的な（negative）ものになる。リベラルな社会においては市民の積極的な（positive）義務は最小限に抑えられるからである。しかし、子どもの養育義務から納税まで、私たちが果たすべき法律上の責任は相当な数にのぼる。とすれば、先述した責任とアカウンタビリティの区別はじつに明確である。アカウンタビリティには責任が果たされたかどうかをチェックする役目があるということである。かくして二つの用語は同じ法的条文内に記されることになるわけで

ある。

　責任という言葉にはプロフェッション（知的専門職）という視点からの特別の意味がある。プロフェッションに従事する者は自主的な判断力や専門性を要するその職務にしかない特別なスキルを実践するための訓練を受ける。プロフェッショナルたちは顧客の利益に奉仕するという絶対的な責務を持つとともにしばしば、より広い社会的・公的な責任を負い、それが当人たちにも受け入れられている。彼らの仕事は専門の知識とスキルに従っているだけではなく、一連の目的にかなった倫理によって律せられている。そうした基準は実質的に運用され、モニターされるとともに、プロフェッショナルとしての資格が独立した専門機関によって認定されたりチェックされたりしている。きびしい言い方になるが、こうした水準からすれば、メディアの分野にはプロフェッショナルは存在しないとも言うことができる（Singletary: 1982）。だが、メディアの仕事のいくつかの分野、とくにジャーナリズムはスキルと知識を備え、倫理基準に従いながら高い質的水準を保つ努力をしているとともに（参照：Oledzki 1998）、顧客と社会へのより広範な責任に基づいて行動しており、プロフェッショナリズムのいくつかの要件を満たしているものだといえよう。

　ビジネスにおいて、責任は主として従業員ならびに顧客や取引相手との関係において雇用者が認めた責務（obligations）という観点から定義されてきた。どちらの場合でも、たいてい法的基盤の支えがあるが、多くの責任は慣習的であるか、関係当事者の利害や力のバランスに基づいた交渉しだいで決まることになる。ビジネス関係者による責任の認定と実行は長期的な観点からみて自己の利益になるかどうか、顧客との良好な関係の維持ができるかどうかといったことで決まる。しかし、倫理的原則もその一部を成し、道徳的責任も法的責務と平行して存在する（Brummer 1991）。

　このことは個人の対社会的相互作用（人間の相互関係）にもあてはまることである。というのは、それは人間のコミュニケーションの多くにも言えることで、社会的責務と責任に関する考え方の多くもそこから生まれてくるか

らである。人間相互のコミュニケーションにはその本質的特性として「反射性」(reflexivity) というものがある。私たちは、特定の個人というよりもその役割を果たすという点で、他者への期待や他者からの期待という複雑な網の目に組み込まれているし、私たちも他人からの同じような仕組にからめとられている。私たちは相互の責任についての理解の共有を拡大させ、言動によって他者へのそうした応答を継続している。セミンとマンスフィールドが説明しているように (Semin and Mansfield 1983)、多様な個人的相互関係を持つ社会活動が重要な役割を果たしているということである (注1)。多くの人間関係上のアカウンタビリティはお決まりの枠組と基準に従い、ルーティーンとしての自然な流れとなっている。決まりが破られたり、基準が齟齬をきたしたときにのみ、個人はその責任の履行を迫られたり、非難に対して自己弁護をすることになる。それが説明、正当化、謝罪といわれるものである。

以上のことから、責任とアカウンタビリティの意味合いもケースバイケースで異なり、メディアの場合にも標準モデルというものがないことがわかるであろう。メディアの状況にはいくつかのケースが混在しており、複数の次元を想定できる。メディアの活動には公共的性格があり、その多くが衆人環視のもとで行われている。メディアは社会的にも道徳的にも種類によってその実体と重要性が変化し、「神聖」なものから「世俗的」なものまで多彩である。また発信者としても個人から公的組織まで多様である。さらには、メディアはその専門性と自律性の程度においても定まったものがなく、不安定だという特徴を持っている。

しかし、メディアが以上のような多様性を持ったものであったとしても、それらのすべてのメディア活動には重要な共通要素というものがある。その一つがそれぞれのアクター（個人・事業主・団体）が一定の行動と課題の遂行を期待され、一定の役割の要請に応えることが当然の規律だと理解されていることである。もう一つは公式・非公式を問わず、一連の適切な規定が存在し、規律違反とは何かを特定し、定義していることである。公表行為の影響に対する責任とは何かという定義はとくにむずかしいが、それは自由とい

う条件から出てくる議論が多様であると同時に、メディアにとっての「規律」とは何かということには幾通りもの考え方があり得るからである。

メディアの責任の意味

　責任に関する多くの研究が、とくに宗教、法律、倫理・道徳、その他の哲学の分野で蓄積されてきている。メディアの場合、責任の問題は主としてプロフェッショナリズムと社会的責任の両面、ならびに公表行為者が日々直面する法的・道徳的ジレンマに関連した事項として議論されてきた（第6章参照）。こうしたメディア関連の議論はきわめて実務的な側面が強く、それらは、たとえば、公表するものとしないものとの区別、公表行為と活動の特別事例、メディアは公益に資する課題の遂行にあたるべきか否かといったことであった。メディアが何をすべきか、そしてなぜメディアはそれをなすべきかという二つのこと以上に責任の概念そのものが深く検討されてきたことはなかったのである。

　もちろん、こうした責任についての多くの文献には事案の考察に役立ち、メディアに適用できる解釈が含まれている（Downie 1964; Blizek 1971; Haydon 1978; Smiley 1992）。後述するような責任の主要な意味は、当面必要なものとして、それらの文献を参照して得たものである。このリストの特徴は折衷的なものだが、すべてを網羅したものではない。参考にした文献の多くは、責任とは倫理と法哲学に由来するものだとし、好ましくないか問題のある結果をもたらし、結果として非難や制裁、処罰となるものだとしている。そこでの中心的問題はある事例における主たる行為者の法的責任（liability）の度合いである。だがこのような解釈には偏りがあるといえ、私たちは本件検討の主要点としてはそれらに適切な修正を加えなければならない。メディアが負うべき責任はもっと積極的な面を含むべきであり、加害性だけではなく、また法や明確な規則よりもむしろ非公式的なものの検討をもすべきだからである。

そのことを踏まえ、メディアの責任を検討した結果、それには次のような特徴があることが分かってきた。

- アクターが他者に対して行う自発的な「約束」(promises) には責任が伴うということ。それらには契約や合意などがあり、法律上の拘束力を持つことがある。また、それらは編集綱領 (editorial mission statements) や、所与のメディアチャンネル、公表行為、サービス等にたとえ明記の形でなくとも含まれているものである。そのことから、オーディエンスはメディアのコンテンツやサービスに対し、それらに示されたものを含め高い品質を期待することができるのである。広範な社会的目的に貢献するということが主要なメディア関係者によって主張されることもある。ホッジスはそうした「メディアと社会との非公式的な契約」について書いている (Hodges 1986)。だが、現実には主流メディアも、政府の情報提供活動や当局からの適切な支持要請といった一定の圧力には抵抗できない。自主制定した倫理綱領はしばしば、ある種の公共的役割の履行を約束するものになっているということである。
- 起こり得る結果を察知し、行動を実行する充分な自由と手段を持って行動する「能力」は、別の意味と脈絡での責任を取らせるための一般的条件となること。法律的には、人はこうした条件での能力を持っていると判断された場合にのみ、その行動に対する法的責任を課される。ここで私たちが検討しているのはその行動もしくは行動の不作為の結果に対して責任を問われる能力を有する人と行為機関 (agency) についてである。一般的にいえば、既成のメディア組織はこの意味における能力を有すると考えられる。しかし、メディアを利用する個人や一部の周縁的な弱小発信者はこの範疇には入らないであろう。
- 社会的な役割や職階、評価に付随した「課題と機能」に関し普通に期待されること (normal expectations) が取るべき責任だとみなされること。先に注記したように、特定のプロフェッションにはその従事者が対外的

に果たすべき中心的なスキルがある。その職業的役割を完遂するために私たちは決められた課題を実行し、そのために当該のスキルを十分に活用するという責任を負っているということである。

- 法律や規制組織といった正式な外部の代理機関により個人や組織に課される「義務や責務」（duties and obligations）はまたそれとは違った形式の責任であること。それらの性格には肯定的なものと否定的なものとがあり、原則的にメディアは他の市民や法人と同様の法的な制約の下に置かれている。しかし、メディアにはその役割の特殊性があり、それらがメディアにいくらかの特権を与えることにもなっている。公共サービス放送はたえず社会への責務を課されている特殊ケースである。

- 何かを引き起こしたとの申し立てを受けた場合の責任は起因責任（causal responsibility）といわれ、法的手続きに付され、有罪あるいは無罪が判断される代表的なものであること。またケースにもよるが、その際に問題となるのが起因の程度である（Semin and Mansfield 1983）（注2）。このレベルでの多様性もまた、可能性として存在するメディアの影響に対応して設定されている（第7章を参照）（注3）。ここでも、表示的あるいは象徴的行動としての公表行為は、起因的影響という点で物理的行為と同じ取り扱い方でいいかという問題が出てくる。

- 責任は起因責任の概念によって完全にカバーされ得るとはかぎらず、最終段階で法的責任（liability）とされる考え方に直接的な関わりを持つことがあること。とすれば、この場合の責任は必然的に申し立てられた失態の結果として、起因責任の証拠があるかどうかに関係なく、非難や処罰を認めたり甘受する、あるいはそれらを否定するということに関係してくる（注4）。

- 「道徳的責任」の概念は起因的かつ法的責任概念とは異なった意味合いを持っていること。参考例を挙げれば、責任意識が個人の信条とか良心から発している場合がそれで、そこで非難の対象とされていることは第3世界の貧困とか世界的環境破壊といったような直接的ではなく、その

病巣がしばしば離れたところにあるとされるものである（注5）。メディアは世界中の悪いことが直接的あるいは決定的にそのせいで起きていることはほとんどあり得ないにもかかわらず、それら多くの不都合なことに道徳的な責任があると考えられるかもしれない。そのため、この点に向けられた、法的あるいは科学的形式とはまったく違った議論や分析がたくさんなされてきた。このことは同時に、近代のメディア組織における倫理的行為の範囲ないしはその欠如についての問題点に関係してくる（注6）。

- 「良心」（conscientiousness）についての考え方は、これまでの説明では十分にカバーできなかった責任形式であること。その意味するところは、積極的な目標・義務・責務について能動的かつ内発的に追求するための条件だということである。これは通常、個々人の著作者に適用されるものだが、組織によるアプローチにも適用できる。いくらかのメディアは利益獲得という動機と同時に、あるいはその代わりに、理想的あるいは倫理的目標を果たすという役割を課されているということである。

以上に挙げたすべての項目にはある程度までの相関性があるが、図9.1として挙げたもののほうが基本形としてより簡略化され、私たちの議論の当面の目的にはいっそう役立つかもしれない。

責任のタイプのいくつかには重なる部分と相互に連関する部分があり、全体としてはいくつかの次元の種類と程度に区分できたとしてもそれぞれが縦横に交わる関係にある。ここではとくに、三つの区分を強調しておきたい。

契約的ないしは約束順守的
役割もしくは仕事としての課題の遂行
義務および責務の遂行
起因責任
道徳的責任

図9.1　メディアの責任の主要形式

第1は、そこに含まれる自発性（voluntarism、任意の意思）の程度で、それが約束履行ならびに道徳的責任に関しての緩やかさを作り出している。第2は、外的・内的次元で、責任のいくつかの局面には公共的な性格があり、とくに起因責任ならびに義務・責務に関連し外部からの圧力と要求に従属するという性格を持っている。その他の形態として、組織内やメディア制度内で生起し、内部で処理されるものが挙げられる。第3は、道徳と企業利益のどちらを優先するかという打算によっても責任の捉え方が違ってくるということで、これはとくに、道徳面を契約的な責任と切り離して考えるものである。

メディアの責任という用語は責務についてのきわめて多様な表現と種類だけでなく、全体的な制度の部署による責任の位置づけの違いを見えなくさせている。このように理解すると、責任はじつにさまざまなレベルで存在するものだということが分かってくる。しかしそれは必ずしも階層的な関係にあるとは限らない。主たる存在場所はやはり全体としてのメディア制度のレベル、つまりオーナーシップ、組織と運営管理、プロフェッショナルな職員、個人的著作者あるいは出演者たちである。いくつかの責任の形式は決まったレベルに表れやすいという傾向がみられるとはいえ、形式とレベルとの間には一般的あるいは必ずしも必要な対応性があるわけではない。

最後に、責任は常に誰かが負わねばならないことを忘れてはならないということである。もちろん、その誰かが社会全体であることもある。この点についてこれ以上の説明は必要ないだろうが、参考のために第10章に図示しておくので参照されたい（図10.1）。それはアカウンタビリティに関して、メディアが誰を主たるパートナーとすべきかについて述べたものだが、その多くはここでもあてはまる。

アカウンタビリティの意味

これまで責務の順守という観点からアカウンタビリティについて述べてきたが、そうした公式的な定義だけでは実行段階ではあまり役立たない。とい

うのは、それには脈絡上の多様性ならびに責任（responsibility）との同義的側面があるからである。しかしそれらのうちのいくつかの定義は議論の出発点として有効である。クリスチャンズはメディアの倫理綱領に強制力を持たせるためには、概念として十分なアカウンタビリティの意味確定が必要であると主張し（Christians 1989: 40）、それを「適切な要求に応じて出された勘定書、つまり相手方をきちんと記した法的に正しい貸借票」のようなものだと定義している。ブラマーによれば、企業の社会的責任についていわれる「アカウンタビリティを果たせる」という表現は「当該者がその行動あるいは不作為に対しての責任を果たす能力・意思・ニーズもしくは要請への対応ができる状態のことである」（Brummer 1991: 14）。つまり、アカウンタビリティとはある「基準」（criteria）に従って、誰かに、何かをする、そしてその厳密さの程度は場合によって異なるといった内実を持ったものなのである。ブラマーはまた、それらのアカウンタビリティ関係において責任が果たされるべき主要な相手方についても述べている（第10章を参照）。つまり、誰に対してなされた約束なのか、誰に対して法的責任を取らねばならないのか、そのメディア行動によって誰が影響を受けるのか、その反対に誰が自分（メディア側）に対して影響を与え得るのか（いわゆる「逆影響モデル」）といったことである。つまり、現場の仕事仲間（別名stakeholder「関係者」）、そしてオーナーと株主に対しての影響である。ここに列挙したものはすべて、メディアになんらかの関係があるものばかりである。

　この他にも、アカウンタビリティの議論に関心を持つ人たち相互の関係が必ず問題になる。というのは、少なくとも、アカウンタビリティの履行は誰かから誰かに対しての要求が出た時点で始まるからである。このことがあてはまらない事例は個人的で道徳的な責任の場合に出てくるかもしれない。そこでのアクターは良心に対して忠実になることを求められるからである。しかし、そうしたケースは現実に存在するが具体的に誰かが特定できない人たちに対して起きる加害性である場合が多い。

メディア・アカウンタビリティの主要形態

　コンテキストの領域における違いも多種多様であるが、ある意味でマスメディア一般に広く確実に適用できるアカウンタビリティの形式と意味のレパートリーは限られているともいえる。メディアに関連して問題とすべき主な形式は以下の用語として説明できよう。

- 説明　議論の的となっている行動について「説明」することには厳密な事実の説明とともに動機まで説明し、ときにはそれらの正当化さえ含まれる。だがその場合でも、相手が申し立てについてなんらかの事前協議の申し入れをしてきたり、メディア側を提訴したりといったやり方で圧力をかけてくるとき以外はメディアが自分たちの公表行為に関わる決定について説明したり正当化することはあまりない。ただし、問題となった公表行為に関して、自発的に罪を認め、謝罪し、反省するといった形態をとった「告白的」(confessional) 形式というものがある。
- 情報提供　活動や表現行為について日常的かつ定期的に情報提供や報告を行うことは継続的になされる市民向けのアカウンタビリティとして一般的である。どこまで情報提供や報告をするのかという程度についてはそれに関与したメディア組織の立場によって違いが出てくる。公共メディアや準公共メディアではとくに、コンテンツや編集方針、情報が届くオーディエンスの範囲、財政状況についての定期的な報告が義務づけられている。民間のメディア企業では、たとえば株主に対して決められた様式で行う報告の一部にあたる収支報告だけをするというのが一般的傾向である。しかし、民間メディアは広告を獲得するために、現実的に公共領域に所属するとみなされる、どの範囲までのオーディエンスに自分たちの提供情報が届いているのかといったことの公表をせざるを得ない。またこの種の情報はパブリシティのためにも利用されている。

- **財務報告**　とくに損益に関する財務報告は情報提供の特別なケースであると考えられる。財務の「報告」は、「物語」や「ナラティブ」はなく、規則に従って明細な数字表現によってなされるという点に特徴がある。商業メディアにとってはこれが最も重要なアカウンタビリティの形式である。財務報告に比較すれば、その他の形式のほとんどは周縁的で、細部までの正確さがなく、改善につながるものではない。
- **測定評価**　メディアはまた、オーディエンスへの到達範囲・支持・人気度をそれ用の「測定」法によって日々「評価」されている。コンテンツやサービスの質が評価されることもある。メディアが自発的に行っている自己検証的評価とは別に、多くの批判（もしくは賞賛）が手紙や電話などで直接メディアに寄せられる。このような「オーディエンスへのアカウンタビリティ」はメディアの領域に独特なものだといえるかもしれない（注7）。
- **メディアの行動と諸活動**　メディアの行為と諸活動（media conduct and performance）に関し、その基準が維持されているかどうかをチェックする外部機関による定期的な公的判断は、主として目標や基準が規則によって定められているか、自主規制原則が正式に採用されている視聴覚メディアに限られている（注8）。しかし、それよりも広範囲なメディアの活動に関する検証が総合的もしくは部門ごとにメディアモニタリングといったかたちで定期的に行われている場合もある。そうした検証では公的に設置された監視機関や市民の自発的なウォッチドッグによる体系的な研究や証拠の収集などがなされている。
- **申し立てと裁定**　公式的な申し立てによる係争中もしくは発生した結果に対する法的責任が主張された場合には、「申し立て」から「裁定」にいたる手続きはきちんと整っている。たとえば法的訴訟の場合がそうだが、加害性や失策が申し立てられ、公的な第三者機関による裁定があれば、それに特化した対応（account）が求められることになる。アカウンタビリティそのものの形式としては「罰金の支払い」がその一つの方式

だと考えられる。
- **検証と批判** メディアは、政党・圧力集団・自発的なメディアのウォッチドッグ（監視機関）、ライターや研究者、それに他メディアに加えて世論といった広範囲な方面から大いに「検証」され、「批判」される対象である。そうしたものによる公共的なアカウンタビリティへの貢献は主として議論を促進することであるが、現実としてのメディアがさまざまな理由から自己批判をすることはきわめてまれで、事実に関するニュース報道を除き、相互の批判を避ける傾向にある（注9）。

アカウンタビリティの形式やその分類法は上述の他にもあるだろうが、分類をあまり増やしても理解の助けにならないし、できるだけ数をしぼっておいたほうが対処もしやすくなる。それぞれに決まった手続きを持ち、それに対する独自の意味と対応を含む、もっとも大事な形式をつぎの図式（9.2）として示しておく。

責任の場合にもそうであったが、アカウンタビリティにも一連の違う考え方と手続きを相互に関連づける別の方法がいくつもあり得る。第1に、公的で外部に向けられ、かつオープンな性格のアカウンタビリティと、それよりも内向きで、問題を絞り込み、準私的もしくは技術的な性格を持ったアカウンタビリティのプロセスとの間には一般的に相違が存在するからである。第2に、自発的に受け入れた責任に基づいて約束したアカウンタビリティと、外部のアクターあるいは機関から要求されたアカウンタビリティとでは性格が異なるからである。こうしたケースでは通常、それに続いて裁定のための

- 口頭：説明　情報　正当化
- 金銭
- 活動への接触率（視聴率、閲読率等）
- 苦情申し立てと裁定
- 公共的な議論
- 結果への責任

図9.2　主なメディア・アカウンタビリティの形式

プロセスが用意されている。

　これに関連して、第3番目として、公式的で拘束力を持つ物理的な処罰を伴うか、性格的に言葉あるいは象徴的表現だけのものかという点からも違った形式のアカウンタビリティが存在し得る。次の四つの条件があてはまる場合には通常、より厳密で公式的な形式があてはまることになる。①名誉棄損が測定可能な形でなされたか、有害性を誘発したとの申し立てがなされたとき、②たとえば先述した起因責任といったような、直接的な起因関係が申し立てられたとき、③クレームや苦情に基づいて外部からアカウンタビリティが要求されたとき、④法律や規制の違反があったとき、である。こうした状況が起きた場合、アカウンタビリティは法的責任の受け入れとなる傾向があり、公式的な裁定の後、具体的な罰金の強制的な支払いとなる。

　これに対して、自発的であるとともに、典型例としては口頭だけによるアカウント（例：説明・情報・謝罪・正当化）によるアカウンタビリティもある（注10）。このように考えてくると、それは二つのアカウンタビリティの主要モデル、つまり法的責任モデルと答責（応答責任、answerability）モデルに分けられるということになる（図9.5を参照）。アカウンタビリティの一般的な理論的解釈は矯正と改善を果たし、正常な状態に戻すということである。しかしこうした認識が当該の現場ではしばしば欠如している。アカウンタビリティが、それ以後のよりよい活動のためというよりも、非難と処罰をどこへ持っていくかということに重点を置くものとして捉えられているということである。

アカウンタビリティの多様な形式

　このような検証をしてみると、とくにアカウンタビリティの合理的な特徴に留意した場合には、公表行為に関するものとして、三つの主要なメディア・アカウンタビリティの形式を挙げることができる。それを図9.3として示しておく。

> A. 片務的／自律的形式
>   ・良心への依拠
>   ・想定相手先への配慮
>   ・プロフェッショナリズム（専門職業としての矜持）
> B. 双務的形式
>   ・拘束性のない契約あるいは約束
>   ・生産者と消費者との関係
>   ・規範的な目標に関するもの（社会的正義感、信仰、運動、集団）
> C. 三者間の形式
>   ・公式的な申し立ての手続き
>   ・法的拘束力を持つ契約および必達目標（commitments）
>   ・その他の法的もしくは規制力のある責務
>   ・「社会」が申立人となっているケース

図9.3　メディア・アカウンタビリティの主な形式

　アカウンタビリティの片務的（unilateral）な形式の区分としては、第1に、個人あるいは私的な表現にかかわるすべてのもので、価値観や信条が行動の原動力となっている場合である。そうした個人的な道徳的責務がしだいに、より広い範囲で共有されるプロフェッショナルな倫理基準へと昇華していく。メディア組織は限られた範囲の行為に責任を負うことを自主的に受け入れ、アカウンタビリティの手続きに従うようになっている。しかし、一般的にメディアにはプロフェッショナル化の程度が低いため、しばしばこうした責務についての意識は個人的なレベルにとどまったままで、特定のコミュニケーターだけを現実あるいは想像上のオーディエンスと繋いでいるにすぎない。もしくは、アカウンタビリティは仲間内だけのものとされてしまっている。アカウンタビリティは道徳・倫理・プロフェッショナルとしての質に限られているわけではなく、メディアコミュニケーター（発信者側）がオーディエンスを喜ばせ、訴求対象としてのオーディエンスとの安定的な関係を築きたいという願望からも出てくるはずのものなのである。このようなレベルで相手の気持ちを慮った関係を築こうとするとき、マスメディアの発信者は、実際のオーディエンスに直接に向き合うことも彼らについての知識もなしに、自分たちがアピールしたいオーディエンス像を空想し、作り上げてしまうこ

とが知られている（注11）。

　双務的（bilateral）なアカウンタビリティの場合には、メディア組織やプロフェッショナル集団のレベルで確立した、コミュニケーションを行うための明確かつ現実の相手が存在する。この場合には、コンテンツの形式と技術面での質という観点からも、一定の基準とサービスのレベルが存在している。さらには、公表された倫理・行動綱領も存在するだろうが、通常、それらには拘束力がなく自己判断に任されている。しかし、メディアはしばしば、拘束性があり、その実行が不可避となるような期待を外部のものに抱かせることがある。たとえば、ある新聞が特定のコミュニティやオーディエンスに奉仕するために創刊されたと思われている場合、その目的や公共的な期待があるため、自らを簡単には変身させることができなくなる。メディアが政治や社会あるいは宗教面における特定の目的に奉仕するために存在しているところでは、このような双務的関係が定式化されることがふつうで、それがある種の透明性の担保になっている。このような状況においてはメディアとその対象とされた人びととの間に直接的でインタラクティブな結びつきが存在することが多い。

　三者間のアカウンタビリティの関係では必ず、①メディアと、②その影響を受けている人びと（苦情申し立て者）の他に、③第三者が存在している。ここには図9.3で挙げているように主として四つのサブカテゴリーがある。最初の三つは文字通りのもので説明を加える必要はないが、第4番目の形式の主たるものとしては、特定の被害者や苦情を申し立てる人はいないが、社会や子どもやマイノリティといった弱者へのメディアの影響が指摘されている場合である。通常、こうした場合は直接的に影響を受けた人によるものではなく、社会あるいは公共善もしくは被害者の立場からの公益性の主張がなされる。このような状況における三者とは、①メディア、②受動的な性格のオーディエンス、③世論として動く社会／公益の唱道者／政治団体のことである。この場合のアカウンタビリティは通常、「世論による裁定」（court of public opinion）というやり方で実施されている。

メディア・アカウンタビリティのその他のモデル

　メディア企業自らによる約束と外部からの要求との違いは単純な二分法によって区別できるものではない。メディアの責務の程度が明快に記述されておらず、いわばグレーゾーンが多く存在するからである。メディアの責務もまた広範な領域に関わるもので、特定の加害性を避けることから長期的に見て役立つものまでの拡がりがあるし、その責務や強制の度合いも一定していない。そうした状況に適合できるようにアカウンタビリティのプロセスもまた多様化せざるをえない。クリスチャンズはアカウンタビリティの主要なレベルを、①法的責任、②道徳的制裁、③応答責任の三つに分類している（Christians 1989: 36）。①の法的責任とは、公式的に定義された責務で、それが果たされない場合には処罰されるという警告をその条件として含んでいる。②の道徳的制裁はこれまで、道徳的責任に関連して議論されてきており、個人の良心やプロフェッションと組織の倫理規定によってあるべき行動形式が示唆されるような場合を想定したものである。③の応答責任についてはさらに詳しく述べるが、基本的には公開の説明や議論が要請される表現行為上の問題が起きた場合、もしくは明確なルール違反や加害性への非難がないときにも使われる言葉である。

　ブリゼクもこれと同様の議論をしており、責任を①法的、②道徳的、③社会的、という三つに分類し、それぞれに異なる裁定者・手続き・挙証規則があるとした（Blizek 1971）。これら三つの用語は先に述べたアカウンタビリティの3つのレベルに対応している。法的責任の場合、問題は国家権力の下にある機関によって処理される。道徳的責任の場合、良心に基づいた個人としての行為者のパーソナルな責任は道徳的諸原則に委ねられる。社会的責任の場合、外部がどう見ているか、つまり世間がどう考えるかという観点から問題をとらえることになる。そこでブリゼクが強調しているのは法的責任と社会的責任との違いである。前者は行為者（agent）と行為（action）、そしてそ

の行為によって起きる（もしくは起きない）影響ということに注目するものである。それに対して、後者はそれよりも複雑で、第三者の裁定を想定している。つまり、「社会的責任とは原因と結果の関係ではなく、行為者となんらかの結果の関係で、それは裁定者によって決められる……その裁定者には、直接の原因となってはいない状況への責任を負わせてしまうという自由さえあるということである」(Blizek 1971: 110)。

　メディア・アカウンタビリティの手続き形式としてのこれらの三つの区別は、メディア規制という点ではそれほど明確ではなく、相互に連続性がある。このうちの法的責任はメディアの側から選択できるものではなく、ふつう絶対的な立場にある法律や規制を背景としている。道徳的責任への訴えも世論や法の強化を求めるといった、かなり大きな圧力を背景としている。応答責任には公表の自由に対する脅威としての圧迫を回避するために情報や思想の交換を保障するという機能がある。これらの手続きのそれぞれにおいてさまざまな責任がメディアの側にあるとされるが、いずれも処罰権を背景とした要請や要求とはまったく違うものである。

　課題や契約あるいは自発性という点で、手続きというよりは責任について適用できる、上述のものとは違う一連の区別がホッジスによって提案されている (Hodges 1986)。第1のケースは法的責任に関連するもので、そこから出てくる責務は自己選択や自発性によるものではない。それらは法律・規則・免許付与条件・公共放送機関の設置要綱などに明記されている。第2のカテゴリーは当該関係メディアが選択するしないは別にして、はるかに軽微な処罰として合意され、課せられる責務に適用される類のものである。ホッジスはこの種の責務はプレスと社会との間の「暗黙の了解」ということで対処されるものであると示唆している。これは言い換えると、たとえば、ある国内向けプレスは政府の言動について継続的かつ十分な報道をしてきたことで、長い伝統と両者の相互理解によって政治過程を記事にするという期待が確立されてきたということである。同様の暗黙の了解は、何を期待するかについて、メディアとその常連的なオーディエンスとの間にも存在する。第3のカ

テゴリーは、メディアによるサービスの望ましい側面、すなわち、専門職業倫理綱領のように公開のかたちでその履行が要請され、いくつかの果たすべき道徳的責務を伴う責任についてのものである。しかし、それらは「応答責任」という範囲内における批判や議論という手段を除けば、拘束力や強制力を持ってはいない。

　これらの様々な区分には明らかに相互の関連性があり、おわかりのように、主な二つのメディア・アカウンタビリティのモデルを提供するものである。ひとつは、課題とされ正式に取り決められた責任とそれらの実行の法的責任とを関連づけるものである。もうひとつは過去から現在までの活動において日常的かつ暗黙裏になされてきたものか、道徳的責任の要求や約束に基づいてなされてきた責務に関係するものである。これについては図9.4のようにまとめられる。

　自由なメディアは一切の責任を引き受けないという権利がある、あるいは単に、何かの法律規定を破らないかぎり責任を否定できるという見解がある。また、ときには、自由なメディアは、自由が脅かされるような条件下における制限や、政治的・社会的・道徳的問題に関連して強制が為される場合には、この権利を行使してそれらに抵抗すべきだとの主張さえある。「まず発表し

自由なメディア
には
責務というかたちでの
責任があり、
それらは、**課題として割り当てられる**か、**契約条項とされる**か、**自己選択的か**
のいずれかになり、
それらは個人・組織もしくは社会に対して
（法的・社会的・道徳的に）
法的責任　　ないしは　　**応答責任**（答責）
（生じた有害性）　　　　（表現行為の質）
という観点から
アカウンタブル（責任を履行するもの）
でなければならない。

図9.4　メディアの自由・責任・アカウンタビリティの関係

てしまえ、それからどうするかは後で考えればよい！」(publish and be damned)」という表現はプレスの無責任さを表す冷笑的な表現であるだけではなく、逆に、基本的な公表価値に含まれている勇気という徳目についてのまっとうな実行法でもある（第4章参照）。特定の内容の公表を避けるために、責任や公益ということを表に出して、メディアに圧力をかける例は多い。その形式が合法的か、非合法的かを区別すること、あるいは責任をとるためにどの圧力を受け入れるかを具体的に把握することは簡単なことではない。また、メディアによる社会的責任に関する不履行を是認できるものと否定すべきものに分けることも簡単ではない。メディアには法律の定める条項以上の責任があると言われるが、こうした状況下ではそうした言い方を否定する自由をメディアが主張することにもいくらかの妥当性があることになってくる。

二つのアカウンタビリティ・モデルの比較

クリスチャンズによって提起された応答責任という概念（Christians1989）は、法的責任モデルの代替のひとつとしてもっとも適切な呼称だといえる（参照: Blatz 1972）。それは、影響を受けた個人としてか、社会を代表してかは別として、公表されたものに対して正当な利害／関心をもつあらゆる人たちの見解にはきちんと対応すべきだという主張だからである。そこには、公表したことあるいは公表しなかったこと、その他の関連事項について説明し、弁解し、正当化するという意思も含まれている。応答責任を果たすことが改善・補償・謝罪につながることも、そうでないこともあるが、それは社会におけるメディアのより広範な責任に関する様々な規範の説明および再確認となる。その際に強調されるのは特定の加害の起因責任というよりも、公表行為の質に関することである。

アカウンタビリティの法的責任モデルは、メディアが個人、一定のカテゴリーの人たちあるいは社会全体に対して現実の損害を与え得るものだと考えられる場合に主として適用される。この起因責任という考え方では、先に検

応答責任		法的責任
道徳・社会的根拠	対	法律的根拠
自発的	対	強制的
口頭形式	対	公的な裁定
協力的	対	係争的
非物質的処罰	対	物質的処罰
質的側面	対	加害性の側面

図9.5　2つのアカウンタビリティモデルの比較

討したように、法的責任モデルの中心で、加害行為の責任履行をすべきだとされる行為者（agent）が特定されることになる。図9.5が示すように、このモデルは関係者が相互批判的意見の応酬をしているような敵対的な状況に適用できる。だが、このケースでは勝ち負けが強調され、処罰は金銭や謝罪文といった物質的な形式となる。この形式におけるアカウンタビリティは真実や道理にかなった説明の追求や解決を目指した交渉を行うことを目的とはしていない。対立点に関して双方の立場は一致しておらず、交渉は利害当事者の相互理解を促進したり和解させたりといった手続きではないからである。このモデルで取り扱うのはメディアに対する苦情申し立てであり、それが損害を受けた個人によるものか、社会の利益を代表した公的機関によるものかという違いがあるだけで、メディアの側も一般的には抵抗し、要求された事項のうち必要最低限のものしか受け入れない。

　公表行為の自由を主張するメディアに最終的には法的責任を強制しようとすることと、応答責任モデルという緩やかで柔軟性のあるアカウンタビリティとの間には様々な可能性の幅がある。ある特定のケースにどちらのモデルあるいはその中間に位置する方法を適用するかを決める一般的なルールはない。しかし、より幅広い論争に対処できるメディア・アカウンタビリティモデルを適用し発展させることを目的とする公共コミュニケーションに関していえば、法的責任モデルには困難や欠陥があるといえるだろう。この見解を採る議論は次のようにまとめることができる。

- 法的責任モデルは特定の公表行為への制限や重い物質的な処罰を伴うことがあるため、公表行為の自由へのより大きな脅威となる。このような処罰には、たとえ実際に適用されなくとも、萎縮効果がある。
- 法的責任モデルは、メディアを訴える富裕な申立人や小さなメディアを訴える経済力のあるメディアのほうにより有利なものとなる。訴訟費用がかさむためである。
- 法的責任モデルは、コミュニケーションにおいて起因関係もしくは意図性を証明することがきわめて困難であることがはっきりしているにもかかわらず、そうした原因と結果の両者には関係があることを証明できるという仮説に依拠して成り立っている（第7章を参照）。また、法的責任モデルでは「公表者」が公表の結果の責任を履行することを求められるという前提に立っている。表現の自由への脅威はさておき、言論行為が加害の原因となった場合に、損害請求を強く主張できるような他の行為と同じカテゴリーで対処するのが適切であるかどうかには一般的に疑義がある（Bracken 1994）。
- 応答責任モデルでは自由解放主義的な考え方に基づき、公表行為について道理にかない、かつ原則的な方法で擁護することを可能にしており、メディアの側がより多くの責任を自発的に果たすという積極的な立場に立ちやすいものになっている。
- こうした場合に常に必要なことは、オープンなコミュニケーションにおけるより大きな公益性と、それによって影響を受ける私的な物質的利益というそれとは対極にあるものとのバランスである。たとえば、メディアが悪への監視役（ウォッチドッグ）としてある出来事に批判的な公表行為をした場合、その行為が加害性を持ち、報道対象を傷つけることになる。こうしたケースにおいて、批判対象へのスタンスを崩した報道をすることはきわめて困難であるし、訴訟や係争の過程がそうした報道から必ずしも影響を受けるわけではない。

コミュニケーション（報道）できる程度に関する論争についてのアプローチとして、自由解放主義や応答責任を求める倫理的根拠を申し立てるさらにきびしい事案があり得るが、グローバル化したメディアの現況と商業主義の高まりがそれらの適用の可能性を小さくしている。今日のマスメディアは一般的にますます、自発的には社会的な責任を果たさず、より高い倫理的基準を受け入れようともしない国際企業による所有を進行させている。第1に、それらの企業はどの国家社会とも明確な結びつきを持っていないことから、メディアとオーディエンス、つまり自身と一般市民との関係は希薄で弱いことがふつうで、市場原理によってのみ動いている。またその他として、それらの企業に責任を果たさせるために法的な提訴を行い、たとえば健康の質や教育情報分野などいくつかの公共生活面での情報提供を解決する事例がますます増えてきている。個人が批判する側に回ることがますます多くなり、組織や社会機関に対して保障を求めるようになってきている。応答責任モデルが実行できるかどうかは、メディアの側に原理として自分たちの行動の責任を引き受けるという意思があるかどうか、そして道徳的責任についての外部からの申し立てに応える態勢があるかどうかを含む、一定の条件が整っているかどうかにかかっている。

小　結

　責任とアカウンタビリティとのあるべき関係は、一般に理解されているほど簡単ではない。しかし、とりあえず、本書ではアカウンタビリティをメディアがその責任を果たすようにし向けられる手段、あるいは責任は内部における現象であり、アカウンタビリティは外部からのものだと定義した。ドーマンが提案しているように、押しつけられる責務というよりも自発性という意味合いのある責任という言葉のほうがメディアには受け入れられやすいのかもしれない（Dorman 1991: 165）。プレーサンスはいみじくも、「相互にアカウンタブルである」、つまり双方からのそうした態度が示されることが重要

であることを強調したがその指摘は正しい（Plaisance 2000）。しかし彼はまた結論として、「その概念は責任の性質を決定する哲学的なアプローチに依拠した多様な形式に従って変化し続ける」とも述べ、とくに責任について、自由解放主義的な見解を採った場合と、社会的責任論の立場を採った場合との結果を比較している。そして、両者の違いはだいたいにおいて、程度の差にすぎないと言っている。しかし、この章で検討してきたように、責任とアカウンタビリティの概念には様々な形式があり得る。またプレーサンスが次のように結論づけていることにも筆者は賛成である。「〈アカウンタビリティ〉の概念が態様変化（shape-shifting）という性質を持っていると考えることは自由と責任という対立的性質を持った、安定感のない概念論争の整理に役立つであろう」。アカウンタビリティの意味は、発話者・オーディエンス・公表者、あるいはどのような利害関係者のそれであろうとも、公表行為によってもたらされる諸価値によって決まってくるからである。

注

(1) この観点でのより広い専門的なタスクを完遂することについて、ある経験豊かなジャーナリストは次のように述べているという。「真のアカウンタビリティとは知的自覚（self-knowledge）で決まるものであるのに対し、認知力（cognition）とは違いを見分ける基礎的能力のことである。外部からの申し立て人に対して自分自身を信用させる説得力のある話ができるかどうかがアカウンタビリティのスタートである」（Walker 2000: 240)。」ウォーカーはこの考えをデーとクラインの著書から引いている（Day and Klein 1987: 5）。彼はまた、次のようにも書いている「もしもデーとクラインが正しければ、そのようなアカウンタビリティはアクター自身がなした行為の正当化の自己弁護表現について合意があることを前提としている。このことから、言葉を毎日使いその改善を図ること自体を仕事としている人たちのアカウンタビリティはきわめて重要になる」。続けてこうもいう。「しかしジャーナリストが排斥されることはめったにない」。

(2) セミンとマンスフィールドはケースとして五つのレベルもしくは種類がある

という (Semin and Mansfield 1983)。第1は単純な関係で、行為者もしくは行為が状況しだいで一時的に有害な結果、たとえば、狭量なことを実行している宗教の信者になることなどが起きるようなケースである。第2は人為的なものではなく、行動は現実としてなされるがそれは事前予測できず、間接的で、長期にわたり有害な結果をもたらすといったケースである。これは道徳的責任に関する問題提起となっている。第3はその変形で、結果が予測でき、起因責任の追及の可能性を強く持ったケースである。第4は直接的で特定の人間が原因となっているもので、原因と結果の関係に疑いのないケースである。最後の第5が正当性認定の問題では意図とその影響の両方が存在しているが、戦争に付随する被害が出る場合のように、その回避のための緊急の要請に従って行動する権利をアクター＝メディア側が要求できるようなときである。これらのことは相互の人間関係にも適用できるが、これらすべての条件は有害な影響が起きた場合のメディアの責任諸事項にも関連していることである。

(3) 制度化されたメディアの諸活動の結果として、個人や社会にもたらされた有害な影響の原因となったという証拠が相対的に小さいにもかかわらず、メディアの責任はしばしば起因責任という枠組で議論されることが普通になっている（第7章参照）。メディアが単独で、あるいは主要な潜在的起因要素となることはまれである。考え得る影響というものに対して良心がたとえ欠如しているとしても、メディアによる加害が意図的になされた証拠はほとんどないし、言いがかりをつけられるようなものもあまりない。公表行為が意図的に有害性をもたらしたと考えられるような場合でも、それらもまた予測不可能であったとされるか、やむを得なかったとして正当化されてしまうことが多い。たとえば、ニュース報道がいくらかの人たちに否定的な内容になることがあるが、報道すべきだという責任のほうが事前に予測できなかった結果よりも優先されるということである。

(4) 一般的にメディアは公表行為の結果としての法的責任を受け入れない。それは現実的な理由からだけでなく、そうすることが表現の自由のいくらかの部分を放棄することになりかねないからである。

(5) スマイリーによれば、道徳的責任とは「本質的にキリスト教のいう原罪の概念から神の権威をマイナスしたものである」(Smiley1992)。これもまた自由意志への信奉と密接に関連している。

(6) これまでにその理由については検討してきたが、メディアは自分たちの活動の結果に対する法的責任を取るという点ではたえずあいまいな態度をとり続けている。メディアに対し、彼らが意図しなかったり予測できなかったことの法的責任を取らせることは、際限のないほどの「萎縮効果」(chilling effect) をもたらすことになるであろう。そのことのほうが、誘発された悪影響よりもむしろ大きな害と考えられ得るし、否定されていた検閲と変わらぬものだといってよいほどである。それにもかかわらず、メディアが、その原因となった加害行為への法的責任を取らされるような状況も生起し得る。

(7) それは芸術・言論・執筆といった公開の表現活動が中心になっている場合に見られる。そこでの主要な基準はオーディエンスの賛同であり、責任が果たされているかどうかは、参加者数・注目度あるいは称賛の有無の形で表れる。あらゆるビジネスは顧客や得意先に対して責任を果たさなければならないのだが、メディアの場合のような公共的性格を持っていることはまれである。メディアの公共的な責任にはいろいろあるが、こうした責任は民主政治制度のアカウンタビリティに近いものである。

(8) たとえば、ヨーロッパのテレビ放送は、EU（欧州連合）テレビ指令 (Television Directive of EU) に合致しているかどうかのチェックをEU内制作番組の量や広告といった指標を含むコンテンツのモニターによって日常的に受けている。

(9) 公共的な検証や批評がメディア・コミュニケーション研究の発展によって盛んになってきた。メディアを対象とした多くの本や雑誌が出版されるようになってきており、これらは公共的議論を社会に知らせる役割を果たしているが、間接的で、長期的な観点からの影響力を持つにすぎない。そのため、メディアの側がそれらに配慮することはあまりない。

(10) 個人間の相互関係に関して、スコットとリーマンは、「アカウント」(account)

という言葉を「行動が価値評価の対象となった場合に使えるように採用された用語」であると定義し、その言葉によって私たちは「社会的行為者によってなされる予測できない不都合な行為のことを意味することができる」(Scott and Lyman 1968) とした。個人間の関係に適用できる例としては、さまざまなタイプの弁解・正当化・譲歩・反駁などを挙げることができる。

(11) 「想像上の対談者」というこの考え方を最初に提起し、展開したのはチャールズ・クーリーであった (Cooley 1908)。その後、プールとシュルマン (Pool and Shulman 1959)、バウアー (Bauer 1964) らが、ジャーナリストやその他の著作者は自分たちが話しかけたいと想像しているオーディエンスを想定して表現行為をしているという事実を把握し、理論的に進化させた。送信者から受容者への関係は想像されたものであったとしても、そこには前者から後者への押しつけがましさがたえず存在している。

第10章　評価の枠組

アカウンタビリティの過程とあるべき関係

　アカウンタビリティとは、これまで検討してきたように、二者間以上のあるべき関係（relationship）に関わるものである。より広範な社会的脈絡から見れば、そうした関係を統括する慣習的かつ制度的な根拠を持った定義やガイドラインが存在する。このことはマスメディアの場合でも原則的に同様であり、印刷媒体・テレビ・ラジオ等の諸活動に関しても同じ説明を繰り返す必要はなかろう。それらのいずれもがその発生と目的、そして社会的な場面における利用だけではなく、メディアが当然のように使われている個人の日常生活的・慣習的利用においても、それなりの理由を持って存在している。これらの多かれ少なかれ当然とされるメディアの活動とその利用の概要は、これまたたいてい当然のこととされている共通の規範もしくは規則の枠組内に置かれている。今、私たちは全体として、メディアは何のために存在しているかを知っており、今さらそのことを論じ直す必要はないだろう。

　ところが、メディアの種類とその社会的役割ごとに、周知となっている定義・常識・理解によってその多くが解決されているという事実があるにもかかわらず、今なお、その説明と責任履行のプロセスについての議論が継続的かつ日常的になされている。とくに、アカウンタビリティが正常な状態を逸脱した場合への対応として関係の修復あるいは再定義が求められたときにはそうしたことが繰り返される（注1）。理解や規範が共通の枠組内にある場合には、メディア内部の行為者（agents）とメディア外部の提訴者（claimants）

は、メディアがどう行動すべきかあるいはすべきでないかを、一定のコミュニケーション経路ならびに法的判断に至る手続きに従って話しあうことになる。

可変的な特性

アカウンタビリティの手続きは司法的な聴聞による個人的／私的申し立てから政府の行動に至るまで実に多様である。公表の自由の権利と、「公共の利益」ならびに「個人の利益」からの要請との間には緊張関係があるため、一方での応答責任（answerability）と他方での法的責任（liability）のそれぞれに用意された手続き上の区別がとくに重要となる。前者の場合、アカウンタビリティはだいたいにおいて行為者と提訴者（苦情申立人）との間の、どちらかといえば、仲介的かつ非公式的な対話のかたちを採ることが多い。後者の場合は、手続き規定がより公式的になり、通常、独立した法的判断のための一定の形式が用意されている。

こうして区別されるものとは別に、じつに多様な公開（publicness）された、もしくは可視的な手続きや法的裁定といったものがある。ある程度までのアカウンタビリティはメディア組織／制度の内部、あるいはメディア組織とその影響を受けた人びととの間の私的交渉によって履行される。そうした場合のメディアへのフィードバックは公開されず、外からは見えにくい。オーディエンスの視聴率（メディア接触率）さえ、しばしば原則的に部外秘とされ、メディア内部においてのみ利用されるものとなっている。そうした内部的なアカウンタビリティの履行はその時点でのオーディエンスやマーケットの要請に応えてはいるのだろうが、公共の利益を含む多くの事柄やクレームの処理はもっとオープンになされてしかるべきであろう。

ここでさらに二つの形態について述べておきたい。一つは手続きの「時間的尺度」（time scale）についてである。日刊もしくはそれ以上の頻度で公表行為を行っているメディアはそれと連動した時間区分でクレームを受け取り、それと同じ時間枠内での回答を迫られるため、熟慮のうえでの対応が出来な

くなっている。こうした対応をせざるを得ない背景には電話などを利用したオーディエンスからの即時的反応、取りあげられた取材対象者からの反応やレビュー、継続的に上がってくるオーディエンス調査データ（視聴率）などがある。手続きを無視するような混乱した局面での直接的な反応の中には物理的な脅威を感じるものやそれ以上の公表差し止めなどが要求されかねない場合もある。長期的な視点からのアカウンタビリティの手続きには証拠の収集行為や独立した裁定機関などが求められる。この方式が必要とされるのはメディア産業に固有の、あるいはそれが構造的に持つ欠陥に関する苦情申し立てがなされる場合である。

　もう一つの形態はアカウンタビリティの「対価物」（currency）に関連したものである。すべての社会関係には交換の要素がある。それは意味（meaning＝意見）の交換だけの場合もあるが、しばしばそれ以上のものになり、とくに様々なサービスや情動的／感情的利益に関係してくることがある。メディアが提供することができる利益やサービスにはいろいろなものがあり、じつに多様な対価として表現される。オーディエンスに限っていえば、利益とは情報や楽しみなどの満足、文化的・社会的同化といったものを挙げることができる。消費者としてのオーディエンスはメディアから得られる利益に対して、金銭を支払ったり、注目をしたり無視したりして、その評価に対応した反応をする。加えて、オーディエンスはメディアへの忠誠心や愛着、優しさや尊敬などを示したり、控えたりすることも可能である。それらはいずれもが多くの情報源やコミュニケーター（＝情報の公表行為関係者）によって測定され、金銭や社会的評価として換算される。

　コミュニケーターや情報源を自認する者にとってのメディアは主として、顧客やオーディエンスから得られる直接的・間接的な報酬に対する対価として、オーディエンスにサービスを提供し、接触（アクセス）させるものである。いくらかのコミュニケーターは公共的なコミュニケーションの課題を担うことによって社会的な地位を高め、社会からの尊敬を得ることも可能である。メディア過程のもう一つの当事者としての取材対象者（referents）にと

っては、その関係は不安定で、交換という視点からの関係性は小さくなる。というのは、彼らにはメディアとの繋がりが追求されることもないし、望まれもしないからである。しかし、そこでもパブリシティ（広報）という観点からすれば、メディアから得られる主要な利益として二つを挙げることができる。一つは名声そのものであり、もう一つは知名度である。意図的になされないパブリシティはその対象者にとっての価値はマイナスにもプラスにもなり得るということである。

　ほとんどの民間メディア機関（private media）は利益獲得をその主要目的としているが、そうした民間メディアの経営にあたっている商業的オーナーたちは非営利機関と同様、金銭的利益よりも社会的もしくは道徳的利益のほうにより大きな関心を持っていることがある。そうした場合の関心は社会に影響を与え、思想・信条を伝えたり、もしくはなんらかの文化的あるいは倫理的善（ethical good）の実践をすることにあるといえるだろう。そうしてメディアが得る（あるいはそれに失敗する）社会的評価・承認・影響力などが彼らにとっての最大の社会的認知と激励となる。メディアの公共的所有は、コミュニケーションの目的の多様性を反映する政治的な見返りを含め、少なくとも、様々な対価が入り交じった状況をもたらすことになるということである。

　原則として、マスメディアが普通に機能している中で生まれてくるすべての対価や価値は、処罰や見返りという形でアカウンタビリティの範疇に関係してくる。このような分析に従えば、それぞれにプラスとマイナスの両面があるのだが、主な対価は次のとおりである。

- 人気（popularity）
- 金銭的利益
- 行動の自由
- 名声あるいは知名度
- 社会的地位と尊敬
- 忠誠心、愛着心、自己確認（identificatin、帰属意識）

- 信頼
- 政治的影響

　マスメディアによる責任履行を求める者はこの分析に従えば、公表行為が行われた後で課されるべき圧力と処罰に関してはいくつかの選択肢を所有していることになる。事の性質上、メディアにとってそれらの要求に譲歩する代償と利益との間には常に様々な思惑が往き来することになる。またそのことに何を求めるかはメディアによって異なる。たとえば、「名声」や「人気」の意味するところは、それらの目標の追求によって起きると予測される評判の低下よりも大きな価値をもたらすと考えれば、金銭的にも引き合うことになる。また、真実が報道されているという評判は利益の大きな損失を招かないようにするためにするいかなる努力よりも大きな価値があることである。これらはいずれもメディア側が選択すべきことである。このどちらかといえば抽象的な分析の観点からすると、様々な対価があるという事実はアカウンタビリティのプロセスと可能性の微妙な意味と領域にも関係してくるが、必ずしもその実効性や強制度を強めるものではない。

アカウンタビリティの過程と履行形式

　一般論としていえば、公表行為の結果を事前に予測し、それによって起きた結果に対応し責任を自覚し責務を履行する過程（accounting process）は、メディア側による約束と責務、オーディエンスからの期待という関係枠から始まり、結果がメディア活動によって起きたという証拠と苦情申し立てのそれぞれに対応する作業だといえる。アカウンタビリティという用語はそうした責任を果たしている状況あるいは状態を指しているが、通常はいくつかのアクターとその行為が連続的に繋がっているプロセスのことである。プリチャードはその過程を「指摘・非難・要求」（naming, blaming and claiming）という言い方で簡潔に表現している（Pritchard 2001: 3）。いずれにしても、メディア

問題のタイプ	約束	評価	結果
コンテンツとサービス	ライセンスの申請	ライセンスの見直し	更新または取消し
質／価値	倫理綱領	オンブズマン／専門的審議機関	罷免と謝罪もしくは改善の約束
社会的影響または文化的加害	社会一般への責任	調査／公聴	証拠の公開　公開討論

表10.1　アカウンタビリティのプロセスと形式：約束と評価の類型

問題のタイプ	申し立て	裁定	結果
コンテンツとサービス	約束違反	ライセンスの見直し	裁定とラインセンスの取り消しまたは継続
質／価値	法律違反	提訴と裁定手続き	裁定：無罪あるいは有罪
個人への加害	申し立て（名誉棄損あるいは著作権侵害等）	告発と裁定手続き	裁定：無罪あるいは罰則

表10.2　アカウンタビリティのプロセスと形式：申し立てと裁定の形態

の問題はまずその指摘がなされることによって始まるが、それらの指摘を公開する必要はないし、メディア側がオーディエンスの期待に応える度合いも小さいから、事態がそれ以上に好転することもあまりない。プリチャードは続けてこうも言っている。「重要な点は、誰かが最初の問題の指摘をしなければアカウンタビリティへの要求は起こり得ない」と。その次の明確な段階が非難であり、そこに至ってメディアは加害行為あるいは自発的な約束や外部への責務を含む規則や期待に応えなかったことへの非難を受けることになる。要求には何らかの救済や謝罪、あるいは補償さえ含まれることがある。正式な評価は措置の応諾と履行（compliance）がメディア内部で自主的に行われる場合と、外部の審査機関による裁定によってその履行が責務となる場合とでは違ってくる。自主的な約束の評価あるいは責務となった場合の判断は責任履行の内容説明（statement of account）に基づいてなされる。このことは先述した様々な「対価」の提供として判断され、謝罪や説明などの対応がなされたり、罰則の一形態としての金銭支払いという形をとることもある。

　以上の検討をまとめれば、図10.1および10.2のようになる。両図ともに、

横に主な問題の種類、縦に典型的な3段階のアカウンタビリティのプロセスを示している。上述した、約束と評価、要求と裁定の違いについてもそれらの図から理解できるであろう。また理解の便宜上、マトリックス上の項目あるいは位置に具体例を挙げておく。

メディア内部におけるアカウンタビリティの系統

「アカウンタビリティの系統」（lines of accountability）とは規模の大きなマスコミュニケーションのプロセスにおける様々な関係当事者を繋ぐ、内部と外部との概念的なチャンネルのことである。巨大メディア企業はその内部に、たいていは階層的に構成された統治系統を持ち、かなり公式的に、誰がどの仕事に責任を持ち、誰が誰に対して答えるべきかを決めている。これは、メディアが苦情や申し立てを事前予測して、問題を最小に抑えようとするための措置である。それは社会や公共の利益という立場からなされる申し立てとはあまり関係がないが、メディア内部の誰が、申し立てられた失敗に対してどのレベルで責任を持つべきかを決めるのに役立っている。

こうした内部的なアカウンタビリティの系統には主として次の四つの特徴がある。第1は、先に述べたような、片務的（unilateral）なアカウンタビリティの諸形式である（参照：図9.3）。それらはオリジナルな情報源もしくは著作者およびその権限を委譲されたものが行う私的／個人的責任に関係しており、メディアがチャンネルとなるか、情報伝送の役割を担った場合に適用される。第2は、個人的もしくは道徳的責任の場合で、アカウンタビリティの内部的システムとしては認知されたり、されなかったりというまちまちな状態にあるが、ジャーナリストやプロデューサーといったメディアの従事者に適用されるものである。ここで出てくる問題は、そこに良心の自由という領域があるかどうかであり、それがない場合にはどのようにしてそれを保障するのかということになる。第3は、職業的倫理・行動綱領に関する事柄で、その起源と範囲はある一つのメディア組織の枠を超えたもので、内部だけで

はコントロールできないものである（参照：第5章）。それらの綱領は内部の管理システムに何らかの形で繋がっており、良心の自由の問題への対処にも役立っている。最後は、メディアの組織や制度が外部の独立した審議や裁定の内容を含め、自主規制の手続きを実行するときに起きてくる多様な問題である。アカウンタビリティの内部と外部の系統上の境界はどちらかといえば恣意的なもので、両者の相互関係をきちんと見極めておく必要があろう。

逆説的な言い方になるが、マスメディアは社会的責任を果たそうとして外部からの要求に配慮するようになればなるほど、内部的統制を強め、自由を制限し、順法的に振る舞う傾向がある。問題が起きる可能性が小さい経営とすぐれた対外活動を実現するための自律を高めようとすればするほど、リスクを負わないようになるか、大事な価値観や理念・信条から逸脱していくようになる。そうしてメディアが内向きの姿勢を強めることが、今度は「公益」の側に立った外部からの干渉や規制を軽視していくことになるという本末転倒的事態を招来することになる。

外部へのアカウンタビリティ

図10.3は、メディア・アカウンタビリティが外部と関係するベクトル（方向性）の概略図で、そうした環境のなかでメディアは作動し、外部との接触を行っている。それらの接触相手はメディアに対する申し立ての発生源でもあり、多種多様なアカウンタビリティを推進する圧力ともなる。

この関係図のそれぞれの局面に法律的な要求に関わる要素があり、メディアは社会的権力の執行者であると同時にそうした外部からの要求の引き受け役になっているとの印象を与える構図となっている。どのような権力の均衡がそこから生まれるかを計算する方法はないが、メディアの力がそうした外部からの制約や要求によって制限されると考えられることに間違いはない。ただし、そうした要求がどの程度まで正当なものであるかは、メディアの側の諸責任を認める立場に立つかどうかにもよる。一般的にいえば、責任はア

評価の枠組　295

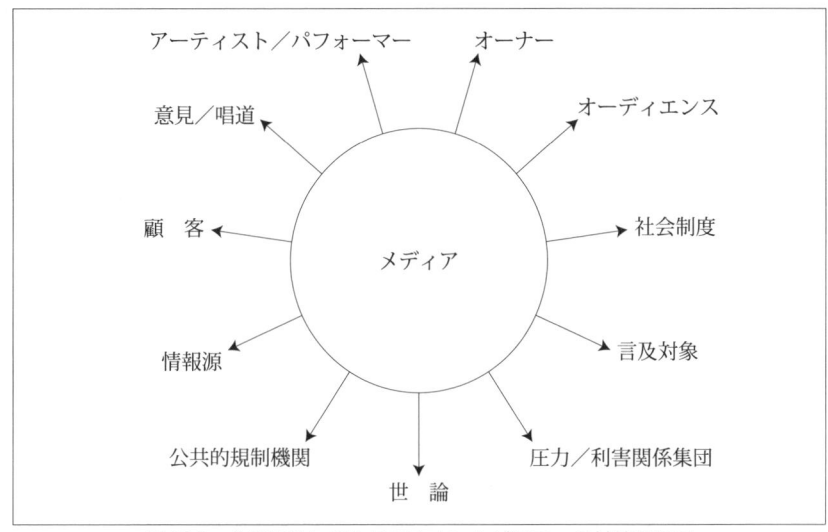

```
                アーティスト／パフォーマー    オーナー
          意見／唱道  ↑       ↑
                 ↖      ↗      → オーディエンス
        顧　客  ←      メディア      → 社会制度
                 ↙      ↘      → 言及対象
          情報源  ↓       ↓
                公共的規制機関    圧力／利害関係集団
                       世　論
```

図10.3　公表行為に関わるアカウンタビリティの対外関係図

カウンタビリティと同様に、次のような人びとないしはものに対して果たされるべきものだと考えられる。①たとえ明確な形でなくとも、なんらかの約束をした相手方、②契約関係を結んだ相手方、③メディアの行為によって影響を受ける権利と利害関係を持った人たち、④メディアのオーナーたち、⑤たとえばメディアの規制当局のように、メディアに法的責任履行を求める人たち、⑥具体的関係性は弱いが、一般的な意味での社会や公益性、などである。権力行使という点では、公式的な組織であれば例外なく、自分たちに対して力を用いて対抗してくる相手であるメディアに対してはその責務の実行率をより高くさせることを求めて対抗してくる傾向がある（Brummer 1991）。

　図10.3は、メディアが外部の代理行為体（agency）やパートナーに依存して成立していることを示しているように見えるが、相互間に見られる影響や圧力は必ずしも同じ方向に働いているわけではなく、相互に矛盾する面を持っていることがある。その結果、外部の圧力が同一方向へ動くという仕方で結束することはなく、相互の葛藤という混乱さえ起き、メディア自身が力の均衡を利用し、どの協力者が自分たちに都合がよいかを選べるという事態に

なることもある。その結果、アカウンタビリティの要求の強さはそれぞれに異なるということから、それを一般化するのは容易ではない。しかし、ほとんどの直接的な影響はメディア活動の継続を可能にしている人たちから来るものだという言い方はできる。もちろん、その程度についてはメディアの特性とシステムによって異なる。最も強い繋がりは情報源・オーナー・顧客（とく広告主）、そしてオーディエンスとの関係である。

メディアと情報源との連携

メディアと情報源との関係は、情報源側が芸術作品から自選情報にいたるまでの多様な意見や声を様々な形式によって一般市民に届けたい場合、メディアに対するきわめて能動的な経路として使われる。メディアは原則として、公表行為の自由と公表活動施設の所有権という力を行使して、誰に対して応答責任を果たし、誰に対して保留したりアクセスするかを決めることができる。だから、実際に公衆へのアクセスが実現するかどうかは、主としてメディア側の利益（情報によっては流すことで大きな利益となる）や、情報源とメディアとの間の相対的な交渉力によって決まることになる。たとえば、ニュースメディアは明らかに、政府などの公的情報源にたいして最も大きな注意を払っているという傾向がデータ的にも確認できる。このことは、ニュースメディアがこうした出所がはっきりしている情報には商品として、あるいは政府が保持している実際の力と政治家や政治制度についての半公式的な要望の受け入れとしての価値があると考えていることの反映でもある。

オーナーとメディアとの連携

メディアとオーナーとの関係は内部的なアカウンタビリティの一側面であるとされるかもしれないが、同時に、それは編集や芸術表現面（artistic）での独立性に対し外部からメディアに加えられる多くの要求の一つとして捉えられるべきものでもある。メディアのオーナーたちは経営的関心を重視した実業界のイデオロギーを実行するために、メディアの本来的公表行為の在り

方に反することを自身のより大きな責任としようと考えるかもしれない。さらには、政治家などのアクターがチャンネルへのアクセスやメディアへのコントロールを確保するときの手段としてメディアのオーナーたちを使うことも想定される。マクマヌスは、消費者・情報源・広告主・オーナーのうち、誰がニュースにもっとも大きな影響力を持っているかという議論に関しては、じつに多様な意見があると報告している (McManus 1994)。「笛吹きに金を出す者が曲を注文する権利がある」(費用 [責任] を受け持つ者に決定権がある、He who pays the piper calls the tune.) というアルツチュルの表現を引用して (Altschull 1984)、マクマヌスは、「ニュースの方針を主として決めているのは大投資家とオーナーなのだ」と結論づけている。とすれば、メディアが応答責任を迫られるのは、そうした究極的な支配者たちに対してであるということになる (参照：Bertrand 2000)。

　このような捉え方は主として、民間所有で商業目的のマスメディアにあてはまる。その他の形式のオーナーシップには、政治的・宗教的・思想的な利益を目的としたもの、あるいはそのような目的をもった公共的所有形態を採ったものがある。公共的所有形態の場合、その時代の政府が公衆 (市民) の利益を代表してその権力を行使するのだが、原則としては普通、公衆がその所有者となる。詳細がどのような設定になっているとしても、こうしたケースでは内的なアカウンタビリティの経路だけでの考察で済ますことはできない。社会が公共的なコミュニケーションの目的をまさしく設定できるということで、そうなると原則的には、市民が所有権を行使して、その目的と活動の一致 (conformity)、および応答責任の履行を要請することができるということになる。

顧客とメディアとの連携

　オーディエンスを別にすれば、メディアの主要な顧客は広告主もしくはメディアによる広報活動によって同様の利益を得ることになる情報の提供者やスポンサーといった、当該メディアからの大きい、しかし注意深く選んだ利

益を取得できる者たちである。こうした人たちによるアカウンタビリティ要請の範囲は狭いが、活動の展開がいったん始まるとじつに強烈なものとなる。メディアの活動の在り方についての彼らの関心は主としていかにして公衆の注目を引きつけるかということになる。広告主は自身の利益取得にあたって自分たちがもっとも好むコンテンツということでは、オーディエンスのそれに合わせようとする。これはメディアの関係三者（メディア・オーディエンス・広告主）の利害が相互補完的であると捉える見方だが、ここで広告主の立場が大きくなりすぎるとコンテンツの選択において必然的に支障が出てくることになる。だが、広告主をメディアのオーナーとは別のアクターであると理解することも現実的ではない。この点を除けば、広告主は重要なコンテンツの提供者であり、外部の機関というよりもしばしばメディアに欠かせない内部的要素として機能するものだといえよう。

　広告主やその他のメディアの顧客は、編集や表現戦略（presentation strategy）からコンテンツの詳細にいたるまでのメディアによる公表内容の決定に影響を与える経済面での権力行使ができる。彼らには自分たち独自の利害というものがあり、それは社会やオーディエンスあるいはメディアのそれとは一致しない。言い換えれば、これらの異質の二つのものが合わさりプラスに機能する場合にはメディアと社会との幅広い結びつきが実現し、広告主もまた重要なメディアのアクターとしての役割を果たせることになる。その他のアクター、とくにさまざまな圧力や利害集団も、自分たちの目的を達成するために広告の力を利用しようとする。ただしこの場合の広告は世論その他の社会諸力に対する訴えと混同されやすい。

オーディエンスとメディアとの連携

　オーディエンスはメディアの諸活動がもつ外部との関係のなかで最も複雑かつ重要な役割を果たすものである。多くの議論が一致していることだが、言論・表現・情報伝達の自由は当然のこととして、オーディエンスに満足してもらうことがあらゆるコミュニケーションメディアの主要目標（main goal）

である。メディアは自己表現のためのチャンネルを用意するためではなく、オーディエンスを惹きつけ、様々な形式で彼らの情報・エンターテインメント・文化面でのニーズを満たすために存在しているといってもよい。メディアが直面し得る、あるいは脅威を感じる最大の罰則の実行は金銭的支払いを停止するか、当該チャンネルの利用を止めるという選択ができるオーディエンスの集合的判断によってなされるからである。この点についてのオーディエンスによるコントロールの力は間接的で散漫かつ緩慢ではあるが、メディアの形態が多様化し情報伝送量が大きくなればなるほど、巨大になる。メディアはオーディエンスを満足させなければならず、このことを社会全体の構図として見れば、メディアのオーディエンスは同時に公衆であるということになる。

　しかし、ここで議論しているような意味での、メディアに対して影響力のあるオーディエンスの力にはいくつかの限界が指摘できる。まず第1に、それは最初から存在するアクターというよりはメディアに対応して生まれてくるもの (abstraction) だということである（参照：Ang 1991）。それは数え切れないほど多くの個人の趣向と行動を基盤としている構造物（construction）にたとえることができるほど、「オーディエンス」とは人によって実に多様な解釈を可能にするものだといえる。だが、そうしたオーディエンスはメディアに直接語りかけることも、自らが積極的に行動を始めることもできない。また発信者であるメディア機関の側からしても、オーディエンスとはその実像がじつに把捉しづらいものである。たとえ小さなサンプル数に基づいたオーディエンスのデータや市場調査でも、経営・管理には役立つのだろうが、発信者が有益な情報を送り出そうということになれば、その程度のデータでは多くを期待することができない。現実的に必要となるのは個々人が何を求めているかの理解を可能にする具体的なオーディエンス像なのである。そうすることで、事態に多くの変化が起きて、オーディエンス像は単なる指標や抑制力というレベルから、情報発信側とメディアの本来的願望や意図をより大きく反映するものになり得るであろう。

以上のことから、これまで各処で検討されてきたマスメディアの目的と効果に関する錯綜とした諸問題の多くは、オーディエンス研究の成果やさらには単純な視聴率計測の参照などではとても解決できるものではないことがわかるであろう。

その他の連携

こうしたメディアと外部の世界とのもっとも直接的な関係の他に、図10.1で示したようないくつもの間接的な関係が存在する。それらの多くはメディアの公表行為によって影響を受けるカテゴリーとして分類できるものである。このカテゴリーには三つの柱による分類を想定することができる。第1は、公益（public interest）を代表して法律的規定を適用する機関で、メディアの分野別あるいは関係社会が異なるごとに大きく内容が違ってくる。そこで用いられる条件は以下のいずれに対しても適用できる。それらを列挙すれば、①組織構造とオーナーシップ、②技術基準、③電子メディアとしての認可条件、④防衛とセキュリティ関連や緊急事態、⑤選挙、⑥コンテンツのいくつかの側面（広告等）、などである。

第2は、公表行為による被害を直接的に受け、名誉や所有権などを根拠にして苦情申し立てをする個人に関わるものである。論理的には民族集団として識別可能なマイノリティもここに入れることができるであろう。第3は、自分たち自身の活動のためにメディアを必要とし、メディアにアカウンタビリティを履行させようとする組織（企業等）や医療・教育・政治・司法といった社会制度で、こうした組織や制度には同時に情報の供給者としての交渉力が備わっている。

図10.1にある第3の主要な柱は世論で、メディアが注視すべきものとしての独立項目とすべき重要なものである。しかし、世論はコミュニケーションの他の系統、とりわけオーディエンスとの関係で機能するものであるし、実際にそれを特定し、位置づけることもむずかしい。また、ある程度までは世論も社会の意見を代表するはずのものである。しかし第6章で検討したよう

に、メディアが特定の問題に関してどう行動すべきか、あるいはメディアの一般的な倫理行動基準としては、いかにも整然と組織化された態度として世論が出てくることがしばしばある。

アカウンタビリティの枠組

多様で相互に重なりあったアカウンタビリティのベクトルを再検討すれば、複雑で、一見混沌とした活動範囲や相互作用のパターンとともに、問題の出来事をどう測定しアプローチすべきかの原則が明らかになる。この章以降、メディア・アカウンタビリティの手続きの根底にある考えと行動を明らかにしていくが、そのためにはもう一歩踏み込んだ概念の導入が必要になる。「アカウンタビリティの枠組」(frame of accountability) がそれで、アカウンタビリティ履行の状況あるいは手続きに関する代表的諸要素の集まりである。

これまで検討してきたアカウンタビリティの各状況ではその適正基準も変わるとしてきたが、それらとは違う論理や言説、進行の形式というものがあり得るだろう。問題によってそれに応じた枠組の適用が必要であり、問題が異なれば、その解決により効果的な方途が見つかる展望のある環境整備が必要であろう。だが実際には、様々なアカウンタビリティの枠組を区別するのに最も役立つ特別の要素は先述した手続きのメカニズムもしくは形式といえるものである。責任と原則を説明する方法は数え切れないほどあり、状況によって応用の仕方が異なるためである。だから、そうした枠組は問題についての議論を活性化し、意義あるものにするための言説や論理の条件を整備し、本質的な理論形成を可能にする構造を持ったものでなければならない。

その概念はたとえば以下のように説明することができよう。

メディア・アカウンタビリティの枠組とは、行為と責任に関する期待がなされ、それに応じた要求が主張されるという準拠枠のことである。またそれは、要求された諸事項に対する対処の方法を示したり、律するもので

ある。

　メディア・アカウンタビリティはこの程度までの規範的な側面を有するが、それ以上のことについては、各問題、それに応じた論理と言説、適切な手続き、責任履行の形式によってベストなものを選べばよいということである。
　最初にアカウンタビリティのモデルを提示したのはデニス、ギルモー、グラッサーの三人で、彼らの主張が基本とされ、この議論はいくらかの変化をしながら、アメリカ合衆国以外にも広がりを見せ、その後のニューメディアの発達にも触発されながら展開されてきた（Dennis, Gillmor and Glasser 1989）。三人はメディア・アカウンタビリティについて四つの主要形式を挙げ、それらを理論と手続きの両方の違いによって区別し①「市場モデル」、②「自主規制モデル」、③「受託者モデル」（fiduciary model）、④「法規制モデル」（legal model）、として説明している。
　第1の市場モデルは、メディア市場のすべての側面と、社会に対するメディアの総合的もしくは公共的な責任に対してなされる実質的にはすべての要求に関し中心的な位置をしめるものである。それらの責任は新たに受け入れられるべきものなのか、本来的に存在しているものかは別にして、メディア市場におけるオーディエンスの反応という形式でテストされる。「思想の自由交換市場」（free-market place of ideas）の伝統的な理論によれば、メディア市場の激しい競争という正常なプロセスによって、たとえ精緻さに欠けた従来的なやり方であったとしても、真実と善は社会的に承認され、間違いや悪は拒否されるという形での淘汰がなされるとされる。
　自主規制モデルは、とくに職業倫理規定、プレスカウンシル、ジャーナリズムの法的裁定の発展とその影響に関するもので、それらは監視行動を助け、基準の質的向上を図り、メディアによって損害を受けた批評家などの人たちへのいくらかの象徴的な意味合いを持つ保障を促す機能を果たす。受託者モデルは、1930年代から今日まで、米国において放送を規制するために導入された制度である。これは主としてFCC（連邦通信委員会）の取り扱ってきた

領域で、FCCは市場的考慮よりも優先すべき一定の基本的なコミュニケーション提供環境における「公共の利益」という基準を設定し活動してきている。最後に法的モデルだが、それは法律という比較的小さな分野のもので、米国の場合には憲法修正第一条の諸規定に従って処理されており、一般的には公表後にそれに対する苦情申し立ての手続きがどのようになされるかという規定である。

　以上に述べた分類についてはさらにそのキーワードを取り出してこれから説明するが、本質的部分に変更はない。ただし、カテゴリーと内容については若干の補正をすることになる。もちろん、これとは違った分類法も可能であるだろうが（注2）、その場合でも以下に述べる四つの主要枠組は有効だろう。

法的規制の枠組

　これにはメディアに対する名誉毀損や所有権侵害などを理由にした個人による訴えだけでなく、放送やケーブル、その他の様々な新しい電子メディアの運用条件などを対象とした広範囲にわたる規制が含まれる。さらには各種の人権概念を根拠にした訴訟手続き、メディアの構造を作っている法律やその関連事項、とくに集中とオーナーシップ関連のこともここに含まれる。だがこれは、先述したデニスら三名による法律モデルと比較すると、ここではメディアの活動の多くが公的信託を受けたものだとする「信託モデル」として分類されている点が異なっている。このように拡大して考えることがなぜ必要かといえば、所有と運営は民間型だが、様々な形で公的規制を受けている電子メディア、とりわけ放送とケーブルを考察するためである。

　この枠組は通常、メディア制度の活動の原理・原則（basic principles and ground rules）を確立し、個人がメディアと関わるときの権利と義務を定めるものである。近代の自由と法律に基づいた社会では、法律は公表の自由の権利を保障し、他人の権利を守るためにそれに制限を加え、社会全体の利益（general good of society）の維持への配慮を行っている。この枠組内で対処され

る主なアカウンタビリティの問題には知的財産権・表現の自由・オーナーシップと独占の諸問題（構造関連問題）がある。さらには個人・集団・組織・国家・社会に対してのメディアによる加害行為の申し立てや、司法制度と政治制度からの本質的な要請などもこの枠組における対象となる。加えて、ここには国家の安全保障（state security）、司法制度の高潔性（integrity）と独立性という問題も含まれる。放送とケーブルテレビに関しては、規制（ときには法律）によって様々な公共サービスの利益、とくに公共圏に関わる利益への保障がなされることになる。

　主要な言説とその提訴手続きの基礎を成す論理は性格としては法的／合理的で、行政的なものである。手続きはきちんと定められ、公式的な性格を持っている。アカウンタビリティ履行の形式は通常、文書にされており、とりわけ約束・責務・基準およびそれらの関連諸原則についてのものである。裁定結果には、決定に至るまでの申立人と被申立人両者による主張およびそれらの判断理由が書かれる。この枠組を形成するこうした要素は一般的に、法的条項には拘束力があり、アカウンタビリティの法的責任モデルが関連しているという事実によって相互の関連性を持つことになる。

市場の枠組

　市場の枠組みの中では、コミュニケーションはサービスだと考えられ、メディアの活動は開かれた、競争的な市場におけるビジネスである。そこでは権利と責任はコミュニケーション手段という施設の所有者に帰属するとされ、市場メカニズムによる規制を受けるものと考えられている。需要と供給の法則により、メディア産業と一般社会のニーズと関心のバランスがほぼ保たれるというわけである。原則として、市場はオープンな自動修正システムとして機能し、自由市場の諸原則が公表の自由とコンテンツ選択の自由を保障するとされ、自由市場はマイノリティによる公表行為も需要がある限りは支持するという。しかし現実の自由市場にはそれとは反対の方向を指向する集中化が作用している傾向もある。

ここで起きてくる所有と自由との間のいくつかの問題はさておき、この枠組内で処理される主な問題は消費者の視点からするサービスの質と、価値評価および価格設定の問題に関わるものである。そこには効率や革新を強調した経営と技術関連の問題も含まれる。両者ともにその利用者（＝消費者、consumers）には大いなる関心があり、そのことが競争力を高めるもとになっている。それらの消費者にとっての幅広い意味での選択と多様性の問題は、市場理論では自由市場が新しい供給者に場所を与え、それが新しい選択肢となると主張されることから、しばしばこの市場枠組の中で取り扱われることになる。

　市場システムは、アダム・スミスの有名な「見えざる手」で動かされている、つまり全体として意識的な指示やコントロールなしに、さらには規範的な諸原理なしに、つまり自由の内包する規範原理そのものを超えて動いているように見える。だがたとえそうであったとしても、メディアの市場活動のいくつかの分野は規範に従って構成されている。メディアのコンテンツは大枠として、さまざまな文化的基準や価値観を具現化している規範的な産物だからである。オーディエンスと一般市民は、多様な価値評価原則に基づいてそれらのメディアへの態度を決め、メディアの質についての判断をする。そうした態度がオーディエンスの行動に影響し、メディアによる市場での相対的な成功に繋がっていくのであろう。

　メディアの公表行為の決定は社会的思潮（public beliefs）の大枠としての認識や期待できる影響の大きさに基づいてなされる。政治的・イデオロギー的な社会関係に敏感であることは組織としてのメディアにとって利益をもたらすことになる。そうした社会関係に従い視点を形成することによってメディアと政治とが共通の基盤を形成できるからである。既述のように、メディア市場は他の分野における市場よりも政治その他のイデオロギー的な影響を受けやすく、規範的立場からの法律や規制によって何らかの制限の対象となりやすい構造のなかに置かれている。

公共的責任の枠組

このカテゴリーの枠組は特定のメカニズムや手続きの形式としてよりも公共的利益やメディアの社会的責務という観点から捉えたほうが理解し易い。デニスなどが使用した「信託義務を負うもの」（fiduciary, 受託者）という用語がその重要な側面を分かりやすい形で説明している（Dennis et al. 1989）。この「信託される」という概念は、メディアは究極的には公共性のために活動している、そしてオーナーや経営者にその信が置かれているという考えに基づいている。公共放送をその意味での「被信託者モデル」（trustee model）として考えるやり方はホフマン-リームによってさらに精緻に展開されることになった（Hoffmann-Riem 1996: 340）。続いて、フェインタックがメディアはオーナーのためというよりはその他の人たちのために活動しているというケースを想定し、受託型とよく似た「スチュワードシップ」（stewardship＝監理者、世話役）型という概念を提案している（Feintuck 1999: 211）。

メディアの社会的責任理論はこの枠組の合理的根拠を説明するものだといえる。この立場では一般的に、メディアはさまざまな公共目的のために奉仕し、社会的に責任を持つべきであると考える。この考え方には、メディアは自発的に積極的な社会参加活動を展開したり、公共善に影響を与えその促進を図ろうとするものだというメディア内部からの支持が寄せられる。メディアの外部では、市民社会を構成し、政治家や政府自治体を含め、公共的な領域で活動する多くの個人やグループもこの理論を支持し、民主社会の手続きに参加するためにメディアへのアクセスを求める。こうしたことから、メディアに課せられるさまざまな責任は一般的には自発性に依存し、拘束力のない仕方での要望という形をとることが多くなる。

この社会的責任の枠組から出てくる諸問題は主として公的領域（公共圏、public sphere）に関連しており、社会という観点から見たときの文化的かつ情報的な質を問うものとなる。しかしその方法は、①供給のニーズとしての積極性と、②社会およびその構成員への加害性の回避という点での消極性、という二面の特徴を持つことになりがちである。

ここでは公共目的と利他主義の具現化を目指し、初めから規範性の強い表現形式が好ましいものとして採用される。アカウンタビリティを果たし、保障をするための中心的な手続きは人びとの圧力や批判、あるいはメディアの側からの適切な応答によって生じる議論などによって実行される。世論は批判的立場からの意見表明となり、基準を提起し、ある種の裁定機関となったりすることさえある。とくに公共的義務が十分かつ確実に果たされる保障として、外部諸機関によって規制され、モニターされる公共サービス放送には特別なカテゴリーが用意されることになる。

プロフェッショナルな責任

第4は、プロフェッショナルな責任としての枠組である。この枠組みは自主規制モデルの要素をいくつか含んでいるし、規範的コンテンツに着目すれば、広範な公共的・社会的責任という考え方にも近い。その行為（conduct）と活動（performance）の基準はしばしば類似しているが、その特徴には差異がいくつもある。プロフェッショナル（専門職業的）なアカウンタビリティは望ましい指針と他者へのサービスだけではなく、そのプロフェッション（専門職業）のメンバーの自由を守り、地位を高めることとも関係している。責任を引き受け、アカウンタビリティを履行しようとする意欲の原動力は、ジャーナリスト・広告主・ライター・映画制作者といったメディアのプロフェッショナル（専門職業人）たちの自尊心と個人的な良識である。そうした人たちは自分たち自身で基準を定め、自身の失敗にはそれらの基準をあてはめ自律するということを求めることになる。

そのメカニズムや手続きは、綱領や申し立ての手続きといった点で、公的規制や関連産業の自主規制の特性、あるいはそれらに対処する諸問題とよく似ている面を持っている。しかし、参加の動機が異なっている。プロフェッショナリズム（専門職業主義）には積極的に質的向上を図ることに熱心なところがあり、単に加害性あるは有害性を回避しようとしているだけではない。教育活動・報償・賞賛はプロフェッショナルの枠組においてアカウンタビリ

ティを履行するときの不可欠な要素である。メディアを外部から規制することを目的とした、実態としての多くの「自主規制」方式とは違い、そのプロセスは通常、完全に自発的かつメディア内部での管理によって動いている。

比較と評価

アカウンタビリティのこれら四つの枠組の主な特徴を対照できる形にして図10.4としてまとめてみた。この図では公表に伴うすべての問題は適切な手続きによって対処できるように見える。また、このメカニズムがこれほど広範囲にわたるものであることを知ると、メディアが自由にできる領域や、慣習的な基準から外れることはほとんどあり得ないように思われるであろう。しかし、そうした印象は二つの点で誤っている。まず第1に、四つの枠組すべてにその適用範囲とコントロールの手段としての実効性に限界があり、それは設定それ自体と自由を守る理由づけの両方に欠陥があるといわざるを得ないからである。また、それらは相互に競合したり、反目作用をすることさえある。たとえば、市場にはしばしば、規制や社会的責任が禁止しようとすることによって利益が得られるという場面があるからである。さらにはプロフェッショナリズムというものが法律や規制の適用範囲を狭く捉えようとすることもあるからである。第2に、アカウンタビリティのメカニズムはメディアを制限する作用をするだけではなく、外部からの抑制や理不尽なコントロールからメディアを守る働きをしている面がある。そうしたメカニズムは自らの権利と利益を苦情処理のために設定した自発的な手続きと協調させることによって守ることができる。しかしたとえそうでも、アカウンタビリティの枠組は、すでに行き渡っている規範的合意に対立するような特定の行動を禁止する効果に比べて、「社会的利益」となるよりよい行動を促進するという点ではじつに弱いものだといえる。

目的と条件の違いによってそれぞれにより適切な枠組があることは明らかであるし、問題によっては複数の枠組を横断する形で起きるから、そうした

	法規制的	財政的／市場	公共的／社会的責任	プロフェッショナルな責任
主要な問題	構造 加害性 所有 自由	製品の質 効率 革新 選択／多様性	活動 質 公共善／加害 公共的サービス	コンテンツの質 自律性 行為
主要原則／価値	秩序 正義 起因性 責任	自由 利潤獲得性 量／規模 選択	多様な価値基準： 多様性 公平性 連帯性	技能／技術 倫理 課題関連の基準
論理／言説	管理的 結果的 契約的	計算的 商業的 民衆的評判	規範的 行動的 理論的	哲学的 契約的 技術的
手続き	公式的 立証的 裁定的	市場力学	公共的批判と論争 調査と検証 自主規制の構造	自発的 内部的 自己管理的
アカウンタビリティの手段と形式	テキスト コンテンツの 　分類 判断	視聴率 貸借対照表 売り上げ	行動綱領 証拠 提案 世論 広報	倫理綱領 報償 教育 聴聞
アカウンタビリティの対価	物理的な罰則	金銭 名声／人気	社会的評価	称賛または非難 説明 謝罪

表 10.4　四つのアカウンタビリティ枠組の比較

ときの対処もまたそれに応じたものにすべきであることは明白である。たとえば、とんでもないメディア活動がなされ、それが法律や世論、オーディエンスに加えて専門のジャーナリストたちからも非難の対象となるような状況を想像してみればよい。こうしたケースが起きる可能性は小さいがあり得ることは確かで、その場合には先述したアカウンタビリティのどの枠組にもあてはまらない申し立てがなされることになる。このようなことが起こり得る状況は、まだ基本的なルールが出来ていない新しい問題や新しいメディアに関連した場面である可能性が高い。とりわけこのことはインターネットのいくつかの利用法に当てはまる。しかし一般的には苦情に対処する枠組の選択の幅はあまり大きくはなく、採用できる政策やメディアにとっての選択肢もたいていは大枠として決まってくる。こうした理解をしたうえで、以後の章

では上述したその他の考え方のよりいっそう詳しい測定法について検証していくことになる。そこからいくつかの問題が出てくれば、それに応じた評価の基準について述べていくことにする。

現時点でもっとも重要な問題として以下を挙げておくことにする。

- コミュニケーションにおいて公共的利益を促進し、保全するために利用できるオルタナティブな手段の相対的な強みと弱点は何か。
- ここで挙げた枠組のどのような要素が、とくにインターネットの出現に見られるような、メディアの現実的変化に対応できるもっとも有効な手段を提供できるのか。
- これらの枠組を既存のメディアに適用した場合、どのようなことがそれぞれに起きるのか。
- 第5章で概説したアカウンタビリティを巡って起きる問題について、オルタナティブな枠組はどのように対処できるのか。

様々な基準の適用が考えられるが、それらは次の四つの大きな項目としてまとめることができよう。

実用性と実効性

あてはまる枠組に関係しているとされるアカウンタビリティの手段を実行するにあたり、それらにはどれほどの実用性と応用性があるのか。それらは意図した目的の達成のためにどれほどの実効性と運用上の柔軟性を持っているのか。

問題の範囲と価値

どのような問題がもっとも適切に処理できるのか、どのような原則と価値が確認され、実行されるのか。この基準の関連では公共善（public good＝公益）と私的善（private good＝私益）の問題が起きてくる。

誰のための利益か

アカウンタビリティのプロセスに関係している当事者のうち、誰の利益のために対策が実行されるのか。この基準では望ましくない副次的効果が出てくる可能性を考慮しておかねばならない。

公表行為の自由

選択されたアカウンタビリティの形式によって公表行為の自由がどれだけ保護され、もしくは促進されるのか。ここで注意すべき点は応答責任と法的責任のどちらを選択して事を運ぶかということ、さらには手続き上の透明性と公共性の度合いである。一般的に内部的処理よりも公共性が高くオープンなプロセスのほうが自由にとって好ましい作用をする。

注

(1) その可能性は数え切れないほどあるが、主として三つに分けることができる。第1は、規則・構造あるいはニューメディアの出現や新しい条件の登場といったようにメディア自身の活動が変化した場合である。第2は、苦情申し立てや批判を含め、メディアへの期待とその実際の行動に違反や不一致がある場合である。第3は、戦争や危機など新しい規則が必要とされるような、既存の制度的アカウンタビリティでは対応できないような社会状況の変化が起きた場合である。

(2) ローレンス・レッシグはインターネット規制に適用するための四つの分類を提案している（Lessig 1999）。彼の挙げる四つの主要な抑制形態あるいは形式は、①法律、②社会規範、③市場、④仕組（architecture、構造）、である。それらのすべてが規制過程の一部として作用するというわけだが、システムの特性、とくに管理・運営システムの「コード」やソフトウエアに関する④の「仕組」という考え方は従来にはない新しい要素の提案である。この「仕組」は伝統的メディアにおける構造的規制（structural regulation）とよく似ているが、メディアの部門別区分という点での捉え方が異なっている（第5章を参照）。レッシグが

提案している基本図式（scheme）に欠けている要素はプロフェッショナルな（専門職業集団としての）自主規制である。この点を除けば、彼の考え方と私たちがここで検討している基本図式には類似性があるといえよう。

第Ⅴ部　アカウンタビリティの方法と手段

第11章　メディアの市場

思想の自由市場再考

　理想的形式としての市場のイメージにはしばしば、送り手と受け手との間の自由な表現とその交換が利益を生み出すということの実証ができることが含まれている。またこの理想的イメージは、市場はアカウンタビリティを果たす主要な手段であるという正当化もすることになる。「思想の自由市場」（market-place of ideas、思想が自由に往来している市場）という有名な言葉は、1919年の米連邦最高裁判所の判決において、オリバー・ウェンデル・ホームズ（Oliver Wendell Holmes）判事が使用したものであるとされる（注1）。シュミットによれば（Schmidt 1976）、この思想の自由市場という用語は今でも、「自由な表現ということを意味するときの定番的イメージ形成手段」として使われている。だが実際には、そうした基本的捉え方はホームズ判事の独創ではなく、それ以前にジョン・ミルトン（1608-74）とジョン・スチュアート・ミル（1806-73）によって、さらに根源的な次元での押さえがなされていた。また、ホームズ判事が経済的観点からのアプローチを用いて、それに新しい次元からの解釈を加えようとしたかどうかについては定かではない。

　思想の自由な往来（free trade of ideas）から得られると主張される利益、とりわけそれが真実を導きだすことの保障になるという主張はこれまで活発に議論されてきたことである（参照：Napoli 2001: 100; Schauer 1986; Barendt 1998; Baker 1998）。さらに議論の焦点を絞って、思想の自由往来が見解の多様性を導きだし、対立的意見を公共の場に持ち出す機能を果たしているのだという

主張も展開されてきている（Baker 1978）。自由解放論者にとってはそうした交換市場論を受け入れることによって、政府の介入から自分たちを守るための根拠とすることが可能になる。しかし、市場主義を批判する立場からすれば、メディアは種々の決定をするとき、投資家やスポンサー、広告主の利益に左右されやすくなっているとの主張が出てくる（McManus 1994: 85）。また、デイヴィスは「自由解放論の概念についての19世紀末の奇怪な再解釈」がメディアは「思想の公開的議論の場」（public forum of ideas）であるべきだという考え方を……思想の自由市場としてのメディアに置き換えてしまった」と述べている（Davis 1999）。

　市場という概念は、たくさんの生産者や売り手がお互いに競い合い、様々な種類・質・値段の物品を販売し、賑わっている小さな町の中心を思い起こさせる。市民である消費者は、ニーズ・関心・個人的趣向・所持金によって欲しいものを選択する。そこには、商品の公開展示や競争、見本を見せての交渉や、苦情を含めた供給者への意見の伝達などがあり、そうすることが商品の種類や質、価値の向上に結びつく刺激となっている。供給者／売り手の関心は顧客を満足させ、そのニーズを取り込んでいくことにある。新しい製品が次々と登場し、品質の劣る低い価値の商品は市場から消えていく。

　理想的な市場の大きな利点は、最も自然で効率的な形式のアカウンタビリティとして、生産者が消費者に直接答えなければならないという点にある。メリルはこのような市場を「最初の審判の場」（court of first resort）と表現している（Merrill 1989）（注2）。このメリルによるアカウンタビリティの市場モデルには外部からの制約がなく、多様性と競争力が存在し、主としてそれを支えるものはアカウンタビリティに必須の要素であるオーディエンスが想定されることになる。この場合のオーディエンスを構成するものとしては有害な影響を与える可能性のあるものを警戒する多くの圧力団体や特別の利害関係を持った団体も含まれている。さらには、購入者責任（caveat emptor、買い主による危険負担）という原理を活用し、監視の目を光らせかつ批判的で、たえず質と価値についてチェックし、購入商品の比較ができるオーディエン

スを育成していく必要もある。自由経済理論によれば、市場は質を改善し、価格を下げ、多様性を促すもので、干渉はその逆に市場をゆがめ、非効率性を招くだけだから、必要とされない。市場には自律機能があり、それ自体の動きに任せておけばよいし、社会全体として円滑な交換がなされるようになれば、あらゆる関係者の利益になる方向に自然に動いていくものだとされている。

　市場の動き一般についての批判はこれまでにもしばしばあったし、実際の市場の限界についてもよく知られている。批判点としては、競争を制限するための供給側の集中や特定利益のための裏工作がなされる傾向などが挙げられる。多くの批評家たちも、メディアの市場システムが権力だけでなくプレスの自由をも、金持ちの個人や企業の手に受け渡してしまうとの指摘をしている。消費者は彼らと平等な対処をされず、その相対的な力は可処分所得の多いもののそれが大きくなり、裕福な消費者だけが多様性と質の高いものにアクセスできるという現実があるということである（注3）。こうした市場的特徴のいくつかは、真実は勝利し、嘘は見抜かれるという「思想の自由市場」の理想的な概念とはかけ離れたものである。シャウアーが指摘するところでは市場（market-place）は本質的に、政治的・公共的事象を優先的に取り扱うようなことはしないという（Schauer 1986: 777）。また、市場は必ずしも全体としての質的向上をもたらすものではない。物質的商品を扱っている市場では多くの消費者が粗悪品で間に合わせなければならない。このような現実の市場ではすべての人が基本的な平等に基づいて参加し、お互いが平等に意見を聴き、自分の意見を聴いてもらえる形式が保障されてはいないのである。おそらく、トゥマンが問題提起しているように、正真正銘の思想の自由市場はインターネット上でのみ形成される可能性のあるものかもしれない（Tuman 1999: 163）。

　しかし、アカウンタビリティに関して市場が果たす役割いかんは思想の交換市場の理論的価値や市場主義への賛否によって決まってくるわけではない（注4）。それはコミュニケーションとメディアが主としてとまではいえなく

とも、その多くがビジネスとして経営される組織となっているという現実から出てくる問題なのであろう。結果的に、公表行為を行う機関とその多様な関係者との間の関係（参照：図10.3）は当該市場あるいはその他の市場とのルールに従って形成されるからである。メディアの「コミュニケーター」とオーディエンスとの直接的な接触と交流は、事実上、市場論理によって支配される生産者と消費者との関係である（McMnus 1994）。従って、メディア活動のさまざまなレベルや局面、あるいはメディアの活動領域として少なくとも以下のような区分を設けて考察することが必要である。①生産と流通という市場的関係、②情報源との関係、③広告主との関係、④オーディエンスとの関係、の四つである。多くの場合、これらのいずれもが一国内の社会や市場の内部で見られるものだが、現代のマスメディアのグローバルな展開についてもそれは通用するものだといえる。

グローバルメディア市場における圧力と制約

　メディア市場は領土（国境）や文化その他の基準によって分けられてはいるが、システムとしては今やグローバルに展開している。同時に、出版から電気通信事業に至るまでの様々なメディアを横断し広大な利益を上げている少数の巨大メディア企業の経済的支配下にある。巨大企業は小さな企業、作品・著者・出演者などの権利を売買し、それらの取引において、コンテンツ・行動・活動が公衆や社会に対して持つアカウンタビリティに関する諸事項が問題とされることはほとんどないといってよい。そこでは広く公共に影響するような経済的な決定に対し効果的に対抗できる力が機能することなどほとんどない。あるとすれば、国際的な取引や文化・言語の浸透過程に対し、きわめて限定的ではあるがわずかばかりの国家的保護主義だけである。それもせいぜいのところ、その当該区域内の人びとによって運営され、所有されたメディア機関がその地域の主流的社会規範や期待に応える形で公表行為の決定をする能力を持っているにすぎないものである。半面、グローバルな市

場が様々な系列子会社による事業の自律的活動を制限している、さらにはそうしたことによる自由の減少が責任とアカウンタビリティの減少を導いているという主張を否定することは困難であるという状況がある。

　このようなアカウンタビリティの範囲の制限はグローバルな市場システムが遠くに存在し、自閉的になっているから起きていることではない。実際にはメディアは地球規模の企業の製品を販売し、経営していかなければならず、同時にこのシステムの論理は公表行為が採算性の鉄則に則り実行されることを求めるため、現実問題として当該地域内で所有、運営されているメディア機関は、大枠としてその経営方式に従わねばならなくなっているからである。一般的に、無国籍的（transnational＝超国的、多国籍的）オーナーシップ（企業の所有者の権利と感覚）からすれば、一国の社会やオーディエンスへの配慮などしなくてもよく、それらは巨大な消費市場としか見られていない。生産者側の意思決定と最終的なオーディエンスとの間に物理的にも文化的にも大きな隔たりができ上がっているということである。そこでは、経済効果が見込めない限り、大きな観点としていえば、様々な対応とそれらの効果が重視されることはないのである。

　アカウンタビリティを履行する責任のあるグローバルメディアの活動が及ぼす影響は、実際には主として発展途上にあり、小さくて貧しい、グローバルシステムに組み込まれていない諸国で運営されている一国内メディアに対し厳しい競合市場を作り出している。そのため、こうした地域の国内メディアは国際的に活動する多国籍企業に決定権を握られ、規模的にも市場支配力においても不利な経営環境の中に置かれてしまっている。つまり、グローバルメディア企業が最大の利益を上げるための基準が適用され、地域メディアが広く公共的な責任を達成するために必要とする非商業的な表現行為の実行には常に圧力がかかることになる。いくつかの社会的に責任のある活動はオーディエンスの要請あるいは政治的・制度的力によって支持されるが、利益主義にある環境そのものは一般的に、メディアによる利他的な活動には適していない。この構造はオーディエンスの権利だけでなく、メディアへのアク

セスを求める人びとにも不利な影響を与えるものだといえよう。

国レベルにおける生産と流通の市場：アカウンタビリティへの示唆

　グローバル市場とは対照的に、国内展開をする多くのメディアは政治的・社会的生活圏に組み込まれ、そこでの重要な役割を担っている。歴史を振り返れば、時々、国内の政治的・経済的・社会的制度と対立することがあったとしても、書籍や新聞の発行そして最近の放送はそれらの国内制度との密接な関係を保ちながら発展してきた。このことは、あらゆる種類の「公共的利益」が常に守られるという保障になっているわけではないが、重要な公共的もしくは国内的（national）な利益確保が当然とされ、承認事項となってきたということを示している。ここで私たちが留意すべきことは市場の論理がどのようにアカウンタビリティに影響を与えるかということである。メディアの企業やコングロマリットにおけるコントロールとマネージメントの内部管理基準は例外なく協定という形で成立しており、そこでの合意事項によって製品やサービスの種類・質が決められ、どのような価格設定がされるかについても定められている。もしくは、そうした取り決めによって許諾された活動に基づく収益見込み計算がなされることによって前渡し金なども動いているといえる。

　このことはまず第1に、オーナーおよび投資家と彼らが作ったメディア企業との関係に見られ、次に企業とその運営体制、続いて運営体制とその従業員つまりサービスの提供者（ライター・出演者・演出者等）との関係に見られる。様々な役割のすべてが金銭を介在して繋がり、最低限の責任に関しての合意がなされ、それらが相互の責務としての拘束となるという関係にある。このような市場関係の自由はとくに、資本あるいは重要な技能（skill）といった価値あるものが保有され、自由に取引されるときにのみ享受できる自由にすぎない。こうした場合のアカウンタビリティは企業とメディア制度の内

部に対するものだが、より広い範囲に影響しているとみることができる。

　私たちは、大きな市場関係の枠に組み込まれた市場主導型メディアの典型的な状態がアカウンタビリティに対しある程度の影響力を持っていると解釈できるということである。第1に、企業の利益を守ろうとする組織内部のコントロールは強力で段階的な構造となっているからである。経営陣はサービスと質を維持し、そのことに関係する法律や規制に従うことでその責任を受け入れることが多い。広く受け入れられているビジネスの責任と規範はコミュニティと社会へのサービス等にも背後から影響していると考えるのが自然であろう。また、特定の役割や職業的課題に伴う責任も、技能やプロフェッショナリズムあるいは技術水準とに制約されていると考えることができる。現実に、こうした考え方は先にまとめた五つの責任のうちの三つに関連しているといえよう（第9章の図9.1を参照）。

　アカウンタビリティが履行されている限り（図9.2を参照）、上述した国内的市場のいくつかの特徴はいずれも財務関連の納得のいく会計報告を履行させ情報の自由な流れを進展させる。また、市場システムには先に検討したように（図10.1を参照）、アカウンタビリティの履行に関して特筆すべき実効力が備わっている。市場システムには一方で、オーナーや、情報の創造者というよりも実際の「コミュニケーター」である経営サイドの立場とともに、それらメディアへのアクセスに対価を支払う外部機関や顧客の立場を強化する面があるからである。

　もっとも、メディアシステムにおける集中の形態と度合いによって、こうしたことの結果には大きな違いが出てくる可能性がある。同一のオーナーが所有するメディア企業間には相互批判が起きにくいから（Turow 1994）、公共的アカウンタビリティの手段の一つである他メディアによるメディア活動の監視が弱化することになる。集中化の進んだメディアの権力はこのほかにもアカウンタビリティに対して間接的な影響を及ぼすことになる（注5）。たとえば、メディア市場ビジネスへの参入コストが莫大であるため、そのことが逆にますます集中化を加速化させている。独立した情報事業者としてのメデ

ィア企業のモデルから、チャンネル、衛星放送、ケーブルシステムなどの「伝送施設」の保有を主たる業務とする配給会社的モデルへの転換が起きているのだ。各世帯での高額の受信機器の普及に依存する部分がますます増大してきて、とくにスポーツやエンターテインメントなど価値の高いコンテンツを供給しなければならないというプレッシャーが大きくなり、その結果、その他の配慮がされにくくなるということが起きている。

完全に商業化された巨大メディア企業の条件として出てくる重要な問題は上述したような、企業が政府から独立して活動しウォッチドッグとしての役割を果たすことが可能で、しかもかつその意思があるかどうかということだけではなく、自らの情報提供活動に対する批判に前向きに対応する態勢を備えているかどうかということである。経済活動に影響する政府からの圧力は予想される脅威のひとつである。たとえば、新聞印刷用紙の供給や課税率、やっかいな規制などに関わることがそれである。このような問題は非民主的な条件のなかで起きるだけではない（参照：Waisbord 2000）。とくに、政府による電気通信や電子メディアの分野における将来のメディア展開に関する政策決定が競争条件に影響を与えたり、特定のメディアコングロマリット（複合企業化）の利益に影響するといったことが起きかねないのである。

情報源に対する市場のアカウンタビリティ

市場型のシステムでは必然的に外部の者がアクセスできるメディアチャンネルと選択できるコンテンツの形式（type）を用意しなければならない。それには多様な形態があるが、いずれにもメディア側への対価の支払いが求められ、やり方としては広告主や顧客からの直接的なものやオーディエンス市場からの支払い、あるいは補助や売買契約によるものなどがある。オープンな形式で直接金銭が支払われるメディアへのアクセスには量と種類という点で制限があるが、その方法は多様で状況によって異なっている。編集の自律（editorial autonomy＝編集権の独立）や組織の中立性、社会的に確立されてい

るイメージを揺るがせるようなコンテンツは一般的に認められない。だがたとえそうであっても、とくに権力や影響力のあるものに関係がある場合、経済的な面でのアカウンタビリティ履行がなくとも、最終的にはメディア側にプラスになる対価の支払い法が用意されることになる。しかし、こうした現実が市場に歪みをもたらし、透明性を減少させている。

　一定のコンテンツと情報はオーディエンスに提供すべきではないというのが従来からの考え方にあり、それに逸脱するものが主流メディアから送出されることはあまりないのがふつうである。現実的には、どういう情報をどれだけ、内容的バランスをとりながらコントロールし、社会をどう描くかについての選択の過程が継続的、体系的かつ常識的な仕方でなされているわけである。ところが、選択は編集上の特権だから、メディア活動のこうした側面は検閲とはまったく異なる。それは通常、特定の理由や見解への直接的な賛否を示すようなものではないが、全体としていえば、体系的にある種の情報源や世間の見方を他のものよりも優先的に紹介するという傾向を持っているということでもある。

　これよりもさらに積極的な偏向を生む形式がある。それはある種の情報を除外するという方法ではなく、メディアに無料のニュースあるいはその他の面からの利益となるコンテンツを提供する情報源に特別の好意を示すやり方である。媒体の種類にもよるが、かなり高い割合のニュースが営利的な思惑から、政府系、非政府系あるいは個人的か否かを問わず、自己利益という目的を持ちかつ財政力のある組織によって、前もってパックされた形式で提供されてくる場合がある（注6）。このような情報源は唱道的な目的を持った、完成品としてのニュース記事やドキュメンタリー的なコンテンツを提供してくることが多い。それらはメディア側のコストを最低限に、そして利便性を最大限にするやり方で、まさに適切なコミュニケーション製品を適切なタイミングで提供することができる。こうしたニュースの提供者は通常、公的・私的企業を含めて公共領域で活動し、自分たちは公衆にとって利益となるものを伝えており、それは正当だという立場を主張している。

しかし困ったことに、通常、ニュースメディア（報道機関）にはプロパガンダ活動をすることへの抵抗があるにも関わらず、組織化が整然となされ、資料的にも豊かな情報源のほうが弱小で利益をもたらさず周縁的な集団に比べてアクセスされる度合いが高くなるのがふつうである（Gans 1979）。メディアの組織化された利益追求が恒常的に情報源（一般的にはアクセスを求める人たち）とのアカウンタビリティ関係において不平等をもたらすかどうかについては議論の余地があるところである。しかし実際にはニュースメディアは自分たちにとって価値のあるニュースの提供者に対するアカウンタビリティを進んで果たそうとする。提供者のほうもそのメディアのカバーする、国・地域・地方における影響力を強めることができる。弱小で財政／資源的にも恵まれないがメディアへのアクセスを求める者が市場システムの中で不利な立場に置かれることは避けられないということである。

広告とパブリシティ（広報）の市場

情報を配給するメディアと広告主を代表とする顧客との関係は通常、思想の自由市場主義の信奉者たちにとっては、メディアをオーディエンスと社会に同時に奉仕させるために役立つと考えられている。市場の力はメディアに対してオーディエンス・広告主・公共善という三者のバランスが取れるように機能しているからだというわけである。発達したメディア市場の多くでは、広告主からの収益が主要なメディア機関にとって格別に大きな収入源であり、この点では米国が最先端にある（Bogart 1995: 71）。このような状況では、メディアはオーディエンスに対するのと同様のアカウンタビリティを広告主に対しても履行することになるが、オーディエンスの範囲と満足度の測定等が発達したことによって、広告主のほうが提供されるサービスの質がどうあるべきかについて、より直接的かつ詳細な要求を行える立場にあるといえる。

メディアと広告主との概念的な「契約」は、メディアが報酬を受け取る代わりにオーディエンスのタイプを特定し、彼らの注意をある程度まで広告

主/顧客のメッセージに引きつけることである。そうした約束ごとは広告がうたれた後、双方が合意した方法での調査によってそれが有効であったことが証明されなければならないし、このプロセスは繰り返し実施される。これによってメディア機関が広告主に拘束されるという、アカウンタビリティ関係のネットワークにおける連係（link）という保障が可能になる。また、ここからは、広告代理店というもうひとつの利害関係者への注目の必要が出てくる。広告代理店は巨大な国際メディア企業であることが多く、メディアのスペースを買い取る決定権を持つことによって巨大な権力を行使している。彼らこそ、公表行為から公衆による注目やアクセスに対して金を支払う広告主までのアカウンタビリティの道筋を主としてコントロールしているものだといえるだろう。

　自由市場主義の理論は、ひも付きではない広告による金銭的サポートがメディアの独立性を高め、満足したオーディエンスの多くが満足した広告主に対して反応するという理由で、メディアと広告との関係を擁護する（注7）。しかし、ボガートがこのことについて述べているのだが（Bogart 1995）、広告主は支払う金額の対価としてオーディエンスによる自然な注目以上のものを望むことが多く、そうした要求がメディアの活動や構造に歪みをもたらすことになる。広告主はムードやスタイル、消費者への親和性といった観点からの広告メッセージへの好感度が高まることを求める。彼らは自分では正式な要求はしないが、できるだけメディア自体の活動に対する批判の自由だけは保持しておきたいという態度をとりたがる。さらには、これらの広告主は広告を取りやめるといってメディアを脅したり、コンテンツへの干渉といったことさえすることもある（Bogart 1995: 95-8）。

　以上の他にもニュースメディアに対して決まって圧力をかけてくるところがある。とりわけ、取材/編集のコンテンツが流行や旅行あるいは自動車といった消費に関連している場合がそうである。このようなコンテンツには他の題材よりもオーディエンスがその広告に注目するような配慮がなされることになる。広告主の商品に対するオーディエンスの選択幅が大きくなればな

るほどメディア市場の競争が高まるから、収入源となる広告対象商品にコンテンツを合致させようとする圧力が強くなる。メディアに対するこうした圧力の度合いは全体的な損益バランスにおける広告とその関連からの収入割合の多寡によって決まる（注8）。広告主に対するアカウンタビリティは広告主の利益がより明確で金額で提示できるような場合にはとくに、公衆や社会に対するアカウンタビリティよりも優先されかねない危険がたえずつきまとうことになる。このことが問題となるかどうかは広告による利益と公共的利益との乖離がどれほどあるかによって決まることである。

　圧力をかけてくるのは商業的な広告主だけとは限らず、政府やその他の広告出稿関係者から来ることもある。ワイズボードによれば（Waisbord 2000）、ラテンアメリカの場合は、政府が最大で唯一の広告主であることが多く、公開された制度としての検閲はないのに、この対政府関係がプレスの従う規律（discipline）となっているという。一般的に、公共公告が重要な役割を果たしている場合は多い（注9）。特定の広告提供者があるメディア市場、たとえばある一地域における支配性を強めれば強めるほど、その者による潜勢的影響力が及んでくる可能性が高まる。広告の論理はここで検討したような市場的圧力を強めながら、同時にメディアの集中化を高めている（注10）。

　多様性の基準という点に関していえば、市場競争は常にメディアの革新・変化・選択、そしてメディアコンテンツを進展させる刺激となっている。他方で、オーディエンスを求めるという競争論理はものごとの革新だけではなく、多くの人たちに人気のあるほとんど同じコンテンツを提供することによってマスオーディエンスをつかもうとする競争を加速させている。そうした状況ではオーディエンスは類似あるいは関連する制作者による、まさに類似したコンテンツの洪水状態でおぼれそうになりながら選択をさせられることになる。また、新しい電子メディアが開放的であるように見える状態にあるのに、マスメディアの情報伝達は当然の結果としての独占的傾向を進行させている。市場理論はメディアビジネスへの新規参入を促し、技術の発展は市場開放の機会となる可能性を高めていることは確かだが、現実の参入には多

くの障壁があることもよく知られている。こうしたことが間接的に、既存メディア企業の市場支配をますます強固にし、アカウンタビリティにも影響を与えることになる。メディアが独占的になればなるほど、新たな選択肢が少なくなり、その結果、メディアに対する多様な要求や苦情申し立ての効果が小さくなってしまうことが起きてくる。

アカウンタビリティの手段としてのオーディエンスとの関係

　思想の自由市場という主張の正しさが最大限に立証されなければならない場所は「オーディエンス」という市場である。情報の製作者と伝送者は高い水準のコンテンツとサービスを期待し、その対価としての金を支払う消費者と繋がっている。消費者は同時に市民でもあり、その意見や情報、指針の提供等へのニーズがメディアに対して民主的なプロセスと、より広範な公共的利益に奉仕させるという役割を果たしている。こうしたオーディエンス市場は多くの場合、競争が激しく、その成功の度合いは収益と視聴率によって測定される。しかも、そこでは単にオーディエンスを満足させようとすること以上のことが必要である。メディアにはたえずオーディエンスを新規につかんで取り込む必要があり、彼らの趣向や好みを掘り起こし、利用できるかぎりの手段を使って、オーディエンスと前向きで親密な関係を築かねばならない。質のよいコンテンツやそのような位置づけのできるものは別にして、そのための方法として、広報・報償・ファン開拓・参加型番組やイベント・賞賛など、メディアに対する愛着と忠誠心が高まると考えられるすべてのものが利用される。そうした試みはアカウンタビリティとは相容れず、「応答責任」としての高潔性や価値を矮小化してしまう曖昧で、潜在的に情報操作される可能性を持つものとなっている。

　オーディエンスが消費者としての役割を担い、メディアを情報とエンターテインメントの便利な供給者とみなしている限り、メディアとの関係は人びとが他の消費市場において用意されている役割分担とほとんど変わるところ

がない。メディアの側が特定のサービスの商業的供給者として行動する度合いが高くなるにつれ、直接的な支払いや契約代金、あるいは広告などによる収入が多くなるという商業的関係の常識が成立することになる。その結果、利他的または規範的であるというよりも利益至上かつ功利主義的なやり方が強くなってくるのは必定である。

消費者としてのオーディエンスの役割は必然的に、市民や子どもを持つ親あるいは様々なグループのメンバーとしてのそれと重なり、メディアに対して規範的な内容を入れることを求めるようになる。オーディエンスが特定のチャンネルをとくに好むという忠誠的な性向（loyalty）は消費の特定の時間やコンテンツとは無関係に起きる。そしてこのような忠誠心にはアカウンタビリティの関係が随伴するのが常であり、とくにそれらの忠誠心に商業的な価値があり、他のビジネスにおける信用（goodwill）や良好なブランドイメージに相当するものであれば、メディアにはそれらのオーディエンスに応えるべきだという圧力となる。メディアが個人的な理想と自発性によって積極的に選択される度合いが高くなれば、それに比例して両者の間の商業市場的関係という特徴は小さくなる。

市場がアカウンタビリティにどれだけ貢献しているかを考える際には、メディアのコミュニケーション行為の役割と伝送のそれとを分けて考察するほうがよい。前者には情報の創出と伝送の実行という特質があり、後者にはメディア企業・供給システム・チャンネルといった媒体としての特性があるからである。両者の区別については図11.1にも対照として示しておいた。この図は同じコンテンツや同じメディア供給者が異なる動機を持った消費者を引きつけることが可能であるという考え方を具体的に示したものである。

図11.1のそれぞれの項目は、総合的なメディア／オーディエンス市場内におけるアカウンタビリティ関係の多様性の可能性を表している。個人の責任履行という点からいえば、情報送出者もしくは送信者からオーディエンスへのアカウンタビリティは、オーディエンスからの尊敬と愛着を維持するため、あるいは相互のコミュニケーション行為を維持したいという希望に基づいて

	オーディエンスの態度	
メディアの役割	*規範的*	*商業的*
著作者・公表行為源（コンテンツ）	責任履行的	熱烈ファン
チャンネル・送信／供給者	忠誠心	消費主義

図11.1　メディア／オーディエンス関係の4類型

自らが選択する責務となる。チャンネルへの忠誠心が関係しているときには、メディアはオーディエンスの希望に応え、期待を高めつつそれらに合わせていけるという大きな強みを持つことになる。熱心なファン層（fandom）に対しては、コミュニケーターつまりメディア側は、寄せられる褒め言葉や評判を高く評価し、その維持に必要なことをしようとする。しかしそこでも、メディア側が規範的かつ温かい気持ちでオーディエンスを包み込むということはない。消費中心主義という観点からその関係を説明すれば、この場合のアカウンタビリティは完全に功利主義に基づいた短期的なもので、両者の間には実利的な思考法があるにすぎない。

　この分析から分かることは、多くのメディアはその自己定義やオーディエンスとの関係において相互に関連しているということである。また、この分析は多くのメディアシステムにおいてメディアのタイプには明確な多様性があるという事実を示している。これらのタイプには、とくに多様な形での商業主義的要素を持った公共放送が含まれているが、それらは最終的には非営利的な目的を持って活動している。また小さな規模の非営利メディアにはじつに様々な目的がある。さらには、私企業的メディアの中にも非営利目的で活動しているものがある。加えて、これらの要素が混じり合い、分類が難しいインターネットコミュニケーションという領域もある。大規模な商業メディアというカテゴリーにおいてさえ、大規模なチェーンや企業グループに属している企業と、単体として独立した企業に分類することができる。政治的あるいはメディアのプロ集団としての目的を持ったものと、完全営利型のものとの区別も必要であろう。さらには、地域的慣習もまたオーディエンスと

のアカウンタビリティ関係の程度や種類に大きな影響を与えるものである。

アカウンタビリティの手段としてのメディア市場：評価

　アカウンタビリティの枠組が機能する四つの領域の特性とその大要については第10章の末尾で述べたから、ここではそれらの基準を応用して、市場の論理と機能について考えることにする。その際に留意すべきことは、実際の市場は理論上の非現実的な約束に従って動いているわけではないということである。もちろん、どんな場合にも標準から逸脱する例は数え切れないほど存在する。だから、第1に私たちが問うべきは、どこまで市場に主導されたメディア、とくに利益追求型でオープンな競争体制にあり、消費者と向き合っているメディアが、これまでに概説した様々な意味のアカウンタビリティの効果的な実効性をどのように促進あるいは抑制することになるかということである。

基準1．実用性と実効性

　一般的にいって、メディアにその消費者に対する責任履行をさせるという点で、市場が多くの点できわめて良好な機能を果たしていることに疑いはない。なんら特別な手続きや準備をする必要がなく、ただ自由に運営されているだけでよい。そうなれば、いろんな種類の市場ができ、そのいずれもがニーズや条件に合った形式を自然に展開する。市場はたえず、独自の論理で新しい環境に柔軟に順応していける。たとえば、信頼度が明確に試されることになる情報という点では、競争の激しい市場ほどその質が高くなる傾向がある。

　メディア市場は情報サービスの形式や種類の新規開拓をはじめ、それをすばやく取り入れることが得意であるように見える。これはオーディエンスへの対応だけでなく、伝送や受信機器の製造業者、著作者・アーティスト・メディア従事者といったすべての関係者について言えることである。市場の判

断は一般的に、法規制よりも強い実効力があるのは確かである。コンプライアンス（既存法令の順守）はしばしば自主的になされるというだけではなく、メディア自身による解決策として事前に用意さえされているからである。また、メディアは法規制に伴う不必要な副次的影響を避けようとするが、市場が最適に機能する条件がいつも整っているとは限らない。そこではとりわけ以下の三つの障害が起きやすい。①新規参入者に対する開放性の欠如、②送信（供給）者間における競争の制限、③構造的な多様性つまり多種多様な情報提供者の欠如、である。

市場の関係というものには好ましからざる副次的影響があることは確かで、それらの多くについては一般論としてすでに指摘してきた。それらは最終的に、消費者の経済的平等性の欠如、市場取引の条件が必然的にもたらす市場的失敗の可能性、直接的に倫理や規範という点からの配慮の欠如等をもたらすということである。第1に、市場的関係はもともとアカウンタビリティを果たすメカニズムとして設計されたものではないから、この弱点はさして驚くにあたらない。商業化や商品化を批判する者にとっては市場そのものが問題であり、その立場での議論をいくらしても効果的な救済策は出てこない。真実や誠実さ、あるいは創造性が持ついかなる可能性もコミュニケーション産業市場＝情報産業界における供給者側が得る利益の最大化の論理に従属してしまうからである。たまたま同時に商業的な成功に結びつくということが考えられないかぎり、市場にはアカウンタビリティを果たそうとする寛容さが存在することなどほとんどない。すぐれた倫理とすぐれた広報がたまたま協調して機能することがあったとしても、その他のアカウンタビリティ形式がビジネスへの干渉となる傾向があることは否定できない。

基準2．問題の範囲と価値

実効性はその目標の達成度によってのみ判断されるから、その点で、市場が一定の事項において他のシステムよりも機能的に作用するということに疑いの余地はない。現時点におけるメディア・アカウンタビリティの主要な問

題点については第5章の冒頭で次のような項目を挙げてすでに概説した。①社会秩序、②個人の権利、③文化の質、④違法行為の防止、⑤加害行為の防止、⑥所有権、⑦公益の提供、⑧資源の配分、⑨経済的規制、⑩国際的責務、である。市場によるアカウンタビリティはおそらく、社会秩序・加害性や侵害の回避・所有権の保護といった点において最大の効果を発揮できるだろうが、メディアの構造的レベルに発生する経済問題においても有効である。一方、市場はメディアに対してあらゆる種類の収入源、とりわけオーディエンスと広告主に対してのきちんとした説明と責任履行を直接的にさせるようには作用するだろうが、メディアは政府だけではなく、その影響が金銭的な報酬あるいは処罰に関わるような権力や当局に対しては間接的にしか対処しようとしないであろう。

メディアのセンセーショナリズムやその類の間違いに対する批判はしばしばなされるが、主流の商業メディアはたいてい、安定・社会秩序・協調・コンセンサス・伝統的な価値観を促進しようとするものである。またオーディエンスのほうもそのほとんどがそうしたメディアを好んでいるように思われる。その意味では、メディアは社会的影響のネットワークに組み込まれているということで、そうした関係のネットワークがメディアに対して自らが原因となった損害や侵害についての批判に応答するようにし向けることになる。その結果、メディアは制限されても仕方がないほど反社会的である事柄についての非難には備えておくほうが利益になると考えるようになる。

全体としてのメディアシステム内部には周縁的な領域がある。社会の広い範囲に有害で加害性を持つ可能性のあるコンテンツを供給している場合がそれである。それらの活動が法律に抵触しない限り、市場の論理では苦情の申し立て者が補償されることはない。じっさい、メディア市場は一つではなく、さまざまな好みや関心（taste and interest）に基づくものが多数存在し、そこに関わりを持つ人たちもさまざまである。市場とは基本的にそこで直接的な関わりを持っている人びとに対するアカウンタビリティだけを促進するものなのである。つまり、苦情申立人として意見を聞いてもらうには市場への参

加者であることが条件となるということである。これが暴力的なコンテンツやポルノグラフィに対する苦情に対し、市場が耳を貸さない理由のひとつだと思われる。つまり、こうした事案ではそれらの消費者自身が自らの利用市場に苦情申し立てをしていないというわけである。

　一般的に市場には社会的責任を推進しているかどうかについてのかんばしい評判はない。第3章で述べたようなメディアに課される広義の社会的・文化的責任に関してはなおさらである。社会的・文化的責任を果たすようなメディアやコンテンツの形式は概して、それほどの利益を生み出さない。このような市場が抽象的な公益のための働きをしたり、利益を脅かしてまで加害性を回避する努力をすることを期待することは現実的ではない。消費者や顧客はメディアが社会的責任を果たすことを期待すること、たとえば、政治報道などのようにそうすることがメディアのためにもなることがあったとしても、利益を得ることと善行（doing good）との間には相互に必要不可欠な関係があるわけではないからである。

　市場が「社会的」責任の自覚を積極的に奨励しているといったことは一般的にはない。そのことはとくに、第3章で概説したように、メディアに帰属するとされる、より大きな社会的・文化的責任の問題が起きてくる領域において言えることである。そうした責任の履行を助けるうえでもっとも効果的なメディアの形式やコンテンツはビジネス的な利益向上には概して役立つことが少ないと受け取られているからである。従って、このような特性を持つ市場が自らの利益を脅かしかねないような、理想にすぎない公共善を実行したり、はては加害性を避けるといったことは期待すべくもないことになる。消費者や顧客はメディアがいくつかの社会的責任に対応することを期待するし、現実としてもそれらのいくつかの実行は利益に繋がることがある。だが、たとえば、政治的コミュニケーションの場合、利益をあげることと善を実行することとの間には絶対的に必要な相関関係があるとはいえない。

　メディアが一般市民や社会に対して負っている広範な責任を加害性や悪評の伝播の回避といった一定の事項だけに限定してしまうことはよくあるが、

それでは市場あるいはメディアが社会と不文律の「契約」を行っているその他もろもろのことが軽視されてしまいやすい。市場のこうした限定は発展途上国によく見られ、テレビを筆頭にそうした地域での商業メディアは文化や社会発展のために必要なことを無視して、広告収入依存のチャンネルを安っぽくかつ低俗な輸入娯楽番組であふれさせている。

　一定の条件、とくに行動の自由が認められている場合には、自由市場メディアは進歩的な傾向を見せる傾向がある。ビジネスとして成功しているプレス（報道機関）には経済的に弱いものよりも政治的な独立度が高くなる可能性がある。もっとも、これと同じ法則がすべてのメディアチャンネルにあてはまるわけではない。しかし、強力なプレスのほうが非民主的な行為や抑圧的な政府に立ち向かう可能性を大きく持つことになるのは事実である。市場での成功という期待が新しい動機となって、政治的コミュニケーションの新しいチャンネルが立ち上げられることがある。

　ところが、市場主義で動くメディアはそのままで、政府やその他の政治利用目的の団体がそれらのチャンネルを利用できるものになるとはかぎらない。また、メディアへのアクセスやそのキャンペーン的利用に支払われる金銭が政治的言論の領域に歪んだ影響をもたらし、公職を目指す裕福な者とその支持者たちが有利になるということが起きることがある。メディア市場は慎重に、社会的繋がりを補強する多様な方法を使いながら動く。メディア市場は現実的にそうなることがしばしばあるのだが、たとえばコミュニティ・都市・地方・言語や民族集団グループなどの社会組織の対象領域と合致した場合、当該メディアは相互関係やアイデンティティの支配的な形式と連携して活動するのが一般的である。しかし、経済的強さやその潜勢力がほとんど期待できないコミュニティの場合にはそうしたサービスは受けられないか、より大きな規模の社会的単位（units）に飲み込まれていくことになる。市場を基盤とするメディアには社会的・文化的多様性をある程度まで反映するし、ときにはそれを維持する傾向さえ見られる。その一方で、そうしたメディアはより大きな社会力や購買力のある人びととのグループの差別化に動き、それ

と親和的になるということである。

　市場が効果的な救済策を講じられない苦情の種類についての検証もなされてきており、今ではそれらが主として、いわゆる商業主義に連なるもの、あるいは文化的な質に関わる多種多様な事柄に関係のあるものだということがわかってきた。申し立てや苦情が広告に関して寄せられることがしばしばあり、それらには、①広告の過剰、②誤解を招く内容、③趣味の悪さ、④健康や安全への悪影響、⑤特定集団への中傷やステレオタイプ化、⑥他のコンテンツへの不必要な影響、⑦各種の文化的・規範的欠陥、⑧芸術作品の高潔さへの冒瀆、などがある。これらの事項のいくつかについては、社会的被害が明白であったり、抵抗運動の組織化がうまくいった場合にはとくに、消費者の集まりであるオーディエンスを節度ある対応や改革に向かわせる影響力を持つ。オーディエンスの要求が明確であれば、それは文化的な質を保ついくつかの枠組形成にも役立つことになる。市場論理だけでは低いコストで高い人気を得ようとする方向に偏りがちだからである。それらよりもさらに間接的な加害性や侵害問題に関しては、オーディエンスや社会に対するアカウンタビリティが履行されることはほとんどない。直接的な収入源である広告主へのアカウンタビリティが優先されるからである。

　メディア市場には社会的な質に関連してもろ刃の剣（a double-edged sword）のような側面がある。それは一般的に、情報と文化の共通の基盤を幅広く提供する半面、情報獲得に有利な人とそうでない人との差を広げ、新たな格差を作り出しているからである。メディア技術の革新を最初に取り入れるのは裕福な層で、コンテンツも価格設定もそうした層に合わせてある。これは国内的にも世界的にも現在のインターネットによる情報伝播に顕著に見られる現象である。新たな情報リッチと情報プアという社会階層が生まれ、この新しいメディアはその消費者としてのターゲットに関する限り、プア階層に対するアカウンタビリティを果たしていないということになる。

　メディア市場の国際化はその進展度と影響において均一的ではないが、商業主義が主導するグローバルメディアは国際的に連携する組織や制度を通し

て国際社会そのものに貢献する可能性を秘めている。そうしたメディアには共通の知識・知覚・社会的評価の基準といった面で、より幅広い基盤を築いていく可能性があるということである。しかし市場力はそれだけでは満足せず、より公正な国際社会の秩序という目標に逆行して動きだすことがある。さらには、多くのメディア市場は依然として、民族国家とその影響圏内にしっかりと根づいている。そのため、民族国家の外部にまでメディアのアカウンタビリティが効果的に及ぶことはほとんどない。しかしメディアのコンテンツを輸出し、国境を越えた市場でコンテンツを公開するという目標は人種差別主義や外国人嫌い、憎悪表現的コンテンツをチェックする機能を果たしている面がある。

　市場は多くの点、とくにスキルや情報、文化面における信頼できる質のメディア製品の流通によって、プロフェッショナリズム（専門職業人としての水準）の向上という機能を果たしている。これは経営や財務の誠実度においても同様にあてはまることである。運営の良好な市場はそれを保つために投資家・顧客・供給者による信頼を維持しなければならない。プロフェッショナリズムに通常見られるすべての特徴は市場活動から得られるものでも、市場活動のために実行されているものでもない。たとえば、プロフェッショナルとしての自律性・人間としての責任・利他主義などは企業活動の仕方とは相容れない面が多いのである。

　職業倫理はあるところまではビジネス的にも効果があると考えられるかもしれないが、対立が起きると、その影響は商業利益的配慮に従属させられてしまう。市場が適用できる検証と抑制均衡作用（checks and balances）は、言語道断と判断されるほどのものにならないかぎり、倫理的な観点から問題にされることはほとんどない。プライバシー侵害やセンセーショナリズムといった事柄に関連してジャーナリストが直面する倫理的ジレンマの多くは市場主義を採るかぎり解決されない。そうした問題が出てくる場合、市場はむしろ非倫理的な行為を奨励する傾向さえあるからである（注11）。成熟した商業主義の下では、従来から社会的に合意されてきた価値基準が支持されるだ

ろうが、そうでない場合には、倫理的あるいは道徳的制約が実行されることはほとんどないのである。

基準3. 誰のための利益なのか

誰の利益のためにメディア市場が運営されているのか、誰が市場主義によるアカウンタビリティから最大の利益を得ているのかといった問題に答えることは、市場理論ではすべての関係者がそれなりの利益を得ていると主張しているにせよ、それほど難しいことではない。実際には、メディアを所有するか、コントロールしている者が主導権を握り決定権を行使しているのだから。利益獲得という動機がシステム的にメディアの所有者の利益に奉仕するように作用して、その結果として、あらゆる要求や苦情の申し立てが出てくることになる。正常な自由市場という条件のもとでは広告主等のビジネス相手の利益が、その主たる収入源であるはずのオーディエンスや民衆の利益よりも優先されている。市場の論理に従えば、メディアは巨大なオーディエンスもしくは裕福な少数派オーディエンスに対してアカウンタビリティを果たそうとする傾向を持つことになる。もちろん、ときおり、政治権力が事態の収拾に乗り出してくることがある。そうしたときには、政府が誘導や脅しといった方法で影響力を行使したり、国益が危機に瀕していると称して権力が介入してくる。

基準4. 自由

現代的視点から市場の働きを見た場合の最大の利点は、おそらくは限界があるとはいえ、市場が基本的にはコミュニケーションの自由原則、つまり表現・公表・配布・購買・注視・対応の自由を有し、その結果として自由を拡大することができるという原則に依存していることである。自由・責任・アカウンタビリティの間には、自由は真の責任確保の条件だという次元での深い繋がりがある。メディアにアカウンタビリティを履行させるにはメディアが行動の自由を保持している必要があり、それがなければ、苦情や非難に対

する最も価値のある対応じたいが自由にできないのである。メディアが国家の脅威を受けているような条件下では、市場の力は圧力からの独立を保障し、公共的利益確保のために協力すべきであろう。また、それらが過剰な競争による脅威を受けている場合や、オーディエンスが選択する権利つまり独占によってオーディエンスが市場で持つ力が機能しなくなったような場合には、市場は自らの救済策を講じるべきであろう。

　自由市場の条件下におけるメディア活動が政治から独立していることは当然のことである。公表行為をするための手段を所有し稼働させるという経済的自由は、規模の大小に関わりなく検閲のない表現の確保に必要な条件であり、国家によるコントロールへの防波堤となる。これまで検討してきたように、実際の市場はその動向においてアカウンタビリティの価値を制限しながら、独自の非政治的依存形態を作り出してきた。理論的にはオーディエンスが最終的な決定権を持っているのだが、市場はオーディエンスの利益以外に対しても奉仕しなければいけなくなっているのが実情である。市場による究極的目的が通常、実際に達成されるということはないということである。

　メディアにとっての強力な奉仕対象は代理店等の顧客を含む広告主の利益とその関連事象である。しかもそれらに対する責任とオーディエンスのそれとが必ずしも照応していない。オーディエンスはチャンスを与えられているものの、その立場に応じた要求や苦情の申し立てができない状況に置かれているからである。商業メディアは建て前として政府から独立していても、現実には完全な独立性を保障されているというわけではない。メディアが重要な所有権を手放さなければならないほど酷い汚職や誰もが認めざるを得ないような自由の乱用等がなくても、この業界には相互配慮という「なあなあ主義」で処理されている問題も多いのである。

　自由主義市場は、ウォッチドッグ機能や批判機能、あるいは当局による権力の乱用を抑制するキャンペーンをすることができるし、そうしたことがプラスになることもある。市場には相対的にコンテンツへの無関心がある一方で、自身は自由であるという潜在的な偏見がある。実際には、先に述べたよ

うに、市場には大勢への順応傾向があるのだが、強者の政治や思想を優先するだけではないことが起きることがある。そうした場所が表現の自由と良心の自由が生きるわずかな隙間となる。その結果、商業メディアの活動には一貫性がなく、寄せ集め的で、ときには体制順応的でないコンテンツが入り込むようなことにもなるわけである。

市場には政府による検閲や抑圧とは異なっているものの、特有の障壁が形成されている。メディア市場への参入障壁（メディアを設立する際の莫大なコスト）や、既存のチャンネルにアクセスするための価格の高さといったことがそれである。巨大メディアであれば、価格を下げるという不公正な条件、いわば不当競争というやり方で、市場における自分の力を有利に使うことができる。主流（メインストリーム）の商業メディアであれば、非民主主義的な社会における厳しい社会／政治的抑圧下でも利益を生み出す活動をすることは困難ではない。純粋に経済的な観点からいえば、主流メディアはある程度の抑圧には耐えられるということである。より大きなオーディエンスを獲得しようとして採用された政治的・社会的中立性を指向する傾向は政治的・社会的活動をしないということの別表現となっているともいえる。どのような形式であれ、国家の危機といった一時的な非常事態を除き、過激な反対や社会秩序に疑問を呈することはオーディエンスにも広告主たちにも受け入れられないようである。

第9章で概説した法的責任と応答責任との違いは実際の市場作用においては見られない。逆にいくつかの面で、市場メカニズムは問題処理にあたっての応答責任のいくつかの特徴を反映するものとなっている。外部からの強制はなく、関係者への処罰もないし、情報の提供者とオーディエンス、その他の市場参加者との間にはある種の対話が成立しているからである。そこには少なくとも、視聴率という形でのオーディエンスからのフィードバックがある。しかし、それはきわめて間接的な交流の形態であり、問題も全体のほんの一部に限られている。総合的に考えると、そうした状態で市場を支配しているものはどのような事柄についてもその責任履行をしないだろうし、弁解

も謝罪の必要も感じないだろう。市場の独占がある場合にはますますその必要性がなくなってくる。

　メディアのオーナーシップや企業間の相互の繋がりにはあいまいさがあるかもしれないが、市場はその活動面において「開かれている」必要がある。利益を最大にしようとする目的が明白で、そのことが批判の受け入れや、メディア活動の望まぬ副次的な影響をもたらす活動を制限することがあったとしても、通常はそこに隠された宣伝工作や思惑といったものがあるわけではない。しかし、市場の供給者側がコストや視聴率、その他の市場の条件といった関連情報の多くを自己都合によって支配している場合、透明性がきわめて限られてくる。オーディエンスにもその他の誰にもそれらの公開を要求する権利はなく、民間のメディアが苦情申し立てに応える場合、自らの判断によってそうするのであり、手続きを公開したり、第三者からの裁定を待つ必要などない仕組みになっているということである。

小　結

　思想の自由市場という考え方が支配的で、高く評価されるようになっているとしても、メディアの市場が自分の活動に必要な範囲を超えてアカウンタビリティの履行に効果を発揮するということはない。自由解放論を信奉する市場主義者たちは通常、アカウンタビリティに大きな意味を見いだしたりはしない。アカウンタビリティがどのような善意に基づいていたとしても、結局それもまた自由を制限するものだと考えるからである。だが、メディアの自由市場を支持する人たちがそうした形での市場を「第二の審判の場」（court of second resort）と考えるようでは失敗が起きることになろう（Merrill 1989）。マスメディアに影響を与えかねない責任が増えることを主として懸念する者は同時に、市場型メディアに対する外部からの規制あるいは内部での効果的な自主規制が悪く作用することを心配する（Christians 1989）。反対に、アカウンタビリティを支持する議論では、アカウンタビリティと市場作

用との間にはいくつかの協調できる面があるにもかかわらず、両者の対立点ばかりを挙げている。このような見方は市場には自己点検による浄化機能を期待できないという点である程度まで現実を反映しているのはたしかである。集中化や過度の商業化といったよく指摘される問題は市場的作用から発生しているからである。

　加えて、一般的に市場というものは生産者・供給者・消費者のいずれの立場からしても、それに直接的かつ深く関わる者の利益を損なわないように動くことを期待されているという事実もある。市場がアカウンタビリティ履行のメカニズムとしてどれほどうまく機能し、活動できるかはひとえに、メディア市場の動向が功罪両面からどれほど広範に測定できるかによって決まってくる。

注

(1) ホームズによれば、「望むことができる究極の善とは思想の自由交易によってより多くもたらされる……ある思想が真実であることの検証はそれが市場競争を勝ち抜いて受け入れられる力を持っているかどうかにかかっている」(Napoli, 2001: 25 から引用)。

(2) メリルの見解ではつぎのようになる。「市場はアカウンタビリティを確実に果たすような働きはしないかもしれないが、ある種の経済的または公共的な決定主義を通して、公衆をアカウンタビリティの究極的なプロセスに取り込んでいる。そうした決定プロセスがオーディエンスの価値観や好みをメディアによるコンテンツの決定に反映させるからである」(Merill 1989: 11)。

(3) クリスチャン・ベイはこれについて次のように述べている。「どんな市場においても平等性というものはたちまち消え失せる。勝者は一人をますます強くし、それ以外の者を弱体化させる傾向がある。不均衡と不公平な利益分配という傾向は避けられず、独占または寡占は商品においても思想においても帰結として通常起きることである」(Bay 1977: 31)。

(4) 市場のイメージが理想どおりにあるいは理想に近い類型として存在すると理

解していいかどうかに関してはいくつかの見解の相違がある。ナポリ（Napoli）はこの点に関して、オーウェンの以下の文章を引用している。「私は〈市場〉の概念を文字通りに理解したいと思う。情報とエンターテインメントという知的〈商品〉が持ち込まれ売られている市場という場所があるということである」（Owen 1975）。

(5) 集中化したメディアは多くのオーディエンスにアクセスできるから、世論により大きな影響力を持つ可能性がある。このことはアカウンタビリティと多様な形で関係してくる。このようなメディアは政府との関係において社会的アクターとしての力を持つことになり、政府からもいろいろな要求をされるようなことも起きる。だがメディア機関が経済的に独立している場合には、政府がメディアに社会的責任を果たさせることはむずかしいばかりか、必ずしも賢明なことではない。

(6) シュルツによれば、オーストラリアの主要新聞の記事の半分がプレスリリースを基にしたものであるという（Schultz 1998: 56）。その他の研究も同様の結果を示している（例：Baerns 1987）。

(7) 標準的な米国新聞史の研究によれば、新聞が政党政治から独立したのは売り上げと広告で独自に十分な収入を得られるようになった19世紀初めであった。

(8) 商業的ラジオとテレビの収入はかつて圧倒的に広告に依存していた。ケーブルや衛星による配信増加が受信契約料という収入を可能にした。しかしこの分野で先進的な英国でさえも、この方式での収入は補助的な程度でしかない。新聞の収入で広告関連が占める割合もケースによってかなり大きな違いがある。広告収入は米国では平均80％を超えるが、ヨーロッパでは60％程度である（参照：Gustafsson and Weibull 1997）。現在、米国でもヨーロッパでも、完全に広告依存のフリーペーパー（free paper、無料新聞）が多く発行されている。

(9) 政府以外からも興味深い収入源がある。たとえば、マクチェスニーによれば、2000年度のテレビ放送局の平均で、その広告収入の10％が政治キャンペーン広告によるものであったという（McChesney 2000b: 10）。

(10) いわゆる「発行部数の螺旋」（spiral of circulation）理論とは、ある一つの地域

におけるある一つのメディアの占拠率が大きければ大きいほど、集中への進行度が早くなるということである。

(11) テレビ・映画・音楽において、たいてい同様の状況が起きている。よりセンセーショナルなコンテンツ（セックス・暴力・スキャンダルなど）がしばしば人気を得て、そのコンテンツが社会常識をかなり逸脱していたり、子どもに有害であると判断された場合でも、メディアはせいぜい広告主またはオーディエンスから非難されるだけである。

第12章　メディア法と規制

市場を超えて

　プレスの自由に関する純粋かつ原理的な理論が確定しておれば、厳密な意味での公表行為の自由の乱用を防ぐこと以上にアカウンタビリティのメカニズムが活動しなければならない場面はまずないであろう。メディアの自由の唱道者たちは、もしアカウンタビリティが必要であるとすれば、理想として期待されることのすべてが実行されている場合の市場主義こそ、社会がメディアを受け入れかつ加害性が最小となるベストな方策ではないかと主張する。しかし、アカウンタビリティ装置としての市場の活動には前章でも述べたように、均一性や安定性がなく、システム的な欠陥がある。抑制をしないという消極的な自由を純粋に信奉する完全解放主義に与したくない者も、自由市場主義メディアの支持者たちもともに、本来の目的を達成するためにはとりわけ法律その他の諸規制といった市場以外の方法に注目する必要があろう。本章では受け入れ可能なかたちで、アカウンタビリティの目標とすることを多様な形式で達成する法律や規制の可能性について考察することにしたい。
　大切なのは、社会が、もしくは社会の名においてメディア市場をアカウンタビリティの履行あるいは市場主義のマイナス部分の是正の手段として機能させるにはどうしたらよいかということである。メディアに対する法規制の歴史は近代以前まで遡ることができるが、過去および現在の抑圧的な政治体制によるものを別にすれば、せいぜいメディアの質的改善をはかるためのものであったという記録しか残っていない。初期における印刷物の規制は、処

罰・検閲・許認可・独占・課税等によってその社会的役割を制限するものであり、決してその健全な発展を図るものではなかった（注1）。加えて、法律は公表手段を持つ者たち、あるいは公表行為によってマイナスの影響を受ける者たちの私的利益の保護を目的として制定されていた。放送に関してはそれよりも積極的な成果が見られるとはいうものの、印刷時代のやり方を踏襲して、メディア市場で失策が生じたときには法律的対処ができる準備をしておくことにはそれなりの根拠がある。

　他人や社会に与える有害性という重大な問題のほかに、この件の検討を始めるにあたりもう一つの重要な出発点は、公表行為の自由が依拠すべき他者の利益に貢献するプレスの自由の「積極的」理論の構築を図ることである。第3章で検討したような、「メディアは第四の社会的財産」（The Fourth Estate）という視点からの民主制と思想との関係におけるメディアの役割についての政治的議論の多くはこの範疇に属する話題である。その意味では、メディアの社会的責任理論はこうした思考枠組に支えられている。従って、プレスの自由のもたらす誤りの矯正には政府によるいくらかの干渉が必要であるということを前提とした議論を展開している米国プレスの自由調査委員会による報告書『自由で責任あるメディア』（Hutchins 1947、和訳新版は論創社刊、2008年）は全体としてプレスの自由の積極的な概念を進展させたものだといえよう（注2）。西洋世界においては主として、プレスの民主主義理論は第二次世界大戦後の数十年間にその地位を確立し進化させた。さらなる多様性の展開やアクセスの公平性、ジャーナリズムのより高い水準を確保するため、プレスに補助金を出し、オーナーシップ（ownership、オーナーたちの権利や義務）の規制を実現させる法制定に向けた理論的基盤の提供もしてきた。

　現代の公共圏という考え方（第3章を参照）は、民主主義社会というものは国家その他の権力から独立した多様なコミュニケーション手段を持つ必要があることを強調している（Curran 1996）。こうしたことが実現しなければ、能動的で情報を十分に与えられた市民の社会参加の権利と義務（citizenship）の保障はほとんど不可能である。こうした市民像の設定そのものがメディア

に対する法規制を率先して正当化する重要な概念なのである（Keane 1991; Feintuck 1999）。フェインタックによれば、「多種多様なメディア提供製品（番組など）に誰もがアクセスできるということによって市民的権利がさらに発展し、そこから得られる公共的利益は構造的な規制よりはるかに多くの市民的要求を成果として実らせる」（Feintuck 1999: 207-8）ことができる。フェインタックはまた、メディアが民主主義社会におけるあるべき活動を担保するための条件として「監理者」（stewardship、世話役）モデルという概念を提起している（注3）。放送メディアの公的規制の基盤は米国の電子メディア一般がこれまでずっとそうであったように、「公共的利益の管財人」が必要であるという考え方にある（参照：Barrow 1968; Bazelon 1982; Napoli 2001）。より広い文脈での「監理者」とはメディアのオーナーたちに自分たちの所有権を失わせることなく、規制する側によって示される社会的ニーズを満たすようにし向けるものだといえる。

　メディアによる公表行為と社会との関係については従来から多様な議論の展開があるが、その規範となる基準の目的が社会にとって重要だと判断される目標確保に必要な措置をすることにあることは明白である。法律や規制には三つの問題点との関わりがある。第1は、個人や所有権を守ること、ならびに国家や社会秩序に与える悪影響の予防に関すること。第2は、公表行為の自由を守り、オーナーシップとアクセスの多様性促進の必要性。第3は、それぞれの社会内部で決定される社会的・政治的・文化的目標の達成を広範囲にわたって実現することで、それは単純に市場の気まぐれに任せておくわけにはいかないということ、である。最初の二つの目標は明らかに法律（law）の範疇に含まれるが、それに基づいた規制（regulation）が自由を侵害することなしに、上述の第3の目標をどのように達成できるかということはそれほど簡単な問題ではない。このことを別にしても、じっさい、私たちは今、法的責任を果たす義務もなくアカウンタビリティの履行もしないようなメディア機関が存在する時代に生きている。同時に、法律や規制が法を順守させ、実質的にアカウンタビリティを履行させる様々な可能性を提示してい

るが、法律によってメディアに対しその自由な公表行為に伴うアカウンタビリティの履行を総合的に求めていくことは必ずしも自由な社会における適切な課題であるとはいえない。

アカウンタビリティの枠組としての法規制の展望と範囲

　どのような法律（law）や規制（regulation）の手段によってどのような目的が追求できるのかということについてはきわめて不明確で、それらが実際に成功しているか失敗かを評価することはしばしばきわめて困難である。ここでは、公表行為に直接に影響を与えるあらゆる公式的規制・責務・条件について考えることにする。法律は一般的に、裁定や統制に関し恒久的な道具として使われる特定の立法行為の産物である。一方、規制は通常、究極的には法的な責務を含んではいるとはいうものの、どちらかといえば一時的で、より詳細な条項が盛り込まれており、拘束力も強くないし原則的でもない。規制が直接に政府によって執行されることも、司法制度によって強制されることもたいていはない。その意味で、アカウンタビリティの履行についても法的規定の基盤を背景とし、多様な形式を採ったメディア側の自主規制として捉えられるべきものである。それはフェインタックのいう「法廷の場が次に用意されていることが歴然とはしていない状況」(there is no courtroom in sight) による解決方法が望ましいということである（Feintuck 1999）。ウォールは「影の法律」(shadow law) という概念を用いて、秩序の維持を促進するための解決法について説明している（Wall 2000）。彼によれば、「影の法律」とは「社会的行為と法律との間に存在する空間であり、そこでは法律が行為の規矩となるが、絶対的な決定をしているわけではない」。法律は多くの場合、社会規範に実効性を持たせるための作用をすべきものだというわけである。

　メディアに適用される法律と規制の一般的な形は第5章で簡単に説明したとおりである。それら全体の中にはメディアだけを対象としたものだけではなく、間接的にメディアの活動に影響をもたらすようなものも含まれている。

フェインタックによれば、「法律の役割」には主として四つがある（Feintuck 1999）。第1は、紛争の解決をするというもので、とくにメディアの責任に基づいて苦情を処理するための手続きを提供する、もしくは紛争を他の対策経路に回すという役割である。多くの法的な裁定は訴えられた側にアカウンタビリティの履行を求めるものであり、裁定そのものが責任履行の一つの形式になるものだといえよう。

　第2は、法律は「予防策」としての役割を果たしているというもので、メディアの場合、これはメディア活動の通常のプロセスが権利や義務とともに実際の活動の規範や基準を示す規則やガイドラインをしっかりと機能させるものであるということである。アカウンタビリティの演出もまたこのプロセスの一つなのである、第3は、「諸法の基本法」（constitution of groups）といえるもので、主として、関係当局とアカウンタビリティとの関係、権力と正統性の問題といった繋がりを示している。第4は、「目標の方向づけ」（goal orientation）機能といえるもので、おそらくは自由な表現や「コミュニケーションする権利」といった基本的な目的や原則から始まり、メディアシステムによるその実行が期待される、より大きな公共的利益に至るまでの広範な事柄に関わっている。この項目にはメディア活動の特定の基準や、そのなすべき課題といったことも含まれるといってよい。

プレスの自由と法律

　自由は法律によって脅かされることも、発展し守られることもあり、その意味では自由の問題は他のケースと同列に扱うことはできない。プレスの自由については、メディアが政府や巨大企業、あるいは強力な利害関係集団など様々な外部的要素から脅威を受けたという場合、そのこと自体をアカウンタビリティの問題とすることができる。こうした状況ではプレス自身が保護や救済を求めることになる。しかし逆に、プレスがしばしばその権力の乱用を告発されることもあり、その場合には苦情を申し立てられる対象となる。

いずれの場合にも法律による救済の道が用意されている。ただし、それは民主主義と法のルール、明瞭なプレスの自由の権利と条件が整備されているときにのみ言えることである。新聞に影響を与える法律の場合には現実的に、その主要な関心を他者の権利と社会的必要性との間で常識として是認されるバランスのとれたプレスの自由というものの実際的確立ということに置いている。プレス関連諸法は、プレスは法を超えた存在でも完全なる自由を保障されたものでもないことを明白にしているわけである。

通常、法律や規制の枠組みはプレスやその他のメディアが自由な表現の権利を保障された空間を取り囲む形でできており、その空間との間には境界線が設けられている。しかしそれがない場合、その空間内の自由の程度はさらに小さく、不安定なものとなる。法律は自由な公表行為の条件を確保することができるだけであり、その使用法はもちろん、使用の是非を指示するものではさらさらない。半面、法律にはメディアへのアクセスやその多様性を促進し、コミュニケーションの機会を拡大することによって、プレスの自由を進展させることもできる。放送の諸規制の多くについてもこのような観点で捉えることが可能である。

メディア法の範囲：国家と社会の本質的利益の保護

苦情の申し立てがメディアによって、あるいはメディアに対してなされる場合、もしくは法規制がメディアに対してなされる場合には、まだ最終的な結論が出ていない先端的な領域がある。もちろん、具体的状況は国によって異なる。しかしこの議論で最初に取りあげねばならない重要事項は安全と国防の問題である。どの国にも軍事や公務に関する機密事項というものがあり、それらの公表には制限が設けられている。しかしそうした制限がプレスの自由の侵害であるとみなされないのは市民もまた同じ、あるいは同様の法律によって権利の制限を受けているからである。ただし、米国・オーストリア・スウェーデンなどのように、そうした事案を報道する機関に対して強固な保

護を提供しているところもある。また一方で、フランス・英国・カナダなどでは国防上の機密事項の報道は犯罪だとみなされ、公共的利益という立場からの擁護がなされないところもある（Article 19 1993）。多くの社会で、安全上という理由でどこまで合法的に機密指定ができるかという線引きについての議論は絶えない。この論争は他への見せしめ的懲罰事例を除けば、裁判ではなく非公式的な圧力や脅し、裏取引によって決着することが多い。

　同様のルールが国家の危急時や非常事態宣言がなされたとき、秩序の大混乱やテロが起きたときにプレスに対して適用される。反対に、公衆への情報提供者あるいは国家の批判者としての自由なプレスの役割がとくに重要になるときがある。当局側がその権力を乱用する傾向が見られるときである。国家の諸権利を神聖化する法律条項が絶対的な形式で憲法や成文法に含まれることは通常ない。が、緊急事態における諸規制や情報抑制をする当局の行動、報道制限や特定メディアの買収や閉鎖命令などが出されることはある。そうした有事の緊急諸法には、何を公表してはいけないかという条項規定がある場合もある。たとえば、国家の敵だとされる者の声明や動向、敵を利することになったり、味方の士気を落とすことになる情報などがそうである。法律や規定による自由の実際の制限は、現実の危機が起きたとき、あるいはそれが済んだときにはじめて明らかになるものである（注4）。

　より日常的なレベルでの社会問題である人種差別・ヘイトスピーチ（憎悪表現）・犯罪の誘発といったことに対し、法律には公的な規範や約束事を強制するという面での即応性や実効性はない。マスメディアが文化的／社会的な加害性の誘発原因となるかどうかの明白な証拠はないが、このことについても同様にメディア側は俊敏な対応ができる態勢にはない。だが、多くの具体的加害はカテゴリーとして禁止したり処罰したりできない公表行為の実践（例：偏向したプロパガンダ、暴力的なドラマ、ステレオタイプやリアリティの誤表現、私的検閲）、ないしは加害性が意図的ではない（あるいは予測できない）形で起きるものなのである。

　法律と規制は司法制度の高潔性と法廷に出ることになった個人の権利を守

ろうと努めることが多い。プレスにはその重要な役割として社会的な正義を保障するものだという期待が寄せられる。それらの実践内容は国によって大きく異なるが、法廷は現在進行中の訴訟に関連した報道を制限する権力を持つ。しかし、現実的には法廷によるそうした力にはそれほどの実効性はない（注5）。半面、どのような社会でも、とくに「知る権利」という公共的利益の論理で守られること以上の犯罪助長や、犯罪者の擁護をするような公表行為を刑法その他の方法で禁止している。

　政治システムの本質的な機能が法律によって守られることがしばしばある。そうした法律はメディアの自由を①強化することにも②制限することにも使えるということである。前者の例として、メディアが公人や選挙の候補者、公職者などを批判することができるというように、法律がメディア活動により大きな自由を与える場合が挙げられる（注6）。プレスに関するかぎり、直接的な自由への制限は最小とされているのが常で、米国を代表としていくつかの国では基本的に制限というものがない。だがたとえそうでも、たいていの国には選挙法というものが存在し、それらにはメディア活動を規制する条項が含まれている。候補者が選挙広報に使える費用の制限条項なども最終的には政治広告の量的規制などとしてプレスに影響する。また、選挙時の広告のタイミングや世論調査結果の公表についての規定が設けられている場合もある（注7）。

　この関連事項として情報の自由というものがある。それはメディアが情報の収集と情報の公表を行うことを可能にするための必要条件である。その保障として、プレスがその社会的役割ということを理由に情報アクセス上の特権を確保できる法的措置が取られるべきだという考え方もある。しかし現実には、機密情報やプライバシーに関するルール適用が免除されることはない。ジャーナリストに情報源秘匿の権利が認められている場合、その権利はそれが刑法か民法のどちらに関わる事案かによってその程度は大きく異なる。米国では多くの州でシールド法＝情報源秘匿法が定められており、情報源を明らかにせよという外部からの要求からジャーナリストを守っている。

コンテンツの統制は法律が介入すべき領域ではないという議論がしばしばなされている。しかし、第8章でも指摘したように、とくにポルノグラフィや猥褻表現あるいは犯罪行為の描写など多くの例外が想定される。他にも、ドラッグ、人種・民族差別、宗教、高位の公職者・軍人・国家の象徴等への侮辱などもその中に入る。ポルノグラフィや猥褻の定義はまだ定まっていないが、その消費者（利用者）などに加害行為を起こさせる潜在的可能性があるかどうかが議論の主な対象となっている（参照：第7章の注10）。現実問題としては、猥褻な内容やポルノグラフィに関する法律が新聞に適用されたという例はあまりないから、そうした法規制はポルノ専門の雑誌用に準備されているものだといえよう（Article 19 1933: 284）。英国など、猥褻防止法のある国の場合でも、子どもが巻き込まれているような場合を除けば、懲罰をするための適用をすることは簡単ではない。そのため、法規制は主としてどこからが猥褻表現になるかという境界や世論の意向を示そうとするものにならざるを得ない。これらを含めいくつかの点で、多くの法律はフェインタックが述べた「法律の役割」の一つと一致する形で存在しており、コントロールとアカウンタビリティの効果的な道具というよりも、社会的な基準や警告を示す社会公共的宣明（public statement）として受け取るべきものだといえよう。

個人の権利と利益の保護

多くのプレス関連法の中心的な特徴は報道の結果、個人が自分の名誉が毀損されたという申し立てをした場合への対処にある。そうすることで、公表行為の自由を守る法体系が公表行為によって影響を受ける人びとの諸権利を守ることもできるようになっている。名誉棄損行為から身を守ることが米国・ドイツ・スウェーデンなどのように憲法レベルでの規定となっている場合、あるいは侮辱や中傷に関する専門的法律になっている場合などいろいろである。また法制度を国際的に比較した場合、国によって判決やそのために必要な証拠固めの厳しさ、厳格さに大きな違いがある。公職者への名誉棄損

メディア法と規制 353

行為が成立するには、とくに公人の場合、その公表行為に公益性が認められるかどうかが問題となると一般的に理解されている。また法的な対処法としても、①真実に基づく弁明、②公表行為の背後の意図、③それが事実なのか意見なのかによる申し立ての相対的強さによってじつに多種多様なものがある。権力を持った政治・経済機関からの名誉毀損の申し立てについては、法律がそれらに配慮する度合いは比較的小さい（注8）。これらの点に関して、インターネットが新しい問題領域を作り出している（Akdeniz and Rogers 2000）（注9）。

　プレスによる個人のプライバシーの侵害についての申し立てには名誉棄損といくらか関連する部分がある。両者ともにその具体的な加害性が特定しにくいという共通性がある点である。ドイツやオランダなどではプライバシーの権利は生活圏全体において保護されているが、他のところではプライバシー権の保護はプレスによる侵害からの保護だけになっている場合もある。たとえば、過度の侵害や本人が許諾していない写真の使用、あるいは社会的評価を落とすような私的生活の暴露は告訴の対象となり得るし、そうならない場合でも、自主規制機関に審査を求める材料とすることができる。法的な応答責任（answerability, 答責）や誤表現については多くの国が民法に定めているが、これらは法律が扱いにくい問題であり、たとえ訴えても満足のいく結果が出るとはかぎらない。

　最近ではますます、様々な弱者集団やマイノリティに対しての報道による加害性や侵害行為からの保護を目的とした法的措置の要望が高まってきている。このようなケースが発生した場合、それはたいてい集合的名誉毀損罪（collective defamation）という違法行為とみなされることになる。ヨーロッパ裁判所の監理下にあり、多くのヨーロッパ諸国の法律として批准、採用されているヨーロッパ人権条約は人種や宗教に基づいた一切の憎悪表現や暴力の扇動を禁じている。その他の国でも同様の法律を定めているところがあるが、対象をメディアだけに絞っているわけではない。ヨーロッパでは同様の原則が放送に関する法律や規制に広く適用されている。そのため、この種の問題

が実際に起きるのは主として新聞に限られてくる。プレスには通常、禁止されている言論の発話がなされた場合、それを事実に基づいて報道する自由がある。そしてある程度までの人種差別主義的あるいは名誉毀損的意見の表現を含む文言（letters）を公表する自由もあるとされる。

より大きな自由のための規制：アクセスと多様性

　規範理論の議論のなかには様々なメディアへのアクセスを政府がサポートすべきだ、そしてそのことが結果として多様性という目標を達成させることになると主張するものがある。ある意味、この領域では政府が社会を代表してメディアのシステムと各部門に民主主義の可能性と欠点についての責任をとらせるべきものだという見解も成立する。ただし、いかなる場合でも特定の公表行為だけに介入することはしないことが前提となる。民主主義社会におけるプレスの役割をとくに重視する社会理論では、伝統的なふつうの日刊紙のような政治やその他の一般情報の提供をする新聞を高く評価してきた。だが、集中排除のための対策が一般的に自由市場主義の行き過ぎを規制するための正当な手段であると考えられるとすれば、マイナスの結果が出てくる可能性があるかもしれないが、新聞にもそうした対策が適用されてしかるべきだという考え方は残しておく必要がある。

　フランスの例でいえば、いかなる新聞発行者も新聞全体の中で、それがコントロールできる発行部数の割合が一定以上にならないような仕方での制限がなされてきた。だが実際には、そうした制限を実行したり、それによって合併や買収を防ぐことはそれほど簡単ではない。しかもプレスのオーナーシップの均衡を崩すことになるどのような施策も政治的に微妙な問題をはらんでいる。また、直接的に編集内容に干渉すると解釈されるような行為はすべきではないという考え方が根強い。そのため、規制の多くはメディア産業の独占の集中を増大させるオーナーシップの変更やクロスオーナーシップ（同一企業が同じ地域の新聞社や放送局などのメディア事業を所有すること）を防ぐ

ために使われ、その方法については他の産業分野での実施状況に準じた基準が適用されている。

　ケーブルや衛星による伝送、さらにインターネットや電気通信メディアのような新しいメディアが影響力を持った形で登場し、オーナーシップとその形式における多様性原則を実情に適した形で実施できる方策を考えていく必要が出てきた。この点についてモンロー・プライスは次のように結論づけている。「国家が民主制という組織の正統な中心軸（legitimate stake）として機能しておれば……それが行うコミュニケーションの基盤整備には公益性があることになる……国家が民主主義のプロセスを促進し、理想的な公共圏の達成のためのインフラ整備をすることには憲法上も人権擁護の原則からも違反性があるとは考えられない」（Price 1995: 245）。そのような形でメディア活動の条件付けをした免許の付与は、それ自体がコミュニケーションの自由を侵害することはなく、これからのアカウンタビリティの主要な実施策となるであろう。

　新しい印刷メディア、とくにマイノリティの声を届けることを目的としたメディアの設立を経済的手段によって補助、推進するメディア立法がヨーロッパで実際に行われている。メディアの声が届かないという事態が発生しないようにするために多様な仕方でメディアへの経済的援助がなされるケースである。意見の多様性を確保するために、フランス・オーストリア・ノルウェー・スウェーデン・オランダなどでは公表行為に対する財政支援の規定が作られている。ただし、その効果はそれほど大きいとはいえない（Smith 1977; Humphreys 1996; Murschetz 1998）。その他のケースとして多くの国で行われているメディアへの支援としては、税の減免あるいは運搬・郵送・コミュニケーション過程への補助や協力といった間接的なものが挙げられる。

　集中化の問題とは別に、プレスのオーナーシップはその本質的な自由に対する偏見を持つことなく、アカウンタビリティの過程の一部として規制対象にできるとされることがある。その場合、適格性を保持した人物（competent person）であるかどうかが当該オーナーの個人的責任を問うときに考慮され

る要件となる（参照：第9章）。組織の場合にもこのような考え方が適用され、法人格が認定されるかどうかは主としてその適格要件から決まることになるし、このケースでは透明性の原則も適用される。メディア企業は法的なアイデンティティや所在地、法人格や事務所を持っており、人びとがそれらのどこの誰に対して疑問や苦情をぶつけることができるかの最終的な責任の負い主が明確にされるべきだとされる（注10）。ビジネスまたは公共事業体としてのメディアに対する法規制の枠組みは常に存在しているということである。またときには、その公共的な役割や潜在的影響力の大きさを認めて、メディアに対して適用される特別な要請がなされることもある（訳注：日本の放送法6条の2のような災害時の報道など）。

　経済的・政治的・文化的面からの様々な理由が挙げられ、メディアオーナーへの国籍条項が作られる場合がある。独占やクロスオーナーシップといった所有形態についての決定については、テレビの免許付与当局は申請提案に記載された経営陣としての理事会メンバーがその評価対象とされることになる。営利企業（commercial firms）は財務状況を公開し、株主やその他の関係者に対しビジネス活動とその関連事項について説明をしなければならない。公共メディア企業の場合にはあらゆる観点からの透明性が求められる。従って、こうしたことに関する法律と規制は、それらがたとえアクセスにとっての制限となったとしても、必要不可欠なものとなる。ただし、そのような規制がメディアをコントロールし、意見の相違を制限するために使われるような場合は問題だということで、そうならないための条件が付けられることになる。自由と民主主義という条件下でも、地下発行的なものや周縁でしか存在できないメディアがある。そうしたメディアにとっては監督官庁に登録し、社会制度の一部となることはその主張する自由（liberty）と矛盾するからである。そのため、それらのメディアは他のメディアが了解している責任という観念にとらわれることも、アカウンタビリティを果たそうとすることも実際にはない（Downing 2000）。

アカウンタビリティ制度としての公共サービス放送

　放送の法的な地位は印刷媒体とは異なるし、それぞれの国の状況によっても様々な違いがある。放送の規制が他メディアに対するものより厳しいのはその特性から来る独占的な性格とそのアクセスの範囲が限定されていることからきているが、その社会的な力と影響の大きさによる部分もある。とくに公共放送システムには市場的支配（market forces）から自由である代償として、特定の社会的役割が割り当てられている。もちろん、ケーブルを含む民間／商業放送も事業免許取得の条件としていくらかの公共的責務を課されているであろう。だが、既存の放送システム、とくに国営の公共放送チャンネルはケーブルと衛星放送に責務として課された「絶対的履行」ルール（'must carry' rule）によって一般的に保護されてきたといえる。半面、公共サービス放送にはさまざまな地域の声や多様な意見を伝えるというアクセス条件が課されることもある。

　民主主義社会においては公共放送も民間放送も、事前検閲やその公表内容に関する理不尽な処罰から基本的に自由である。放送の自由を制限する法律や規制は印刷物に適用されるいかなる法規制よりも実効性がある。しかし、放送は多くの場合、政府が公表行為一般に適用しているのと同様の原則に従うことになる。放送、とくに公共放送の場合はあらゆる点において、諸規制が求めている条項においてもっとも透明性が高く、アカウンタビリティ履行の度合いも高いメディアである。従って、放送はかなり高いレベルのアカウンタビリティを履行するという特徴を持っていることになる。

　とくに公共サービスを旨とするメディアの場合には法規制に関して例外的な立場に置かれている。公法によって社会における積極的な役割が明確に定められ、それを実施することを強制される唯一のメディアだということである。公共放送は現在ではかつてヨーロッパで一般的であったような独占的な地位にあるわけではないが、それでも財政的に安定していることが多く、政

治システムとの結びつきも強い。公共部門が狭まってきている現在、とくに東欧・西欧ともにそうだが欧州全体としてその維持がどれほど多様性の確保のために、また民間メディア市場で軽視されている分野をそれによってどれだけカバーできるかが議論となっている。政府や政治的エリートたちは一般的に、たとえ部分的であったとしても自らが影響を及ぼすことができる領域にある公共メディアの維持に関心を示している。しかし、市場に干渉し、公正な競争を妨げるということを理由に、公共放送に反対する声も大きくなりつつある。

公共放送の本来の目的は質の高い情報やエンターテインメント、教育的あるいは文化的な番組をすべての人びとに提供すること（ユニバーサルサービス）にあり、その質の高低は当該地域のニーズによって測定されてきた（注11）。おそらくそれと同様に重要で、現在も残っているものとして、一方に偏することなく、別の見解への公平で保障されたアクセスを保障することによって、政治家にとっても市民にとっても利益となる政治システムの形成に資するサービスをするものだという見解がある。公共放送はアクセス・適切な表現・関連コンテンツについて、多数派と同様に少数派（マイノリティ）のコミュニケーションニーズに応えるという課題も担っている。マイノリティとは何かというアイデンティティの定義にはいろいろあるが、ここでは言語・エスニシティ・ジェンダー・年齢・さまざまな障害を持つ者ということにしておくことにする。

公共的オーナーシップと管理は市場的不安定と圧力によって本質的に必要なものの提供が妨げられることのないよう、また主として民主的な政治プロセスによって公共（the public＝政府と民衆）による直接的な影響力を行使できるようにすることを目的としている。原則として、このことは公共放送が「公共の利益」という目標を明確に掲げた唯一のメディアであること、ならびに外部の利害関係者に対して効果的にアカウンタビリティを履行するために必要な手段であることを示している（Atkinson and Raboy 1997）。公共サービス放送は議論の紛糾している多くの話題に一定の編集方針を採用したり、方

向づけ（唱道）をするといった点に関する自由という点ではいくらかの制限を受けることがある。しかしそのことがアクセスの幅を拡げ、もしそうしなければ他のメディアが取りあげないような多様な意見、あるいは利潤と結びつかないような意見にその提示の場所が確保されるということにもなる。じっさい、米国のような完全に商業主義的なシステムが議論を沸騰させ、キャンペーンをしたり、多様性を促進すると考えられる根拠はどこにもない。オーディエンス市場への制約が強くなっているから、むしろその反対のことが起きているというほうが正しい。むしろ、公共放送に関する法律や規制のほうが編集権の独立はできるだけ維持しながら、様々な形で公共の利益に応えていくという仕方でバランスをとろうとしているといえる。

国や地域によって異なるが、公共放送を監理するための法規制は放送自らがアカウンタビリティを履行しなければならない様々なメカニズムを提供している。それらをまとめると以下のようになろう。

- 年刊あるいはその他の形式での報告書提出の責務
- すでにいくつかの国で実施中であるが、政府とメディアの仲介者としての役割を果たす法的監理組織としての要請に応えるということ (Robillard 1995)
- オーディエンスなどからの苦情に対応するさまざまなメカニズム
- 政府の行動を導く可能性を持った、議会による諮問や喚問を利用したコントロール
- 活動や方針、財政に関し定期的な公開質疑に応じる場を設けること
- 多様な諮問やコンサルタント組織、オーディエンスや社会に存在する利害関係者を代表するフォーラムと連携すること
- いくつかの国において見られる、システムとして政党がより直接的に関与し、影響を行使する領域についての合意があること
- 上記を基にして、裁判によって放送の法律と諸規制の順守を強制する行動がとられること

国際的な責務

　現時点では、一国家内のメディアの自律のレベルは比較的高いのだが、国内のメディア政策作成の自由を制限しようという現実の動きが存在し、しかもその動きがおそらく高まってきている。現在、周波数と衛星軌道の割り当てに関しては国際的に合意するシステムがあるのだが、このような国際的な合意のはるか以前から海運と郵便の協定があり、それが電信や無線電話の協定へと続いてきた。こうした合意はそれに参加する国家が自己利益を相互に調整することによってできたものである。もう一つの国家主権を越えた特筆すべき例外は1984年に制定され、94年に改訂された「欧州テレビ指令」(European Television Directive 1984/1994) である。これはEU域内における国境を越えたテレビ放送の条件として、コンテンツその他に影響を持つ共通ルールを確立したものである。強制力はないが、一連の同様のルールがそれよりもメンバー国家数が多い欧州評議会（Council of Europe）によっても合意されている。これらの協定の内容にはコンプライアンス（既成法制度の順守）や報告義務、ならびに加盟国家がそれらのルールを自発的に実行しているモニタリング（monitoring）等が含まれている。

　ところが、現実の国際マスコミュニケーションにはアカウンタビリティの欠如が顕著である。上述したような例を除けば、国境を横断して適用できるフォーラムや法的管轄制度（jurisdiction）もしくは一連のルールがない。外国製メディアのコンテンツには輸入された地域の文化や情報の規準に適合しないものがしばしばあるが、一般的にそのオリジナル製作者が輸出先のオーディエンスや社会に対し直接的なアカウンタビリティの履行ができない仕組みになっているという問題もある。外国製のコンテンツがそれを輸入した国家内のメディアによって伝送された場合、アカウンタビリティルールの適用そのものは可能であろう。しかし現実問題としてそれを強制をすることは困難であることに加え、コミュニケーションの自由ということを根拠にしたク

レームが出されるかもしれない（注12）。それどころか、現在では制限やコンテンツ規制を受けないような技術的手段の開発によって国境を越えた伝送がますます多くなる可能性が高まってきている。

　本節で記しておかねばならない最も重要な事項はインターネットとその規制の今後についてである。コントロールの諸問題は基本的にそれが無計画な技術的発展をし、国家への所属がないことによる規制の空白を生み出したこと、そのことが管轄権の及ぶ範囲の決定を困難にしているということ等がその原因となっている（参照：Reed 2000）。国内的にも国際的にもインターネットの重要性ならびにそれによる社会関係性の増大の可能性があるにもかかわらず、そのための法律や規制はほとんどなく、すでにのべたように大変不安定な状態にある。ところが、この問題をめぐる論争の多くは、情報公表手段としてのインターネットを報道・公表の手段の一つとしてとらえ、既存の法律と国家の管轄権の下にゆだねようとするもので、実情に合わない面がある（Gringras 1997; Lessig 1999）。そのため、実際のインターネットは国境に左右されない自律的なシステムであることを認識し（第5章参照）、より広域的な監理活動のできる公共的な諸形式を拡大する努力が重ねられているところである（参照：Charlesworth 2000; Hamelink 2000）。

アカウンタビリティの手段としての法規制の評価

　アカウンタビリティの手段としての法律と規制はメディア市場におけるアカウンタビリティ評価のための枠組と同様の幅広い基準に従って判断されることになる。しかし法律そのものは市場とは異なり、アカウンタビリティの主要な手段であり、その目的と達成度ならびにアカウンタビリティのメカニズムつまりシステムとしての基本的な特徴によって判断されるべきであろう。私たちは本章では法律と規制について上述した基準を適用して検証していくことにしたい。ただし、とくに活字メディアと放送では法規制の際の位置づけが異なっているが、以下に行う評価測定においては両者の区別はしない。

放送の状況についてはこれまでに概述してきたが、そうした一般化にあてはまらない例外事項については必要に応じてふれることにしたい。

基準1．実用性と効果

行動やコンテンツに一定の水準を求める法律や規制案の作成はいつでも可能であり、環境さえととのえば、それらの立法化に政治もしくは世論による支持を得ることも可能である。しかしその具体的な実施は容易なことではない。メディアに対して法的責務を課そうとする試みはいつも、多くの経済的利害関係に影響を与えることに加え、国家による干渉というきわめて反発の大きい憲法上の問題にふれることになる。このことはすでに確立しているメディア、なかでも報道機関についてとくにあてはまることである。新しいメディアにアクセスする機会が増えれば増えるほど、とくに電子メディアの場合がそうだが、それらの規制の必要性は受け入れられやすく、責務や条件を課すことも可能である。そうでない場合には、規制の対象が構造・技術・設備といったコンテンツや公表行為とは別のものになり、現実のメディア発信の関係者（actors）に直接影響する部分が小さくなればなるほど、法律制定の機会が大きくなるということである。

ただし、一度制定された法律は状況の変化に応じて適用の仕方を柔軟に変えていくことは容易ではない。既存の法律は、それによって守られる人には相続した利益（既得権）であるかのようにみなされ、それを撤廃したり変更したりすることには最初に法律を制定したときと同様の困難がある。プレスへの補助金の例がまさにこれにあてはまる（参照：Murschetz 1998）。公共放送の存続についても、その利点は別にして、少なくとも多くの利害事項が併存していることによる現状変更の困難があるという事実が重くのしかかっている。法律は一般的に、変転きわまりない環境の中でメディアほど速く変化することはできない。それははるか遠くへ走り去り行く列車を追いかけている構図にたとえることができる。

意図した結果をどこまで出せるかという達成度はひとえに、取りあげられ

た事項の目的や状況、そしてメディア自体がその結果を出すことで利益が出せるかどうかにかかっている。インターネットの場合には、明確な組織やオーナーシップの構造あるいは関連する管轄法がないため、法適用をすることが実質的にむずかしい。法の運用には誰が、あるいはどの組織がその行為についての責任を取るかが特定されなければならないが、インターネットの場合にはこれが困難なのである。しかも、メディアもしくは報道機関一般に対する申し立てのような場合、それらの制度自体を告発し、提訴することはできない。こうした問題が、たとえば、プライバシーの侵害や公的人物の追跡あるいは政治的な不公平、等の原因となっている。

　だがたとえそうでも、強制できるという単純な事実はおそらく、それが適用できる場所において法律が持つ大きなプラス点である。法律は補償を可能にするし、事前警告の役割を果たすこともできる。強制力のあるルールがあるという脅威はそれがない時よりも実効性のある自主規制をさせることにも繋がる。また法律はメディア機関による自主規制プロセスにおけるアカウンタビリティ履行を潜在的に高める機能を持つ。さらには、政府機関がメディアに対して権力の誤用をした場合にその是正をさせることにも役立つ。加えて、今日では、強大な企業がメディアを所有するケースが増えているため、法的責任規定のみが効果的であるといっても過言ではない状況にある。さらには、法律の制定と施行は問題提起や議論の契機となるし、思考を明確にする絶好の機会でもある。法的プロセスは社会が物事を知るための教育となり、それ自体がアカウンタビリティの一部である。直接的な影響を与えないときでも、法律には公共的利益とは何かについての説明と考察に役立つ素材となり、メディアの側に自主的な改革をさせることによって外部からの干渉を事前に回避させるように機能する面もある。

　逆にいえば、上記のプラス面を裏返しにしたものがその主要なマイナス点になっている。つまり、法律には強制力が伴うことから、それは必然的に自由の制限ということになる。つまり、法律は簡単には適用すべきではないということである。これらのことから第1に指摘できることは、公表行為に対

する法律によるすべての干渉には疑いを抱くべき根拠があり、さまざまな制約はあるものの、米国憲法修正第一条の存在には意義があるということである。法律の現実的効果は紙の上に記された約束よりも「はるか」に小さいかもしれない。また、法規制の条文がその通りに実践される、あるいは予測通りの成果が得られると理解してしまうことにはたしかに危険性がある。その意味では法的な強制は最後の拠り所と考えるべきものであるかもしれない。さらには、自発的な法順守の姿勢がないところで法律そのものへの抵抗がなされれば、その影響が弱まってしまうことも起きる。

　また、法律や規制では予想外のことが常に起きる。とくに、影響された人びとがメディア側の意図したものを避けようとした場合にそれが起きるが、いくつかの副次的影響には予測できるものがある。論争のある問題についてバランスをとり、公平に報じることを目的とした放送メディアの規制はデリケートな問題、政治的な問題の報道を萎縮させていると非難されてきた。論争的であることのほうが新聞販売に結びつくといった場合を除き、メディアには問題を起こさない情報提供をしようとする傾向がある。そのことが当たり障りのなさや批判の欠如の原因になりやすいといわれる。メディアは名誉棄損を招きかねない事項や、調査に費用がかかりそうなデリケートなニュース項目を避けることもある。また、プレスの多様性の維持を支援する法律はプレスに対する政府の影響を増強している疑いがあるとされてきた。しかし、法律や規制による効果をそれらと同じ方向性を持つ他の外的圧力と区別することは容易ではない。

基準2．問題の範囲と価値

　法律や規制はとくに所有権が関係したり、個人に対する特定加害の責任が問題になるといった個人的権利の諸問題についてのアカウンタビリティを履行させるという点で最も有効に機能する。また、社会秩序・犯罪・防衛・安全といった、国家や社会の利害に明確かつ本質的に関係した問題の場合にも、法規制の順守を適用することができる。マスメディアによる社会への影響が

間接的である場合には、当該事項が起きた後のアカウンタビリティ履行の手段としての法規制の力が弱いことはすでに証明済みである。影響の証明や、被害者や賠償請求者の特定には困難が伴うことがその実効性の障害となっている。法規制はこうしたことについて、免許付与条件といった方法で事前に警告をするということに適している。また多くの視聴覚メディアはその提供情報が持つ潜在的な加害性の有無がモニターされたり、検閲されたりしているが、法規制はそれらの実施にも好都合なものだといえよう。

　以上で理解できたように、法律がコンテンツに直接的な影響を及ぼす可能性のある社会的責務をプレスに課すのは容易ではない。それは一般的に公表行為の自由にそぐわないためである。しかし、とくに公共的なコントロールを受ける放送の場合、そうした目的にかなう利用がなされるよう、総合的な観点からの一定の公共サービス目標を免許付与条件として付加することができる。国際間の問題でも、法律や規制はコミュニケーションシステムと施設の運営に関連していくらかの役割を果たすが、コンテンツに対する影響力はほとんどない。一般的に、国境を越えたものに適用できるしっかりしたメディアのルールや規制はなく、外国に対しメディアの影響が及んだ場合のアカウンタビリティはほとんど考えられない。皮肉なことにインターネットがこの状況を変えようとしているのだが、今のところ、このような論争が起きたり、解決されたりしたという法適用の合意や裁判事例は存在しない。

　一般的に、どれほどひどい振る舞いがそこにあったとしても、法律が自由なプレスに「品位ある行動をさせる」(make a free press behave better) 願いを叶えることはほとんど不可能であろう。プレスが「無責任に振る舞う」権利を組織的に行使すれば、ルールの制定やその適用によってなし得ることはほとんどないといってよい。

基準3．誰の利益になるのか

　法律や規制は必ず政府や政治的アクターによって制度化されるから、メディアやその関係者の利益よりも政府とその関連アクターの利益や視点を反映

したものになっている。そこでは建て前としては最終的に法規制から利益を得るのは公衆であると標榜されているが、多くの事柄に関して個人的もしくは過半数の人びとの利益が保障されているわけではない。またこの他にも、実際には、法律は誰にも公平であるにもかかわらず、弁護士を雇うことができる余裕のある人のほうがはるかにたやすく法律の恩恵を受けることができるという事実がある。このことは裕福な人たちが名誉毀損・プライバシーの侵害や著作権問題での苦情申し立てをする場合に当てはまるから、メディア側はウォッチドッグとして期待される役割を果たすことに慎重にならざるを得なくなる。半面、メディア企業が裕福で、大義・正義を前面に押し出して強力な利害関係者に対抗できる場合にはそれらのことが有利に作用する。しかし、メディアがそうした経済的な力を傷ついた個人的申し立て人との争いや自らの利益のためだけに使うようであれば、それを法的欠陥とみなすべきことは常識であろう。もちろん、メディアはそれと同じ経済的な力を使って、法律によって要請される自らの活動の改善やアカウンタビリティ過程の向上の試みに応え、自主改善を図っていくこともその意志さえあれば可能である。

基準4. 自由

　自由の問題は重大である。法規制が自由への脅威になるということがそれをアカウンタビリティに適用することへの主たる反対理由とされている。にもかかわらず、すでに述べたように、とくにメディアへのアクセスと多様性を推進することによって、法律が間接的に自由の大きな支えになっているという意見にはそれなりの根拠がある。このことは公共放送が十分な機能を果たし、市場競争的メディアからは耳を傾けられることもなく、平等な立場を与えられない声を届けたりするためのコミュニケーション空間を創り、維持している場合にとくにいえることである。法的手続きには公共的つまり原則として民主的であることにその特性があり、メディアがアカウンタビリティを履行する際のプロセスにこの特性が適用されることになる。これは法的適用が持っている強制力とともにプラスの特徴となり、メディアに適用できる

規範や基準の周知徹底という副次的な効果としても機能することになる。その半面、裁判による正式な裁定という公的プロセスは面倒で時間がかかることから、前述した象徴的な機能以上の実用性をあまり持たないことになる。多くの細部にわたる技術的規制が公開の場に持ち出されて議論されることはなく、いわば効果的な手法で議論から隠されているのかもしれない。

　この項でさらに言及しておくべきことはアカウンタビリティにおける法的責任（liability、有限責任）と応答責任（answerability、答責）との区別である（第9章を参照）。法的プロセスが最終的に法的な責任を含むものであることは明々白々だが、説明と正当化という形式によるアカウンタビリティに繋がる面も持っている。法律と規制は最終的にメディア組織の内部における自由（＝内部的自由）の大きな支えとなるには至っていないということもつけ加えておきたい。

小　結

　最近では規制緩和の傾向とメディア統合が増大してきているが、上述したことは法律や規制が今なお、すべてのメディアのアカウンタビリティ履行という点での重要な役割を果たしていることを明示している。民衆や政治家に警鐘を鳴らす出来事や危機に対応して、規制を強化したり緩和したりする動きが出てくる。法律というものは思想の自由市場がうまく機能しない場合に必要になるという根強い議論があるが、市場そのものが最初の審判の場としてうまく機能しないような領域もある。法律は市民共同体（polity）や、間接的には世論とも関連するアカウンタビリティをどこからも独立した形で履行することができるものである。公共放送のような特別なケースは禁止する（proscription）ことよりも処方箋（prescription）に頼り、オーディエンスとコミュニケーターとの間の強い相互互恵の絆を確立できる規制モデルを提供することができるだろう。

注

(1) イングランドにおける初期の法律、たとえば1275年制定の「名誉棄損報道罪」(De Scandalis Magnatum) は王についての誤った言説の処罰を定めている。これが基になって、後の扇動的名誉棄損罪が成立した (Foerstal 1998: 2)。また1798年、米国議会は憲法修正第一条に反して、「反政府活動取締法」(Sedition Act＝治安維持法) を制定し、議会や大統領に対する誤り、あるいは悪意のある文言を処罰することを可能にした (Price 1995: 159)。

(2) シーバートらは「何かからの自由」ではなく「何かのための自由」といった積極的な自由を支持し、次のように述べている。「社会的責任理論では、政府はただ単に自由を与えるだけでよしとするだけではなく、積極的に自由を促進しなければならない……だから、もし必要性が生じれば、政府は市民の自由を守るために行動しなければならなくなる」(Siebert et al 1956: 95) と言っている。シーバートらはその時、主としてオーナーシップの独占や過度の商業化による脅威を想定していた。ただし、そこでは特定の干渉形式への言及はなく、公共的なオーナーシップについても述べられていない。

(3) フェインタックはメディア規制の在り方を国立公園のような他の重要な公共施設の運営に関する規制と比較している。彼によれば、「メディアは少なくとも、自然のままで開放的な空間を保護し、それらへのアクセスを維持するのと同じくらい民主主義と市民権にとって重要なものである」(Feintuck 1999: 212)。

(4) フォエスタル (Foerstal 1998)、スミス (Smith 1999)、ナイトリー (Knightley 1991) らによる説明を参照。この項について書いている今、英国がテロの容疑者として逮捕された者についてセンセーショナルな仕方で公表したことは後の公平な裁判を不可能にするもので、違法かつ慣習に違反するものだとして非難されている。

(5) フランスや英国などいくつかの国の法体系では陪審員の審議に供された素材情報を評決後に報道することを禁じている。

(6) 個人に対する侵害行為の自由、ないしは仕事上の不正行為を外部へ公表することなしに政治を実践することはほとんど不可能である。そのため、多くの立

法機関には公的人物を批判する特権が与えられている。米国ではニューヨークタイムズ対サリバン事件（New York Times vs. Sullivan 1964）という有名な最高裁判所の判決があるが、それは、メディアを訴えた原告に対し、批判をしたメディア側に原告に対する「現実的悪意」があったという事実の存在を証明することを求めた。

(7) この例外にフランスがあり、この国では選挙の三週間前から出版や放送において政治広告を有償で掲載したり、放送することが禁じられている。

(8) たとえば、スウェーデンでは企業・団体・政府機関は名誉毀損を申し立てる権利を与えられていない。

(9) 原則として、インナーネット上での誹謗中傷は現行の国内法や司法権のもとで扱われているが現実的にはいくつもの困難がある。その第1はまず、「公表行為」（publication）とは何かということである。インターネットの登場はメールや集団的討論の交換、あるいは掲示板や電子ジャーナル、ウェブサイトなどによるこれまでになかった情報開示を可能にした。だが、そうした公表行為のなされた場所を決定し、それをどこの法律によって管轄するかがむずかしい。とくにインターネット上を流れているおびただしい量の名誉毀損については、その大半がたいした意味を持たないものであったとしても、問題がないといってすますわけにはいかないであろう。さらには、インターネットのサービスプロバイダーの立場と責任の所在についても法律的には未だ不明確である。

(10) フランスやロシアなどがそうだが、プレス関連法によって新聞社はその所在地と編集責任者を登録しなければならないとしている国がある。

(11) 質を計測する基準にはその国または地域で育まれた伝統や文化的価値に加えて、当該国特有の視点や国益に関連する事項が考えられる。それはプロフェッショナリズムが必要だという議論を肯定するものだが、同時に美学的・道徳的・宗教的な価値が大きな作用をしている（参照：Blumler and Hoffmann-Riem 1992a）

(12) 1970年代、マスコミュニケーションの国際的な流れに、コントロールとまでは言えないにせよ、ある種のアカウンタビリティを導入しようとする努力が国

際社会で始まった。その目的は情報の流れの国際的な不均衡（imbalance）を是正することであるとして、北半球から南半球へ、そして西から東への動きとなり、「文化帝国主義」と国際的なプロパガンダへの対処をしようとするものであった。1978年にユネスコが採択した「メディアに関する決議」（Media Resolution、マスメディア基本原則宣言）と、「新世界情報・コミュニケーション秩序」（New World Information and Communication Order）は問題を調査し、解決策を探る委員会とともに重要な契機となった（McBride et al. 1980）。しかし実態としては、これらの努力がそれほど大きな効果をもたらしたとはとてもいえない（参照：Golding and Harris 1997; Hamelink 1998; Vincent et al. 1999）。

第13章　法律と市場への新しい視点

総合的な公共的アカウンタビリティの基盤

　第10章で説明した分析枠組においては法律と市場に加え、さらに二つのアカウンタビリティの枠組を提案した。ひとつは外部からの多様な社会的圧力をメディアに繋ぐ枠組で、もうひとつはメディア制度自体の内部から始まる枠組である。前者の主要な原動力は世論、後者の場合にはプロフェッショナリズム（専門職業人の行動基準と矜持）とメディアの自律性維持の願望だと考えてよい。これら二つの枠組は市場の自制と法規制による介入以外のものだと考えることができ、新しいアカウンタビリティとして従来のものを補完する手段として有益であろう。しかし、現実はそれほど単純ではなく、世論による純粋な圧力かプロフェッショナルな理想主義からくる圧力かを見分けることはむずかしい。さらには、メディアは国家や政府、その他の多くの強力な制度的利害関係を持ったものたちからの監視を受けながら活動しているという事実もある。
　社会的な存在や相互の切磋琢磨、ときには批判的もしくは敵対的な立場といった制度としてのメディアの重要な特徴が自己評価や自己批判、活発な自発的説明、あるいは改善に結びつくことがある。こうした内発的な推進力こそメディアシステムにとって必要不可欠なものである。そのことによってメディアは自ら失敗したことや達成したことに対し非公式に公共的責任を履行することになるし、ある種のクレームに対しては他のものにそうした責任を履行させることもできるからである。社会的なアカウンタビリティの重要な

点は創造性・プロフェッショナリズム・市民からの関与（civic engagement）といった多様な影響力や圧力をどれほど効果的に整合させることができるかということである。メディアはオーディエンスだけではなく市民の集合体としての公衆による評価の対象ともなっている。だからこそ、メディアは多くのインフォーマルなチャンネルによって社会からの期待や満足、不満足を知ることができるわけである。

　多くの公表行為は専門家向け、一般市民向け、大衆娯楽用といった分野ごとに検証や批判が様々な方法で制度化されている枠組の中でなされる。結果として、メディアだけでなく、個々の作品や著作者、パフォーマンスやパフォーマー（出演者）についても、たいていはメディアによるそれらの外部への露出ということによってたえず評価されることになる。この連鎖の最後に位置する大衆娯楽の部分では、マーケティングやパブリシティ（広報）と検証やコメントを区別することが困難になることがしばしば起きる。そこにも概念形式としてのアカウンタビリティと考えられるものが存在しているし、パブリシティのためにメディアのインタビューを受け、自らを外部に露出する有名人たちもそのことによって自己説明（self-explanation）をしていることになる。

　本章で取り扱うアカウンタビリティの諸形式は、単に法律や正式な規制では対処しきれない問題を扱う補助的でインフォーマルなコントロールの手段というわけではない。またそれらは単に市場の作用がより適切かつ社会的に受け入れられる形にするための装置だということでもない。そうした二つの要素がそこにはあるかもしれないが、それらとは異なる抑制手段の存在となる特徴が含まれており、異なる理論的根拠に依拠するものである。ただし、以下で述べるアカウンタビリティのすべての形式には強制力がなく、逆にそのことが柔軟性と運用の可能性を高めている。またそれらは情報交換と対話を対象としているため、法的責任モデルよりは応答責任モデルにより近い。特徴という点からは、個人主義的（individualist）というよりは集産主義的（collectivist）要素が大きい。

世論がアカウンタビリティのプロセスに与える影響力は必ずしも第4章で概説したような公表行為の価値を高めるという点で無力であるわけではない。創造性と真実が常に大衆的支持を得られるわけでも、多数の人が認める高い価値評価をされるわけでもない。ここで言及しているのはいわゆる大衆判断依存主義（populism）、つまり社会において何が容認され何が容認されるべきではないかということや、何が公表されるべきかという正しさの基準も多数派が決定するという考え方である。メディアの問題に対する一般市民の声は大きく、ときには寛容さを失うほど激しいから、人びとの声は大衆迎合的政治家と同様、大衆に弱いメディアにとっても傾聴せざるを得ないものである。

　メディアは社会の構成員によって直接表明された声（voice of society）に対して対応すべきであるという考え方はコミュニティと地域性の尊重（localism）という概念に深く根づいている。それがグローバル化時代にあってはナショナリズムとなり、当該コミュニティのもろもろの構成物のアイデンティティと本質的な利益を代弁し維持する役割が公共コミュニケーションの責務の一つだという考えとなる。さらに言えば、同様の考え方がマイノリティの言語やエスニシティ、急進的で対抗的な運動といったそれとは違うアイデンティティに基づいた社会集団にも当てはまる。そこでは、アカウンタビリティとはきわめて直接的で、メディアは特定オーディエンスによって実践を迫られ、そうした特定の人びとのために存在し、そうした人びとに対して応えていかねばならないとされる。パブリックジャーナリズム（public journalism≒市民ジャーナリズム）の場合（第3章参照）、メディアはプロフェッショナリズムと地域的公共サービスの二つが合わさった形の社会的期待とニーズに応えるという要請を受けることになる（注1）。そこではメディアのプロフェッショナリズムには人びとによる情報へのニーズ、つまりその人たちの知る権利を満たすということに価値を置くという独自の理論的な基盤が支えとなる。しかしそうした考え方が現在、優勢であるわけではない。

　メディアの側も様々な形式の自主規制を定めており、それらにはプロフェッショナルなアカウンタビリティ形式と重複している部分がある。それらは

じつに多様で、ときにはプロフェッショナリズムの強化に役立っているが、必ずしも自発的に制定されたものではないため、それとは違うやり方を採ったり、ときには挑戦的でさえある（参照：Bertland 2000）。メディア産業の側からはそれらは自分の利害を守る、もしくは外部との関係をうまく処理するものとして制度化されているものだともいえる。あるいは、政府からの圧力を受けたときに直接的なコントロールを避けるための手段として設けられているという面もあろう。自主規制は一般的に、メディア自身が行使する権力について説明しなければならないというメディアの自己認識に基づいている。

　ここでは二つの新しいアカウンタビリティのメカニズムを考察しておく必要がある。第1は、政府というよりも様々な形をとった、直接的あるいは間接的な市民による圧力である。その圧力には調査結果として表れる世論、特別な利害関係に発する組織化されたキャンペーンやロビー活動、市民の圧力をメディアに対する申し立てに転化し利用しようとする市民団体などによるものなどがある。第2は、プロフェッショナリズムと自主規制に関わるもので、それらの二つは違ったものだがここでは合体した形になっている。それら両者にはメディア関係者の視点と利害という面で、もともとの情報源とか市民の声とは違う次元にあるという点での共通点があるからである。

上からの抑圧

　コントロールとアカウンタビリティとの間のグレーゾーンには第5章（図5.2）でふれた、自律に関する外部からの非公式的な形式を採ったもう一つの社会的アカウンタビリティのプロセスというものがある。これには行政的なものもふくまれるが、その中核部分は政治的プロセスに関わるものである。政府と政党にはメディアシステムの監理にあたり、公共的利益を守るという使命ないしは目標がある。プレスの自由やメディア政策の規制緩和が公言されているにもかかわらず、依然としてメディアの多くは政治的影響の下に存在している。メディアの現状や将来の展望が緊急の政治的問題になることは

めったにないが、しばしばそのような争点の一つとして表面に出てくることがある。だがそうしたときでも、コミュニケーション産業やメディア文化、あるいはその関連事項を扱う政府の担当部門があるのだから、とくにコミュニケーションの急速な革新と経済的・社会的重要性の高まりが起きている現在、何がなされるべきかを議論し政策決定を行うというプロセスによってことにあたるべきであろう。

　多くの国の政府は依然として、メディアの構造とその監理についての将来的シナリオを探り、発展させている段階にある。だが、メディアを公共財の一部とする考え方にはまったく変化がない。いずれにしても、法律や規制あるいは規制緩和でさえ、政府・諸大臣・政党・その他多くの利害関係者から提案される考え方や議論、案という、いわばいつの時代にもおそらくはなくならない氷山の一角のようなものにすぎないのだろう。政府・メディア・ロビー活動家の間のやり取りの内容の多くは、マスメディア自身による報道活動によって公共領域の問題とされ、意図的ではなかろうが、この場合の公表行為が公共的アカウンタビリティの重要な一要素の履行となっている。また、政府はメディアに対し公共の利益を代表する政策を持つべきだという考え方が一般に受け入れられ、そのことがより広範な議論を社会的に展開させている。

　政策決定に関係しメディアに対しなされる象徴的介入形式の一つが、政府当局がメディアの構造や行為についてのさまざまな審査（inquiries）をする機関の設置である（第5章参照）（注2）。このような審査機関は公式の強制権を持ってはいないが、これまでメディアによる影響や作用に関する証拠や専門家の助言や意見、情報を集め、影響力のある報告書を発表してきている。それらの報告書では政策関連の動きのほかに、競争と多様性、メディアが提供する情報と文化の質、若者たち（間接的には社会）への潜在的な加害性といった、しばしば問題とされる領域が取り扱われる傾向があった。その他、メディアの社会的責任を向上させ、監理することを目的とした多くの試みが公的資金やメディア企業からの財政支援を受けた財団や研究所によってなさ

れてきている。

　このような多様な形式を採った政府の財政支援による、メディアの基準についての公的な審査ではもはや一般市民の現在的ニーズに応えられなくなっているようである。しかし社会の側もメディア活動の重要問題に関して世論を活性化し、意見表明する力を放棄しているわけではない。このようなメディアに対する政治的／行政的な圧力が結果として、メディア側に法的な抑制とは違う形での自主規制という選択肢を採用させてきたといえる（注3）。メディア自身がこうした実に多様な過程による社会的アカウンタビリティとして不可欠なパブリシティ（広報）をしばしば行っている。そうしたメディア活動がなければ議論や世論は出てこないであろう。

　公共的アカウンタビリティの手段として、一般的にこの種の活動が評価されることは実際にはない。それらは制度化されておらず、関係地域の状況によって内実が異なるためである。にもかかわらず、このやり方には民主主義的かつ開放的という典型的な特徴があり、重要なものだと評価できる。それによって議論が促進され、メディアへの関心が喚起され、市民による行動課題が影響を受けるからである。過去の経験から私たちが学べることは公共的アカウンタビリティを大いに活発化させる努力が多くの直接的な影響を与えることはまれだが、政策選択に対する影響はあったということである。さらには、公的な審査はメディア側やうまく立ち回るその他の利害関係者によってはぐらかされ、政治的にも微妙な問題があることで、改革に向けた市民の支持が十分に得られないことがあったりする。

　　世論に応えるためのアカウンタビリティ

　メディアと公衆をつなぐアカウンタビリティの手段のネットワークあるいはパッチワーク（寄せ集め）は、オーディエンスとしての公衆と市民の集合としての公衆とを区別する一つの主要な境界線によって分けることができる。メカニズムとしても基準としてもこれとは違う区分も可能であろう。だが多

くの場合、これまで述べてきたように、必ずしも満足な対応はできていないにせよ、オーディエンスのニーズに対しては市場が対応してきている。ここでは私たちは主としてメディアに対する公共的な対応について考察するが、それは二つの点でメディア市場のメカニズムとは異なっている。第1は、満足度や評価の基準はただ単に個人消費者の好き嫌いではなく、様々なメディアの社会的役割やそれらよりも大きな問題に関連しているという点である。第2は、その関係は公衆自身あるいは少なくともメディアの外部から始まっているという点である。

オーディエンスによる非市場的影響

　より広範な公衆と市民による関心の喚起という観点から、ミッチェルとブラムラーはテレビのオーディエンスのニーズと関心に応えられるシステムの定義として次のような基準を提案している（Mitchell and Blumler 1994: 237）。第一の前提となるのは、意味のある選択ができる幅広くて多様な提供の担保がなされていることである。公共圏に繋がる「市民的コミュニケーション」（civic communication）には重要な出来事がカバーされ、正確で公正であり、議論の場（forum of debate）が保障されていなければならない。それはまた、外部の影響から独立し、社会的・文化的価値に感応し、苦情申し立てへの補償手段を用意しているとともに、必要にして十分な情報を提供するものでなければならない。また研究体制を整備するとともに、視聴者の利益や関心を表明する社会と放送局との交流の場を用意していなければならない。加えて、メディアは唱道機能を持ち、世論形成に貢献する必要もあろう。このような理想的な青写真は放送の場合でさえ現実にそぐわない面があるうえに、その適用はプレスへのさらなる制限となりかねない。しかし、それがメディアの活動評価（assessment）の有効なツールとなることも確かであろう。

　とりわけ、メディア活動の基準に関する市民的圧力は、オーディエンスの立場からは主としてテレビを対象としたものとなる。その理由は他メディアよりもテレビのほうがより包括的な規制対象とされていることと同じで、テ

レビには大衆的人気があり、多くの人にアクセスされ、影響が大きく、加害性の恐れもあるといったことが挙げられる。ミッチェルとブラムラーが研究対象としたのはいくつかの国に設立されている「主流」放送局の視聴者団体と専門家・視聴者／聴取者団体で、しばしばイデオロギーや教育あるいは道徳面での調査プロジェクトを実施しているものであった（Mitchell Blumler 1994）。これらの団体は公共サービス放送の置かれた社会的仕組の中に組み込まれているのだが（注4）、軽視してはいけないことはそれらが学校教育や生涯教育におけるメディアの役割を奨励する運動となっていることである。映画の初期段階でも宗教団体やその他の団体が社会における多数派が是とする慣行や品位を守らせるような自発的「自主検閲」（voluntary self-censorship）を促してきた歴史がある。

　すべてのメディアが巨大かつオーディエンスから遠い存在であるというわけではない。地域密着型のコミュニティメディアや、マイノリティや専門職業人（プロフェッショナル）あるいは宗教者たちによる多くのパブリックコミュニケーションの形態は、それを自主選択したオーディエンスにコントロールされていないとしても、それらの人たちのニーズや関心が当該メディア機関の利益その他の目標よりも優先されている。米国におけるパブリックテレビやラジオは多くのボランティア団体や公共機関、個人の視聴者／寄付者によって財政的に支えられているのが常で、メディア側もこのような団体や個人にしっかりと応えている（Krattenmaker and Powe 1994）。特定のマイノリティのために特定メディアによるサービスが提供されている場合、メディアの側はたいていオーディエンスの側と緊密な関係を保持し、精神的にも近い。しかも、このことがこのようなメディアの存在理由あるいは成功の必要条件となっている。こうしたケースではコミュニケーションに関わる双方による相互依存性が存在するため、オーディエンスに対するアカウンタビリティの度合いは高い。インターネットの場合には、「バーチャルコミュニティ」と呼ばれるものを通してこれと同様の条件を作り出す可能性がある。そこには参加者相互の物理的親密性はないがより発展した形でのアクセスが実現する

展望が開けている。

　個人もまた希望や反応を表明し、それらをメディア側に伝えることが可能だし、実際にそうしたことが起きている。しかもそのことはメディア側からの直接指名、応募者の中から指名された代表やモニター制度などとは関係がなくとも可能である。一般的にもすべてのメディアは手紙・電話・その他の手段でオーディエンスからの自発的なフィードバックをある程度受けており、そうした反応受領の形式が熱心に推進されることがある（注5）。ところが、ミッチェルとブラムラーの報告によれば、直接メディアに対して反応してくる人は比較的少なく、それに対する応答も頻繁に行われているものではないという（Mitchell and Blumler 1994）。オーディエンスからのそうした反応にはきわめて歪曲されたものがあったり、しばしば組織的なキャンペーンの結果であることが見られるからである（注6）。また、アドレス付きのウェブや電子メールの使用度がますます増大し、それにつれてコメントや相互交流が容易になり、活発化している面がある。こうしたインターネット利用はジャーナリズムの世論形成機能という観点からは、メディアが自ら語りかけている相手であるオーディエンスについてより多くのことを知ることができるという貴重な可能性を開くと思われる。

　一方、メディアの側は自分が相手にする公衆との関係を構築するための理想的なアカウンタビリティの形式を入手する際のいろいろな障害を抱えている。この点についてなされた研究から言える主な点は、コミュニケーションの専門組織については皮肉なことに、メディアがオーディエンスや社会一般に対して閉鎖的であるということである（Burns 1977）。その原因にはいろいろある。例を挙げれば、①コミュニケーターの役割として自主性が重視されていること、②制作体制のルーティン化やメディアロジック、③利益主義が優先され、マーケティングに必要なこと以上の社会的対応がほとんどなされないこと、④マスオーディエンスないしは公衆との意味ある接触をすることの本質的なむずかしさ、などがそうである。さらに、マスオーディエンス自身がきわめて積極的で、自らの情報やエンターテインメントの提供先に対し

て反応するものだという証拠もちゃんとあるわけではないという事実も記しておきたい。

市民としての公衆からの圧力

　社会からメディアに対してなされる影響力の行使には、メディア活動への反応としても、当局からの圧力とは別に何らかの善処を求める行為としても、公衆の側の要求を正しく実行させる方法という観点から見れば、じつに多種多様なものがある。しかもそうした要求の多くには詳細で正確な論拠による裏付けや目的がある。ときに応じて世論調査がなされ、メディアの総合的な評価が数値として示されたり（第6章参照）、選挙報道のような特定のメディア活動に対する具体的評価がなされることもある。こうした散発的で非体系的な特質をもった社会とメディアに対するフィードバックの形式はアクセスの手段として不定期かつシスティマティックではないが、そうしたことにも留意しておく必要があろう。アカウンタビリティの公共的プロセスは多くの人びとによるメディア接触の経験から出てくる日常的会話から始まるものだということを忘れてはならないのである。そうした日常会話的なものが世論の流れとなる傾向もあり、調査結果をメディアが発表することによって、世論の方向を逆転させる力となることさえある。

　それらに比較してメディアがいっそう焦点を絞った意見内容の公表を迫られることがある。様々な圧力団体やロビー集団によるものがそれで、それらは特定集団の利益や目標（cause＝大義）を掲げてメディアのコンテンツに影響を及ぼすことを目的としている（参照：Montgomery 1989）。そうしたグループは世論の一部を選択して強調表現させようとすることに加え、様々な形式による組織的な抗議手段を用意して利用する。一般的にそうした人たちはメディアや情報の発信源を名指しして恥をかかせようとする点で共通しており、メディアを説得したりメディアと議論することよりもメディアの評判を落とすことを目的としている。その弾劾対象は特定の映画やテレビチャンネルといった情報の伝送媒体そのものであったり、出演者や特定コンテンツの

製作者、特定のメディア企業のオーナーや株主であったりする。このような批判的活動がメディア活動にプラス効果を与えたり、その質的改善に資するためになされているとは考えにくく、それらには政治的・社会的・文化的な目的が別にあると言ってよいだろう。だがたとえそうでも、全体的な効果としてはそうした運動にも現在の社会で機能している力学の現実的チェックやある種のフィードバックの確認をするためには役立つ面がある。

　メディアに対し政党や政治目的のための利益を求めるこうした圧力団体には一定の特徴というものがある。多くの政党組織はその候補者や政治目標がテレビやラジオでどのように描かれ、どれだけアクセスされているかを注意深く監視している。とくに注視されているのは、言われるところの偏見や不公平な選択、あるいは目立たない形で挿入されたイデオロギー的傾向やプロパガンダがないかどうかである。このような団体の活動は選挙の際や危機が起こったときなど、政治力学的に世論が重要な役割を果たすようなときにいっそう活発になる。これは国際的な危機が起きた場合にも同様である（注7）。この種の公共的監理（public accounting）組織の多くはなんらかの利益、あるいは政治的・イデオロギー的もしくは原理原則的な立場からの信念に基づいてコンテンツの体系的なモニタリングを行っている（Griffin and Nordenstreng 1999）。このようなやり方は1960年代、70年代のメディアの批判理論から生まれ、とくにコミュニケーションの国際的展開に対して用いられてきた（注8）。

　メディアのモニタリングは今や、政治的党派や団体、暴力的でセンセーショナルなコンテンツへの反発を超えて広範な分野からの支持を得て、国際的な活動として展開されるようになってきた。そうなってきた背景には、たとえば、ニュース報道において女性が男性に従属しているという設定がされていること（Gallagher 1999）、人種やエスニシティ（Downing and Husband 1999）、人権に関するニュース報道（Ovsiovitch 1999）、子どもへの配慮（Carlsson and von Feilitzen 1998）、そしていわゆるメディアの偏見（例：Lichter and Rothman 1986）等の問題などがある。その典型的な方法は体系的な内容分析の形式に

従ったもので、その目的は、メディアはいずれにせよ不公平で偏見があり、事実を歪曲し、情報を十分に提供しておらず、潜在的に加害性を有しているということの検証にある。当然だが、メディアの側も同様のやり方で自らの偏見を指弾する行為への防御策を講じていることが考えられる（参照：Westerstahl 1983）。

　通常、メディアは自らの在り方に関心を持ち、近頃ではメディアの相互批判は定番となった観がある。そのことによって何らかの変化が起きているわけではないが、そうした議論の仕方がますます多く人びとに提供／消費（public consumption）されている。メディアに関する批判的な記事のいくつかは今ではメディア内部の担当記者による正式な専門的仕事となり、映画やテレビ、あるいはラジオ等による公表行為についての検証が多様なメディアにおいてなされるようになってきた。メディア関係の話題はコラムニストにとって重要な話題であり、ソフトニュース（soft-news）といわれる領域の主要トピックでもある。その素材の多くは批判的なスタンスというよりはむしろ自由な紹介といったもので、それが現代の公共的文化生活の特徴となっているメディアについての言説のより広範な展開に役立っている。さらにはそれがメディア提供情報の高い判別能力を持った世論（media-literate public opinion）の形成に貢献しているともいえる。

　これまでのメディア研究の重要な流れは様々な基準にしたがってメディア活動を評価することにあった（参照：Lemert 1989; McQuail 1992; Ishikawa 1996）。それらのメディア研究は主として学術的であるが、いくつかの点でメディアの改善を目指している政府やメディアの批評家、プロフェッショナルたち、あるいはメディア産業自体との接点を持っている。その本質的な特徴は評価の指標に従いつつ、信頼できる証拠に準拠した確かな批評を行おうとする姿勢にあるが、実際に用いている手法は経験的な社会科学の手法である。とくに内容分析やオーディエンス調査、観察研究などがそうである。ランベスはジャーナリズムが社会的要請によりよく応えたいと考えるなら、メディア活動のアセスメントは「ジャーナリズム活動そのものに組み込まれた技術（art）

にならなければならない」（Lambeth 1992: 174）と述べている。公共的利益という観点からメディアに影響を与えるという目的を持った批判研究はジャーナリズムに限定されるわけではない。たとえば、社会の特定の層、とくに子どもを守ろうとして多大の努力がこれまでなされてきている。それらの研究の中心的関心は暴力やポルノグラフィが及ぼす悪影響の可能性についてであったが、適切なコンテンツを積極的に提供しようとすることにも向けられるようにもなってきている（参照：Carlsson and von Feilitzen 1998）。

オーディエンスと公衆に対してより誠実なアカウンタビリティ履行をするためのメディア側の努力

アカウンタビリティにはメディアを起点とするものと、メディアに向けてなされるものとの二つがある。しかしその動機が利他主義であれ、自己利益誘導的であれ、どちらもある程度まではメディアが支配できる領域内にある。多くのメディアはオーディエンスを啓発し彼らの忠誠心を増大させようとするだけでなく、オーディエンスの関心とニーズを知る努力をする。巨大メディアにとってこれは必要不可欠なタスク（task、課題）であり、多くの場合、そのための市場調査や視聴率の継続的な測定を参考にしている。しかしこの他にもアカウンタビリティの手段と考えることができるものがある。たとえば、視聴率調査のように測定値を引き出すことを目的とするだけではなく、視聴者の反応の質を測定し、メディア自身が自己の活動評価のデータを得ようとする試みである。こうした調査はこれまでたいてい、単なる利益目的ではなく、いろいろな仕方でオーディエンスに奉仕するという使命を持った公共サービス放送によって実行されてきた。また視聴率調査に関しても様々なレベルにおいて当該番組を調査する手法の体系的な開発がなされてきている（Leggat 1991）。そうした調査で得られた「質的分野における得点」は通常、公開され多様な分析に付されるが、特定のコンテンツに関するオーディエンスの満足度の測定もそれを基にして行うことができる。

こうした調査をアカウンタビリティの手段として見た場合の価値はその調

査の目的や意図次第だということになる。その結果をどれだけ活用できるかはメディア組織内部のプロフェッショナルたちの抵抗がしばしばなされることにより制限を受ける。彼ら自身が定めた質的基準測定法にそれが合致しない場合があるからである。視聴率測定によって得られた統計は重要なフィードバックとして利用されていないし、実際問題としてもそうした利用ができない組織的問題がメディア側には存在する。そうしたデータは主として経営の参考に資する道具としてだけ位置づけられているからである。そうした手法とは別に、深層面接法（depth interview）やフォーカスグループの調査といった定性分析手法を使えば、こうした方面に関心を持つメディアのプロフェッショナルたちにはより有効な活用が出来るようになるものとなろう（注9）。

　マスメディアの発信者側がオーディエンスに対してどういう態度でいるかを調べた数々の研究はジャーナリスト・編集者・プロデューサーたちがそうあって欲しいと考える、あるいは直接的な接触や信頼できる情報に基づくことなく、しばしば自分たちにつごうのよいオーディエンスのイメージもしくは選択的解釈を当てはめる傾向があることを指摘している（McQuail 1997）。そうして得られるイメージは望ましいものでも正確でもないものになってしまいかねない。さらに問題なのはそれが、たまたま選択したグループに対し予測できるアカウンタビリティの心理的プロセスの把握に使われることになってしまうことである。そのため、これまでメディア側が行ってきた研究はメディア関係者が自分たちの家族や友人、はては個人的に親しくつきあっている人たちとの接触の中から得られる、自分たちの活動や指針に沿った反応を探ったような傾向を持った自画自賛的報告となってきた。もしそうでない場合でも、実際のオーディエンスではなく、何人かの人たちを選んで対話して、自分たちの願いを確認した程度の報告をしてきたにすぎないといってよい。

　それぞれにオーディエンスの参加度や方法上の違いはあるが、電子メディアの登場以後、実際のオーディエンスや社会全体からの反応を得るための方法が多く開発され、採用されるようになってきた。オーディエンスの側も直

接にスタジオ参加したり、電話参加を奨励されるなど、積極的にメディアの制作現場に関わる形式を多様なものの中から選択できようになった。今では、トークショーやディスカッション、ディベートなどの番組におけるオーディエンスの直接参加はテレビでよく見られる形式となっている。デジタルやネットによって結ばれたテレビメディアは局側とオーディエンスとの相互交流の可能性をますます拡大し、スタジオにいないオーディエンスが投票やコメントの提供をすることでより積極的な参加ができるようになった。こうした方法の開発が現実に公的なアカウンタビリティの展開にどれだけ貢献しているかはその背後にある実際の目的いかんによる。そうした手法開発の目的で優先されているのはオーディエンスとの対話というよりもむしろ、彼らを巻き込み、自局への注目と忠誠を維持することだからである。

アカウンタビリティとしての公衆による圧力とその評価

こうしたメディアと公衆との多様な相互行為が実際どれほど役立っているかについてはメディアの種類、社会的脈絡（context）、検証される応答の手段によって大きく異なるため、確たるデータは得られていない。しかし、前章で用いた基準を利用して、いくつかの一般的な評価法として整理することができる。

基準1．実用性と効果

メディアが地域的な基盤あるいはその献身的な支持者を持っているといった望ましい状態にあるとき以外には、視聴率を基準にすること以上にオーディエンスもしくは公衆を真に代表する継続的フィードバックの取得法を制度化することは容易ではない。通常、オーディエンスはメディアとの積極的な関わりを持たず、それに批判的でもなく、モチベーションも高くない。この例外はそうすることを責務とされた公共放送だが、大手のメディアは通常、自らの経営に必要なこと以上にオーディエンスからの反応を得ることに積極

的であるわけではない。筆者がこのようにいうのは、この点での効果があがるかどうかはひとえにメディアが一般市民の声に耳を傾けようとしているかどうかにかかっている、つまり、公衆の希望の量と重みをその背景を含め、メディアがどこまで受け止められるかによるからである。世論が強い感情を表現し、メディアが多数派や影響力を持った意見に屈するようないくつかの事柄がある。だが、メディアがそのように行動するのはたいてい自己利益のためなのである（Montgomery 1989）。もちろん、当該メディアの熱心な支持者としてのオーディエンスの圧力が大きな役割を果たすこともある。しかし、公衆がメディアに効果的な圧力をかけるには組織化した力、モチベーション、それにかける労力（expense）による部分が大きい。参加型で能動的な市民社会に必要な条件の一つはそうした直接的なアカウンタビリティをきちんと機能させられるかどうかということである。

基準2. 問題の範囲

メディアについては道徳や社会的品位、有害な影響や質の低下、あるいは政治的偏見といった問題が絶え間なく出され、人びとはそれらに刺激され日常的な議論をしがちである。だから、そうした問題を扱っている圧力集団を使って是正をはかることがいちばん簡単である。このプロセスによって、メディアがマイノリティについて無視あるいは否定的な描き方をしていることが明らかになってくることもある。しかしこの問題の是正あるいは対応でさえ、確実にできるという保障はどこにもない。

基準3. 誰のためか

表面的には世論の圧力によって利益を得るのは公衆であるが、実際に有効に機能する圧力は部門別に巧妙に組織化された利益団体やロビー活動によるものであることが多い。そのため、ここで説明する公共的（public）アカウンタビリティには主に二つの点で好ましくない面が指摘できる。第1は、争点になっていること、革新的なこと、創造的なことを取りあげることを萎縮

させることである (chilling effect)。それらがメディアに対し、微妙な問題やマイノリティに関する問題には触れないほうがよいとの警告として受け取られるわけである。第2は、当該団体には大きな組織力と財政力があるため、特定の理由を挙げたそうした動きが特定問題だけの強調という不公平を生じさせることである。その種の目的を持った行動は特定の利害意識での問題設定をしがちで、社会的・経済的に弱い運動が放置されることにつながる。つまり、ここでも市場と政治の力が入り込んできて、それを取り除くことはむずかしくなっているということである。

基準4. 自由

圧力の形式が口頭で、抑制の効いたものであれば、公表行為によって影響されるオーディエンスや様々な利害に関して述べる活動が必ずしも自由への脅威となるわけではない。また、メディアのシステムが多様かつ広範囲に及ぶ状態であれば、公衆の側からの苦情や要求の背後に集中した権力が動くということはない。半面、公衆による圧力は自由の保障とはならないし、第6章で検証したように、世論がいつも自由を支持するものであるとも限らない。現代のメディア環境は強力な利害によって動きやすく、自由とは潜在的に敵対する可能性を持った非寛容なものになりやすい条件にある。とくに社会的対立や危機が高まったとき、メディアにその創造性や独自性を発揮させず、アクセスを閉鎖的にしてしまうことになりやすい。トックビルは19世紀初めのアメリカのプレスに言及し、「多数派の専制」の恐れについてその著『アメリカの民主主義』(訳注：邦訳は岩波文庫)で警告している (Schleifer 1994)。その意味では、メディアは市民大衆による専制の被害者にも公益のための道具ともなり得るということである。アカウンタビリティの手段としての公衆による圧力の効果をプラス評価だけしてすますわけにはいかないということである。しかし原則的には、この方法による主なプロセスは、被害を受けたという告発の場合でさえ、対話形式をとることが多く、法的責任というよりもむしろ応答責任モデルとして捉えることができる。その一般的な

効果はメディアのチャンネルや情報源に対してフィードバックやガイダンスとなり得るものを提供することである。メディアと民衆の意見交換の形式はメディアが操作可能なものから受容者側にある程度の主導権があるものまで、仔細に点検すればじつに多様である。

メディアのプロフェッショナリズムと自主規制

　メディアの責任、とくにオーナー・ジャーナリスト・製作者、そしてメディアに関わる様々な職能集団の責任については多様な角度からすでに第6章で検討した。プロフェッショナリズムという概念はその職能団体構成員による自主規制という考え方を必ず含んでいる。そこにはメディアの従事者による適切な基準の決定に関する事項が含まれており、それらの基準を順守するための活動を効果的に行う「方策」が盛り込まれている。メディア関連の作業で展開されている営業取引やスキルの多くが、訓練によってその最低限は身につけねばならないもので、それによって給料を貰っているといったことを除けば、真にプロフェッショナルの名前に価するようなものではない。プロフェッションという考えが少なくとも根づいているジャーナリズムという分野一つを取りあげてみても、そのことには不明確な部分が多く残っている。プロフェッションといえるだけの核となるスキルとは実際何なのかがはっきりとはしていないのである。加えて、多くのジャーナリストは経営の論理に従属した存在であり、ジャーナリストの仕事はプロフェッショナリズムというよりも市場の基準に支配されているといえる。

　真のプロフェッショナリズムの実践には何が効果的で適切であるかの判断とともに、何が正しいのかという判断を下し、それに従って行動するというスキルの実行をするにはそれ相応の自由度が必要である。ところが、ほとんどのメディアのプロフェッショナルたちはこの種の自由の行使ができない状況下にある。だが同時にたとえそれが現実だとしても、ジャーナリストの側からのプロフェッショナリズムへの要求が少なくとも、倫理綱領や行動指針

の作成のために役立ってきたことも事実である。そのことがメディア組織内において倫理に基づいた選択を行う場所を用意してきた。メディア組織もまた、それにふさわしいことを実施すべきだという圧力を感じているからである。プロフェッショナリズムという考え方そのものも責任とアカウンタビリティ、そして自由が相対立しているというよりもむしろ相互に関連しているものだという考え方を支持しているといえるだろう（注10）。

　プロフェッショナルな自律の精神は良心に基づき、社として決めている編集方針の例外を認めるというメディア組織内部での自由を求める際の根拠となる（参照：第5章）。独立した第三者運営委員会（Board of independent directors）が構成され、こうした場合の対処を監理するということも起きることがある。ブラムラーとホフマン-リームはヨーロッパにおける放送についての研究で、メディアプロフェッショナルたちの自律性とその役割を強化することを含め、公的なアカウンタビリティ改革のための提案をいくつか行っている（Blumler and Hoffmann-Riem 1992b: 222）。これにはとくに決定に関する情報へのアクセス権（right to information about decision）、よりプロフェッショナルな組織の構築、任命を拒否する権利、プロフェッショナリズムを理由にして、組織の決定の実行を拒否する権利が含まれている。

　ジャーナリズムを筆頭に、メディアのプロフェッショナル化が不十分であることに起因する問題がたくさんあるのだが、従来的な仕事を通して出てくるプロフェッショナリズムの在り方に合わせすぎるということにも問題があろう（注11）。利他主義や職業教育重視主義（vocationalism）をはじめ、こうしたことの検証作業は日常的業務から始めるのではなく、正式な定義をし、制度的な対処がなされてはじめて意味を持つ。作業スキルの中心的要素に関して、もしそれらの定義がむずかしく、しかも個々の顧客にとってはそれほど重要だとは思えなくとも、メディアの従事者たちがその他の職業とはまったく異なった存在であると考えるべき理由にはならない。ジャーナリズムは「真実の追求」（verisimilitude）という目標に核心的価値を置くとの主張がよくなされるが、そうしたことであれば、図書館司書（ライブラリアン）や科

学者などの情報専門家たちのそれとも共通することである（Airiksonen 2001）。それらのいずれの分野においても熱心な作業がなされ、卓越した業績が出れば、専門家の賞賛や同僚からの尊敬が得られ、雇用主とオーディエンス、つまり恩恵を受ける人びとによる満足となる。

以上からわかることは、メディアのプロフェッショナルたちが成功と失敗を裏づける具体的証拠に敏感に反応し、それを基準にして行動しているということである。しかし、このような反応は制度としてのものではなく、ジャーナリストたちは他の専門職業には存在しないような、激しくかつ非妥協的でさえある目標に向かっての競争状態に置かれていることの表れだと言えるかもしれない。しかも、彼らがこうした場合に満足させる対象は雇用者、オーディエンス、同僚あるいは自己の栄達といったものだということである。

プレスの自主規制

行動綱領の主な仕組と内容についてはすでに第5章と6章で説明しているが、ここで検討する自主規制（self-regulation）とは公式に宣言した基準、ならびにある程度の独立性と信頼性を持った適切な組織による外部からの苦情申し立てに対する法的裁定に応えるための自主的な合意事項であると定義できるであろう。これはプロフェッショナルな自主管理（self-control）と重なる部分もあるが、同じではない。ノーデンストレングによれば「メディアのプロフェッショナルたちは責任については肯定的に語りながら、アカウンタビリティについては中途半端な態度をとっている」（Nordenstreng 2000: 78）という。だが実際には、アカウンタビリティなしの責任には意味がないから、メディアは様々な自主規制の形をとってアカウンタビリティの要請に応えるべく行動してきた。ただしその場合、自分たちが何をどのように公表しようとも自由であるということが大きく損なわれることがないという範囲内での自主規制であった。また自主規制のモチベーションにはいくつもの理由がある。その第1は、初期の時代からプレス制度を定義するのに役立ってきた理想的な公共目的の一要素を反映しているというものである。

第2は、自発的なアカウンタビリティは強制的なアカウンタビリティから自らを守る形式であるということである。もしメディアがそうしなければ政府はより厳しい法律や規制による対処をすることをちらつかせたから、メディア側がそれへのオルタナティブな対応として自主規制を採択せざるを得なかったということである。第3は、そのような倫理規定を公表することはプレスのイメージを向上させると同時に、社会やコミュニティにおけるより良い公共的関係の構築に貢献することに繋がるということ。第4は、そうした合意を得て文章化されたアカウンタビリティの綱領はいくつかの困難な問題の処理や対立の解消、あるいは内部規律の維持といった点で大いに役立つということである。最後の第5は苦情対応・処理のためのメカニズムに言及した自発的な綱領は法廷への提訴と同様の効力を持った役割を担い得るということである。しかしこのシステムは新聞社側にも申し立て側にも負担の大きなものになる可能性がある（Dennis 1995）。

　自主規制で対処できる問題の多くは日常的に起きる直接的かつ現実的な新しい課題やジレンマである。ジャーナリストにとっての中心的役割が時事的な出来事に関する信頼されている情報、つまり客観的な情報を素早く伝えることにあることは広く合意されているところである（第6章を参照）。しかしそれ以上の点、たとえばジャーナリズムがどれほど積極的に調査活動をするか、あるいは政治的な役割を果たすかについては一致した見解はない。最も頻繁に起きている倫理上のジレンマの第1は、情報収集の手法に関連するもので、秘密保持・盗聴・身分詐称・プライバシーなどの問題である。第2は、公表行為が間接的にもたらす結果への責任の問題である。ここでいう「結果」とは、イベントやニュースの主要トピックもしくは登場人物をメディアが取りあげたこと自体よりも、ニュースで取りあげられた個人を広く社会に知らしめ注目させたことによる影響のことである。

　通常、プレスは苦情の申し立てがあっても加害性の証拠がなければその責任を認めるようなことはない。それはおそらく、損害を主張して法廷への提訴がなされるときに備えて事前の妥協をしないためであろう（第7章を参照）。

ジャーナリズムをどう捉えるかという文化についても国によって大きく異なるし（参照：Weaver 1998）、個人によってもジャーナリズム観と文化観についての見解は異なるから、ジャーナリズムというプロフェッションについても一致した見解があるはずがない。このことはゴシップやスキャンダル中心の新聞から権威のある全国紙や政治新聞にいたるまでの多種多様な性格のメディアのすべてについて言えることである。

多くの国においてメディアはかなり意欲的に倫理綱領（codes of ethics）を成文化してきている。そのことは20世紀初頭から徐々に始まり、その過程で綱領の現実的な受け入れや利便性が検証され、拡大してきた。こうした綱領はたいてい、日常的に大きな不都合を生じさせるものではなく、一般的な理想論を述べている最低限の行動基準にすぎない。高邁な綱領の存在は厳密な必達目標（deep commitment）の達成を保障するものではないし、その強制的な執行をさせるものでもない。

じつに多様な倫理綱領が制定され、様々な方法で実施されているが、その実効性については国によって大きな違いがある（Pritchard 2000）。新聞（press）の場合の主なやり方は産業界と一般市民ならびにその他の外部者の利益を代表するプレスカウンシル（報道評議会）という形態を採ることが多い（注12）。これについてはライティラによる先行研究（Laitila 1995）もあるが、ノーデンストレングによれば、職業倫理綱領を定めているヨーロッパの35カ国のうち、24カ国にプレスカウンシルもしくはそれに類するジャーナリズムのための「自主裁定機関」（court of honour）がある（Nordenstreng 2000）。こうした組織が高い質を維持するには国家や司法制度から独立し、新聞発行者とジャーナリストとの間に協力関係がなければならない。

そのようなカウンシル（評議会）に加え、スウェーデン型をモデルとしたプレスオンブズマン（ombudsman）制度があり、カナダ・英国・米国のようにそれぞれの新聞社が苦情対応のためのオンブズマン（訳注：米国ではpublic editor、公益代表編集者という名称が使われることが多い）を持っているところもある（参照：Pritchard 1991）。米国ではこれまでこのプレスカウンシル制度

への反対意見が多かったが、主な理由は発行者による反対と、それがプレスへの抑圧機関となりかねないという恐れがあったからである。しかし、いくつかの州には州立のプレスカウンシル制度ができていた（注13）。一般論としていえば、米国ではどのような形式にせよ、政府もしくは公的な圧力に影響されて自主規制を行うということに対する抵抗が大きく、こうした方式の採用がもっともむずかしい地域であった。その代り、米国には他の国のそれよりも発展し、尊重されているジャーナリストの専門職業倫理綱領（code of professional journalistic ethics）がある（注14）。

　プレスカウンシルの主たる役割は公的に設立された機関やその他の団体メンバーからプレスに対してなされる申し立てに耳を傾け、合意によってできている原則規定に基づいて裁定をすることである。申し立ての多くは傾向としてニュース報道に関連したものである。プレスカウンシルには①公衆を守ること、ならびに②とくに国家や強力な利害関係者からジャーナリストやプレスを守るという二重の使命がある。個人による申し立ての多くについての有効な救済策は裁定の公表、および合意に基づき謝罪や訂正を公表するといったものしかない。この場合の裁定に強制力はないが、このような形式のアカウンタビリティは法的モデルに近く、個人的被害に対する申し立てであることが多い。そうした申し立ては本来ならば法的に対処されてしかるべきものだが、この方法では象徴的なやり方つまり言語的表現での是正措置が代りにとられることになる。ただし実際には、プレス活動の質に関して申し立てられたプレス側の失態が法的裁定に付されるようなことはまったくないといってよい。

　綱領や評議会、あるいは申し立ての手続き以外にも、広い意味でのジャーナリズムのプロフェッショナリズムとアカウンタビリティを促進する非公式的な要素が多くの社会分野に存在している。この点でも米国にはジャーナリズム教育を促進していることの効果として多くの実践例がある。大学に設置され、メディアの発行者（所有者）による財政支援を受けている財団や研究センターがジャーナリズム教育やトレーニング、表彰、会議開催や長期研究

休暇（サバティカル）などの提供といった面での支援を行っている。その点からもメディアには当然、社会と地域コミュニティへの責務の履行が奨励されることになる。こうした活動が率先して行われ、それがメディア産業自身の利益とともに公益や個人の利益の拡大にも貢献している。

　ジャーナリズム的なアカウンタビリティが用意できるもう一つの武器は学術性と実務性を兼ね備えた専門論評誌（professional reviews）の発行である。ただし評議会の場合と同様、この方法による自己分析と自己批判の可能性がどこまで実践できているかについてはきちんとした証明はできていない（注15）。とくに新聞ジャーナリズムに関しては、このような動きについては「市民」(civic) あるいは「パブリック」(public) ジャーナリズムとして知られる運動が一定の役割を担っている（参照：第3章）。理想的な形態のパブリックジャーナリズムには一般的に外部から課されたアカウンタビリティを否定するメディア部門における応答責任（answerability）モードに繋がる、純粋に自発的なアカウンタビリティの要素がある。

　プレスとメディアには一般的に、自らの活動に対し批判的な目を向けることによって、自らがアカウンタビリティ履行の手段となる潜在的な能力がある。ただし、実際にはこのことは他のメディア機関の活動を監視するという面においてだけ発揮されているのだが……。ドーマンは公式的なウォッチドッグ機能に代わるものとしての自主規制について検討した後、その結論として、「プレスにアカウンタビリティを履行させるための最善の方法はまさにプレスが政府にそのアカウンタビリティを履行させるためにやっていること、すなわちメディアの活動に公衆の目を向けさせる（public attention）ことである」(Dorman 1991: 198) と述べ、実際のプレスがシステムとして積極的にそうしたことに取り組んでいないという認識を示している。その一方で、国内的にも国際的にも、各メディア分野において顕彰や表彰の制度がよく整備されており、当該分野の専門家たちによって審査され、優秀者が公的に表彰され、質的向上をはかるシステムが出来ている。これは処罰ではなく、顕彰によるアカウンタビリティの一例である。

放送およびその他の自主規制

　コンテンツの基準に関する放送の自主規制を外部からの規制と区別するのはむずかしい。それらの条項は番組制作上の条件として政府に任命された独立機関によって監視されているため、一律的に適用される（pervasive and involuntary）ことが多い。こうしたケースで自主的な抑制が期待されるのは、とくに暴力・セックス・犯罪・下品な言葉遣い・虐待など、社会的な関心事項である。そうした事柄については番組制作上の詳細な規定が幅広い領域において制定されている。放送ジャーナリストは印刷媒体のジャーナリストが直面するものとほとんど同じ倫理的・職業的ジレンマに対処しなければならない。また、放送ジャーナリストが違反をしたと認められた場合、政府やオーディエンス、その他の利害関係者から、より速く、より強圧的な形でのアカウンタビリティ履行を求められる傾向がある。

　常識や品位といった事柄の他で内部規制の対象になるものには、プレスが現実に直面している問題よりも公正や客観性に関する要求項目が多い。その点でも米国の自主規制には他とはまったく違った歴史的背景があり、際だった特徴を持ったものとして運用されてきている（Hoffmann-Riem 1996）。多くの放送局は全米放送事業者協会（NAB、訳者：日本の民間放送連盟に相当）が制定し監理してきたそれらの自主的行動綱領に署名し、参加してきた。その様態はそうした自主綱領が事業と表現（trade and expression）の自由にそぐわぬものとして正式に撤廃されるまで続いた。それまでそれらの規制条項は実効性の欠如あるいは過度の干渉性という両面からの批判にさらされ続けてきたのである。

　映画・ビデオ・音楽といった分野における自主規制もそれらが社会的な普及をするにつれて着実に充実してきた。監視体制も双方の利益になることから、公的機関と民間が協力しあっていることが多い。インターネットの場合は、多くの部分が法律による規制が不可能な状態にあるため、自主規制に頼っている面が大きい。第5章でふれたが、その国際的な管理組織は基本的に

民間組織であり、「公益」(public interest) に配慮しながら利用者の利益を守っている。インターネットに対する監理は、国レベルではサービスプロバイダー協会が全面的にそれを担っている (Hamelink 2000)。インターネットの自主規制には他とは違う二つの特徴がある。第1は、プロバイダー (ISP) とのサービス契約をした利用者は多くの禁止事項に違反しないことに同意し、その違約があった場合、責務の不履行ということでプロバイダーの判断で契約解除させられるということである (Drucker and Gumpert 1999)。またその契約条項には、プロバイダーは契約者による利用を監視することができるとあり、インターネットの利用者は原則的にプロバイダーに対して自らの行為のアカウンタビリティを果たす仕組みの中に置かれている。第2は、サイバーコミュニティ自身による非公式な自主規制態勢が出来ていることである。ただし、これら二つの形式の自主規制の効果については疑問のあるところである。

検証と批判

　専門分野の公表行為にはその程度に違いはあるものの、検証と批評の活動が制度化され、次のような段階設定がされている。①編集上の判断に従うこと、②専門家による検証、③同僚や顧客からの反応の公開、の三つである。一般的な公表行為、つまり小説・ノンフィクション・演劇・映画・テレビ製作・公演などの場合は通常、アカウンタビリティを自分たちの活動の一つだと考えるメディアがそうしたものについての検証 (review、論評) を行う。このやり方も専門的な発表媒体から著者や演技者とのきわめて個人的なインタビューにいたるまでじつに多種多様である。しかしそうした検証に批判的なものはまれで、たいていは自己PR (self-publicity) との区別がつきにくいものになっている。

　可能性としてはとても大きな拡がりがあり、順法的であるよりも違反行為をしたほうが名誉とされる場合さえあるのだが、公開される検証と批判には

いくつかの基本原則がある。その第1は、検証者が検証される人やものから独立していること。第2は、検証者が専門家かファン、オーディエンスやその他の顧客あるいは利害関係者であるかどうかは問わないが、ある一定の利害関係層を代表していること。第3は、公正、公平で、偏見がないこと。第4は、真実を語るべき、ということである。以上のすべてについて検証者は著作者と同様の綱領原則にしばられることになる。検証の影響や価値についてはさまざまな見解があるだろうが、著作者自身に対して大きな影響があることは疑い得ない。それは著者自身の進歩に資するというだけでなく、たとえそれが選択的で一定方向に向かうものではないにしても、間違いなく、公表された作品のプロデューサーと人びととを結びつける道筋をつけるものである。そしてそのことが法律や市場とは違うかたちでのアカウンタビリティを果たすという重要で不可欠な可能性を拓いている。

プロフェッショナリズムと自主規制：1つの評価

ここではプロフェッショナリズム（高い専門職業意識）と自主規制との関係を考えるが、両者にはその根底に存在する論理と精神における違いがある。自主規制は経営サイドと関係があり、間接的には外部圧力とも関係している。反対に、プロフェッショナリズムは制度化されたものだとはいえ、その基盤を個人の自主性・良心・利他主義に置いている。共通点は両者ともに、準拠枠こそ違うが、規制なしに情報送出をする自由を尊重するというところにある。

基準1．実用性と実効性

プロフェッショナリズムは就労環境の質的向上のために有用であるが、職業（occupation）保全のために作られたり、工夫されたりすべきものではない。これまでの経験が教えるところではメディアのシステムと組織における支配的な環境は基本的にプロフェッショナル化とはなじみにくい。理由はそれが

商業的・政治的論理に挑戦的で、最終的には対立してしまうからである。反対に、自主規制は大規模な法律的あるいは政治的プロジェクトもしくは予算措置を必要としないという点で応用が容易である。その点ではメディア企業の利益に貢献するものだといえるが、同時にそれは商業メディア企業がふつうは歓迎しない、オーナーや経営サイドの独断的決定に対しある程度まで自主的に従わないことに繋がる面を持っている。

ドーマンは苦情の申し立てについて、プレスカウンシル（報道評議会）は団体の権利や集合的権利（collective rights）をほとんど認めていないと指摘している（Dorman 1991: 177）。彼はこの点についてさらに踏み込み、そのようなカウンシルはプレスがルールを守って活動しているかどうかを判定するために設置されているにすぎず、「ルール自体に問題があるのではないかという深刻な訴えに耳を傾けることをしていない」とも指摘している。そうしたこともあり、プレスカウンシルは対応の遅さや実効性の不足、プレスの自己満足だといった批判を受けてきた（参照：Clift 1998; Curran and Seaton 1997; Campbell 1999; Pritchard 2000）。

自発性尊重主義（voluntarism）には欠点がある。多くに共通する不満はそうしたアカウンタビリティの形式には強制力がなく、実効性に欠けるという点である（Bertrand 2000）。じっさい、申し立てを行った人がそれら自主規制の手続きと結果に満足することはほとんどないという証拠もある（Pritchard 2000）。証拠立てて説明することはできないが、体系化されたプロフェッショナリズムがメディア活動の質を大幅に向上させているかどうかについては確言できない。ただし、そうしたプロフェッショナリズムや自主規制が大きな変革をもたらしたとすることにはかなりの抵抗があるということだけは言える。プリチャードは結論として、メディア側による自主規制の効果の見通しは暗いとし、次のように述べている。「メディアによる様々な自主規制は政府からの重圧と無秩序的な（anarchy）市場圧力との巧妙な妥協を図るために考え出されたように思える。しかし、倫理規定もメディア批判もニュースカウンシル（報道評議会）もそれらに信を寄せる人たちの要求に応えていな

いことが多い」(Pritchard 2000: 191)。ベルトランも自主規制の弱点について
もう一つの根本的理由を挙げている。「主要な決定は現場の担当者によって
ではなく、組織のトップが行っている……重要な責任がジャーナリストの手
には委ねられていないのだ。深刻な倫理違反を犯していることに責任がある
のはメディア企業（media firms）そのものなのである」(Bertrand 2000: 146)。

基準2．問題の範囲

　職業基準に定められた諸原則は高尚ではあるが、その実際的効果としては
準法律的に対処される個人的苦情というきわめて狭い領域の問題を中心とし
て扱う傾向がある。それらの条項には正確性・真実性・名誉毀損・プライバ
シー・誠実性・廉潔性（probity）などが記されているが、特定の失敗ばかり
が取り上げられている半面、求められている社会的責任との不整合やギャッ
プについての対処については書かれていない。そのため、職業基準の諸規定
から出てくる救済策は必然的に個別の特定事項で、短期的なものに限られて
くる。綱領が必要であることは言を俟たないが、プレスの活動に関する倫理
的問題の多くが、綱領の条項を参照することによって解決できると考えるの
は単純すぎるであろう。

基準3．誰のためなのか

　いったい誰が利益を得るのかという問題は複雑で、その答えにも二律背反
的なものが含まれる。正直に記せば、自己規制にはメディアとメディア組織
を支えるという配慮が先行しており、メディアのプロフェッショナル（職業
的従事者）がより大きな特権・安全・報酬といった形での利益を得られるよ
う企図されている。対照的に、何かしらの抽象的な記述を除けば、広い意味
での社会や消費者あるいはメディアによって損害を受ける潜在的な被害者と
いった人たちの建前上の利益が増進すると考えられることは明記されていな
い。倫理性（ethicality）や善意（good intentions）は選択可能なもので応用幅も
広く、時には煙幕としての役割を果たすこともできる。たとえば、オーディ

エンスを含むメディア市場がゴシップ・センセーショナリズム・スキャンダル・刺激的事件などを提供するときの責任所在を曖昧にしてしまうことも可能である。アカウンタビリティのすべてのメカニズムが完全にメディアから独立しているわけではなく、結局はメディア側がコントロールできるものになっており、メディアは自身が望まないことはしないですますことができる。ここから副次効果として出てくる主なマイナス点はメディアが自らの応答責任を果たすためではなく、自己防衛やアリバイの手段として制定してきた自主規制の可能性の幅が真の対話に向けて使われることを一層むずかしくしているということである。

基準4. 自由

　自由（freedom）という視座から見た場合、これらのアカウンタビリティの形式については評論家たちの見解にも一致点はないようである。自由解放論者たちはあらゆる形式の制限を嫌う。とくに外部からの要望や苦情を聞くという責任を果たすべきだということになるとなおさらである。社会的な責任履行を認識している人たちは、アカウンタビリティと自由の程度を合理的に調和させるという工夫に期待をかけてきた。そうした工夫の背景には一般的に、自主性の拡大がメディアプロフェッショナルたちの行動の自由の拡大に繋がるという思いがあった。しかし意見の相違は単なるイデオロギーの問題から来ているわけではない。それはメディアの所有者とメディアのプロフェッショナルたちとの立場の違いに起因する。メディア組織の内部には外からは見えにくい戦いが存在しており、これらのアカウンタビリティの形式はそうした戦場の一部なのである。だが、この問題を客観的に解決することは不可能であるとはいえ、プレスの自由が現実に制定されているほんの一部の職業的自主規制のきわめて限られた形式によって深刻な脅威を受けていると信じる必要はまったくない。逆に、今脅かされているのは多様なビジネス上の決定をしなければならない経営権のほうであろう。

　通常の自主規制の場合、透明性の基準なるものは原則基準の関連条項の公

表およびある程度の開放性を持った周知の手続きによって保障される。しかしプロフェッショナルな自己統制（self-control）が開放性の保障となるとは限らない。プロフェッショナリズムと自主規制（self-regulation）の基盤には自主規制だけの場合よりもなおいっそう、自発的な応答責任を推奨するいくつかの明確な概念が存在している。実際、プロフェッショナリズムには個々のコミュニケーターによる法的責任部分の受け入れという意味が含まれている。そのことが良心と倫理規定条項についての責任履行という概念を強めている。しかしジャーナリズムの場合には、その点がプロフェッショナルな自律性を保つために説明や謝罪を拒否せざるを得ないプレスの自由の一部として持ち出されることがある。こうした問題の評価は複雑であるが、プロフェッショナリズムと自主規制という手段はともに、この職業の中核的役割の必達目標（commitment）と、約束およびその道徳的責任を含む、アカウンタビリティの幅広い理解を反映するものだといえよう。

小　結

　この章で述べた事項はじつに多様な領域に関係している。公表行為に関わる問題は様々なレベルで起こるから、それぞれに適した手段による対処をしなければならない。これについて、トーマスはジャーナリズムの倫理上の問題を明確にし、それぞれに答えを探すべき六つのレベルを持ったモデルとして提案している（Thomass 2000）。それとほぼ同様のモデルが放送や広告の議論にも有効であり、本項の主題にも応用可能である。第1の最も一般的なレベルにおいては、たとえば、自由の原則と社会的アカウンタビリティの必要性の関係といった基本的な問題が検討される。第2は社会のレベルで、そこでは政治的文化とその時々の政治的・社会的背景によって諸原則がどこまで実践に移されるかが変わってくる。

　第3のレベルでは、メディアシステムに関するもので、そこではメディア側の政治力学が技術などの要素にしたがって権利と責務とを使い分けている。

第4のレベルでは、メディア内での各部門で責任を取ることが可能な範囲とその期待がどこまで妥当性を持つかが比較考量されるということである。たとえば、一般の放送かケーブルテレビか、エリート向けプレスか大衆向けプレスかによって責任の度合いが違ってくるといった具合にである。第5はプロフェッショナルなレベルで、問題はプロフェッションの分野ごとに妥当とされる諸原則にしたがって仲間内での議論がなされ処理されることになる。最後の第6は個人的なレベルで、そこでは個々のジャーナリストあるいはその他のマスメディアの発信者（mass communicator）はそれぞれのケースに応じて、良心とその置かれた環境ならびに組織やプロフェッションのルールを守り行動しなければならないということである。

　段階に応じてそれに適した配慮や圧力源、圧力の程度が用意され、それぞれに適したアカウンタビリティの手段が求められるということである。

注
(1) パブリックジャーナリズム（市民ジャーナリズム）について、シャドソンは「報道機関として公衆にたいするアカウンタビリティを直接的に果たすものではない」（Shudson1999: 122）と結論している。また、「パブリックジャーナリズムはプロのジャーナリストたちに市民がまず大事だという考えを持たせ、ニュース項目の選択に当たっても当該コミュニティ内の個人と団体の関心に合わせるように機能している。だがそうであっても、何を書くかについての選択権はプロのジャーナリストの側にある」とも述べている。パブリックジャーナリズムは「市場モデル」や「唱道モデル」に対置される、シャドソン言うところの「ジャーナリズムの受託モデル」（trustee model of journalism）に関係している。
(2) 米国では、政府主導の調査は無視されたが、高位の準公式的（semi-official）な調査は一定の社会問題の原因解明をするものとして取り上げられた。たとえば、犯罪と暴力の原因を究明した『公衆衛生局長官報告書』（Surgeon General's Report、1972）や都市の暴動に関する『カーナー委員会調査報告書』（Kerner Commission Report、1968）などがそうである。英国では1947～1977年の間に一連の「プレ

スに関する王立調査委員会」(Royal Commissions on the Press) とともに、放送の発展に関する調査委員会が組織された。この英国の例にもっとも近いものが北米における『新聞に関するカナダ王立調査委員会』(Canadian Royal Commission on Newspapers、1981) である。

(3) 英国では、たとえば、戦後の「プレス総評議会」(General Council of the Press) とそれに続く1992年以後の「プレス苦情処理委員会」(Press Complaints Committee) は、不正確な報道やプライバシーの侵害に関する苦情について、一般市民による批判的な調査報告書を提出した。それは業界に自発的な行動をとるようにとの強い圧力がかかるようになった後に設置された。こうした組織はその取り扱う問題の性格から業界だけではなく市民側も参加する (semi-public) 特徴を持つことが多い。

(4) 例外的事例だが、オランダの放送制度においてはオーディエンスもその会員となっている自主的団体がほとんどのテレビやラジオの番組編成を行うという原則を維持し、特定のイデオロギーやスタイルあるいは放送枠組を選択できるようになっている。会員は方針や割り当てられた放送時間量を決定する権利を持ち、どれだけの時間が配分されるかは原則としてそれぞれの団体の会員数に応じたものになっている (Brants 2003)。

(5) これらの応答レベルの例はミッチェルとブラムラーの著作からの再引用である (Mitchell and Blumler1994: 219)。その数はきわめて多いが、実際のオーディエンスのサイズに比較すればそれほど意味のあるものではない。著者たちがいうには、多くのフィードバックはコンテンツや番組のタイミングに関するもので、それがコンテンツの決定に及ぼす実際的影響には疑わしいものがある。

(6) 日常的にはたとえそうであっても、マスオーディエンスからのフィードバックの数や種類が急激に増えたときには注目されることになる。あるメディアが特定の誤りを非難された場合、それを支持するメッセージあるいは批判的なメッセージの数が自己防衛のために引用されることが多い。

(7) テレビにとどまらずメディアの批判的な監視機関の代表例としては、もともとは米国生まれだが現在では国際的になっている「メディアウオッチ」(Media

Watch）という組織がある。この団体が長い間集めてきたメディアによるニュースについての資料はそれが政府や経済界に従属したものであることを明らかにしている。またいくつかの保守的右派の団体はニュースにおけるリベラルや左翼的偏向を明らかにする努力をしている（Foerstal 1998）。

(8) 最も長く続き、かつよく知られているメディアのモニタリングプロジェクトは、1973年にジョージ・ガーブナー（George Gerbner）とその同僚たちがはじめた、米国の主要テレビ放送における暴力的な事件報道の記録とその特徴や結果を明らかにする活動である。このプロジェクトは現在、「文化環境運動」（Cultural Environment Movement、略称CEM）という団体の一つとして活動しており、「文化的意思決定をするに際し、より多くの市民が参加できるメカニズムを開発するため、より多くの独立した団体による共同歩調が可能になることを目的としている」（Gerbner et al. 1999: 238）。

(9) こうした方法はテレビ番組の事前試聴で用いられることもあるが、たとえそこでメディア側との対話がなされたとしてもそれはアカウンタビリティとはいえない方法であり、メディア組織によって利用されているものにすぎない。

(10) それにはいくらかのイデオロギー的で非現実的な側面があり、表面からは商業的なモチベーションしか見えないかもしれないが、プレスの社会目的性という独特の見解が残っている。そのことがプレスがより大きな社会的尊敬を得られ、それによって特権が与えられる要素となっている面があり、そのためにプレス自身がそれを手放したくないのであろう（参照：Klaidman 1994）。それはまたジャーナリズムをプロフェッションとみなすよう求めるときにも重要である。

(11) ランベスはプロフェッションについての六つの特徴を挙げている（Lambeth 1998）。①フルタイムの仕事であること、②「天職」（calling、医者のように他人を助ける仕事）とも呼べるものであること、③正式な団体と就職の基準があること、④社会のために尽くし、倫理綱領を持っていること、⑤専門的な知識と訓練を必要とすること、⑥自律的であること、である。彼が示したこれらの基準によれば、ジャーナリズムはプロフェッションの範疇には入らない。

(12) 多くの組織がモデルとしたのは元「英国プレス総評議会」（British General

Council of the Press)、現「プレス苦情処理委員会」(Press Complaints Commission) であった。しかしそれよりもはるか以前にスカンジナビア諸国では同様の組織が設置されていた。

(13) ベルトランの報告によれば、1999年の時点で米国には30のオンブズマン制度と三つの州立カウンシルがあった (Bertrand 2000、和訳は『世界のメディア・アカウンタビリティ制度』明石書店、2003年)。

(14) 第12章でも述べているように、法律に定められた応答権 (statutory right of reply、一種の反論権) はいくつかの国で、プレスによって批判がなされた時あるいはプレスの側に誤報があった場合に認められている。

(15) バントン (Bunton) は『セントルイス・ジャーナリズム・レビュー』(St Louis Journalism Review) 誌を研究して、その冊子が「意義のあるプロフェッショナルな自主規制を提供するものではない」と結論づけている。また、ウォーカーによれば、英国で発表されるジャーナリズムに関する評論にジャーナリストたちがほとんど関心を持っていないという (Walker 2000)。

第VI部　結論

第14章 アカウンタビリティ理論からの教訓

メディアの負う社会的責任

　西欧社会におけるメディアの自由の基本原則では、メディアは事業者（企業）であれプロダクション組織であれ、個人的情報発信者（individual communicator）であれ、法律条項（ほとんどの場合、加害の可能性のあることの禁止事項や公共的サービス規定など）として書かれていない限り、いかなる責務にも拘束されることはないとされる。だが同時に、その最終局面における従属の強制はないとしても、メディアは社会に対してより大きな責務を果たそうとする他のメディアから脅され、なだめすかされ、補完説明をさせられ、はてはその社会的地位を奪われることさえある。実際にはこうした最終段階に至ることはほとんどないが、世界中には二度とそのようなことが繰り返されてはならないといった例がたくさんある。
　メディアの権利にこれ以上の無責任な行動は許されないという限界線が設定されるのは、それが政府や他の社会制度に欠かすことのできない社会的資源であること、さらにはそれ自身が権力であるか、もしくは外部からそう考えられているという事実から来ている。後者の二つはともに基本的には同じことを言っているのだが、ここでは、①責任と②アカウンタビリティとの違いが重要となる。前者は自ら選択し、自覚して行う行動基準であり、この脈絡での後者には通常、従うべき外部からの圧力の存在が示唆されているからである（Hindman 1997: 150）。換言すれば、メディアの責任は自主的なものであるが、アカウンタビリティはそうではないということである。事実、第9

章で検討したように、この点こそアカウンタビリティの意味として私たちが決して忘れてはならないことなのである（注1）。

　しかしメディアの究極的な責任を強調するこの見方はアカウンタビリティの検討への入門的段階としてはあまり役立たない。というのは、それだと責任の概念が政府によるコントロールや、私的財産や個人の自由に対する攻撃の隠れ蓑として使われるとして非難する、それとは反対の完全自由解放論的（libertarian）立場からの議論と同じような形になってしまいかねないからである。現実としてメディアによる公表行為の大半は「社会に奉仕する」ためにではなく、多くのコミュニケーションや表現をするという目的を満足させ、同様に社会のためになるなどということはほとんど考えていない個々の消費者のニーズを満たすためになされている。さらに、公表行為をする企業にとっての目的は雇用と利益を生み出すことにもある。コミュニケーションの流れは、ある意味では、社会の指針となる活動ではなく、社会動向の表現なのである。メディアは社会の外側に存在するのではなく、社会の一部だということである。このようなメディアの理解は社会形成における責任論よりも今実際に進行していることをより正確に捉えている。

　実際には、責任についてこうした議論をいくらしても責任を負うという考え方にはつながらず、そこから出てくる責務（obligation）の程度や種類の議論になるだけである。マスメディアは、①さまざまな形をとった公的事象、②政治権力、③市場、といった何人かの主人（masters）に同時的に仕えねばならず、その議論の根底部分にはもともと深刻な対立が潜在している。その結果、メディア特有の役割とはさまざまに異なる期待に応えることであると理解されるようになってしまう。このことが明らかだとしても、役割と期待の対立から生まれる多様な圧力を調整することが容易になるわけではない。たとえば、メディアは簡単に政治体制のために奉仕するわけにはいかないし、同時に、政府による失敗について政府自身に公衆に対する責任の履行をさせることもできない。メディアはまたマイノリティのニーズから民主制（democratic system）のニーズにいたるまでを満たしながら、同時に全面的な

企業利益の追求をするといった器用なこともできないのである。

　こうした多様で深刻な問題点があるにはあるが、これまでに述べてきたメディアの責任の特質を踏まえていえば、権利と責任に関する中心的な諸原則を以下のようにまとめることができる。これらは社会に必要不可欠な要件を満たすとともに、主流メディア機関によって広く受け入れられるべきものであろう。

- 出来るだけ多くのコミュニケーションする自由を……という考え方は情報受容の公共的権利を含め、出来るだけ多くの人たちへのコミュニケーションを……ということに繋がるべきであること。メディアはこの自由を享受しているが、それが外部にも同様の拡大をしていくことに助力すべきであること。
- この自由の行使には豊かな情報性・開放性・高潔性・誠実性・真実性といったことを含む、もっとも広い意味における真実に忠実であるという責任が伴うものであること。
- メディアには、人びとが社会生活に集団参加することを促進する「社会的連帯促進の責務」（solidaristic obligation）があること。これには社会に不可欠な情報・交流・文化のニーズを満たすとともに、社会を構成する集団のニーズと関心を表現し、支えることが含まれている。
- メディアは、公表行為を実践する力を行使することによって生じる責任の履行が求められることを当然であると認識すべきであること。
- メディアによる公共的コミュニケーションは、場所・時間・脈絡・内容などにおいて適切な、社会の倫理的・規範的要件を満たさなければならないこと。メディアはこれらの事項に関し、社会やそのなかの集団には意見開陳の権利があることを認め、それに耳を傾けねばならないこと。
- コミュニケーションによって影響を受けるすべての人びとの人権は、とくにそれが成文化されている場合には尊重されねばならないこと。これは国際的に適用されるべきことである。

- プライバシーから所有権にいたるまでの私的権利は、公共的コミュニケーションにおいて認められ、尊重されるべきものであること。

メディアの自由と不自由

　組織としてのメディアには、自由社会の市民が求めることができる言論の自由（freedom of speech）と同等の表現の自由の権利（right to free expression）はない。メディア組織は公共的表現の権利の行使という点ではより大きな機会を持っているが、いくつかの点において自由の度合いは市民のそれよりも小さくてしかるべきである。反対に、メディア側には、とりわけ、情報源へのアクセスや批判的な言論によって起きた損害に対するクレームから保護されることで有利な立場に立つことができる多くの権利や特権がある。個人はメディア機関の所有をしていないかぎり、メディアを通して発言する権利はないし、メディアへのアクセスができる場合でも、その人たちの表現の自由は編集その他の決まりによって制限されている。

　個人の自由に比較して、メディアの自由が制限される理由が相対的に大きいことには主として四つのことが考えらえる。第1は、メッセージの到達範囲と注目度を拡大することによってコミュニケーション能力を増強し、信頼できる情報源としての立場を獲得していることである。この能力が機能しているところでは、どのような事柄についてであれ、その責任をとらねばならなくなる現実的もしくは予測できる結果が起きる可能性があること。第2は、誰にも表現の自由が認められるとはいえ、表出されるすべてのコンテンツに平等な公表の自由があるわけではないということである。政治・宗教・科学・芸術、ある種のエンターテインメントや広告形式には好き嫌いがあるし、社会的・文化的に受け入れがたく、賛同できかねるといった「偏見」もあり得るからである。第3は、メディアの自由には企業利益というコミュニケーションの目的とは別のオーナーシップによる優先事項といった制限作用があることである。第4は、メディアの自由の最終的な受益者であり、ある意味

ではその最終的な保証人であるはずの一般市民が、理論的にもそうなり、メディア自身も日常的に主張しているものとしてのメディアの自由をそれほど積極的に支持していないということである。市民はメディアの自由を他の価値、とくに安全・秩序・品位、そして公正といったことほど高く評価してはいないようである。

　明確な線が引かれているわけではないが、個人とメディアとの間、メディアの分野相互間、コンテンツの違いによって一定の理論に従い、自由についての範囲が定められている。規模が小さくなればなるほど、つまりオーディエンスが限られ、到達範囲も狭く、声が小さい、もしくは影響力が小さいメディアが現実に享受できる自由は大きくなるということである。この理論からいえば、肉声だけで発話する個人が最も自由であるということになる。メディアのコンテンツが権力に批判的でなく、公共的な加害性や有害性の原因にならない場合には、現実的にはいっそう大きな自由が認められる。ある意味では公表行為は影響力が小さく、発表の前と後での情報環境の違いが小さいほど、自由の幅が大きくなる、つまり他の条件が同じであれば、自由の程度と影響力との間には反比例の相関があるということである。ただし、たとえば、信条や政治的意見の開陳といった重要な自由の擁護の努力についてはこれとは反対の取り扱いがされるべきである。

　一口に表現の自由といってもそれは幾様もの意味合いで使われている。第1は、制限や禁止事項、タブーも義務もない自由で、完全解放主義的（libertarian）なものである。第2は、メディアを積極的に利用し、社会的な同調者を求めて、刑罰に問われることなく、支配的な集団やイデオロギーに疑問を呈することができるという意味である。第3は、公共の場で、コミュニケーション手段へのアクセスができる現実的な可能性を保障することである。第4は、より個人的なレベルになるが、私的な信条・信念を制限や障害なく、オープンかつ率直に表現することができる自由という意味である。第5は、競争その他に制限を受けることなく、開放された市場でメディア関連商品を取引できるという商業的な自由論である。次元によって異なるこれら

の自由の意味はメディアの自由に関する賛成・反対の議論でしばしば混同され、アカウンタビリティに関しても意見が錯綜する原因となっている。

　極端な場合には、公表行為の結果からの責任逃れや刑事免責は不可能である。同様に、アカウンタビリティから完全に自由になることもできない（注2）。古来、勇敢な、別の言い方をすれば無謀ともいえる個人は、手段の当否に関わらず、自らの敵や社会の敵、権力や権威を批判する発言を行ってきた。彼らは暴力的な報復がなされる可能性を承知のうえでそうしてきたし、しばしば現実に処罰の苦しみを与えられてきた（Nerone 1994）。そして現在でも、そうした英雄的なジャーナリストやライターが数多く存在する。しかし、通常、こうしたレベルでの自由への献身はメディアが求められる義務（duty）を超えていると考えられる。だが、公表行為を脅かすようなさまざまな条件が存在するところに自由があるとは現実的には言えないだろう。

コミュニケーション理論と公表行為のアカウンタビリティ

　一般的な理論に従えば、コミュニケーションとはある人からある人に向けてなされ、その両者間に了解があり、通常、その対話者の相互行為としてなされるものである。たった一人だけによる表現がコミュニケーションと考えられるかどうかについては議論の残るところである。しかし、コミュニケーションには受容者の注意や意思に働きかけようとする姿勢が必要だということへの反対意見はほとんどない。つまりメッセンジャー（情報の運搬人）はドアをノックすることはできるが、実際にドアを開けるのはその中にいる人だということである。マスコミュニケーションに関してはこれとは異なる部分もあるが、一般的にこの原則があてはまる。マスメディアによる「ドアのノック」は、通常、相手を選ばず行われるが、招き入れる「入り口」がたくさん用意されており、オーディエンスはそうしてほしいものを選択することができる。それがもっとも顕著なのはインターネットなどの参照系メディア（consultation media）である。いずれにしても、たとえそれが一定方向への直

接的な大量の流れであっても、その中心部分に双方からの関心があるということがポイントなのである（Bordewijk and van Kaam 1986)。ここから引き出せる明快な結論は、メディアによる公表行為の結果責任は、必ずしも平等にではないが、送り手と受け手の間で共有されているということである。

　アカウンタビリティの意味のいくつかは個人間のコミュニケーションから発しており、肉声によるコミュニケーションの理想型はほぼバランスがとれた状態で対話者が相互に応答する状態である（Semin and Mansfield 1983; Shotter 1984; Giddens 1984; Day and Klein 1987）。円滑かつ意義のある対話は相互に繋がりが作れる場合にのみ可能となる。原則としてオープンで制限のないマスコミュニケーションにおいては、このような状況は現実的には起こらない。要するに、マスメディアに典型的な、トンプソンいうところの「仲介コミュニケーション」(mediated communication) では、上述したような意味において、本質的に「責務を履行できる」(accountable) チャンスも少なく、それに比例してコミュニケーション経験も理想や責任遂行から遠のくことになる（Thompson 1995）。だがたとえそうでも、「仲介コミュニケーション」が理想から離れる程度にはさまざまな段階があり、最善のケースでは真の相互参加といえる状況の共有が起きる可能性がある。

　コミュニケーション理論的には、コミュニケーションの責任概念の一つとして、コミュニケーション行為あるいは状況としての共同参加というものがあり、それがインタラクティブ（双方向性）というものだということになる。このことは、たとえ現実のマスコミュニケーションにおいて希薄になっているとしても、コミュニケーションにその当然の構成要素である応答・フィードバック・相互性が存在している場合には適用可能な考え方であろう。

　この概念の中心となる考え方は、責任はコミュニケーションに関わる双方、つまり受容者と送信者との間である程度まで共有されるというものである。マスコミュニケーションにおいては、オーディエンスによる選択が供給者側を刺激し、そうした反応が影響を決定づけるという意味において、コンテンツとその影響の責任を両者が共有しているということである。

公表されるということ

　本書では、公表行為は非公開の私的コミュニケーション過程とは異なるものとして定義し、議論してきた（第1章参照）。ある行為がそのどちらかであるかを決めるのは必ずしも著作者ではないが、公表行為はその発出者（著作者）にとって私的なものとは質的に違うものとして理解されているであろう。公表はいったんなされれば、もはやなかったものとして元の状態に戻すことができないものだからである。それは通常、私的な反省や思いつき、未公刊の原稿などとは違う完成度を持ち、決断（decisiveness）のなされたものとして受け取られる。この行為は新しいテクストを作り、著作者から離れてそれ自身の生命を持つようになる。また、公表行為にはしばしば、反応を引き出すことを期待した声明や宣言なども含まれる。注目を浴びた場合は、それは短期か長期かは別として、それによる影響があったと考えることができる。

　あることが「公表」されたといえる不可欠な用件とは、その著作者ないしは情報発信者が特定できることである。そうでなければ、そのコミュニケーションは重要な側面を欠いていることになり、完全な公共性を持っているともいえないし、アカウンタビリティが果たされているともいえない。もちろんその例外として、公表行為者としてのゲートキーパーが責任をとるという形式がいろいろ考えられ得るし、そうしたやり方は認められてしかるべきであろう。だが、そうだとしても、それは法的責任（liability）が取れるということであって、内容的な応答責任（answerability）が取れるということではまったくない。このことはとくにインターネットについていえることである。インターネットでは情報源が知られることも明らかにされることもあまりないし、対外的に責任を取れるゲートキーパーもほとんどいない。たとえば、報道の編集局、掲示板やチャット集団、その他の仮想コミュニティなどでは発信者のアイデンティティ（特定できる情報）が隠されることが一般的で、ときには「だまし」が意図的に行われている場合もある。他のメディアに比

較しても、テクノロジー利用によるこうしたインターネットの状態にはとくに著しいものがある。

マスメディアによる公表行為にはいくつかの基準（criteria）に照らして、プロフェッショナリズム（専門職業主義）との関連がある。それらの基準には特別な知識やスキルとの繋がりがあり、経済的な要素との関わりもある。メディアの種類を問わず、公表行為には共通の特徴がいくつかあるが、社会・技術的な観点からすれば、著作者・テクスト・メディアの種類によって相当な違いがある。それらの違いが公表行為の意味の捉え方のきわめて大きな違いの原因になっている。本書では、公表行為と私的表現形式とは表現としては類似のものであるかのように取り扱ってきた。そうした前提なしにマスメディア一般を論じるのは困難だからである。しかし小規模メディアによる公表行為とグローバルに展開するメディアでの公表行為との違いが私的にやり取りされる手紙と新聞上での公表行為との違いよりずっと大きいかどうかについては議論しておかねばならない面がある。

一方で、メディアによる公表行為には初期の印刷物から現在まで変わらない基本的な特徴がある。印刷に付され、それが販売されるようになったのは16世紀のことだが、この分野で行われてきたことは概念的に現在までそれほど変わっていない。著作者は昔も今も、賞賛や報酬、評価を受けるし、それらに加えて、批判も受ける。場合によってはそれよりも酷い反応をされることもある。しかし大きく変わった部分、つけ加わったこともある。近代のメディア企業の大量生産工程と配布過程は印刷という言葉では同じだが、内実として初期のそれと現在では共通性がほとんどないといってよいほど違ったものになっている（注3）。

公表行為の量とそれが持つ力の実態についてもそれぞれに大きな違いがある。通常は国内向けであるが、社会に大きく根づいたマスメディアは、それらが獲得している権威から派生する影響力と、共通の考えや関心を持つ多数のオーディエンスに情報を届け、注目されるという能力によって見えない特別な力を持つことになる。多様なメディアが併存する制度が理想だという立

場に立てば、このような支配に挑戦し、それらとは別の考え方や価値観を提供する、制度に組み込まれる度合いの低いメディアが必要だということである。現在では個人もそうした方向での多彩な発言の手段を持てるようになっている。

権力についての議論では、その力の種類はその大きさと同じくらい重要であり、実際、その種類ごとに違う能力の検討なしに力の程度を議論しても意味がない。たとえば、道徳的影響力、情動的もしくは批判的な反応による挑発、心地よくさせる情報提供、注目点のガイドなどは、メディア・コミュニケーション・公表行為の力の多様な形態のそれぞれが持つ影響例である。にもかかわらず、メディアの力に関する議論はこれまで、規模やその普及度に関することに偏りすぎ、メディア別の評価やその他の影響条件にはほとんど注目してこなかった。

以上をまとめれば、公表行為の形式が近年、その範疇において大きな変化をしていることから、その違いから生じる可能性とその区別を重要視すべきだということになる。とくにインターネットが、現実問題として、個人的であると同時にマスメディア的な公表行為を発展させているからである。これに関しては次章でも再度検討するが、メディアにはその形態に応じたコミュニケーション能力があるように、責任やアカウンタビリティの程度と種類もそれぞれが大きく異なっている。本質的にその行為に目的を持たない商業メディア組織が知識・行動・姿勢に大きな影響を与えるという、これまでのステレオタイプな公表行為モデルは現在進行中のメディア環境の理解には役立つとはとても思えない。

テクノロジー・規模・規制体制・コンテンツあるいは主要提供情報の社会基準の制度的特徴によっても公表行為の形態的異同の検証は可能であろう。本書で検討してきたレベルで必要とされるそれらの異同については、単一もしくは他との複合的要素を持っているものを入れて、以下のようにまとめることができる。第1は、主として政治的・社会的役割に着目した場合の新聞や雑誌などに代表されるもの。第2は、主として視聴覚メディアで、その性

格として娯楽中心的かつ大衆文化的であるもの。第3は、他の形式もあるにはあるが、主として文学・科学・学術書などの個人的著作を中心とするもの。最後の第4としてつけ加えておきたいのが、公表行為としてはまだ定まった形式がなく、混合的な形であるインターネットである。詳細な分析をするにはこれとは違う分類も必要になるだろうが、このアプローチはアカウンタビリティに関して出てくる初歩的な問題の多くで最初に求められる原理的な基準枠として役立つであろう。

神聖さと俗悪性の対立

　もう一つ注目しておくべきメディアによる公表行為に影響を与える次元がある。それはより適切な表現としては「亀裂」（fissure）とも呼べるメディアにおける神聖な面と俗悪な面の分離で、印刷が始まった当初からある問題である。それはもっとも広い意味での著作者の目的やコンテンツ、オーディエンスの動機、ギリシア時代の検閲から現在の価値観や良心の守護者としての役割に至るまでの態度、たとえば、インターネットのコンテンツが子どもへの適切度に従って段階区分されるべきかどうかといったことである（Price 1998）。こうしたことは表現の自由の保護基準は段階的であるべきだという考え方の根拠となり、理想的な動機と商業目的とを区別する。と同時に、ジャーナリズムの側面からするプロフェッショナリズムを低下させることにもなりかねない。上述の類型を参考にしていえば、プレスには神聖さと俗悪性の両方の属性があるのだが、マスメディア全体が俗悪化していけば、書籍や著作者のはっきりした作品がより神聖さを増すという関係にある。

　総合的に考えると、公衆および社会へのサービスは動機と役割という定義からは聖職者的領域として分類できる。そうなると自動的に、メディアについての完全自由解放的で市場主義的な見方には俗悪性があるということになる。一般市民によるメディアへの批判の大半はメディア自身が存続することがむずかしいと考えざるを得ないような神聖な役割への期待から来ている。

しかしそうした批判は、俗悪だがより大きな利益をあげられるメディア活動の追求が社会不安を招きかねないほどひどくなったときには受け入れるほうが好ましい場合もある。ところが、粗雑かつ明快な展望もないいつものやり方で現行メディアに対しては神聖な面よりも俗悪な面に関し、法律や規制によってその責任履行を迫るという方法が採られている。その場合の根拠として俗悪なものは、①表現の自由の擁護の面からの援護がしにくいし、②加害性の原因となりやすいという二つが挙げられている。逆説的な言い方になるが、以上のことから、市場主義に基づいたメディアは、経済的な利益も無責任さも最小限の場合に最大の表現の自由が守られることになるといえる。

責任について

本書における責任の概念については、あまたある社会的責任論や、自由解放論者や市場主義者たちがすぐ批判したがるスケープゴート（straw man）のように扱うことなく検討してきた。責任の概念にはこの他にもそれぞれを独立項目として検証すべきいくつかの顕著な形態がある。たとえば、メディアやジャーナリストは次のいずれかを水準を高度に保つための動機としている。①プロフェッショナルな基準の遂行、②シティズンシップ（citizenship、市民としての在り方）と公共的責務、③公表行為が他人に対して与える影響への留意、④個人の良心や信条、などがそうである。これらはそれぞれに異なる種類の責任に関係しているが、最終的には類似の結果をもたらす。このことから、責任遂行について個人や組織がどういう選択をするかということがプレスの自由の本質的側面だといえることになる。究極的には制限があるとしても、この場合には、どのような責任も受け入れないということも採りうる選択肢とすることができる。

さらに理解がむずかしいのは、能力を有する、つまり責任のとれる人たちが、一定部分だけで責任を果たすとか、与えられた責務のいくつかを拒否するといった選択ではなく、それらをまったく無視するかのように振る舞うと

いった行動の自由をどう捉えるかである。特定の責任を軽視したり、拒否したりすることは行動の自由の範囲内である。だが、上述した次元のすべてにおいて責任を認めることなく行動することは弁明の余地のない無謀な行為であり、意味もなく、自由の理論的概念を逸脱したものだといえよう。

　第2点は、追求すべき目標と回避すべき行動や結果とを区別すべきだということで、肯定すべき責任と否定すべき責任との区分が重要だということである。理論的観点からすれば、肯定的／否定的という二種類の形態を持つ責任は相互に異なるもので、結果に対するアカウンタビリティも当然異なってくる。禁止条項を守らせる手段は、その効果を比較考量しても、肯定的な目標追求を促進させる手段とは異なるものになる。これはアメかムチのどちらかという問題であり、両方が同様の効果を持つかもしれないが、同じ相手に対してあるいは同じ条件下で同時に実行できるものではなかろう。だが、肯定的な目標と否定的な目標との区別は、責任を果たすという考え方に対する積極的な態度や消極的な態度、あるいは責任感が内部から出てくるか外部から強制されるものなのかということと混同されてはならない。メディアには内発的意思によって善を行い、加害性の生起を避けることができるということが大事なのである。善の実行と有害的行為の防止のどちらか、あるいは両者について、外部からの強制が必要であるかもしれないが、善の実行、メディア論的にいえば、質の高さ・より大きな多様性・センセーショナリズムの減殺等は外部からの圧力によってよりも内発的意思によって達成を図ることのほうが容易であろう。

　プロフェッショナル（専門職業的）な責任はいくつかの段階で、さらには多様な課題に関連して発生する。もっともよく見られるのは、ジャーナリストとしてのプロフェッション（専門職業）に対するもので、とりわけ、情報源・取材対象者・想定し得るメディアの影響に関する倫理規範や行動基準の順守に関して起きる。ジャーナリズムは絶対的な信頼とか利他的な目的といった聖職者のようなプロフェッションではないという点ではいくらかの社会的合意ができているように思われる。その意味では、ジャーナリズムは「プ

ロフェッション」であるとはいえないという意見も成立することになる。どういうことかといえば、ジャーナリズムは外部の人たちが誰でも入ってこられる職業だから、プロフェッションとさえいえないとも考えられるからである。さらに、オーディエンスを楽しませることはジャーナリストに期待される仕事の一つだが、それは確立されたプロフェッションとしての倫理規範としては高く評価されない。そうしたことはジャーナリストたちがトラブルや危険をものともせず、真実を公表し、社会に伝えるという、より価値ある目標に向かうこととは逆のことである。ジャーナリストという職業全体を脅かすこうした欠落点があるにも関わらず、メディア活動を担う個人や各メディアの現場関係者がプロフェッショナルと呼ばれる仕事に従事していないといえる理由も存在しない（注4）。

　ここまで、責任とアカウンタビリティの違いについて様々な観点から検討してきたが、さらに一歩踏み込んで考察を加えておきたい。両者の違いの一つの重要な点は、責任のほうがより自主的で自律的な特徴を持っていることにある。責任とは、対外的な契約として用意され、多くが当然のこととして受け入れるべきものであるのだが、外部からの強制によってそうするものではない。アカウンタビリティにもまた自主的な面があり得るが、責任に比較すれば、外部との関連によって成立するという性格をより多く持っている。そしてアカウンタビリティは自発性を多くすればするほど、自由との整合性を増加させ、責任との関係性を拡大する。つまりこれら二つの概念は相互補完関係にあり、どちらからもその延長線上で重なり合うという性質を持っているわけである。換言すれば、責任観念が公表行為に先立って作用し、アカウンタビリティはその後で求められるものだということである。両者ともにいくつかの点で自由の条件との関連性を持っているが、概念的には自由とは別のものであり、相互に独立した関係にあるものだといえよう。

出来事の起因責任

　マスメディアによる影響の問題はアカウンタビリティについての議論全体の中心に位置しており、特別な注意をもって取り扱う必要がある。本書の結論としては、特定の公表行為がその直接的影響として何か特別のことを起因者となって (causal way) 引き起こすといったモデルをそのまま適用することには疑問があるということである。しかし、そのモデルはこれまで、出来事の起因責任論としてもっとも一般的に採用されてきたものである。この考え方にはメディアが取るべき有限責任 (liability、法的責任) を準法律的手法で追求できるという明確なロジックによる支えがある。実は、このモデルの背景には英国法やローマ法に基づく責任概念があり、一定の公表行為には本質的に間違っているもの、信仰や道徳を脅かすもの、たとえ悪意がないとしても有害的影響をもたらしやすいものがあるとする思考法が反映されている。禁止印刷物や猥褻な演劇に対する伝統的な対処はこのやり方でなされてきたし、このやり方は多くのメディアの影響分析の研究パラダイムとしても応用されてきた。しかし、それだけで、今日、実際になされているメディアコンテンツの媒体別伝播状況を正確に捉えられるとはとても思えない。なぜなら、そこで流れているコンテンツは不確実であり、意味理解としても一定していないし、オーディエンスとの関係がそれにも増していっそう不安定だからである。同様に、想定される加害性が一般的で集合的である場合、直接的な影響への関与ではなく不作為といった形に比重を置いて (more omission than commission) 対処することも同様に適切だとはいえない。

　コミュニケーション理論としての伝達モデルと生活習慣的モデル (ritual model、儀式的) との区別がこうした面には役立つであろう (参照：Carey 1975; Calvert 1997)。後者ではコミュニケーションの表現的側面 (expressive aspect) が強調される。コミュニケーションは自らもその一部である社会的／文化的環境を形成する。そうした環境の下で個人やグループによって意識が形成さ

れ、その結果、一定の思考や行動が是認されたり禁止されたりする。たとえば、人種やジェンダー、その他の特徴によって区分された集団内における、いわゆる憎悪表現 (hate speech) などがそれである。対して、線形モデル (linear model) では個人が受ける特定の感情や行動における影響に注目する。だが、これを見つけるのはそれほど容易ではなかろう。一方、生活習慣的（儀式的）モデルでは否定的なコミュニケーションによって形成されるかもしれない態度や考え方の傾向に注目する。ここでいう否定的なコミュニケーションとは、自尊心・アイデンティティ・安心感・幸せなどの感情面で、受け手や第三者に広範囲であいまいだが不幸な結果をもたらすもののことである。メディアの影響についてのこうした概念化は責任を排除することにはならないが、出来事の起因責任から道徳的責任への重心の移行をさせ、科学主義・法律尊重主義への移行という歴史的傾向を逆転させることになる (Dhavan and Davies 1978)。このことは必ずしも言論の自由への挑発的行動をなくすわけではないが、もし起きるとすれば、制約のメカニズムを法律によるものから道徳的・公共的圧力へと転換させることであろう。

　所有権や個人への加害性についてのもろもろの問題を別にすれば、メディア・アカウンタビリティに関する多くの事象にとって、より大局的で集合的な影響という観点からの考察をするほうがはるかに適切であろう。アカウンタビリティの問題は個々人の誤りや著作者の失敗、あるいは編集者の下した決定を個別に処罰するといったやり方では対処できるものではないからである。さらには、問題の発生場所がマスメディアの市場環境に深く根ざした、制度的なコンテンツや行動パターンにあることが多く、コンテンツや行為が組織的に生産されていることがその原因になっていることが多いからである。言い換えれば、規制でも外部からの是正措置でも解決できないということにもなりかねないが、そうしたとらえ方によってのみ、失敗を認めて正確に認識し、社会的責任を覚醒させる途が開けてくるということである。

アカウンタビリティについて

　アカウンタビリティの一要素は、あらゆるコミュニケーションと同様、理想的には、相互の関係づけを行い、インタラクティブであることである。しかしここでは主として、マスメディアによるコミュニケーションに見られる、意識的に受け入れられ、目的性を持ったアカウンタビリティの形態について考えることにする。この場合の目的はじつに多種多様であり、アカウンタビリティのメカニズムあるいは手段はそれぞれの目的ごとに異なっている。アカウンタビリティの主な目的あるいはそれを求める妥当な理由としては次のようなものが挙げられる。

- 作品やサービスの質的向上
- 受け手あるいはオーディエンスの側の信頼性の向上
- より広い範囲に公共的責務を果たさせるメディア活動の担保
- 法的責任の警告による、個人や社会への加害性の防止
- 当局あるいはメディア産業の側によるコントロールの理由づけ
- 組織としてかプロフェッショナル（専門職業人）としてかを問わず、コミュニケーター（情報発信者）の利益を保全すること

　これらの異なる目的達成にはそれぞれに適切な対応策が必要になる。たとえば、法律や規制はある一定の種類の加害性の制限には必要だが、メディアとオーディエンスとの間の信頼感や忠誠心を高める上で役立つとは思えない。この目的のためには専門職業的（professional）な自主規制や信頼できる枠組の構築が必要となろう。市場は、とくに人びとからの人気度といった基準によるある種の作品の質の向上には有効であろうが、さまざまな公共的義務（public duty）を果たすための動機づけとしては適切なものではない。その他、こうした関係枠組は図14.1のように示すことができるだろう。

目　的	手　段			
	市　場	法　律	世　論	専門職業的な自主規制
質	×			×
信頼性				×
公共的義務			×	×
社会への加害性の防止	×		×	
個人への加害性の防止		×		×
コントロール（統制）	×	×	×	
コミュニケーターの保護				×

表14.1　アカウンタビリティの目的と手段との関係

　アカウンタビリティとコントロールとは「同じものでない」ことは明らかだが、ここに記したアカウンタビリティの手段のほとんど全部がコントロールという目的にも貢献している。だが、それは必ずしもコミュニケーターの自由を抑制するわけではないどころか自由を拡大することさえできるものである。大事なのはこのことについては概念上異なる二つの現象があるということの認識である。コントロールにはそれをする側が望む結果や行為を相手にとらせるため、ないしは相手の行動を制限するために権力を行使するという意味が含まれている。一方、アカウンタビリティとはまず第1に、関係行為者（アクター）にその事由の説明あるいは正当性を述べさせることである。そのことによって、アカウンタビリティを見越した行動が可能になり、ある種の行為を控えることにつながる。つまりアカウンタビリティはコントロールの方法としても利用され得るだろうが、結果を事前に想定しておくことは何かをするときの適切かつ合理的な行動として欠かせないことなのである。

　ということは、アカウンタビリティとは人間のコミュニケーションにおける不可欠な要素だということだ。人間が自由というものを考えるときに織り込んでおくべき、そして織り込むことができる（reconcilable）ものなのである。理想的なコミュニケーションとは何かについてはいくつかの説明法があるだろうが、いずれにおいても、私的・公的表現、情動的あるいは芸術的であることを含め、目的性と実用性の全範囲にわたってカバーできるものを見

つけることは不可能である（注5）。だがたとえそうでも、広範な人たちから望ましいとされるいくつかの特徴を挙げることはできる。高潔性・誠実性（good faith)・合理性、まじめさ（sincerity)・正直さ、そしてオーディエンスを含む他者の尊重などがそうである。アカウンタビリティにはこれらの指標ならびにそれに類するコミュニケーション上の徳目との親密性を保ち、促進する性質がある。「アカウンタビリティの対話」においてはこうした属性の発展が図られることが理想となる。

　公共コミュニケーションの理想的モデルにおける良質なコミュニケーターは、「良質」でありたいためではなく、目的を達成するためにアカウンタビリティの責務を果たしたいと考える。多くのマスメディアの公表行為はこのような意味においては、その意図としても実際としても理想的な状態にあるとは考えられない。といっても、とくに個人の著作者が関わっている場合には上述のような属性がマスコミュニケーションにおいて不可能であるとか、見られないというわけではない。コミュニケーションの自由の原則とは個人によるそうした理想の選択を、まったく選択しないことを含めて認めることである。だがたとえそうであっても、表現の自由とはいったんそれが理想とされれば、他者への責務を履行すべきだということを含むいくつかの質的条件の担保を前提とすることになる。具体的には、結果の事前認識や目的の誠実性、それに新しい挑戦や応答、論争などへの関心などがそうである。

誰に対するアカウンタビリティか

　コミュニケーターがマスメディアである場合、いくつかの利害関係者が絡み、アカウンタビリティの方向もその数だけ存在し、やり取りも一人の相手に限られなくなる。これまで見てきたように、オーディエンスだけでなく、それぞれの段階での関係行為者（agents）へのアカウンタビリティが必要となる。その意味では、アカウンタビリティとはコミュニケーションそのものの本質的な一部というよりは、情報のやり取りの過程に随伴するものであり、

メディア企業経営の内部作業として、公表行為過程に組み込まれたものなのである。内的・外的を問わず、アカウンタビリティはこのような管理者的形式をとり、コントロール的特徴をいっそう強めることになる。しかしこのことはどのような立場からそれを捉えるかによって変わってくる。アカウンタビリティのメカニズムがその立場として、オーディエンスとしての公衆の利益を代表するようになった場合には、オーディエンスの代理となり、メディアが自己利益のための安易な行動や発言ができないよう抑制的な作用をすることになるということである。

公表行為に関わるそれぞれの利害関係者／参加者は、金銭・社会的評価・処罰・非難といった、多様なアメとムチをそれぞれが自由に行使できるアカウンタビリティの手段として持っている。この場合、コミュニケーターたちはある程度まで、どういう、あるいは誰のためにアカウンタビリティを果たすのかを選ぶことができるが、それは主要な利害関係者が誰かによって決まってくる。これは公表行為の自由の重要な側面である。それはアカウンタビリティをまったく果たさないことを含め、どのようにそれに対処するかということよりも、どのような種類のアカウンタビリティを選択するかという問題なのである。しかし、アカウンタビリティをまったく果たさないという選択肢は現実的には存在しない。完全無視をすれば、それに対する他者からの見方が変わりそれがマイナスに作用するからである。さらには、アカウンタビリティの不履行は責任の場合とは異なり、そのような主張をしたところで免れ得るものではない。

このようにアカウンタビリティの方向性には複数あることから、メディアの役割の違い、もしくはそのような区分をした考察が重要となる。中心的課題は、「誰が誰に対してアカウンタビリティを果たすのか？」ということである。「誰に」ということでいえば、オーナー・同一職業の仲間たち・多様なオーディエンス・諸種の社会制度・関係者・圧力団体・広告業者・規制当局・世論、さらには各チャンネルへのアクセスを望む潜在的な意見などがそこには含まれる（第10章の図10.2を参照）。同じ手続きでのサービス、同じ規

範での監理、あるいは同じ種類のアカウンタビリティの履行とは違い、それぞれが性格としても異なっている。またそれらには相互補完できるという、アカウンタビリティ履行における形式上の潜在的関係もない。

第7章では以下の各役割の違い、つまりメディアが公表者として奉仕する著作者もしくは情報源、メディアがゲートキーパーとして機能する唱道者、情報（ニュース）の提供者、メディアを舞台とするエンターテイナー、メディアを演台ないしは指揮台とする広報担当者（PRの専門家）などの役割の違いについて述べた。リンケージ（連携）の組み合わせ形式はかなり多くの数に上るが、その基本的構造（第5章の図5.1を参照）の部分では今なお、メディアはそれぞれに違った顔をみせている、①国家あるいは政府、②市場、③公衆、という三つの行為者のぞれぞれと互恵的な関係を結んでいる。これら三者から要求され、あるいは認識されているアカウンタビリティの関係諸事項における葛藤や断絶の幅はたしかにきわめて大きい。

どのような形式のアカウンタビリティか

こうして考察してくると、それらがいずれもそれぞれに違った意味を持ったアカウンタビリティの形式的相違に関係していることが分かってくる（第9章の図9.2参照）。しかし区分法は多様であり得るだろうが、ここでは大きく二つに分けて検討を進めることにする。一つは、個人的つまり自主的かつオープンな履行形式、あるいは要望や要求に応じて履行する形式、つまり二者間でアカウンタビリティを果たすという本質的・基本的な概念である。これには説明・正当化・公報・告白・謝罪などが含まれる。もう一つは、第三者を入れた関係枠で、さまざま基準に従って、外部の独立したものがクレームに対する裁定をするという考え方である。後者はとくに金銭や提供情報の質に関わるか、影響への賠償が法的な性質を持っている場合に適用される。この基準では先に要約したように、アカウンタビリティ的には相互に関係のある①手続きの過程②問題の形式③役割の形式を切り離して検証する傾向が

ある。

　最終段階は、第9章で述べたような、アカウンタビリティの多様な枠組やメカニズムを評価する基準として適用した、応答責任（answerability）と法的責任（liability）の区別をすることである。全体的に、これは上に述べた二つの区分に照応し、その基礎となるものだが、両者が必ずしも完全に一致しているわけではない。本書で述べてきた議論に従えば、たとえ外部による裁定がなされる場合でも、手続き的に応答モデルを採用することはあり得るし、しばしばそのほうが望ましいものになるといえる。これは因果関係の責任が問われる場合も含め広く適用できるものである。つまりメディアによって被害を受けたと主張する個人によるクレームとか、メディアがより広い範囲での社会的加害の原因となったり、公的責任を果たさなかったとして非難されたりする場合にも適用できるということである。しかし、アカウンタビリティにはいくつかの重要な問題点や考え方の違いがあるし、懲罰的な要素を持たずに問題の処理をすることが不可能な場合も出てくるであろう。こうした事例が最もひんぱんに起きるのは、深刻な安全上の問題、金銭や契約が関わっているビジネス上の約束事、司法制度への侮辱、明白な悪意が存在した証拠がある場合である。

　市場関係が絡んでくる場合には、本章で先述した「聖と俗」の次元を思い起こしていただきたい。総合的にいえば、メディアがオーナーや株主、さまざまなレベルの顧客、とりわけ広告業者たちだけではなく、その他の理由でメディアアクセスのためにお金を払う人たちに提供するサービスは全体的範疇としては「俗」の部分になる。サービスや作品に一定以上の質の保障がされている場合には、オーディエンスに対するある種のサービスもこのように考えてよいのかもしれない。要するに、これらのことは言葉だけで効果的な解決ができないもので、法的ルールに基づいた損害賠償金の支払いの必要が出てくる問題なのである。

再びインターネットについて

インターネットに関していえば、このような議論を簡単に適用できないいくつかの理由がある。一つは、インターネット上で行われているコミュニケーション状況があまりにも多様化していることである。そこでは、私たちが常識としているマスメディアの役割が再生されているだけといった面もあるが、インタラクティブ性があり、理論的にはすべての参加者に可能ではあっても、実際の情報交換が必ずしもすべての人たちの間で行われているわけではないという新しい状況が生まれてきている。精確な確認はできないが、インターネットによるコミュニケーション行為のある部分は規模が大きく、かつとらえどころのないオーディエンスに働きかけようとするのではなく、同じ価値観や関心、行動によって繋がった人びとの輪、あるいは結束を図るためだけに設置され稼働している。このような脈絡において人びとがやりとりしている情報はパブリック（公）半分、プライベート（私）半分であるといってよいであろう。

ブランスコームはとりわけ、インターネットがその特徴とする匿名性と、自らが定義するところの、関わった行為に対する責任を受け入れるという意味でのアカウンタビリティの原則との間の葛藤を強調している（Branscomb 1995）。彼女の指摘によれば、匿名性が責任逃れを可能にしている面があるのだが、その表現を借りれば、「完全な匿名性という権利がアカウンタビリティを排除しているかもしれないが、逆説的にいえば、それはユーザーが負うべき全面的なアカウンタビリティとは匿名性の禁止であるということになるのかもしれない」。匿名性を禁止することは不可能だが、それが野放図になればなるほど、インターネットの自由が法的な保護を受けられる度合いとその倫理上の諸問題の解決への期待が遠のいていく。これと似たような議論はおそらくさらに重要な「暗号化」（encryption）という問題にも当てはまるだろう。

責任とアカウンタビリティのあるべき関係

　責任とアカウンタビリティという二者の間には意味的に重なり合う部分があるし、用法としても互換性がある場合がある。本書でも、最初からこれら二つの概念の区別に苦労してきた。その本質的違いの一つは、「責任があること」（being responsible）は「責任を担うこと」（bearing responsible）とは異なるということにある。前者はある事柄が起きる前にその責任を自覚し、それを受け入れていることであるが、後者は事柄が起きた後で、かならずしも自主的ではない形で出てくるアカウンタビリティにより近いといえよう。だがたとえそうでも、これらの二つの概念の双方には不可欠な繋がりがある。まず第1に、あらゆる形式のアカウンタビリティはクレームを受ける側が前もっていくらかの責任を取る態勢を準備していることが当然だとされていることである。ということは、責任を取るべきものだという考え方がアカウンタビリティの正しい意味（legitimacy）の中には必ずあるということである。ここで「正しい意味」（＝正当性）という用語を広い意味で使いたいのは、本書ではそれにかなり主観的な幅の広さを持たせたいからである。率直にいって、もし誰かが気分を害したり、傷ついたり、もしくはあるコンテンツに満足できない場合、それらに不満を言うことがたとえ表現の自由への批判にあたるとしても、そうした言動自体は是認されるべきものだからである。だから、ここでいう「正しい意味」とは適切であるとか、理解できるということである。損害に対する高額な要求を含む名誉毀損訴訟、あるいは政府当局がマスメディアに対して厳しい管理をしようとする場合、もしそうした対処以外に方法がないということになれば、正当性とは「合法性」（適法性）だと解釈されることになる。それは以下に述べる法的責任モデルとして説明すべきことであろう。

　多くのコミュニケーションに関する問題については、先に例として挙げたものを含め、何が正当（legitimate）で何がそうでないかを決定するルールが

できていない。そのため、あらゆる事例がクレームの受け手であるメディア側が、責任ある適切な対応をするかどうかという問題にかかってくることになる。ある新聞が表面的には公共的な利益（公益性）に基づいているとして、プライバシーや守秘の規範を守らない権利がある、あるいはある著作者やジャーナリストが個人の良心という権利に依拠しているといった主張を展開したとしても、加害性に対する正当な申し立てには対応せざるを得ないであろう。法律的にはなんらかの結論を出して解決が図られるとしても、これら二つの正当性には根本的な葛藤が起きる可能性があるということである。だが、アカウンタビリティの手続きはたいていこうした二律背反的対立とは関わりのないところで円滑に進行することが多い。現実問題としては、とくに統一性をもたずに多種多様な形態をとって展開するアカウンタビリティの効果的な履行にとって重要なことの一つは、それではいったい何がメディアの責任の本質であり限界であるかという点で合意できる基準が本当にあるかということである。この点についての完全な合意に達することは、相容れない異なる見解が併存していること、あるいはメディアには責任をすべて拒否するという究極的な権利があるという理由づけもあり得るということから、不可能であろう。

小　結

　上述の理論的考察から、より一般的に適用可能な事項がいくつか見えてきたようである。その第1は、アカウンタビリティの形式的な強化だけではメディアの質的向上に資する特効薬とはならないということである。それはここで挙げた他にも多くの目標や基準があるからではなく、何が望ましいかということに合意がないことや、しばしば問題の発生時からオーディエンスが共犯者として関わっているからである。何が良いものなのかというオーディエンスもしくは世論の意見は自身の行動とはしばしば一致しておらず、それに従った意見であれば、ダブルスタンダードを採用するしかなくなってくる。

第2は、たとえメディアに寄せられた苦情に対し補償をさせるという効果的な手段が欠けていたとしても、現在のメディア状況には全体としてアカウンタビリティが不足していると主張することに妥当性があるとは思えないことである。というのは、こうした問題はたとえば、オーディエンス等によってメディアに対して課されるものであるという、より広い視点からの考察が必要なことだからである。第3として特筆しておくべきは、いわゆる「非難社会」(blame society) の肥大化である。そこでは原因の発見だけではなく、誰が責任を取るべきかが追求され、とにかく制度的行為として起きた悪影響に対しての補償を要求されることが常である。だが真の解決は、より厳格な規制体制や測定手続きの制度化というやり方を超えたところにこそ見つけられなければなるまい。

注
(1) ハインドマンは言論の自由の制限についての自己の見解について、さしあたっては米国憲法修正第1条に即した最高裁判所による判決と声明に基づいたものとして、次のように書いている (Hindman 1997)。「裁判所はメディアが責任をとるべきかどうかの判断をする決断をしたときにはいつも、どのようにしてメディアの自由を守るかという問題に悩み……メディアもまた多くの社会制度の一つにすぎないと、つまり、社会が機能するには完全な自由などあり得ない制度であるとしてきた……メディアは自己の行動には社会的制約を受けざるを得ないのであり……自らの望むことのすべてをその望みどおりにできるものなどないということである」(同書、p.149)。
(2) ラテン語の常套句「誰でもアカウンタビリティを果たさなければならない」(ratio cuique reddenda) は、私たちは生活上の行動や失敗に対し、最終的にはその責任を取ることを求められるという意味である。
(3) 昔に比べると、現代の公表行為の量は膨大であるが、そのことが相対的な影響力を減少させていることにも留意しておきたい。公開される情報が少なかったころ、つまり情報が検閲されたり禁止されたりしていた時代にはあらゆる新

しい文章や情報が大きな注目を引いたからである。

（4）マックス・ヴェーバーは1918年に、ジャーナリストのプロフェッショナリズム（専門職業性）について次のように書いている。「必ずしもすべての人が理解しているわけではないが、本当にすぐれたジャーナリストの成果は、どのような学問的業績とも共通するのだが、少なくとも大変な〈才能〉（genius）が生みだしたものだといえる。その理由は、時間的制約のなかで〈求められたもの〉を完遂する必要があることと、従来とはまったく違った条件のなかで、必要な効果を確実にあげなければならないからである。しかし、栄誉あるジャーナリストの責任感はおしなべて、学者のそれと少しも変わらないということはほとんど知られていない」（Weber 1948: 96）。

（5）ユルゲン・ハーバーマスがその著『コミュニケーション的行為の理論』（Habermas 1984、和訳は未来社刊）で述べた、理性の原理に基づいた「理想的言論状況」の概念が繰り返し引用される。スレーヴィンはその著書の結論部分でハーバーマスの理論に言及しながら次のように述べている。「人が他者と何らかのコミュニケーションをするときは、その人は一連の要求行為をしている」（Slevin 2000: 188）。それらの要求には、理解の促進や真実、誠実性、それにコミュニケーションの正当化などが含まれている。ハーバーマスによれば、理想的な言論状況の重要な特徴は相互理解、強制がないこと、対話への平等な参加だという。

第 15 章　情報政策への提言

アカウンタビリティ：著作者 vs. メディア

　公表行為のアカウンタビリティの問題にはいくつかの方法によるアプローチが可能である。そのことはこれまでに説明してきたアカウンタビリティという用語の意味や用例の多様性から少なくとも明らかになったはずである。前章までで、あらゆる公共的コミュニケーションにおけるオーサーシップ（authorship、著作者の権利と在り方）に伴って自然発生する様々な種類の責任を強調してきたが、著作者あるいは公表者がどのような考え方をしようとも、外部からメディアの責任履行を求める声が出るところではアカウンタビリティという言葉が使われるし、そうされる条件も存在する。そのために筆者はまず著作者とは何かの標準的意味を確定することに努めたが、それは、メディアが著作者に準ずる役割もしくは公表行為における重要な「門番」（ゲートキーパー）としての機能を果たしているという点で、公表行為の本質的な性格、さらにはメディア機関の役割についての考察の助けとなった。

　それでも現実問題として、メディア機関の行動を一人の著作者の行動と同一視することはできない。最も広い意味における近代の著作者たちが自分たちの公共的コミュニケーションの目的を達成するためにメディアを必要としているという事実がまずある。そのことが両者の違いをまぎらわしいものにしている。表現の自由の権利は、多かれ少なかれ、個人にも公表を行う組織（＝メディア機関）にも等しく与えられているのだが、この点ではメディア組織が持つ公表能力が最大であるという事実がある半面、それらの機関には多

くの制約や圧力がかけられているため、現実問題としては個人がそれほど自由を謳歌できているわけではない。さらに、メディア機関は事実上、たとえどのような理由で課されるようになったかは別にして、個人のそれとは異なる範疇の責任を果たさなければならない。要するに、アカウンタビリティを個人的なものからメディアの場に移して考察しようとすれば、私たちは従来的なコミュニケーション理論の領域から政治的・経済的要因が大きな役割を果たし、新たなアカウンタビリティの次元や意義の検討が求められる一連の相互作用をその対象としなければならなくなるということである。

著作者のはっきりした公表物というケースが理想的なのだが、現代のマスメディアにはそうしたケースがほとんどないといってよい。そうした現状に対処するには従来のものとは違う種類のアカウンタビリティの研究が必要となるのではないかという観点についても私たちは検討しておかねばならない。そうした場合に欠かせないのは、今のマスメディア産業の核となっているのはあらゆる種類の広報・マーケティング・広告・プロパガンダなどで、本来の公表行為やコミュニケーションは添え物のような状態にあるという事実である。こうした見方の他にも、マスメディアは余暇産業となり、暇つぶしのための安上がりな娯楽を提供し、買物・旅行・休暇・スポーツ・クラブ活動・ガーデニング、その他諸々の非労働的時間消費をするための構成物の一つだという主張もある。フィリップ・エリオットがマスコミュニケーションの実態はコミュニケーション（＝情報の相互交換）と呼べるようなものではさらさらなく、出来事の「見物人としての振る舞い」(spectatorship) をしているにすぎないという、コミュニケーターを自称する人たちにとっては絶望的とも受け取れる結論を出してからすでに久しい (Elliot 1972)。

こうした視点に立てば、当面の課題にとってとりあえず二つの重要な結論が見えてくる。1つは、マスメディアによる自由なコミュニケーションという理想はもはや神話に近い存在になっているということである。もう1つは、もし現在のような状態がマスメディアの理想であったとしたら、私たちの祖先が求めた表現の自由の要求にはきわめて弱い根拠しかなかったことになり、

それが今や市場の自由に成り下がってしまっているということである。またそうであれば、メディア産業の活動について、健康・安全・倫理・文化、その他の公共政策を根拠として包括的な規制をすべきではないという理由などなくなってしまう。そうなるといずれの場合でも、自由とアカウンタビリティを調和させる努力など必要ないことになる。しかしながら、現代の状況は必ずしもそのどちらかを選ぶといったものではない。というのは、マスメディアがたとえその活動時間の多くを使って別のことをしていたとしても、今日の重要な公共コミュニケーションはマスメディアに依存せざるを得ないからである。そのため、私たちは単にマスメディアを突き放すことも、マスメディアのなすがままに身を委ねることもできないでいる。

　現実に立脚すれば、これまでの考察から二つの方向性が出てくる。しかもその二つともが公表行為についてメディアはどのように責任をとるべきか、あるいはどのようなアカウンタビリティに縛られるかという重大なことについて広範な示唆を与えてくれるものである。本書ではコントロールとアカウンタビリティの違いについて明らかにしようとしてきたが、第1の方向性は直接的にコントロールと規制に関係している。マスメディアは政府から影響力のあるロビー団体までの、広報活動（publicity）に関心をもつ強力かつ影響力のある機関に従属する構造の中に置かれている。加えて、そうした圧力が、表現の自由の価値の厳密な意味をあまり理解しないのに、マスメディアにコントロールされる危険を感じている世論の圧力と連動することがある。そうした理由から、メディアが責任やアカウンタビリティといった用語に対し疑いの目を向けるようになるのも無理はない。疑問を投げかけ、改善をめざし、事実を報告しようとするメディアにとって、さらなるアカウンタビリティを求められることはコントロールよりはましだとは理解しにくく、それはコントロールと大同小異だということになる。

　第2は、メディアをその社会的アカウンタビリティを履行させる対象として位置づけるよりも、手段として利用するという選択肢があるということである。開かれた社会におけるマスメディアが公的であろうと私的であろうと、

責任をもって人びとに情報を提供する強力な手段として社会制度の維持のために機能していることに疑いの余地はない。この役割こそ、社会においてこれまでもプレスが自主的に担ってきたものであり、おそらくそれがあるからこそ、メディアは憲法上でも自由を保障されてきたのだと言える。民主主義制度や司法制度も同様の目的をもっていると考えられてしかるべきだが、メディアこそが情報を提供し、世論を形成するという点で必要不可欠な役割を担ってきた、あるいは当然担うべきものだという考え方に異論は出ないであろう。

政治や法律のように、腐敗・非効率性・集団的な逸脱行為など、社会的な除去がきわめてむずかしいものから社会を守るために存在している制度でさえ、今やマスメディアの助けを借りなければ成り立たなくなっている。こうした視点に立てば、メディアのアカウンタビリティにはそれらよりも広い範囲に及ぶ影響と効果があり、メディア・アカウンタビリティはコントロールにつながるようなものと単純な同一視をしてはいけないということになる。その意味では、第4章で述べたように、公表行為の基準となるべき徳目（virtues）はジャーナリズムの分野で展開されてきたさまざまな専門職業的規範と同様、きわめて実用的な性格を持ったものでなければならないことになる。真実の開陳や勇気、信頼性などがこの世の支配者ともいえるメディアにアカウンタビリティという大きな課題を実行させることになる大切な要素であり、現実にもそうした要素がアカウンタビリティを履行させている。しかしそれ以上に、責任ある公共・民間の権力はどの程度までの自主検閲を内部的に行うべきかという点をそれ自身の自主的チェック活動に委ねてすすむことができるのかという別の問題が出されても当然なのである。

危機を再定義する

これらのことを考慮すれば、私たちはメディアが社会的要請に対応できる望ましい形式を獲得、実現していくために何ができるかという問いに答えて

いかねばならなくなるであろう。法律や規制による直接的なメディアの公共的アカウンタビリティは民主主義社会においては最小に保たれるべきであり、実際にも受け入れ可能な基本的なものだけに限定し、技術的・経済的問題を扱うというやり方を採用している傾向がある。とはいっても、新たなアカウンタビリティの危機を予測して計画的な解決策を立てておく必要はない。それでも、アカウンタビリティの問題は日々新たに発生し、繰り返されており、メディアの行為に関連して政府側が対応措置を取ることや、その反対に見過ごしてしまうということが頻繁に起きている。すでに説明してきたように、政府とメディアとの関係はメディアが他の関係者（オーディエンス・クライアント・圧力団体など）に対して負う広範な責任領域のほんの一部にすぎない。公表行為に関し政府ができる役割は限定されるべきで、その他の関係者にはできない領域においてなされることだということである。

　最も重要なのは関係する公共的なニーズを率先して満たそうとし、悪影響を防ぐ意図をもち、自らの行為と怠慢についてオープンに答えさせるやり方で、メディアの側に自己の責任履行を促すことである。そのために今でも、主としてメディアシステムと環境の条件を改善することでこれを達成しようという、直接・間接の公共政策が広範囲にわたって実施されている。メディア側もまた、自らの定めた社会的責任概念の広報に努めるだろうが、それらは必ずしも公共政策に連動しているわけではない。にもかかわらず、プレスの理論として主張される公表行為に関わる潜在的な利益の多くはメディアの側が自らの意思で選んだものであり、今後も依然としてそのやり方に変化が起きるとは思えない。だが、もしこのやり方でうまくいかなかったとしても、公共的義務を強制する体制を考える必要などはない。

　現代のマスメディアが社会的・文化的・政治的な事柄について犯している失敗に多方面からの警告や批判が相次いでいるにもかかわらず（第1章を参照）（注1）、真の「危機」（true crisis）についての説得的で総合的かつその新しい証拠を示しているものはない。もはや「新しい」危機などないかもしれないが、メディアと社会との関係には独特の問題があり、それらが以下に概

情報政策への提言 441

述する三つの大きな枠組においてアカウンタビリティ面での変化の過程にあるということかもしれない。第1は個人的な責任、第2はさらに厳しくメディアをコントロールせよという要請、第3は社会において責任を果たす強力な力を維持する、あるいはそれを実行できる政治体制を補助するメディアを支持するという考え方は必ずしも妥当ではないということである。そうしたメディア状況の変化はとくに、①グローバル化、②商業化、③規模と資本の巨大化、④集中化とコングロマリット化の進行、という四つの大きな傾向となって表れている。本書で展開してきた原則に従って評価した傾向から出てくるアカウンタビリティの諸問題は以下のような認識に基づいた提言としてまとめることができよう。

- メディア産業を狭く限定して言えば、その中核はますます公表行為の出口部分（gates）のコントロール力を強めている。彼らにとって死活問題である利益とリスクに関するビジネス上の評価が公表に当たっての最優先原則となっているということである。その点での諸原理は絶対的なので、オーナーや意思決定者の側からアカウンタビリティ履行の意思表示がなされることはない。ただし、それでは無責任というよりも責任の自覚が欠如しているということになる。

- ビジネスと組織の論理が合わさって、無視や誤表現の類がますます多くなる。その結果、メディア側による路線への反対者やマイノリティの意見、あるいは主流から外れた表現が取りあげられにくくなるし、その他の歪曲情報による悪影響が起きる。

- メディアのグローバルな集中化がメディアの提供する情報から現実に存在する社会やコミュニティにおける親密性や個々人への配慮の姿勢を奪い、情報源を疎遠なものにしている。それは消費者を集合体として扱い、消費者個々人に役立つサービスをしないという結果をもたらしている。そうした実情は、グローバルメディアには国内社会のレベルだけではなく、国際的にもより広い公共善へのサービスが期待できないということ

にも繋がっている。

- メディア文化はますます量の拡大と市場的成功に依存するようになり、マイノリティ文化の形態をないがしろにしている。「多数派の専制」(tyranny of the majority) の亡霊が再び登場しようとしている。
- もう少し強調しておきたいことは、良心の欠如が大きくなっているメディアが利益のために、プライバシーの侵害や名誉毀損、罪のない個人への加害をますます増大させるようになってきていることである。倫理や人間としての品位に基づく自主規制あるいは自粛といったものの価値は、多くのメディアがそれを破ったときに支払わねばならないと想定している指標よりも大きい。
- より大きなメディア機関はますますビジネスや政治権力の構造に組み込まれるようになり、社会的なアカウンタビリティの課題を実行するための中立的で独立した組織であることから遠ざかりつつある。ただし表面的にだけそうした実態とは違うような振る舞いをすることがあるが、それはそうしたほうが利益になる場合だけである。
- メディアが株主に対して果たすビジネスとしてのアカウンタビリティが表に出て、それがオーディエンスや政府、あるいは全体としての社会に対する公共的なアカウンタビリティを押し退けてしまっている。その結果、メディアを実際に訴えることができるケースの多くは個人に対するもので、かつ実証できる加害性だけになっている。それでは長期的で、かつモラルに関する責任といった大きな問題に対処することはできない。
- 主要メディアのジャーナリズム的な基柱は弱体化しつつあり、そのことが従来からなされてきた民主主義の利益として説明されてきた自主規制やプロフェッショナルな制度としてのプレスの発展を阻害している。
- 巨大メディア機関においては組織の内部的自由の実現がますます困難になっており、個人の良心だけではなく、プロフェッショナルな自律性の許容範囲も小さくなってきている。
- ユビキタス的でかつ絶対的な地位を築いた自由市場原理は公共空間や非

営利的なものの存在を促進、奨励しようとする市民や政府の試みをいよいよ困難にしつつある。
- インターネットに代表される新しいメディアが登場してきた現行のメディア市場環境を支配している諸条件は、アクセスやオルタナティブな声、参加型のコミュニケーションといった分野における潜在力を抑圧する傾向を持っている。
- インターネットが規制の対象となってきている一方で、インターネット自身には自主規制や自律的な責任を引き受ける能力がほとんどない。
- インターネットにおいてはオーサーシップ（情報作成・発信者の権利と在り方）があいまいで、相互に面識があり公開された存在であった従来的な意味での公表者が担っていたメディアの「門番」（ゲートキーパー）的役割から複雑な運搬人（キャリアー）になってしまい、自主規制の展望が持てない原因となっている。そのため、責任のとれる公表行為という概念を現代メディアの世界に適用することがますむずかしくなり、大量の生産と伝送という形式をとった不定形で、常時変化している万華鏡のような情報環境が形成されつつある。

こうして書き出すと不満の募ってくる内容の絶望的な起訴状のように長くなり、メディアが自らの意思あるいは外部からの圧力によって適切な対応をし、アカウンタビリティを果たすという希望はほとんど持てなくなってくる。しかも、こうして現象している失敗や欠陥の大部分はたいてい、文字通りコントロール出来かねるような様相を見せているが、それかといってコントロール不能というわけではない。

展望の光と影

だがたとえそうでも、そうした一般的状況に希望が持てる特性もいくつかはある。国家介入の結果がもたらす自由への脅威がおそらく減少したことで

ある。理由の一つは、市場の力がそれに取って代わる度合いが増えたこと、さらには政治力を用いるメディアの能力が国家のそれに比較して増大したことである。もっともそれは巨大メディア企業の場合に限られてはいるが……。国民国家にとってグローバルに展開するメディアを規制することはますます困難になってきているのが実態であろう。マスメディアへの参入障害の多さは以前と変わらないが、市場がシステムとして拡大、多機能化してきており、メディア市場への新規参入の機会がないわけではない。オーディエンスとしての市民にとっての選択肢が広がり、異なったメディア文化を取り入れた生活スタイルを楽しめるようになってきている。

　自由化とそれによるメディア統合が進んだとも言われているが、従来的なガバナンス（自律的統治）による秩序がなくなったわけでは決してない。規制緩和（deregulation）とは直接的な介入をやめ、規則をより統一／単純化することであり、規制が少なくなることではない。メディア活動の産業上・財政上・技術上の基礎的諸事項がメディアの自由あるいはその場主義といったやり方に任されることはあり得ないからである。また実際に危惧されることだからここで記しておくが、個人のメディア経営者や有力者たちがその権力を私的利益やイデオロギー的な運動目的で専制的に用いる危険性にも留意しておかねばならないであろう。その一方で、集中したメディアの周辺部では社会的に重要かつ文化的影響を持った、これまでに見られなかったような小規模で地域的かつまったく自由な公表活動が展開されるようになっている。しかもそれらのすべてが必ずしも主流メディア文化に組み込まれているわけではない。

　メディアシステムが流動化し単一性を小さくしているが、政治的経済的エリート層からの広範かつ効果的なコントロールに抵抗しながら新しい方向に適応、変化し、拡大していく状態はアカウンタビリティにとって困難な状況であると同時にチャンスだと捉えることもできる。このこと自体は保守的伝統主義者たちが恐れるような統制の喪失というものではなく、特定の公益性には繋がらないがある一定の政治的自由を保障するメディアの自律能力がさ

情報政策への提言 445

まざまな理由から失われていくことを示しているものだといえよう。また同時にそれは、決まった方向や目標のない技術革新や市場の力を除き、メディアにもまた究極的には自らの責務を明確に認識し、履行していくことがむずかしい局面があることを示すものであろう。

政策パラダイムの喪失と再取得

　メディア活動の基本的な条件が整っていない場合にはとくに、多くの国におけるメディアに関する公共政策の現状とこれからの方向性に明るいものが見えてこない。第5章で説明したようなメディアの自律性の基礎ができて以来、きわめて大きな変化があったし、現在も変化の最中にある。メディアに社会的責任を果たすことを要求することにはいつの時代にも理論的な根拠があり、それは市民社会の力学によって支持されてきたのだが、なかにはすでに薄弱になってきた要素もある。15年、ときには25年も前に大まかな合意のされた考え方に依拠して、今の私たちが大胆な訴えをすることはできない。これは自由についての要求にもある程度いえることである。第2次世界大戦後の数十年の間に、コミュニケーションによる公共的福祉向上の哲学ともいえるものが多くの国で発展した。そこでは、放送は文化的・教育的目標を持ち社会的な責任を果たすものだとされ、政府はメディアが最低限の公正・多様性・パブリックサービスを提供しているかどうかのレフェリーの役割をすべきだとされた（受託者モデル、a trustee or fiduciary model）。

　しかし、このような古い秩序はすでになくなってしまったか消えかけている。ただしそれは自由の名の下に廃止されたのではなく、変革の原動力としての企業利益に後押しされた技術的変化や新たなコミュニケーション技術の拡大と革新によってその根拠と影響力の多くを奪われたのだと一般には考えられている（van Cuilenburg and McQuail 2003）。じっさい、現在の社会的大勢はコミュニケーション革命と情報化社会に弾みをつけて出発（kick-start）させようとする状態にある。またそこでは少なくとも、産業やビジネスの新形

態や消費者への豊かな新しいサービスが出てくることが期待されている。と同時に、確実な証拠があるわけではないのだが、そのことによって、少数者に権力と特権を与え、大部分の人びとにとっても情報的にも文化的にも貧しくしてきた障害物がしだいに除去されていくのであろう。

　コミュニケーションによる福祉と改革という考え方はそれほど時代遅れでもなければ、両者がそれに単純に依存している価値でもない。しかしとくに直接的な公的条件の付与や助成金あるいはコンテンツ規制によってそれらを達成しようという当初のやり方はもはや有効ではない。加えて、権力側が公衆を質的に向上させ、教育し、情報提供する、あるいは民主制の過程に貢献できるという課題を担っているという考え方にも根拠があるわけではない。これほど情報と相互コミュニケーションが豊富になった現代の社会では、公共政策によって確保された機会を利用するよう人びとに働きかけるということを除けば、必要なことをメディアに提供させるために補助金を出したり統制したりすべきではないという意見もある。またすでに、新しい技術や規制緩和、ニューメディア企業によって解放されたメディアと情報の流れの爆発的急増はもはや、政策的な対処によって抑え込んだり、修正したり、方向性を変えたりできるという発想を非現実的にしてしまっているという意見もある。

　ほとんどの国の公共放送は今でも、民主的に定義された文化的ニーズと情報のニーズが満たされ、平等の原則が実際に尊重されるための最良の方法であると評価されている。メディアにおける公共放送という部門（sector）はたいてい、自己利益のために活動しているその競争相手から商業論理という支配的な論理や自由主義的な政治思想によって、時代遅れとまではいかないにしても、ますます例外的なものとして捉えられるようになってきている。またこの公共放送部門も同様の競争状況の中に置いてはどうかという強い圧力にさらされるようになってきた。だが、公共放送はすでにその登場から75年以上が過ぎ、確固とした位置を占めており、簡単に姿を消すことになるとは思えない（参照：Siune and Hutlen 1998）。じっさい、最近の調査でも公

共放送の弱小化には歯止めがかかったと報告されている。それについては敵対者もいるがそれ以上に多くの熱心な支持者たちがいるのだ。その理由が何であれ、公共放送は公衆に対してきちんとアカウンタビリティを果たすマスメディアとしてのサービスを提供しており、政府にとっていくつかの点でマスメディアを責任あるものにする、今では珍くなったともいえる長所を備えている。

　商業的に自由なメディアが闊歩している現状において、公共放送は自由を脅かすことなく、かつもしそれがなければあまりにも強力な市場主義の専横を制するオルタナティブな視点を提供する貴重な存在である。それは情報源・コミュニケーター・オーディエンスの間に非営利的な関係が築くことができる空間を創り出し、経済的な基準で左右されないチャンネルへのアクセス範囲を拡大している。さらには、プロフェッショナルな水準を維持しつつ、事業主や株主集団の利益から独立して編集上の決定を行うことができる可能性も持っている。身近ではない、ときには外国のメディアオーナーたちが支配する現在の世界において、公共放送はこれまでなかった所に新規に設立することが不可能であると同様に、いったんそれを消滅させてしまえば二度と再生させられないような、ますますその価値を増加させている国家と地域の財産だといえる。

　こうした公共放送の価値評価はアカウンタビリティの核心的問題の一側面に関係している。それは最近とみに小さくなってきた、メディアは公共的サービスに関する合理的な期待に応えるべきだという目的の実現に展望を拓くものなのである。もうひとつの側面はメディアによる有害的影響をいかに防ぐかという問題である。この点については、公訴が法律に則り可能であるという目的に関するかぎりあまり変化がない。性表現に関する事項においては提訴が受理される可能性の範囲には変化が起きているのだが、法律や規制こそが新しい規範的限界を越える公表行為から公衆を守ることができるという期待そのものには変化がない。しかし現実には、社会的・文化的変化に伴っていくつかの新しい基準が一般的になってきている。健康・環境・動物の権

利などについては言うまでもないが、人権全般、そしてマイノリティの権利への関心が高まり、それらがマスメディア上でどのように描写されているかということがますます注目されるようになってきた。メディアのグローバル化を人権擁護の実行のためのいくつかの社会制度的な手段にしようという動きが出てきたのである（参照：Raboy 2000）。ビデオゲーム中毒、暴力的な内容のポップミュージックのような利用者の側に新たな有害性をもたらす可能性のあるもの、あるいはインターネットによる加害性に代表されるような古くからあるタイプの悪影響を新たなコミュニケーション手段が再発させているようなケースもある。

　モラルと秩序を守ろうとして公表行為を公的にコントロールしようとする従来的な理由づけは現在、メディアを積極的に公益に貢献させようとする考え方よりもおそらく強くなっている。アカウンタビリティに関する最新のアプローチはそのいずれもが目的や過程についてのとらえ方によって制限され、今だにそれと同様の支配的政治と文化の発想法にとらわれている。それらは有害な影響を及ぼす可能性のある表現行為の当事者の特定をその目的のひとつとしているのだ。そこでは当事者が特定の影響もしくは結果に責任を持ち、必要であれば、その出来事の後で因果関係が科学的に証明できない（quasi-scientific）ことにさえ、司法的な手続きに従って処罰されるべきだとされる。そこではマスメディアによる公表行為の規模の拡大や複雑化が考慮されることはほとんどないし、従来的な方法では個別にその原因を特定したり計測できないような倫理的・道徳的な加害性や違反といった新しい問題が考慮されることもない。このことはある国が外国のメディアによって傷つけられたりイメージ上の影響を受けたりするといった国際的な問題にもいえることである。こうしたことから、外部による規制から自主規制や協調規制への移行といった総合政策的なアプローチへの変化が見られるようになり、直接的にコンテンツをコントロールしようとする努力の相対的な減少をもたらしてきた面もある。また政府や支配的なエリート層が定義する公益性との整合性を指向する経済的動機づけ（incentives）や市場的要請への依存がますます

増大しているという現実も存在する。

アカウンタビリティとその新しい形態の展望

　もし市民の立場からのアカウンタビリティ履行の継続的な努力がメディアによる影響のよい面よりも悪い面の起因責任（causal responsibility）に焦点をしぼってきたとすれば、それとは違うタイプの責任とアカウンタビリティはどのようにすれば展開できるのか。その際の最も適切で実現可能な選択肢はプロフェッショナル意識と自主規制を高めていくものになるか、良心を拠り所とする範囲を拡大し、道徳的責任を受け入れていく方法になるのであろう。それらはいずれも本質的に外部から強制されたり、規制されたりするものではないからである。しかもそれらはコミュニケーター（発信者）が表現者としての役割を十分に果たせば可能なことである。そのようになれば、加害性の回避ということ以上の積極的な目標が達成される可能性が出てくる。またそれらには法制定の必要がなく、関係者の取り組みだけで可能である。具体的には、教育・訓練・リサーチ・情報流通、プロフェッショナリズム（専門職業意識）の高揚、そして内部的自由の拡大努力などである。

　また、そうした取り組みは多様性とアクセスを育て、守るといった目的を持って組織的な調停をすることによって、より望ましい形態としてのアカウンタビリティの新しいやり方を間接的に発展、促進することができる。アカウンタビリティが自然に発展しやすい条件とは、独立したメディアによる伝送手段が多様であること、メディアの入り口とプラットフォームにアクセスする機会が豊富であること、コミュニケーターになろうとするものにとって公表する時点で自由が確保されていると同時にある程度のメディア組織内の自由が保障されていること、極度の商業的な圧力がないこと等である。先述したように、世界規模で進展しているメディア企業の集中化とコングロマリット化状況はコミュニケーションにおける個人的な責任や、どのような法律条項の適用についてもその順守以上の十分なアカウンタビリティの保障を促

進させる方向で作用することはない。こうした状況は誰かの自由意志で改善できるようなレベルのものではないが、すでに多くの国で行われているように、特定分野の集中化にいくつかの規制をかけることは可能であるし、新規参入と競争を促進するといった方法などもある (Trappel and Meier 1998)。

　だがこれまでの経験から判断すると、どのような対策にもそれほど大きな効果は期待できず、根本的な変化をもたらすというよりは、現状のいくつかの良質的部分を維持することができるだけであることが多い。公共放送への努力を別にすれば、コミュニケーションの福祉政策あるいは社会的責任の遂行を目標としてなされる介入が望ましい効果、あるいは自由解放論者の批判するような悪影響のどちらかをはっきりともたらしてきたわけではない。つまり、それらはゲームのルールを定めながら、主にシステムの境界で作用しているということであり、市場の作用あるいはより直接的な世論からの圧力や、政府以外の利害関係者からの直接的な圧力ほどの影響力を持ってはいないのである。これは政策・法律・規制によって社会が直接的にできることについてのかなり悲観的な見方であるが、それは同時に、守られるべきいくつかの価値というものがあり、潜在的な可能性として世論がそれらを支持できるような状況を作ることができれば改善できるということでもある。コミュニケーターとオーディエンスの自然発生的なニーズと願望から生まれる公表行為の基本的な価値もまた、永続的な社会的資源なのである。

　真実は今なお、社会におけるすべての重要な情報伝達の過程において質を決定するうえで不可欠のものである。そのことは情報源の信用・信頼性・情報の正確さを意味するときでも、思想・芸術・文化の領域における目的の高潔性と正直度を表すときでもともに言えることである。コミュニケーション過程はさまざまな制限要因を持つ作用であり、メディア主導、あるいはメディアのみによって進められるものではなく、政治・ビジネス・科学・教育、さらには個人的ニーズも数え切れないほど絡んでくるものである。言い換えれば、真実性が保たれるかどうかは情報を創る人（＝著作者）と送信する人のもつ自由度（＝独立性）しだいである面があるのと同じくらい、コミュニ

ケーションを受容し利用している人びとからの信任(信頼度)によって決定されるということである。真実と誠実さを要求することと、信頼という次元の認識とを繋ぐのに不可欠な絆は、真実の要求に応え、それを具体化しようとする強い願望ともいえる意思である。しかし、その存在確認は今では弱体化し間接性を増しているコミュニケーションのリンケージ(linkage＝異なるものの連結機能)によってしか期待できなくなっている。

メディアの自律についてのもうひとつの視点

第5章で説明したが、メディアは規制の目的別にしたがって、現在でも三つの主要領域に分類されることが多い。①印刷、②放送、そして③伝統的な一定地点から一定地点へという通信とは異なるインターネットを含むコモンキャリアー(公共伝送手段)である。この分類は伝送技術の違いから始まったにすぎないが、メディア統合やケーブルなどの別次元のものが登場し、公表行為の自由が印刷メディアに限定されなくなった今日でも、管理理論や対策上から有効であるとされている。また、政府は今でも、どのように公共コミュニケーションが行われ、どのようにコミュニケーション技術が用いられるべきか、ときには所有されるべきかということについての発言権を有している。さらに政府は、公表行為の可能な限界線を定め、その監視を行っている。このような制限の性質と規制の根拠には十分な透明性があり(注2)、技術別に区分されるメディアの範囲も、対象別にアカウンタビリティを規定し、公表行為が行われる特定の場所と時間を跡づけるプロセスの助けになっている。

アカウンタビリティのための規制システムはたいてい今でも、古い秩序の考え方を指針としてできている。メディアの規模が大きくなり、その到達範囲が広くなればなるほど、エンターテインメント傾向が強まり、必要性もその理由となって規制の網がかけられやすくなる。今ではどこでもテレビ放送は最も強くコントロールされたメディアとなっているが、主流の新聞には長

い歴史的背景を持った社会制度の一つとして、政治・経済権力と非公式に緊密な関係を結んできた面もある。インターネットはメディア利用の中でますますその比重を高めてきているが、社会システムにはまだ組み込まれているとはいえない。理由は、それが規制のむずかしいものであるということにあるのではなく、総合的で効果的なコントロールを適用しなければならないほどの存在にはまだなっていないからである。

　主流メディアシステムの周縁には、現実的に規制を免れた公表行為の伝送手段が数多く存在する（注3）。そのようなメディアは通常、直接的な到達範囲や規模といった点では小さい。またそれほどビジネス指向でもないし、著作権の侵害のような場合を除いて市場の関心を集め、脅威となることもない。登場も消滅も頻繁に起きる状態にあり、プロフェッショナルでないことが多い。このようなメディアは、たとえ公共圏（訳注：ハーバーマスのいう「公共圏」ではなく、公表された情報が往き交う場所という意味）における価値が認められるとしても、公共的責任が割り当てられることはなく、自身の少数のオーディエンスによるものを除き、どのような社会的メカニズムからもその責任の履行を要求されるようなこともない。きわめて多種多様な形態をとったこうしたメディアによる公表行為の現実は不安定であることが多く、その創始者にとってさえ、公共的領域で行動を起こす動機も実にさまざまである。このように小規模であるが広範囲に及ぶ公表活動では原則としてはすでに、その参加者／関係者の誰かが意見・信条・技術などに基づいたコミュニケーションの目的についての疑問を持てば、それに反応するという応答責任（answerability、答責）型アカウンタビリティが実践され、運営されている。現在、こうしたメディアは広く展開されるようになってはいるが、とりわけ新しい現象であると言えるわけでもない（注4）。

　規制という形を採った多様なアカウンタビリティの強制という点でのコントロールが個別分野ごとになされるのは当然のことである。その適用は主として、対象となったメディアによる専横的行動があったと認定される場合か、メディアが権力保持者の利害に影響を与えるといった場合になされる。この

やり方は原理的に法的責任遂行が求められるケースではなく、潜在的な「干渉」としてなされることが多い。このことから、法的責任をとるという形でのアカウンタビリティがどれほど権力に左右されるものであるかがわかるであろう。この問題に正面から取り組まないかぎり、どのような改善提案をしようともアカウンタビリティの実効性への期待などできない。さらには、もし当該の公表行為によるメッセージの到達範囲が狭く限定され、その影響がほとんどないような場合、当局にとっては厳しいアカウンタビリティなどなくともまったく構わないということでもある（注5）。

第14章でも説明したが、公表行為の本質は変化し続けているし、それに伴い、著作者や公表者の概念も変化している。そうした絶え間ない変化があるかぎり、本書で検討してきたような、自由とアカウンタビリティに関する議論は日々、時代遅れになりつつあるモデルを扱ったものであるということになりかねない。このモデルで最も重要なことは、影響の結果はいくつかに分かれるのだが、この自由／アカウンタビリティ型モデルは基本的に、私的な行為あるいは考え方を公的なそれに転換するいくつかのゲートあるいは決定ポイントを特徴として持つ道につながる公表行為を表している。ここでの公表行為の自由の本質とは、公と私との間の境界（threshold）に最大の注目をするもので、初期の時代の検閲や統制が監視したものである。現在の公表行為と中世後期のそれとでは多くの違いがあるが、キーポイントは権力側と世論の双方にとって公表行為そのものが「拡大」し、そのプロセスに変化が起きたということである。

ここでいう「拡大」は到達範囲や量、伝送されたメッセージへの大きな注目という観点からだけではない。メッセージを送られた人たちへのインパクト・侵略性、そして見込まれた影響の次元も同時に考慮に入れたときのものである。もちろん、公表行為の絶対的な自由にとってはもはやこうしたことは問題にはならないという言い方も可能である。むしろ、公表とその伝播のもたらす可能性のある影響がどこまで受け入れられるのかという限界線が問題となるということである。コントロールのシステムは著作者よりも伝送者

を対象にしたほうが効果的だが、その場合でも、初期の時代にあったような印刷者への処罰や許可証の付与というよりも、疑わしい内容のメッセージ（suspect message）は弱小チャンネル（minority channel）だけに限定しておこうというやり方の採用である。多くの場合、市場競争はそうした状況をもたらしているが、放送の公共的コントロールもしばしばこれと同様の目的を達成している。

　以上のことからアカウンタビリティについては主として二つのことが言えることになる。第1は、産業化された時代のメディアコンテンツのプロセスと配信は先述のように、絶対的に保護されるべき自由な表現そのものであるとすることはむずかしいということの確認。大量配信のビジネスを行っている側はいっそうの法律的な制限や規制を受けるようになり、ある方面では現在でもすでに厳しいのに、全体的な責任遂行について従来以上の厳しい条件を求められるようになるかもしれない。第2は、もしそうなれば、大規模かつ拡大されたメディアチャンネルの多くはコンテンツとしては狭い範囲に限定されるから、そのインパクトは逆にきわめて大きなものとなる。その結果、意図的であろうとなかろうと、選択と除外、偏見と歪曲といったことがシスティマティックに行われるようになる。先に基本的なモデルとして紹介したように、これを個人的な公表行為という立場から別の視点で取り扱う場合もある。もしも、これまで概説してきたような現代のマスコミュニケーションが従来とは大きく異なったものになっているのであれば、自由・責任・アカウンタビリティの概念についても、定式化は容易ではないが、これまで同様の理解を適用することはできず、新しい物差しを作らねばならなくなる。今こうした状況に対応しメディアに責任の履行をさせる者がいないこと、そして結果的に誰もがアカウンタビリティの履行を求められないという深刻な事態が進行しているということである。

　現行の規制方式では、メディア間の技術・形式・コンテンツの重複から生まれる統合の実態に法的に適切な対応ができなくなっているという批判が長年にわたりされてきている。電波の希少性という言い方ができなくなれば、

情報政策への提言

たとえば現在進行中の議論を別にしたとしても、新聞やインターネット利用のジャーナリズムが享受している自由が放送では不可であるという明確な根拠がなくなってしまうことになる。一方で、ある程度はすでに説明してきた理由でわかるであろうが、公表行為の完全な自由が現実問題として、強力なメディアに与えられることも決してないであろう。

今、私たちは技術の違いを基本とした規制体制の原則を放棄する代わりに、現在開発中で、一部にはすでに始まっている方法がメディア横断的な方式による規制の展開、あるいはこれまでとは違う別の手段によってアカウンタビリティを実行させる可能性を考える段階に来ているのではないのか。この認識はメディアの配信システムに応じて、それぞれのコミュニケーションの形態（ジャンル・形式・機能）に行動規範や倫理規範を当てはめることができるという考えに立ったものである。コンテンツの種類によって差別化を行うという原則はコンテンツの種類ごとに異なる自由な公表行為の権利の解釈を適用するという形ですでに実行されている（第8章参照）。すでに広告・政治コミュニケーション・一部のエンターテインメント・ニュースや時事解説・映画やビデオ、意見や唱道（アドボカシー）といった部門では従来的領域を超えたアカウンタビリティの統合が多様な形で起きている。たとえば、名誉毀損や著作権に関わる公表行為の法的制限は、たとえ法的に享受できる自由が平等ではないとしても、すべてのメディアの表現行為に適用されている。そのことは、ゴールドバーグなどが主張しているように、「真の多元性を実現するためにある部分では自由を与えながら、他の〈部分〉ではメディアの規制を正当化している」(Goldberg et al. 1998: 300) ということかもしれない。いずれにせよ、このような差別化がコミュニケーションのある面での肯定的な目標とアカウンタビリティの柔軟な発展を図るために役立たないとして阻止すべき理由はないということである。

インターネットをコントロールする

　インターネットは物質的条件によってその普及が制限を受けるにもかかわらず、現在のようにまだ発展途上にある状態においても、その開放的で誰にも利用可能という点で、新しいマスメディアであると主張されるようになっている（Morris and Ogan 1996）。インターネットは他のマスメディアの機能と同じように、人びとにニュース・エンターテインメント・広告、その他の情報提供をしている。だが、これまでのメディアとはいくつかの点で異なっている。カステルズによれば、インターネットは「独自の論理と言語を持ったコミュニケーションメディアである」（Castells 2001: 200）。また彼は続いてこうも言っている。「インターネット上に展開しているコミュニケーション形態はどのようなものであれ、表現の自由に裏うちされたものである……情報源として誰にも開放されており、自由に投稿でき、発信源が分散化した放送であり、事前に予測できないような相互行為があり、それぞれに目的のあるコミュニケーションであり、インターネット上でのみ表現可能な創造性の共有がある」。

　このインターネットメディアの特色で重要なのは、これまでのような告知的（allocutive）なメディア様式ではなく、それが主として参照と相互作用のためのメディアであるということである（Bordewijk and van Kaam 1986）。その他の面で留意しておきたいのは、インターネットはその責任の所在を相対的に送信者から個人利用者に移行していることで、そのことがアカウンタビリティの原則と実践に大きく関係してくることになる。もしインターネットが公共的メッセージの伝達（public address）として利用されれば、理論的にはただちに世界中で何億人ものオーディエンスを持つことになるのだが、もちろん現実的にはそのようなことにはならない。

　加えて、インターネット利用のかなりの部分が利用者個人の私的意志に基づいている。しかしどの程度かは場合によるが、それには公表行為の側面も

同時にあるといえる。インターネットは他のマスメディアと異なり、その枠組と構造はきわめて国際的であり、本書で取り扱ってきた国レベルのガバナンスやアカウンタビリティの在り方という枠組では捉えきれない。同時に、当該公表行為に司法権が及ぶような影響を持った一般法の適用から免れ得ないとしても、インターネットを直接的あるいは主たる規制の対象とした法律はほとんどない。明確な市場構造あるいはオーディエンスや広告業者によるコントロールをそこに見つけることもむずかしい。というのは、そのシステムはじつに多様で未開発、かつ分断的であるからである。そのため、世論などの圧力を社会制度としてのインターネットに組織的に集中させることはむずかしい状態にあり、現在のところは技術の一つ、ないしはゆるやかなサービスの一つとしてしか認識できない段階である。

　そのようなインターネットに対しても、具体的にその適用対象を絞り込むことはできないのだが、児童ポルノグラフィや虐待といった問題に関しては、いくらかの影響力のある公共的圧力がかけられるようになってきた。現在では、米国・ドイツ・カナダ・オーストラリアなど多くの国々で、ポルノグラフィ・犯罪・人種差別などに関するインターネットコンテンツを対象とした特別の法律が導入されている。EUもこうした点に関し、インターネット利用に関する協約の制定に合意している。そうした努力によって、サービスプロバイダーやゲートキーパーの役割を果たしている業者に自主検閲やアクセスの拒否の実施を求める圧力がかかるようになっている。名誉毀損訴訟を提起される恐れもそれに拍車をかけている。このような望ましくない形式を除けば、インターネットで自主規制を実現することは困難である。そのため、そこでのプロフェッショナリズムの展開は要請される中心的課題とはなっていない（参照：Drucker and Gumpert 1999）。

　インターネットの起源については諸説あるが、一致しているのは、目的に関してのほぼ完全な自由の確保、ならびに今なおその状態にあり、かつその方がよいと考えられている緩い国際的なオーナーシップとコントロールの形態を採った自由な文化のなかで始まったという点である（Naughton 1999;

Castells 2001; Abbate 1999)。当初、その開発研究は米国防総省による財政援助で始まったのだが、本来的にインターネットはその利用者のものであり、外部のいかなる規制者や当局に対しても自己説明をする必要などは要請されてこなかった。ワールド・ワイド・ウェブ（インターネット）の利用が1990年に一般化して以来、それは莫大な利益追求の可能性を秘めたゴールドラッシュ的対象となり、その発展と利用は大々的な商業化のなかで行われてきた。しかもそれは、反社会的・犯罪的な利用を含む自由解放的特性を野放しにしたままでなされてきた。その結果、今では今後のさらなる発展には、より明確な規制と、多様なアカウンタビリティ的要請を満たすことが求められるであろうという点で一致した見解がまとまりつつある。

加えて、かつて主張されたような、本質的にインターネットの規制は不可能であるという前提はもはや維持できなくなってきた。「サイバースペースの構造は規制行為を困難にしている。なぜなら、規制の対象となる行為者は……インターネット上のどこにでも存在するからだ」とレシグは述べた(Lessig 1999、和訳は『Free Culture』翔泳社、2004年)。しかしそれに続けて、今ではインターネットの規制は不可能ではないし、現在では商業的な必要性がネットユーザーの特定や認証を可能にしている、さらには商取引目的のための安全な空間とチャンネルを創ることができるようになったとも述べている。電子商取引によって莫大な報償がこれから得られるようなるかどうかは、無数の確認不可の地点を結ぶネットワーク（networks）の一つとしての緩いネットワーク（network）という、インターネットの基本となる文化とはまったく異なる統制と予見がどれだけ実現するかにかかっている。

レシグによれば、コントロールの鍵となるのは、個人のネット利用の規制ではなく、ネットの設計への規制である。レシグは、社会規制の一般的システムを形成する「規制様式」を四つあげている。そのうちの三つは、先に説明したアカウンタビリティの枠組みにほぼ一致している。①「市場」、②「法律」、③社会的「規範」つまり世論の圧力、である。もう一つは、④インターネットメディアの物理的な仕組みとしての「構造」である。伝統的なメ

ディアには規制がしやすいような「構造」がある。放送やケーブルは限定された送信設備しか持たないため最もコントロールしやすい。だが、インターネットの構造は当初から、その反対の極、つまり完全な自由で最大の運用力を発揮し、コントロールを回避できるように設計されていた。

　それでも潜在的な弱点があった。とくにレシグが予見したように、安価で効果的な形態のハードウェアやソフトウェア（レシグがいうコード）が開発され、逆にそれらを使って当局がすべてのユーザーを特定し、認証することができるようになったということである。そうした工夫がなされたのは商取引目的、つまりサービスの販売や金融取引にはセキュリティの確保が求められたからであった。取締まりあるいはセキュリティのサービスを目的に、監視によるすべてのユーザーの認識がなされるようになったというわけである。今では暗号化（encryption）をしてもたいていは解読され、絶対的なプライバシー保全は不可能になった。また、規制の手段として、さまざまな分類法を用いたコンテンツのフィルタリング（閲覧制限）法がしだいに開発されてきた。チャラビーによれば、言論の自由を妨げる方法は消えるどころか、より弾力的に運用され、目に見えにくくなってきているだけだという。「現在の情報の抑圧方法は基準枠によるものではなく、目に見えない匿名のデジタルコードなのである」(Chalaby 2000: 27)。

　この方法がいったん実施されることになれば、設備を提供しているサーバーは制限を求められるか、制限せざるを得なくなる。また、異なる法体系を持った地域間で、それぞれの地域で好ましくないとされるネット利用に関する制限の取り決めがなされるようにもなってきている。カステルズによれば、全体的な傾向として、「インターネット上のコミュニケーションにおけるプライバシー部分が削減されつつある、つまり自由な空間としてのインターネットが透明のガラスの家に転換しつつある」(Castells 2001: 178)ということである。このカステルズもレシグと同様につぎのようにいう。「新しいインターネットの構造、新しいコードがコントロールの基本として利用され、伝統的な形態をとった国家権力による規制と監視が可能になってきた」（同上書、

p.179)。

　以上の記述は決してサイエンスフィクションではない。法律や規制を意図せずとも逃れることができたインターネット独特の構造がしだいにプライバシーへの広範囲にわたる侵害を許すようなコミュニケーションの形式となってきたことが明らかになってきたのである。電子商取引にはユーザーの信用とセキュリティが求められるという経済的な動機がその背景に強くある。インターネット関連の不正行為と犯罪が実態としてますます増加しているうえに、とくに2001年には「テロとの闘い」が始まり、政府は法と秩序を守ることをこれまでよりも強く求めるようになってきた。インターネットの反社会的な利用や犯罪につながる利用を効果的に制限するよう求める規範的圧力が一般市民の間でも高まってきている。

　　　　インターネットのアカウンタビリティとは？

　前節で述べたことがインターネットの全体的な問題点ではないとしても、アカウンタビリティには大いに関係がある。それはまず第1に、何がネット上で伝送されるものとして許されるか、許されないかを決定する手段の実行が可能になったということであり、ウィルス・憎悪メッセージ・名誉毀損・詐欺・犯罪などのネットの乱用による悪行が処罰できるようになったということである。またそれは、サーバー管理者とサービスプロバイダーが損害の訴えに対しより効果的に法的責任を果たし、アカウンタビリティに応えざるを得なくなったということでもある。その半面で、そうなってしまうと、インターネットという新しいメディアが理想的な自由をもったメディアとしての地位（レシグの基本的な考え方）を失わざるを得ないという危険な結論にもなってくる。また、そこにどのような保護もなくなってしまえば、ある意味ではネットは既存のマスメディア以上に自由でなくなるだろうとも言われている。多くの点で、ネットは今でもコントロールとアカウンタビリティの双方ともに、行使できる有効な方策がないという欠陥を抱えているし、アカウ

ンタビリティを果たしたいという願望さえもそこには見られないのが実態である。

　通常、インターネット規制の議論では、コントロールとアカウンタビリティの問題は渾然一体となっており、区分がむずかしい。その原因は、インターネットは統制できないとか、アカウンタビリティとも関係がないといった憶測に基づいた議論がなされているからではない。ヴェルハルストは、ヨーロッパレベルでのインターネット規制についての議論で、アカウンタビリティに関する四つのアプローチを挙げている（Verhulst 2002: 438）。①コンテンツやサービスプロバイダーのための行動規範、②レイティング（順位づけ）とフィルタリングといった閲覧制限システム、③応答と苦情申し立てのシステム、④利用者にはコンテンツにフィルタリングやブロックをかける権利があるという、利用者自身の認知度を上げること、の四つである。一般的に、インターネットでは、誰が主体行為者（self）であるかが不明確であることもあり、自主規制（self-regulation）の概念をどのように適用するかといった大きな問題がいくつもある。もっと分かりやすくいえば、共通のアプローチや行動規範を適用しようとしてもあまりにもその利用実態（entities）の数や種類が多すぎて不可能だということである。ヴェルハルストが指摘しているように、インターネットは一つの実体的「産業」として捉えられるものではないし、全体がまだ若く発展途上にある。効果的な自主規制にはこのようなインターネットの本質的な特徴に反するような諸条件が必要とされると思われる。将来的には、レイティングやフィルタリング、ゾーニング（zoning、目的別区分）のシステムが開発され、それらの適用が可能になるのは確実だろうと思われる（参照：Price 1998）。しかしそれらが高度な精密性や客観性、文化的な自由性を同時に保障できるとは思われず、結局のところ、それらを効果的に運用するには最終的な利用者段階でのゲートキーパーが必要となるだろう。だが、このことは必ずしも欠陥とばかりはいえない。というのは、それはインターネットというメディアが従来的マスメディアと比較して、送信者よりも利用者の責任のほうが大きいという事実に関係していることだか

らである。

　アカウンタビリティの概念は、規制という考え方がそうである（もしくはそうであった）ように、公表行為者の能力という点でウェブ／インターネットにはなじまないという主張をそのまま認めるわけにはいかない。インターネット自体は目的を持たない開放されたネットワークであり、他者によるコミュニケーションを機能させるためだけに存在している。このように考えれば、インターネットは、電話回線以上にそのユーザー（プロバイダーと受容者／利用者）による行動に対して自らが責任を持つ必要などない。このことが規制の対象と目的のほとんどにおいて、インターネットをその他のコモンキャリアー（公共伝送手段）と同じように位置づけているわけである。ウェブによる相互コミュニケーションをする人は自らの対話相手に対してアカウンタビリティを果たすか果たさないかを常時選択しつつそれを行っているという理解である。

　半面、必ずしもそうではないとはいえ、社会性を持ち、様々なネットワーク・仮想コミュニティに所属しているという感覚はしばしば、無意識のうちに個人間のアカウンタビリティの形態を作り出すことがある。だが、実態としては、インターネットの性質は不確実で本来それに備わっているアカウンタビリティとは関係のないような参加形態を促進している。ただし、その利用が私的・個人的である限り、そのような形態も私的かつ誰に強制されることなく形成されるものとなる。それでも、インターネットには出入り口としてのポータルがあり、そこにはゲートキーパーの役割を果たすサービスプロバイダーや検索エンジンなどがあるから、それらの重要性がますます増大してくるわけである。コミュニケーションがさらに一般市民向けになり、意識的に公表行為としての体裁がとられることが多くなるにつれ、すでに検討してきたような、中世の手書き教材から今日の映画フィルムに至るまでの従来の公表手段に対するのと同様の対応が適用されるようになろう。かくして上述した水平横断的な原理が役立つことになってくる。

　実際、ある種のインターネット利用は他の公表形式と同様のものになって

きている。広告やサービス提供ビジネスのオファー、ニュースやデータの提供、音楽・ビデオ・エンターテインメントなどがそうである。それらには特定できる情報源があり、想定上の、あるいは実際のオーディエンスからの信頼を得る必要がある。それらが役立ち、想定した効果を発揮するためには自分たちが本物であり、アカウンタビリティを果たせるということを示さなければならないのである。そのために、サイバースペースではなく、現実世界で求められるものと同等で同形態のプロフェッショナリズムと契約順守の行動がなければならない。ハムリンクはコンピュータのプロフェッショナルにとっての行動規範について説明しているが、その記述量はきわめて少ないし、公表行為の役割に関する記述はほとんどない (Hamelink 2000)。しかしインターネットの側も満足できる形で現実的に通用する新しい方策をこれまで提供してきたとは思えないのである。そこで述べられているようなプロフェッショナリズムは大枠として、ジャーナリズム・広告・商取引といった他の分野からの借りものなのである。

インターネットと公共コミュニケーション

インターネットは、とりわけグローバルなオーナーシップとコントロールの両面において、他メディアと同様の状態になってきている。誰もインターネットを所有してはいないというのは間違った解釈だということである。ハムリンクが指摘しているように、「誰もインターネットを所有することはできないとしても、いくつかの産業界大手（industrial players）がネットへのアクセスと利用に必要な技術的手段を独占することはあり得ることなのである」(Hamelink 2000: 141)。インターネット上の言論の自由に対する脅威が存在するとしたら、それはインフラを所有し、コンテンツを提供・配信している人たちによるものになる。それが誰であるかを名指しすることに困難はない。ハムリンクはそれらの中心企業として、パソコン製造業者・OSの販売業者・ブラウザーの製造業者・電信業者、それにインターネットのサービス

プロバイダー（ISPs）や検索エンジン、その他のコンテンツプロバイダーを挙げている。そして結論として、「現在のような状況が続けば、サイバースペースの管理やアクセスは、少人数のメガマーケット指導グループによる企業のコントロール下にある……少数のゲートキーパーたちの手に落ちてしまうであろう」（Hamelink 2000: 153）と述べる。

　ペテリスは、反国家主権主義や完全解放主義を主張するインターネット偏愛主義者たち（Internetphiliacs）の考え方と、構造化やカスタマイズ化によってプロバイダー（ISP）のようなポータルがコンテンツの流れをコントロールしているシステムの現実とを比較した。そして、後者には混乱の回避という理由づけがされているが、真の理由は自分たちの利益確保のためであるといっている（Petelis 2000）。その結果、従来型メディアと同じように、ポータルは注目を集め、取引を拡大するという手法を使っていることを挙げ、結論として、民主主義が適切に機能するためには新しい仲介機関による公共的アカウンタビリティ、そしてその場合、独自のポータルや検索エンジンを用いて社会に対して直接アカウンタビリティを果たせる公共的なサービス部門さえ必要になると主張している。

　先に説明したような意味での公共善が、とくに公共圏や民主主義的プロセスに貢献するサービスという観点から、インターネットの持つ大きな可能性によって進展するのであれば、既存の政治に関わる部門はサイバースペースにおけるアリーナ（公開討論の場）に参加するか、外部からの操作が不可能で、信頼でき、価値ある議論の場、しかもそこでは情報収集、意見表明が自由にできる空間としての新しい公共の場を創らねばならないことになる。公共サービス放送によって提供される公共空間にあたるようなサイバースペースにおける「公共の広場」（public common）を開発すべきだということである（Blumler and Gurevitch 1995）。アン・ブランズコームは「公共フォーラム」と呼べる、メッセージが自由にやり取りされる場所の設置を提唱している（Branscomb 1995）。これが実現すれば、インターネット上での公的言論にも米国憲法修正第一条（もしくはそれと類似した法規）による自由の保護の適用

が促進されるであろう。インターネット上にこれまでよりも公共性の高い場を創ることが重要であるのと同じくらい、他のメディアが享受している表現の自由の権利をそこで発展させ、保護し、保障する方策を練ることが重要である。いずれにせよ、初期のインターネットに見られたアナーキー（無秩序的）な自由（anarchic freedom）でいいわけがなく、そのやり方が先細りになるのは当然の運命であった。バードールは公共コミュニケーションを促進するために、伝統的なヨーロッパのプレスに対する政策をインターネットにも拡大、適用することを提唱している（Bardoel 2002）。インターネットにも独立したジャーナリズムとしての適切な条件を用意しようというわけである。メディアの一部門として支えるのではなく、プラットフォームがどのようなものであろうとも、インターネットにもジャーナリズムとしての機能を担える政策を採択しようというのである。

　ブランズコームが提起した新しい意見は、公共圏の主要な要素をこれまでとはまったく違う思想の自由市場に転換しようとするものであった。サンスタインによれば、そのような動きはマディソン主義的な熟慮型民主主義（deliberative democracy）の伝統に一致するものだという（Sunstein 1995、訳注：James Madison、1751-1836は米国第4代大統領で、三権の抑制均衡論で知られる）。サンスタインはまた、裁判所は政治的な熟慮と審議・市民性・政治的平等・有徳性といった民主主義の目的のためにこれらの技術の利用を考慮すべきであるとも述べている。一方で、個人的な加害性に関しては、犯人の「すり替え」や匿名性が障害となるが、既存の法的手段で対応が可能だと主張する。

　可能性としての社会的な加害性を考えた場合、インターネットの無法的かつ非倫理的な利用によって起きる問題を解決するのは容易ではない。考えられる有効な対策といえば、軍の刑務所やすべてが見通せる透明の家のように、自由とプライバシーを非合理的なほどに最小にする以外にはない。一方で、こうしたインターネットによる脅威は、自由やプライバシーの喪失があってもなんらの不利益を被らない当局によって誇張されて宣伝されるかもしれないという恐れさえある。今も続けられているこの方面での技術開発はゲート

キーパー役として発信者の特定を強化し、自発的に社会的責任をとる役目を果たそうとするもので、その結果として確実に企業によるコントロールを拡大させている。つけ加えておけば、インターネットが社会制度に組み込まれてしまうことはないし、自由とある種の無法状態的要素は引き続き維持されるともいえる。希望を持つにしても、恐怖するにしても、結論を出すにはまだ早すぎる。

自由とアカウンタビリティ――まとめとして

本章の最初に述べたように、自由それ自体はメディアにとってのパブリックポリシー（public policy＝公共政策≒市民重視の政策）の重要な目標であり、メディアが心から支持するものである。しかし、政府によって追求されるべき自由はメディアだけのための自由ではなく、メディアをそのように使い、アクセスしたいと願う市民や組織のためのものでもあらねばならず、それこそ、コミュニケーションの自由が本来的に持つべき姿である。通常、組織としてのメディアに多くの自由を与えれば、責任の自覚を減少させるであろうし、アカウンタビリティの強制はその価値を下げてしまいかねないということで、これらの二つの要請をうまく調和させることはなかなかむずかしい。このように、自由とアカウンタビリティの関係は複雑であるが、自由は政府当局と市民の両方にとっての十分なアカウンタビリティ要件の一つなのである。アカウンタビリティが法規制の最小限の条件とか強制というかたちでの単なる法令順守ではなく、オープンで質の高い対話性や高潔性のことであると理解されている場合はとくにそうである。クライドマンは、プレスはプロフェッショナルとして求められる自主規制以上のアカウンタビリティを果たすべきであると指摘している。それは、「アカウンタビリティを履行する対象としての個人やグループに十分に応えるものであらねばならない……それには論争になっている問題をなぜありのままに報じるのかという説明とそうすることの正しさの両方の説明が必要となる」(Klaidman 1994: 106)。クライ

ドマンはこうした自主的な応答責任（answerability）の履行は外部からのコントロールを呼び込むのではなく、メディアの信頼性の向上という方向での貢献をするという。

その意味でのパブリックポリシー（＝民衆利益促進型政策）が最も留意すべき点は、自主的かつ効果的にアカウンタビリティが果たされる諸条件を整えることである。一般的にはそうした条件として、様々な観点から多くの人びとへのアクセスが保障され、競争によって活動の質的向上が図られるような、多様で広範な活動ができるメディアシステムが考えられる。アカウンタビリティの多様性が自由にとっても有益であるのは、アカウンタビリティの履行過程が多様化することによって、一つの機関や規制者の手に権力が集中することが回避できるからである。アカウンタビリティの多様化は自然に起こることだが、その履行監理機関の分化は事実としてのメディア部門の種類増加とそれらへの対応体制として起きてきたことである。

公表行為に関わるマスメディアの自由はメディアによる影響という観点から、これまでしばしば抑制の対象となってきた。この考え方が基本となり、メディアは自らがその原因となった加害事案についての責任履行をいっそう厳しく要求されるようになってきている。これまで見てきたように、通常、そうした事案の真の原因は他にあることが多いし、発信者に対する脅しが過剰になされ、しかもそれが誤っている場合もある。さらには、そうした脅しがたとえ一部の無遠慮な意見であったとしても、メディアには不当かつ過度の重荷となることがある。そうした意見には貴重で、要求されて当然なものがあるかもしれないが、それらのケースの多くはメディアが確実な起因者であるというものではない。よかれと考えて、メディアがそのような検証できないリスクをも引き受けるようであれば、メディアはじっさい、道徳的な責任も取らねばならなくなるかもしれない。

これらの問題を強制的な厳しい規制によって解決しようとしても、それはしばしば望ましくない副次的な影響をもたらすし、オーディエンスの側の選択の自由を否定することにもつながりかねない。こうした制約を避ける方法

はないが、その際、メディアが危険を冒す必要性があることも同時に認めるべきであろう。一般的に、このような問題の取り扱いは公開の討論や質疑の場でなされるのがベストであろう。必要なのはより多くのアカウンタビリティではなく、質の高いアカウンタビリティである。失敗を処罰するより、すぐれた行動を讃えるほうがよい。効果的なコントロールの仕方を模索することは、立証不可能なのにその効果を計測できると考える、つまりコントロールは加害性を減少させるという考え方に立っているため、幻想で終わるしかない。しかも、規制に従せるという方向でアカウンタビリティの効果を考えることが本テーマにおける主要テーマであるはずがない。それこそ、アカウンタビリティ最大の悪影響だからである。

コミュニケーションの自由の追求には法律や規制による制限といった方法による効果を考えるだけでは不十分で、悪影響の数を減少させることに繋る可能性を持ったその他の形態のアカウンタビリティにも注目すべきだということである。これらにはメディア企業によって実行される内部的規制（内部検閲）、視聴率第一主義、広告の圧力などが含まれるであろう。これらのいずれもが特定の公表行為が経費の増大もしくは利益の減少ということに繋りかねないという考えから、自由を制限するという効果を間違いなく持っている。しかもそうした影響は多くの場合、ある法律による干渉のように一般的には公然化しない、つまり「可視化」されないから、どのような規制よりも継続的で広範囲な悪影響となって現象することになる。

メディア組織の内部的自由は、メディアの編集方針におけるコミュニケーターの多様な役割に関して、個人的良心の自由をある程度まで保障する。この点に関してパブリックポリシーが果たせる役割は総論としてこれを支持すること以外にそれほどあるわけではない。それら二つの傾向は商業システムに組み込まれているが、公共放送と現状の広告についてのルールの決定の際には考慮すべきことである。またそれらはオーナーシップの多様性を求める議論に賛同することになるが、競争そのものはこうした圧力を軽減しないどころか、増大することにさえなりかねないものである。

本書ではリベラルで民主的な諸システムについての研究をしてきたが、アカウンタビリティには、たとえば、賄賂で済ますことから死刑を科されるに至るまでの、これとは違う受け入れがたいシステムや異常な形態をとることがあることも心に留めておくことも有益であろう。言うまでもなく、このような場合のアカウンタビリティは正当なものとはいえず、自由とは反対の極に位置するものである。国際テロやそれへの対応として作られた恐怖の環境は、民主制のもとにおいてさえ、アブノーマルがノーマルとされてしまうという現実の危険も内在させるようになった。本書で展開してきたアカウンタビリティの形態に必要な条件である公表行為の自由は、いつの時代にも脆弱なものであるからこそ、積極的に擁護し、その大切さを呼びかけ続ける必要があるものなのである。

注

(1) 批判の源は多様であり、ニューライトに対して敗北を認めたことがないかつてのニューレフトである「オールドレフト」の残党によるものも含む。このほかには、ボガートのような過剰な商業主義への長年にわたる批判者（Bogart 1995）、統制の喪失ならびにメディアにおけるセンセーショナリズム・犯罪・暴力・ポルノグラフィやそれ以上の悪行の氾濫を懸念する伝統的なモラリストたち、合理的でバランスがとれ、十分な政治的情報や公正な意見の主張の場の喪失を懸念するリベラル派民主主義者、エンターテインメント中心世界で自らの基準が尊重されなくなったプロフェッショナルなジャーナリストなどからのものがある。

(2) これらは、まず第1に、国益を守るためであり、第2に、個人の権利と利益を守るためのものである。第3に、望むらくは、公益のために秩序あるコミュニケーション技術の発展を守るためである。

(3) このようなメディアの主なカテゴリーには次のようなものがある。すべての種類の小規模で不定期な印刷物やさまざまな形態の芸術表現、演劇や舞台芸術、音楽や作曲およびその演奏、大半の写真や映画、演説、詩の朗読、海賊版ラジ

オ放送、等々。電話や手紙は私的コミュニケーションを越えたメディアである。さらには、コンピューターのディスプレー上の表現行為、個人・グループ・非公式のコミュニケーションネットワークから発せられるインターネットによる豊富なコミュニケーションもこれに加えることができる。

(4) 技術の問題はさておき、ここで説明したような一般的なパターンは、少なくとも中世後期にまで遡ることができる。教会や裁判所あるいは国家とは公式なチャンネルによる関係を持っていなかった芸術家・著作家・宗教改革家・役者はオーディエンスと繋がるための手段を求めていた。人気のあるエンターテインメント・物語・演劇は口頭という手法で広まった。初期の新聞は手書きによって流通した。

(5) たとえ、これまで「受忍すべき抑圧」(repressive tolerance) と呼ばれ、リベラルな社会にも現実に存在するものだとして気楽に受け入れられてきたことが事実だとしても、かつての非情な冷戦下や現在のテロとの闘いのような危機や国家的パラノイア状態にあてはまるものではない。また、全体主義あるいは独裁的な社会においてこれが応用されたことは一度もない。

原著掲載の参考文献

ABBATE, J. (1999), *Inventing the Internet* (Cambridge, Mass.: MIT Press).
ABRAMS, M. E., and HAWKINS, J. E. (1984), 'Legislators' perceptions of newspaper functions', *Newspaper Research Journal*, 5, 4: 51–7.
ADORNO, T., and HORKHEIMER, M. (1972), 'The culture industry: enlightenment as mass deception', in *The Dialectic of the Enlightenment* (New York: Herder and Herder).
AIRIKSONEN, T. (2001), 'Professional ethics', in R. T. Chadwick (ed.), *The Concise Encyclopedia of Ethics in Politics and the Media* (San Diego: Academic Press), 263–73.
AKDENIZ, Y., and ROGERS, H. (2000), 'Defamation on the Internet', in Y. AKDENIZ, C. WALKER, and D. WALL (eds.) (2000), *The Internet, Law and Society* (London: Longman), 294–396.
AKDENIZ, Y., WALKER, C., and WALL, D. (eds.) (2000), *The Internet, Law and Society* (London: Longman).
ALTHAUS, S. L., and TEWKESBURY, D. (2000), 'Patterns of Internet and news media use', *Political Communication*, 17, 1: 21–46.
ALTSCHULL, H. J. (1984), *Agents of Power: The Role of the Media in Human Affairs* (New York: Longman).
ANDERSON and LEIGH, F. A. (1992), 'How newspaper editors and broadcast news directors view media ethics', *Newspaper Research Journal*, Winter/Spring, 112–21.
ANDSAGER, J. C., and MILLER, M. M. (1994), 'Willingness of journalists to support freedom of expression', *Newspaper Research Journal*, 15, 1: 102–14.
ANG, I. (1991), *Desperately Seeking the Audience* (London: Routledge).
ARTICLE 19 (1993), *Press Law and Practice: A Comparative Study of Press Freedom in European and Other Democracies* (London: Article 19).
ATHERTON, I. (1999), '"The Itch grown a Disease": Manuscript transmission of news in the seventeenth century', in J. Raymond (ed.), *News, Newspapers and Society in Early Modern Britain* (London: Frank Cass), 39–65.
ATKINSON, D., and RABOY, M. (eds.) (1997), *Public Service Broadcasting: The Challenges of the 21st Century* (Paris: Unesco).
AXFORD, B., and HUGGINS, R. (eds.) (2001), *New Media and Politics* (London: Sage).
BAERNS, B. (1987), 'Journalism versus public relations in the Federal Republic of Germany', in D. L. Paletz (ed.), *Political Communication Research* (Norwood, NJ: Ablex), 88–107.
BAKER, C. E. (1978), 'Scope of the First Amendment freedom of speech', *UCLA Law Review*, 25, 5: 964–1040.

BAKER, C. E. (1989), *Human Liberty and Freedom of Speech* (New York: Oxford University Press).
—— (1994), *Advertising and a Democratic Press* (Princeton: Princeton University Press).
—— (1998), 'The media that citizens need', *University of Pennsylvania Law Review*, 147: 317–407.
—— (2001), 'Implications of rival visions of electoral campaigns', in W. L. Bennett and R. Entman (eds.), *Mediated Politics* (Cambridge: Cambridge University Press), 342–61.
BARAN, S. A. (2001), 'The guises of dissemination in early 17th century England', in B. Dooley and S. Baran (eds.), *The Politics of Information in Early Modern Europe* (London: Routledge).
BARBROOK, R. (1995), *Media Freedom: The Contradictions of Communications in the Age of Modernity* (London and Boulder, Colo.: Pluto Press).
BARDOEL, J. H. L. (2002), 'The Internet, journalism and public communication policies', *Gazette*, 64, 5: 501–11.
BARENDT, E. (1985), *Freedom of Speech* (Oxford: Clarendon Press).
—— (1993), *Broadcasting Law: A Comparative Study* (Oxford: Clarendon Press).
—— (1998), 'The First Amendment and the media', in I. Loveland (ed.), *Importing the First Amendment* (Oxford: Hart Publishing), 29–51.
—— (2000), *Privacy* (Aldershot: Ashgate).
BARROW, R. A. (1968), 'The equal opportunities and fairness doctrines in broadcasting: Pillars in the forum of democracy', *Cincinatti Law Review*, 37 (3): 447–557.
BAUER, R. A. (1964), 'The communicator and the audience', in L. A. Dexter and D. M. White (eds.), *People, Society and Mass Communication* (New York: Free Press), 125–39.
BAY, C. (1977), 'Access to political knowledge as a human right', in I. Galnoor (ed.), *Government Secrecy in Democracies* (New York: Harper).
BAZELON, D. L. (1982), 'The First Amendment and the new media', in D. L. and W. L. Rivers (eds.), *Free But Regulated: Conflicting Traditions in Media Law*, (Ames, Ia.: Iowa State University Press), 52–63.
BECKER, L., et al. (1978), 'Public support for the press', *Journalism Quarterly*, 55: 421–30.
BELSEY, A., and CHADWICK, R. (eds.) (1992), *Issues in Journalism and the Media* (London: Routledge).
BENNETT, W. L., and ENTMAN, R. (eds.) (2001), *Mediated Politics* (Cambridge: Cambridge University Press).
BERELSON, B. (1952), *Content Analysis in Communication Research* (Glencoe, Ill.: Free Press).
BERGEN, S. A., LAFKY, S. A., and WEAVER, D. (2000), 'Local news source opinions of their newspapers', *Newspaper Research Journal*, 21, 3: 14–26.

BERLIN, I. (1958/1969), 'Two concepts of liberty', in *Four Essays on Liberty* (New York: Oxford University Press), 118–72.
BERTRAND, J. C. (2000), *Media Aaccountability Systems* (Brunswick, NJ: Transaction Books).
BETTIG, R. V. (1997), 'The enclosure of Cyberspace', *Critical Studies in Mass Communication*, 14: 138–57.
BIEGEL, S. (2001), *Beyond our Control? Confronting the Limits of our Legal System in the Age of Cyberspace* (Cambridge, Mass.: MIT Press).
BLANCHARD, M. A. (1977), 'The Hutchins Commission, the Press and the Responsibility Concept', *Journalism Momographs*, 49.
BLATZ, C. V. (1972), 'Accountability and answerability', *Journal for the Theory of Social Behavior*, 6, 2: 253–9.
BLASI, V. (1977), 'The checking value in First Amendment theory', *American Bar Foundation Research Journal*, 521.
BLIZEK, W. (1971), 'The social concept of accountability', *Southern Journal of Philosophy*, 7: 107–11.
BLUMER, H. (1939), 'The mass, the public and public opinion', in A. M. Lee (ed.), *New Outline of the Principles of Sociology* (New York: Barnes and Noble).
BLUMLER, J. G. (ed.) (1992), *Television and the Public Interest* (London: Sage).
—— (1997), 'Wrestling with the public interest in organized communication', in K. Brants, J. Hermes, and L. van Zoonen (eds.), *The Media in Question* (London: Sage), 51–63.
—— and HOFFMANN-RIEM, W. (1992), 'New roles of public service broadcasting', in Blumler, 1992, 202–17
—— and —— (1992), 'Toward renewed public accountability in broadcasting', in Blumler, 1992, 218–28.
BLUMLER, J. G., and GUREVITCH, M. (eds.) (1995), *The Crisis of Public Communication* (London: Routledge).
BLUMLER, J. G., and KAVANAGH, D. (1999), 'The third age of political communication: influences and features', *Political Communication*, 16, 3: 209–30.
BOGART, L. (1995), *Commercial Culture: The Media System and the Public Interest* (New York: Oxford University Press).
BOLLINGER, L. C. (1991), *Images of a Free Press* (Chicago: University of Chicago Press).
BORDEWIJK, J. L., and VAN KAAM, B. (1986), 'Towards a new classification of tele-information services', *Intermedia*, 14, 1: 16–21.
BOYLE, K. (1988), *Information Freedom and Censorship* (London: Article 19 Report).
BRACKEN, H. M. (1994), *Freedom of Speech: Words are not Deeds* (New York: Praeger).
BRAMAN, S. (1988), 'Public expectations of media standards in codes of ethics', *Journalism Quarterly*, 65: 71–7.

BRANSCOMB, A. W. (1995), 'Anonymity, autonomy and accountability: Challenges to the First Amendment in Cyberspace', *Yale Law Journal*, 104, 7: 1639–79.

BRANTS, K. (2003), 'The Netherlands', in M. Kelly, G. Mazzoleni, and D. McQuail (eds.), *The Media in Europe* (London: Sage).

BREED, W. (1995), 'Social control in the newsroom: A functional analysis', *Social Forces*, 33: 326–55.

BRIGGS, A., and BURKE, P. (2002), *A Social History of the Media: From Gutenberg to the Internet* (Oxford: Polity).

BRODASSON, T. (1994), 'The sacred side of professional journalism', *European Journal of Communication*, 9, 3: 227–48.

BROMLEY, M., and STEPHENSON, H. (1998), *Sex, Lies and Democracy: The Press and the Public* (New York: Longman).

BRUMMER, J. (1991), *Corporate Responsibility: An Interdisciplinary Analysis* (Westport, Conn.: Greenwood Press).

BRYANT, J., and ZILLMANN, D. (eds.) (1994), *Media Effects* (Hillsdale, NJ: Laurence Erlbaum).

BUNTON, K. (2000), 'Media criticism as professional self-regulation', in D. Pritchard (ed.), *Holding the Media Accountable* (Bloomingdale Ind.: Indiana University Press), 68–89.

BURNS, T. (1977), *The BBC: Public Institution and Private World* (London: Macmillan).

BUTTRY, R. (1993), *Social Accountability in Communication* (Thousand Oaks, Calif.: Sage).

CALHOUN, C. (ed.) (1992), *Habermas and the Public Sphere* (London: MIT Press).

CALVERT, C. (1997), 'Free speech and its harms: A communication theory perspective', *Journal of Communication*, 47, 1: 4–19.

CAMPBELL, A. (1999), 'Self-regulation and the media', *Federal Communications Law Review*, 1: 711–72.

CANADA (1981), *Report of the Royal Commission on Newspapers* (Ottawa: Ministry of Supply and Services).

CANTOR, M. (1971), *The Hollywood Television Producer* (New York: Basic Books).

CAPELLA, J., and JAMIESON, K. H. (1997), *The Spiral of Cynicism* (New York: Oxford University Press).

CAREY, J. (1975), 'A cultural approach to communication', *Communication*, 2: 1–22.

—— (1989), *Communication and Culture* (Boston, Mass.: Unwin Hyman).

CARLSSON, U., and VON FEILITZEN, C. (eds.) (1998), *Children, Media and Violence* (Goteborg: University of Goteborg).

CASTELLS, M. (1996), *The Information Age*, i. *The Rise of the Network Society* (Oxford: Blackwell).

—— (2001), *The Internet Galaxy* (Oxford: Oxford University Press).

CATE, F. H. (1997), *Privacy in the Information Age* (Washington: Brookings).
CHADWICK, R. T. (ed.) (2001), *The Concise Encyclopedia of Ethics in Politics and the Media* (San Diego: Academic Press).
CHALABY, J. K. (2000), 'New media, new freedoms, new threats', *Gazette*, 62, 1: 19–30.
CHARLESWORTH, A. (2000), 'The governance of the Internet in Europe', in Y. Akdeniz, C. Walker, and D. Wall (eds.), *The Internet, Law and Society* (London: Longman), 47–78.
CHRISTIANS, C. (1989), 'Self-Regulation: A critical role for codes of ethics', in E. E. Dennis, D. M. Gillmor, and T. L. Glasser (eds.), *Media Freedom and Accountability* (Westport, Conn.: Greenwood Press), 35–54.
—— (1993), *Good News: Social Ethics and the Press* (New York: Oxford University Press).
CLARK, T. N. (ed.) (1969), *On Communication and Social Control: Collected Essays of Gabriel Tarde* (Chicago: University of Chicago Press).
CLIFT, D. (1981), 'Press councils and ombudsmen', in *The Journalists*, vol. ii of the research studies of the Royal Commission on Newspapers (Ottowa: Minister of Supply and Services).
COHEN, B. (1963), *The Press and Foreign Policy* (Princeton: Princeton University Press).
COMSTOCK, G., CHAFFEE, S., KATZMAN, N., MCCOMBS, M., and ROBERTS, D. (eds.) (1978), *Television and Human Behavior* (New York: Columbia University Press).
COOLEY, C. H. (1908), *Human Nature and the Social Order* (New York: Charles Scribner & Sons).
CRAUFORD-SMITH, R. (1997), *Broadcasting Law and Fundamental Rights* (Oxford: Clarendon Press).
CUILENBURG, J. J. VAN, and MCQUAIL, D. (2003), 'Media policy paradigm shifts: in search of a new communications policy paradigm', *European Journal of Communication*, 18, 2, forthcoming.
CURRAN, J. (1996), 'Mass media and democracy revisited', in J. Curran and M. Gurevitch (eds.), *Mass Media and Society*, 2nd edn. (London: Edward Arnold), 81–119.
CURRAN, J., and SEATON, J. (eds.) (1997), *Power Without Responsibility: The Press and Broadcasting in Britain* (London: Routledge).
DAHLBERG, L. (2001), 'The Internet and democratic discourse', *Information, Communication and Society (ICS)*, 4, 4: 615–33.
DAHLGREN, P. (1995), *Television and the Public Sphere* (London: Sage).
DANCE, F. E. X. (1970), 'The concept of communication', *Journal of Communication*, 20: 201–10.
DAVIS, D. K. (1999), 'Media as public arena', in R. C. Vincent, K. Nordenstreng, and M. Traber (eds.), *Towards Equity in Global Communication* (Creskill, NJ: Hampton Press), 155–68.

DAY, P., and KLEIN, R. (1987), *Accountabilities* (London and New York: Tavistock).
DAYAN, D., and KATZ, E. (1992), *Media Events* (Cambridge, Mass.: Harvard University Press).
DEARING, J. W., and ROGERS, E. M. (1996), *Agenda Setting* (Thousand Oaks, Calif.: Sage).
DEE, J. L. (1987), 'Media accountability for real-life violence: a case of negligence or free speech', *Journal of Communication*, 38, 1: 106–32.
DEFLEUR, M. L., and BALL-ROKEACH, S. (1989), *Theories of Mass Communication*, 2nd edn. (New York: Longman).
DEMAC, D. (1988), *Liberty Denied: The Current Rise of Censorship in America* (New York: PEN America Center).
DENNIS, E. E. (1991), *The Media at War* (New York: Gannett Foundation).
—— (1995), 'Internal examination: Self-regulation and the American media', *Cardozo Arts and Entertainment Law Journal*, 13, 3: 697–703.
—— GILLMOR, D., and GLASSER, T. L. (eds.) (1989), *Media Freedom and Accountability* (New York: Greenwood Press).
DHAVAN, R., and DAVIES, C. (1978), *Censorship and Obscenity* (London: Martin Robertson).
DIJK, J. G. VAN (1999), *The Network Society* (London: Sage).
DIJK, J. A. VAN, and HACKER, K. (eds.) (2000), *Digital Democracy* (London: Sage).
DONSBACH, W. (1983), 'Journalists' conception of their role', *Gazette*, 32,1: 19–36.
DOOLEY, B., and BARAN, S. (eds.) (2001), *The Politics of Information in Early Modern Europe* (London: Rouutledge), 41–56.
DORMAN, C. (1991), 'Free to be responsible: the accountability of the print media', in F. Fletcher (ed.), *Reporting the Campaign: Election Coverage in Canada*, Royal Commission on Electoral Reform, vol. xxii (Toronto and Oxford: Dundurn Press), 147–88.
DOWNIE, R. (1964), 'Social roles and moral responsibility', *Philosophy*, Jan: 29–36.
DOWNING, J. D. H. (2000), *Radical Media: Rebellious Communication and Social Movements* (Thousand Oaks, Calif.: Sage).
—— and HUSBAND, C. (1999), 'Media, ethnicity and the construction of difference', in M. Griffin and K. Nordenstreng (eds.), *International Media Monitoring* (Creskill, NJ: Hampton Press), 277–306.
DRECHSEL, R. (1992), 'Media ethics and media law: The transformation of moral obligation into legal principle', *Notre Dame Journal of Law, Ethics and Public Policy*, 6: 5–32.
DRUCKER, S., and GUMPERT, G. (eds.) (1999), *Real Law @ Virtual Space* (Creskill, NJ: Hampton Press).
DWORKIN, R. (1985), *A Matter of Principle* (Cambridge, Mass.: Harvard University Press).

EASTON, S. (2001), 'Pornography', in R. T. Chadwick (ed.), *The Concise Encyclopedia of Ethics in Politics and the Media* (San Diego: Academic Press), 241–50.
EDWARDS, L. (ed.) (1997), *Law and the Internet: Regulating Cyberspace* (Oxford: Hart Publishing).
EINSIEDEL, E. (1988), 'The British, Canadian and US pornography commissions and their use of social research', *Journal of Communication*, 38, 2: 108–21.
EISENSTEIN, E. (1978), *The Printing Press as an Agent of Change*, 2 vols. (New York: Cambridge University Press).
ELLIOTT, D. (1986), *Responsible Journalism* (Beverly Hills, Calif.: Sage).
ELLIOTT, P. (1972), 'Mass communication—A contradiction in terms?', in McQuail (ed.), *Sociology of Mass Communication*, 237–58 (Harmondsworth: Penguin).
EMERSON, T. I. (1970), *The System of Free Expression* (New York: Random House).
ENGWALL, L. (1978), *Newspapers as Organisations* (Farnborough: Saxon House).
ENTMAN, R. (1989), *Democracy Without Citizens: Mass Media and the Decay of American Politics* (New York: Oxford University Press).
ENZENSBERGER, H. M. (1970), 'Constituents of a theory of the media', *New Left Review*, 64: 13–36.
ETTEMA, J., and GLASSER, T. (1987), 'Public accountability or PR?' Newspaper ombudsmen define their role', *Journalism Quarterly*, 64, 1: 3–12.
—— and —— (1998), *Custodians of Conscience: Investigative Journalism and Public Virtue* (New York: Columbia University Press).
EUROBAROMETER (1999), No. 51 (Brussels: European Commission).
EUROPEAN JOURNAL of COMMUNICATION, 15, 3 (September 2000).
EVERS, H. (2000), 'Codes of ethics', in B. Pattyn (ed.), *Media Ethics* (Leuven: Peeters), 265–92.
FALLOWS, J. (1996), *Breaking the News: How the Media Undermine American Democracy* (New York: Pantheon).
FEBVRE, L., and MARTIN, H. J. (1984), *The Coming of the Book* (London: Verso).
FEDERMAN, J. (1998), 'Media rating systems: A comparative analysis', in M. E. Price (ed.), *The TV-chip Debate* (Mahwah, NJ: LEA), 92–132.
FEINBERG, J. (1987), *Harm to Others* (New York: Oxford University Press).
FEINTUCK, M. (1999), *Media Regulation, Public Interest and the Law* (Edinburgh: Edinburgh University Press).
FISS, O. (1991), 'Why the state?', *Harvard Law Review*, 781.
—— (1997), *The Irony of Free Speech* (Cambridge, Mass.: Harvard University Press).
FITZSIMON, M., and MCGILL, L. T. (1995), 'The citizen as media critic', *Media Studies Journal*, Spring: 91–102.

FJAESTAD, B., and HOLMLOV, P. G. (1976), 'The journalist's' view', *Journal of Communication*, 28, 2: 108–114.

FOERSTAL, H. N. (1998), *Banned in the Media: A Reference Guide to Censorship in Press, Picture, Broadcasting and the Internet* (Westport, Conn.: Greenwood Press).

FRANKEL, E., MILLER, F. D., and PAUL, J. (eds.) (1999), *Responsibility* (Cambridge: Cambridge University Press).

GALLAGHER, M. (1999), 'The global media monitoring project: Women's networking for research and action', in M. Griffin and K. Nordenstreng (eds.), *International Media Monitoring* (Creskill, NJ: Hampton Press), 199–218.

GALTUNG, J. (1999), 'State, capital and the civil society: The problem of communication', in R. Vincent, K. Nordenstreng, and M. Traber (eds.), *Towards Equity in Global Communication: McBride Update* (Cresskill, NJ: Hampton Press), 3–21.

GANS, H. J. (1979), *Deciding What's News* (New York: Vintage Books).

GARRY, P. (1994), *Scrambling for Protection: The New Media and the First Amendment* (Westport, Conn.: Greenwood Press).

GAZIANO, C., and MCGRATH, K. (1986), 'Measuring the concept of credibility', *Journalism Quarterly*, 63: 451–62.

—— and —— (1987), 'Newspaper credibility and relationships of journalists to communities', *Journalism Quarterly*, 64, 2: 237–64.

GERBNER, G., GROSS, L., MORGAN, M., and SIGNORIELLI, N. (1984), 'The political correlates of TV viewing', *Public Opinion Quarterly*, 48: 283–300.

—— MORGAN, M., and SIGNORIELLI, N. (1999), 'Profiling television violence', in M. Griffin and K. Nordenstreng (eds.), *International Media Monitoring* (Creskill, NJ: Hampton Press), 335–66.

GIDDENS, A. (1984), *The Constitution of Society* (Cambridge: Polity Press).

GIEBER, W., and JOHNSON, W. (1960), 'The City Hall beat: A study of reporters and source roles', *Journalism Quarterly*, 38: 289–97.

GILLMOR, D. (1989), 'The terrible burden of free and accountable media', in E. E. Dennis *et al.*, *Media Freedom and Accountability* (New York: Greenwood Press), 1–10.

GLASSER, T. L. (1986), 'Press responsibility and First Amendment values', in D. Elliott (ed.), *Responsible Journalism* (Beverly Hills, Calif.: Sage).

—— (ed.) (1998), *The Idea of Public Journalism* (New York: Guilford Press).

—— and CRAFT, J. (1998), 'Public journalism and the search for democratic ideals', in T. Liebes and J. Curran (eds.), *Media, Ritual and Identity* (London: Routledge).

GLEASON, T. W. (1994), *The Watchdog Concept* (Ames, Ia.: Iowa State University Press).

GOLDBERG, D., PROSSER, T., and VERHULST, S. (1998), *Regulating the Changing Media: A Comparative Study* (Oxford: Clarendon Press).

GOLDING, P., and HARRIS, P. (eds.) (1997), *Beyond Cultural Imperialism* (London: Sage).
GOLDING, P., and SNIPPENPERG, L. VAN (1995), 'Government communications and the media', in *Beliefs in Government*, 30 (London: Oxford University Press).
GOULDNER, A. (1976), *The Dialectic of Ideology and Technology* (London: Macmillan).
GRABER, D. (1986), 'Press freedom and the general welfare', *Political Science Quarterly*, 101, 2: 257–75.
GRABER, M. (1991), *Transforming Free Speech* (Berkeley: University of California Press).
GRAMSCI, A. (1971), *Selections from the Prison Notebooks* (London: Lawrence and Wishart).
GREENBERG, R. S. (1999), 'Free speech on the Internet: Controversy and control', in L. J. Pourciau (ed.), *Ethics and Electronic Information in the Twenty First Century* (Westfayette, Ind.: Purdue University Press), 93–126.
GRIFFIN, M., and NORDENSTRENG, K. (eds.) (1999), *International Media Monitoring* (Creskill, NJ: Hampton Press).
GRINGRAS, C. (1997), *The Laws of the Internet* (London: Butterworth).
GUNTER, B. (1994), 'The question of media violence', in J. Bryant and D. Zillmann (eds.), *Media Effects* (Hillsdale, NJ: Lawrence Erlbaum), 163–212.
—— and WINSTONE, B. (1993), *Public Attitudes to Television* (Hillsdale, NJ: Laurence Erlbaum).
GUSTAFSSON, K. E., and WEIBULL, L. (1997), 'European newspaper readership: structure and developments', *Communications: The European Journal of Communication Research*, 22, 3: 249–73.
HABERMAS, J. (1962/1989), *The Structural Transformation of the Public Sphere* (Cambridge, Mass.: MIT Press).
—— (1984), *The Theory of Communicative Action* (London: Heinemann).
HACKETT, R. (1984), 'Decline of a paradigm: Bias and objectivity in news media studies', *Critical Studies in Mass Communication*, 1: 229–59.
HAIMAN, F.S. (1991), 'Minorities against the First Amendment', *Communication Monographs*, 60, 1: 98–105.
HALASZ, A. (1997), *The Marketplace of Print: Pamphlets and the Public Sphere in Early Modern England* (Cambridge: Cambridge University Press).
HALL, J. (2000), 'Serving the public interest', *Media Studies Journal*, Fall: 68–75.
HALL, S. (1977), 'Culture, the media and the ideological effect', in J. Curran *et al.* (eds.), *Mass Communication and Society* (London: Edward Arnold), 315–48.
HALLIN, D. (1996), *Keeping America on Top of the World* (New York: Routledge).
HALLIN, D., and MANCINI, P. (1984), 'Political and representational forms in US and Italian TV news', *Theory and Society*, 13, 4: 829–50.
HAMELINK, C. (1994), *Global Communication* (London: Sage).
—— (2000), *The Ethics of Cyberspace* (London: Sage).

HARDT, H. (1979), *Social Theories of the Press: Early German and American Perspectives* (Beverly Hills, Calif.: Sage).
—— (1991), *Critical Communication Studies* (London: Routledge).
HARRIS, R. J. (1994), 'The impact of sexually explicit media', in J. Bryant and D. Zillmann (eds.), *Media Effects* (Hillsdale, NJ: Lawrence Erlbaum), 247–72.
HAYDON, G. (1978), 'On being Responsible', *Philosophical Quarterly*, 28: 46–51.
HEINS, M. (2000), 'Blaming the Media', *Media Studies Journal*, Fall: 14–23.
HELD, D. (1989), *Models of Democracy* (Stanford Calif.: Stanford University Press).
HELD, V. (1970), *The Public Interest and Individual Interests* (New York: Basic Books).
HELLINGA, L., and TRIBE, J. B. (eds.) (1998), *The Cambridge History of the Book in Britain* (Cambridge: Cambridge University Press).
HENTOFF, N. (2000), 'The diminishing first amendment', *Media Studies Journal*, Fall: 76–81
HERMAN, E., and CHOMSKY, N. (1988), *Manufacturing Consent: The Political Economy of Mass Media* (New York: Pantheon).
HINDMAN, E. B. (1992), 'First Amendment theories and press responsibility', *Journalism Quarterly*, 69: 48–62.
—— (1997), *Rights vs. Responsibilities: The Supreme Court and the Media* (Westport, Conn.: Greenwood Press).
HOCKING, W. E. (1947), *Freedom of the Press: A Framework of Principle* (Chicago: University of Chicago Press).
HODGES, L. W. (1986), 'Defining press responsibility: A functional approach', in D. Elliott (ed.), *Responsible Journalism* (Beverly Hills, Calif.: Sage), 13–31.
HOFFMANN-RIEM, W. (1992), 'Defending vulnerable values', in J. G. Blumler (ed.), *Television and the Public Interest* (London: Sage), 173–201.
—— (1996), *Regulating Media* (New York: Guilford).
HOLMES, S. (1990), 'Liberal constraints on private power? Reflections on the origins and rationale of access regulation', in J. Lichtenberg (ed.), *Democracy and the Mass Media* (Cambridge: Cambridge University Press), 21–65.
HOLSTI, O. (1969), *Content Analysis for the Social Sciences and Humanities* (Reading, Mass.: Addison Wesley).
HOVLAND, C. I., LUMSDAINE, A. A., and SHEFFIELD, F. D. (1951), *Experiments in Mass Communication* (Princeteon: Princeton University Press).
HUMPHREYS, P. (1996), *Mass Media and Media Policy in Western Europe* (Manchester: Manchester University Press).
HUTCHINS, R. (1947), *A Free and Responsible Press: Report of the Commission on Freedom of the Press* (Chicago: Chicago University Press).
IMMERWAHR, J., and DOBLE, J. (1982), 'Public attitudes towards freedom of the press', *Public Opinion Quarterly*, 46, 2: 177–94.
INGBER, S. (1984), 'The marketplace of ideas: A legitimising myth', *Duke Law Journal*, 1.

INGRAM, P. S. (2000), *Censorship and Free Speech* (Aldershot: Ashgate).
INNIS, H. (1951), *The Bias of Communication* (Toronto: Toronto University Press).
ISHIKAWA, S. (ed.) (1996), *Quality Assessment of Television* (Luton: Luton University Press).
ISHIKAWA, S., and MURAMATSU, Y. (1991), 'Quality assessment of broadcast programming', *Studies of Broadcasting*, 27: 207–20.
IYENGAR, S. (ed.) (1997), *Do the Media Govern?* (Thousand Oaks, Calif: Sage).
JANOWITZ, M. (1952), *The Community Press in an Urban Setting* (New York: Free Press).
—— (1975), 'Professional models in journalism: The gatekeeper and advocate', *Journalism Quarterly*, 54, 4: 618–26.
JANSEN, S. C. (1988), *Censorship: The Knot that Binds Power and Knowledge* (New York: Oxford University Press).
JOHNS, A. (1998), *The Nature of the Book* (Chicago: Chicago University Press).
JOHNSON, T. J., and KAYE, B. K. (1998), 'Cruising is believing: Comparing Internet and traditional sources on media credibility measures', *Journalism and Mass Communication Quarterly*, 75, 2: 325–40.
JOHNSTONE, J. W. L., SLAVSKI, E. J., and BOWMAN, W. W. (1976), *The News People* (Urbana, Ill.: University of Urbana Press).
JONES, S. G. (1997), *Virtual Culture: Identity and Communication in Cybersociety* (London: Sage).
KATZ, E. (1980), 'Publicity and pluralistic ignorance: notes on the "spiral of silence"', in H. Baier and H. M. Kepplinger (eds.), *Public Opinion and Social Change: For Elisabeth Noelle-Neumann* (Wiesbaden: Westdeutscher Verlag), 28–38.
KAUFER, D. S., and CARLEY, K. M. (1994), *Communication at a Distance* (Hillsdale, NJ: Laurence Erlbaum).
KEANE, J. (1991), *The Media and Democracy* (Oxford: Polity Press).
KEPPLINGER, H. M., and KOECHER, R. (1990), 'Professionalism in the media world', *European Journal of Communication*, 5, 2/3: 285–311.
KERNER COMMISSION (1968), *National Commission on the Causes and Prevention of Violence* (Washington: GPO).
KIM, J.-Y. (1999), 'First Amendment rights on the Internet: A snowball's chance in hell', in L. J. Pourciau (ed.), *Ethics and Electronic Information in the Twenty First Century* (Westfayette, Ind.: Purdue University Press), 76–92.
KLAIDMAN, S. (1994), 'The roles and responsibilities of the American press', in P. S. Cook (ed.), *Liberty of Expression* (Washington: Wilson Center Press), 91–107.
KLAPPER, J. (1960), *The Effects of Mass Communication* (New York: Free Press).
KLEINSTEUBER, H. (1997), 'Federal Republic of Germany', in Euromedia Research Group, *The Media in Western Europe* (London: Sage), 75–97.
KNIGHTLEY, P. (1991), *The First Enemy* (London: Pan).

KÖCHER, R. (1986), 'Role definitions of British and German journalists', *European Journal of Communication*, 1, 1: 43–64.
KRATTENMAKER, T. G., and POWE, L. A. (1994), *Regulating Broadcasting Programming* (Cambridge, Mass.: MIT Press).
—— and —— (1995), 'Converging First Amendment principles for converging mass media', *Yale Law Journal*, 104, 7: 1719–41.
LAHAV, P. (ed.) (1985), *Press Law in Modern Democracies: A Comparative Study* (London: Longman).
LAITILA, T. (1995), 'Journalistic codes of ethics in Europe', *European Journal of Communication*, 10, 4: 513–26.
LAMBETH, E. B. (1992), 'The news media and democracy', *Media Studies Journal*, Fall: 161–75.
—— (1992/1998), *Committed Journalism: An Ethic for the Profession* (Bloomingdale, Ind.: Indiana University Press).
LANGFORD, D. (1999), 'Beyond human control: Some ethical implications of today's Internet', in L. J. Pourciau (ed.), *Ethics and Electronic Information in the Twenty First Century* (Westfayette, Ind.: Purdue University Press), 65–75.
—— (2000), *Internet Ethics* (London: Macmillan).
LASSWELL, H. (1948), 'The structure and function of communication in society', in L. Bryson (ed.), *The Communication of Ideas* (New York: Harper), 32–51.
LEES, T., RALPH, S., and LANGHAM BROWN, J. (2000), *Is Regulation an Option in a Digital Universe?* (Luton: University of Luton Press).
LEGGATT, T. (1991), 'Identifying the undefinable', *Studies of Broadcasting*, 27: 113–32.
LEMERT, J. B. (1989), *Criticizing the Media* (Newbury Park, Calif.: Sage).
LERNER, D. (1958), *The Passing of Traditional Society* (New York: Free Press).
LESSIG, L. (1999), *Code and Other Laws of Cyberspace* (New York: Basic Books).
LEVY, F. (1999), 'The decorum of news', in J. Raymond (ed.), *News, Newspapers and Society in Early Modern Britain* (London: Frank Cass), 12–38.
LICHTENBERG, J. (ed.) (1990a), *Democracy and the Mass Media* (Cambridge: Cambridge University Press).
—— (1990b), 'Foundations and limits of freedom of the press', in J. Lichtenberg (ed.), *Democracy and the Mass Media* (Cambridge: Cambridge University Press), 102–35.
LICHTER, S. R., and ROTHMAN, S. (1986), *The Media Elite: America's New Power Brokers* (Bethesda, Md.: Adler and Adler).
LIND, R. A. (1999), 'Viewer response to ethical issues in TV news', *Journalism Monographs*, 142.
LIPPMANN, W. (1922), *Public Opinion* (New York: Harcourt Brace).
LOVELAND, I. (1998), *Importing the First Amendment* (Oxford: Hart Publishing).

LOWENTHAL, L. (1961), *Literature, Popular Culture and Society* (Englewood Cliffs, NJ: Prentice-Hall).
LUCAS, J. (1993), *Responsibility* (Oxford: Clarendon Press).
LUHMANN, N. (2000), *The Reality of the Mass Media* (Cambridge: Polity Press).
MCBRIDE, S., et al. (ed.) (1980), *Many Voices, One World* (Paris: Unesco; London: Kogan Page).
MCCHESNEY, R. W. (2000a), *Rich Media, Poor Democracy: Communication Politics in Dubious Times* (New York: The New Press).
—— (2000b), 'Campaign spending and the first amendment', *Media Studies Journal*, Fall: 8–13.
MCGUIGAN (1992), *Cultural Populism* (London: Routledge).
MCGUIRE, W. (1973), 'Persuasion, resistance and attitude change', in I. De sola Pool et al., *Handbook of Communication* (Chicago: Rand McNally), 216–52.
—— (1986), 'The myth of mass media impacts: salvagings and savings', in G. Comstock (ed.), *Public Communication and Behavior*, vol. 1 (Orlando, Fla.: Academic Press), 173–257.
MACINTYRE, J. S. (1981), *After Virtue: A Study in Moral Theory* (Notre Dame, Ind.: Notre Dame University Press).
—— (1987), 'Repositioning a landmark: The Hutchins Commission and freedom of the press', *Critical Studies in Mass Communication*, 4: 136–60.
MCLUHAN, M. (1962), *The Gutenberg Galaxy* (Toronto: Toronto University Press).
MCMANUS, J. H. (1994), *Market-drive Journalism: Let the Citizen Beware* (Thousand Oaks, Calif.: Sage).
MCMASTERS, P. K. (2000), 'Unease with excess', *Media Studies Journal*, Fall: 108–12.
MCQUAIL, D. (1983), *Mass Communication Theory: An Introduction* (London: Sage).
—— (1992), *Media Performance: Mass Communication in the Public Interest* (London: Sage).
—— (1997), *Audience Analysis* (London: Sage).
—— (2000), *Mass Communication Theory* (London: Sage).
—— and WINDAHL, S. (1993), *Communication Models* (London: Longman).
MARCUSE, H. (1964), *One-Dimensional Man* (London: Routledge Kegan Paul).
MARSDEN, C. T. (2000), *Regulating the Global Information Society* (London: Routledge).
MEALE, C. M., and BOFFEY, J. (1998), 'Gentlewomen's reading', in L. Hellinga and J. B. Tribe (eds.), *The Cambridge History of the Book in Britain* (Cambridge: Cambridge University Press), 526–40.
MENDELSOHN, H. (1966), *Mass Entertainment* (New Haven: College and University Press).

MERRILL, J. C. (1989), 'The market place—A court of first resort', in E. E. Dennis, D. M. Gillmor, and T. L. Glasser (eds.), *Media Freedom and Accountability* (Westport, Conn.: Greenwood Press), 35–54.
MEYER, P. (1987), *Ethical Journalism* (New York: Longman).
MEYER, T. (2002), *Mediated Politics* (Cambridge: Polity Press).
MILL, J. S. (1869/1986), *On Liberty* (Harmondsworth: Penguin).
MILLS, C. W. (1956), *The Power Elite* (New York: Oxford University Press).
MILTON, J. (1644/1969), *For the Liberty of Unlicensed Printing: Areopagitica* (Paris: Aubier-Flammarion).
MINNIS, A. (1984), *Medieval Theory of Authorship* (London: Scolar Press).
MITCHELL, J., and BLUMLER, J. G. (eds.) (1994), *Television and the Viewer Interest* (London: John Libbey).
MONTGOMERY, K. (1989), *Target: Prime-Time* (New York: Oxford University Press).
MORRIS, M., and OGAN, C. (1996), 'The Internet as mass medium', *Journal of Communication*, 46, 1: 39–50.
MORRISON, D., and TUMBER, H. (1988), *Journalists at War* (London: Sage).
MURDOCK, G., and GOLDING, P. (1977), 'Capitalism, communication and class relations', in J. Curran *et al.* (eds.), *Mass Communication and Society* (London: Edward Arnold), 12–43.
MURPHY, D. (1976), *The Silent Watchdog* (London: Constable).
MURSCHETZ, P. (1998), 'State support for the daily press in Europe: A critical appraisal', *European Journal of Communication*, 13, 3: 291–314.
NAPOLI, P. M. (2001), *Foundations of Communications Policy: Principles and Process in the Regulation of Electronic Media* (Creskill, NJ: Hampton Press).
NAUGHTON, J. (1999), *A Brief History of the Future* (London: Wiedenfeld and Nicholson).
NERONE, J. (1994), *Violence Against the Press* (New York: Oxford University Press).
—— (ed.) (1995), *Last Rights: Revisiting Four Theories of the Press* (Urbana, Ill.: University of Illinois Press).
NOELLE-NEUMANN, E. (1984), *The Spiral of Silence* (Chicago: University of Chicago Press).
NORDENSTRENG, K. E. (1984), *The Mass Media Declaration of Unesco* (Norwood, NJ: Ablex).
—— (1997), 'Beyond the four theories of the press', in J. Servaes and N. Lie (eds.), *Media and Politics in Transition* (Leuven: Acco), 97–110.
—— (2000), 'The structural context of media ethics: How media are regulated in democratic society', in B. Pattyn (ed.), *Media Ethics* (Leuven: Peeters), 69–86.
—— and TOPUZ, H. (eds.) (1989), *Journalist: Status, Rights and Responsibilities* (Prague: IOJ).
NORRIS, P. (2000), *A Virtuous Circle* (Cambridge: Cambridge University Press).
OLEDZKI, J. (1998), 'Polish journalists: Professionals or not?', in D. H. Weaver (ed.), *The Global Journalist* (Creskill, NJ: Hampton Press), 277–98.

OLEN, J. (1988), *Ethics in Journalism* (Englewood Cliffs, NJ: Prentice-Hall).

OVSIOVITCH, J. S. (1999), 'News coverage of human rights', in M. Griffin and K. Nordenstreng (eds.), *International Media Monitoring* (Creskill, NJ: Hampton Press), 243–62.

OWEN, B. M. (1975), *Economics and Freedom of Expresssion: Media Structure and the First Amendment* (Cambridge, Mass.: Ballinger).

PALETZ, D. (1988), 'Pornography, politics and the press: The US Attorney General's Commission on Pornography', *Journal of Communication*, 38, 2: 122–37.

—— and ENTMAN, R. (eds.) (1981), *Media, Power, Politics* (New York: Free Press).

PARK, R. (1923/1967), 'The natural history of the newspaper', in R. H. Turner (ed.), *On Social Control and Collective Behavior* (Chicago: University of Chicago Press), 97–113.

PARSONS, T. (1967), *Sociological Theory and Modern Society* (Glenoce, Ill.: Free Press).

PATELIS, K. (2000), 'Beyond Internetophilia: Regulation, public service media and the Internet', in T. Lees, S. Ralph, and J. Langham Brown (eds.), *Is Regulation an Option in a Digital Universe?* (Luton: University of Luton Press), 283–92.

PATTERSON, T. (1993), 'Fourth branch or fourth rate: The press's failure to live up to the founders' expectations', *Political Communication*, 10: 8–16.

—— (1998), 'Political roles of the journalist', in D. Graber, D. McQuail, and P. Norris (eds.), *The Politics of News: News of Politics* (Washington: CQ Press), 17–33.

PERSE, E. M. (2001), *Media Effects and Society* (Hillsdale, NJ: Laurence Erlbaum).

PETERSON, T. (1956), 'The social responsibility theory', in F. Siebert, T. Peterson, and W. Schramm, *Four Theories of the Press* (Urbana, Ill.: University of Illinois Press), 73–104.

PICARD, R. (1985), *The Press and the Decline of Democracy* (Westport, Conn.: Greenwood Press).

—— (1988), *The Ravens of Odin: The Press in the Nordic Countries* (Ames, Ia.: Iowa State University Press).

PLAISANCE, P. L. (2000), 'The concept of media accountability reconsidered', *Journal of Mass Media Ethics*, 15, 4: 257–68.

POOL, I. DE SOLA (1983), *Technologies of Freedom* (Cambridge, Mass.: Harvard University Press).

—— and SHULMAN, I. (1959), 'Newsmen's fantasies, audiences and newswriting', *Public Opinion Quarterly*, 23, 2: 145–58.

PORTER, V. (1995), 'The new European order for public service broadcasting', in E. M. Barendt (ed.), *The Yearbook of Media Entertainment Law* (Oxford: Clarendon Press), 81–100.

POURCIAU, L. J. (ed.) (1999), *Ethics and Electronic Information in the Twenty First Century* (Westfayette, Ind.: Purdue University Press).

POWE, L. (1991), *The Fourth Estate and the Constitution* (Berkeley: University of California Press).

President's Commission (1970), *Report of the Commission on Obscenity and Pornography* (Washington: US Government Printing Office).

Press Complaints Commission (1999), *Code of Practice* (London: PCC).

PRICE, M. E. (1995), *Television, the Public Sphere, and National Identity* (Oxford: Oxford University Press).

—— (ed.) (1998), *The TV-chip Debate* (Mahwah, NJ: LEA).

PRITCHARD, D. (1991), 'The role of press councils in a system of media accountability: The case of Quebec', *Canadian Journal of Communication*, 16, 2: 73–93.

—— (ed.) (2000), *Holding the Media Accountable* (Bloomingdale, Ind.: University of Indiana Press).

PROSSER, T. (2000), 'International lessons on law and regulation', in T. Lees, S. Ralph, and J. Langham Brown (eds.), *Is Regulation an Option in a Digital Universe?* (Luton: University of Luton Press), 99–104.

RABOY, M. (2000), 'Global communication policy and human rights', in R. G. Noll and M. E. Price (eds.), *A Communications Cornucopia: Markle Foundation Essays on Communication Policy* (Washington: Brookings Institute Press), 218–42.

RAYMOND, J. (ed.) (1999), *News, Newspapers and Society in Early Modern Britain* (London: Frank Cass).

REED, A. (2000), 'Jurisdiction and choice of law in a borderless electronic environment', in Y. Akdeniz, C. Walker, and D. Wall (eds.), *The Internet, Law and Society* (London: Longman), 79–105.

Reporters sans Frontieres (1995), *Report Freedom of Press Throughout the World* (London: John Libbey).

RIVERS, W. L., and NYHAN, M. J. (1973), *Aspen Notebooks on Government and the Media* (New York: Praeger).

ROBERTS, D. E. (1998), 'Media content labelling systems', in M. E. Price (ed.), *The TV-chip Debate* (Mahwah, NJ: LEA), 157–77.

ROBILLARD, S. (1995), *Television in Europe: Regulatory Bodies* (London: John Libbey).

ROBINSON, J., and LEVY, M. (1986), *The Main Source* (Beverly Hlls, Calif.: Sage).

ROGERS, E. M. (1962), *The Diffusion of Innovations* (Glencoe, Ill.: Free Press).

RORTY, R. (1989), *Contingency, Irony and Solidarity* (New York: Cambridge University Press).

ROSEN, J. (1993), 'Beyond objectivity', *Niemann Reports*, 47: 48–53.

ROSENGREN, K. E. (2000), *Communication: An Introduction* (London: Sage).

Royal Commission on the Press (1949), *Report*. Cmd. 7700 (London: HMSO).

Royal Commission on the Press, 1974–7 (1977a), *Report*, Cmnd. 6810 (London: HMSO).

Royal Commission on the Press, 1974-7 (1977b), *Attitudes to the Press*, Research report no. 3, Cmnd. 6810-3 (London: HMSO).

RUGGLES, M. (1994), *The Audience Reflected in the Medium of Law: Political Economy of Speech Rights* (Norwood, NJ: Ablex).

RYAN, M. (2001), 'Journalistic ethics, objectivity, existential journalism, standpoint epistemology and public journalism', *Journal of Mass Media Ethics*, 16, 1: 3-22.

SANDEL, M. J. (1982), *Free Speech and the Limits of Justice* (Cambridge: Cambridge University Press).

SANFORD, B. W. (1999), *Don't Shoot the Messenger: How Our Growing Hatred of Media Threatens Free Speech* (New York: Free Press).

—— (2000), 'News gathering and the new economy', *Media Studies Journal*, Fall: 52-7.

SCANLON, T. M. (1990), 'Content regulation reconsidered', in J. Lichtenberg (ed.), *Democracy and Mass Media* (Cambridge: Cambridge University Press).

SCHAUER, F. (1982), *Free Speech: A Philosophical Inquiry* (Cambridge, Mass.: Harvard University Press).

—— (1986), 'The role of the people in First Amendment Theory', *California Law Review*, 74: 761-88.

SCHILLER, H. (1969), *Mass Media and American Empire* (New York: Augustus M. Kelly).

SCHLEIFER, J. T. (1994), 'Tocqueville as an observer', in P. S. Cook (ed.), *Liberty of Expression* (Washington: Wilson Center Press).

SCHMID, A., and GRAAF, J. DE (1982), *Violence as Communication* (Beverly Hills, Calif.: Sage).

SCHMIDT, B. C. (1976), *Freedom of the Press versus Public Access* (New York: Praeger).

SCHROEDER, T. (2001), 'The origins of the German press', in B. Dooley and S. Baran (eds.), *The Politics of Information in Early Modern Europe* (London: Routledge), 123-50.

SCHUDSON, M. (1998), 'The public journalism movement and its problems', in D. Graber, D. McQuail, and P. Norris (eds.), *The Politics of News: News of Politics* (Washington: CQ Press), 132-49.

—— (1999), 'What public journalism knows about journalism but does not know about "Public"', in T. L. Glasser (ed.), *The Idea of Public Journalism* (New York: Guilford Press), 118-35.

SCHULTZ, J. (1998), *Reviving the Fourth Estate* (Cambridge: Cambridge University Press).

SCHWARTZ, B. (1992), *Freedom of the Press* (New York: Facts on File).

SCHWEIGER, W. (2000), 'Media credibility—Experience or image?', *European Journal of Communication*, 15, 1: 37-60.

SCOTT, M. B., and LYMAN, S. (1968), 'Accounts', *American Sociological Review*, 33: 46-62.

SELDES, G. (1938), *Lords of the Press* (New York: Julian Messner).
SEMIN, G. R., and MANSWELD, A. S. R. (1983), *The Accountability of Conduct: A Social-Psychological Approach* (London: Academic Press).
SEYMOUR-URE, C. (1974), *The Political Impact of Mass Media* (London: Constable).
SHELTON, P., and GUNARATNE, S. A. (1998), 'Old wine in new bottles: Public journalism, development journalism and social responsibility', in M. E. Roloff and G. D. Paulson (eds.), *Communication Yearbook* 21 (Thousand Oaks: Sage), 277–321.
SHOEMAKER, P. (1991), *Gatekeeping* (Thousand Oaks, Calif.: Sage).
SHOTTER, J. (1984), *Social Accountability and Selfhood* (Oxford: Blackwood).
SIEBERT, F. R., PETERSON, T., and SCHRAMM, W. (1956), *Four Theories of the Press* (Urbana, Ill.: University of Illinois Press).
SINGLETARY, M. W. (1982), 'Commentary: Are journalists "professionals"?' *Newspaper Research Journal*, 3: 75–78.
SIUNE, K., and HULTEN, O. (1998), 'Does public broadcasting have a future?', in D. McQuail and K. Siune (eds.), *Media Policy* (London: Sage), 22–37.
SKINNER, B. F. (1959), *Verbal Behavior* (London: Methuen).
SKOGERBO, E. (1997), 'The press subsidy system in Norway', *European Journal of Communication*, 12, 1: 99–118.
SLEVIN, J. (2000), *The Internet and Society* (Cambridge: Polity Press).
SMILEY, M. (1992), *Moral Responsibility and the Boundaries of Community: Power and Accountability from a Pragmatic Point of View* (Chicago: University of Chicago Press).
SMITH, A. (1977), 'Subsidies and the press in Europe', *Political and Economic Planning* 43 (London: PEP).
SMITH, A. (1989), 'The public interest', *Intermedia*, 17, 2: 10–24.
SMITH, J. (1999), *War and Press Freedom* (New York: Oxford University Press).
SMOLLA, R. (1992), *Free Speech in a Open Society* (New York: Knopf).
SNODDY, R. (1992), *The Good, the Bad and the Unacceptable* (London: Faber).
SOLOSKI, J. (1989), 'News reporting and professionalism', *Media, Culture and Society*, 11: 207–28.
STEWART, D. W., and WARD, S. (1994), 'Media effects on advertising', in J. Bryant and D. Zillmann (eds.), *Media Effects* (Hillsdale, NJ: Laurence Erlbaum), 315–63.
SUNSTEIN, C. (1993), *Democracy and the Problem of Free Speech* (New York: Free Press).
—— (1995), 'The First Amendment in Cyberspace', *Yale Law Journal*, 104, 7: 1757–1804.
Surgeon General's Scientific Advisory Committee on Television and Social Behavior (1972), *Television and Growing Up: The Impact of Televised Violence* (Washington: US Government Printing Office).

SUTTER, G. (2000), 'Nothing new under the sun: Old fears and new media', *International Journal of Law and Information Technology*, 8, 3: 338–78.

SVENNEVIG, M., and TOWLER, B. (2000), 'Regulating the future; the users views', in T. Lees, S. Ralph, and J. Langham Brown (eds.), *Is Regulation an Option in a Digital Universe?* (Luton: University of Luton Press).

SWANSON, D., and MANCINI, P. (eds.) (1996), *Politics, Media and Modern Democracy* (Westport, Conn.: Praeger).

TAYLOR, C. (1989), *Sources of the Self: The Making of the Modern Identity* (Cambridge, Mass.: Harvard University Press).

THOMASS, B. (2000), 'Journalism ethics', in B. Pattyn (ed.), *Media Ethics* (Leuven: Peeters), 249–64.

THOMPSON, J. B. (1995), *The Media and Modernity* (Cambridge: Polity Press).

TRAPP, J. B. (1998), 'Literacy, books and readers', in L. Hellinga and J. B. Tribe (eds.), *The Cambridge History of the Book in Britain* (Cambridge, Cambridge University Press), 31–46.

TRAPPEL, J., and MEIER, W. (1998), 'Media concentration: Policy options', in D. McQuail and K. Siune (eds.), *Media Policy* (London: Sage), 191–205.

TRENAMAN, J. S. M. (1967), *Communication and Comprehension* (London: Hutchinson).

TUMAN, S. (1999), 'The old rules may not apply any more', in S. Drucker and G. Gumpert (eds.), *Real Law @ Virtual Space* (Creskill, NJ: Hampton Press), 151–65.

TUMBER, H. (1982), *Television and the Riots* (London: British Film Institute).

TUNSTALL, J. (1971), *Journalists at Work* (London: Constable).

TUROW, J. (1994), 'Hidden conflicts and journalistic norms: The case of self-coverage', *Journal of Communication*, 44, 2: 29–44.

US Attorney General's Commission on Pornography (1986), *Final Report* (Washington: Department of Justice GPO).

VAN ALSTYNE, W. W. (1984/1992), 'A graphic review of the free speech clause', in J. H. Garvey and F. Schauer (eds.), *The First Amendment Reader* (St Paul, Minn.: West Publishing Co), 161–72.

VERHULST, S. (2002), 'About scarcities and intermediaries: The regulatory paradigm shift of digital content reviewed', in L. Lievrouw and S. Livingstone (eds.), *Handbook of New Media* (Thousand Oaks, Calif.: Sage), 432–60.

VINCENT, R. C., NORDENSTRENG, K., and TRABER, M. (eds.) (1999), *Towards Equity in Global Communication* (Creskill, NJ: Hampton Press).

VOAKES, P. S. (2000), 'Rights, wrongs and responsibilities: Law and ethics in the newsroom', *Journal of Mass Media Ethics*, 15, 1: 29–42.

WAISBORD, S. (2000), *Watchdog Journalism in South America* (New York: Columbia).

WALKER, D. (2000), 'Newspaper power: A practitioner's account', in H. Tumber (ed.), *Media Power, Professionals and Policies* (London: Routledge), 2236–246.

WALL, D. (2000), 'Policing the Internet: Maintaining order and law on the cyberbeat', in Y. Akdeniz, C. Walker, and D. Wall (eds.), *The Internet, Law and Society* (London: Longman), 154–74.

WALZER, M. (1983), *Spheres of Justice: A Defense of Pluralism and Equality* (New York: Basic Books).

WARTELLA, E., OLIVAREZ, A., and JENNINGS, N. (1998), 'Children and television violence in the United States', in U. Carlsson and C. von Feilitzen (eds.), *Children and Media Violence on the Screen* (Göteborg: Nordicom), 447–59.

WEAVER, D. (ed.) (1998), *The Global Journalist* (Creskill, NJ: Hampton Press).

—— and WILHOIT, C. (1986), *The American Journalist* (Bloomingdale, Ind.: Indiana University Press).

—— and —— (1996), *The American Journalist in the 1990s* (Mahwah, NJ: LEA).

WEBER, M. (1948) 'Politics as a vocation', in H. Gerth and C. W. Mills (eds.), *Max Weber Essays* (London: Heinemann).

—— (1964), *Theory of Social and Economic Organization*, ed. T. Parsons (New York: Free Press).

WESTERSTAHL, J. (1983), 'Objective news reporting', *Communication Research*, 10, 3: 403–24.

WESTLEY, B., and MACLEAN, M. (1957), 'A conceptual model for communication research', *Journalism Quarterly*, 34: 31–8.

WHITNEY, C. (1986), *The Media and the People* (New York: Gannett Center for Media Studies).

WILSON, W. C. (1975), 'Belief in freedom of speech and the press', *Journal of Social Issues*, 69–76.

WRIGHT, C. R. (1960), 'Functional analysis and mass communication', *Public Opinion Quarterly*, 24: 606–20.

WU, W., WEAVER, D., and JOHNSON, O. V. (1998), 'Professional roles of Russian and U.S. journalists: A comparative study', *Journalism and Mass Communication Quarterly*, 75, 2: 534–48.

WUESTE, D. E. (ed.) (1994), *Professional Ethics and Social Responsibility* (Lanham, Md.: Rownan and Littlefield).

WYATT, R. O. (1991), *Free Expression and the American Public: A Survey* (Washington: ASNE).

訳者あとがき

　本書は、デニス・マクウェールの英文著書、McQuail, Denis. 2003. *Media Accountability and Freedom of Publication.* London: Oxford University Press（『メディア・アカウンタビリティと公表行為の自由』）の全訳である。

　本書の主題もしくは本書におけるマクウェールの関心は、①「メディアによる情報提供行為」（publication＝公表行為）はどのようにして、②「公共善」（public good≒public benefit＝公益）への貢献という責務の履行としての、③「アカウンタビリティ」（accountability）を、④「自由」（freedom）を失うことなく果たせるのか、という点にある。氏はこの四つの概念を中心にした研究に長年にわたって取り組み、1992年、"Media Performance: Mass Communication in the Public Interest"『メディアの活動：マスコミュニケーションと公益』としてまとめた。その流れとして、メディアがその社会的責任を自覚し、それを責務として履行するプロセスとその正当化ついて発表した論文が、本書の基本となった1997年の 'Accountability of Media to Society: Principles and Means'（「メディア・アカウンタビリティと社会：原則と手段」（European Journal of Communication, Vol. 12.4, 1997, pp.511-529）である。それをさらに深化させ、6年後に総合理論として著したのが今回の日本語版の原著 "Media Accountability and Freedom of Publication" であり、著者の過去50年以上にわたる研究成果の代表的著作である。

　デニス・マクウェールには全部で30冊近い編著書があるが、これまでに日本語になっているものは以下の通りである。

デニス・マクウェール著、山中正剛監訳（1979）『コミュニケーションの社会学：その理論と今日的状況』川島書房
デニス・マクウェール編著、時野谷浩訳（1979）『マス・メディアの受け手分析』誠信書房
デニス・マクウェール著、竹内郁郎・三上俊治・竹下俊郎・水野博介訳（1985）『マス・コミュニケーションの理論』新曜社（第5版の新訳は、大石裕監訳『マス・コミュニケーション研究』慶應義塾大学出版会、として近刊）
デニス・マクウェール、S・ウィンダール著、山中正剛・黒田勇訳（1986）『コミュニケーション・モデルズ：マス・コミ研究のために』松籟社

　氏の『マス・コミュニケーションの理論』（The Theory of Mass Communication、2005年に第5版）はメディア論の世界標準の大学教科書になり、現在も最新の成果を取り入れた改訂作業が行われている。その意味で氏はこの分野での世界の代表選手の一人、とくに、メディア理論を総合的に記述でき、しかも74歳になった今もそれを継続している尊敬すべき学者である。
　以下、簡単に経歴を紹介しておけば、1935年4月、英国に生まれ、英国籍。59年オックスフォード大学歴史社会科学部卒業後、リーズ大学テレビ研究センターの研究員を経て、65年にサザンプトン大学へ移籍。社会学を講じ、マスコミュニケーションと世論の研究に従事した。69年、その成果をTowards a Sociology of Mass Communication（『マスコミュニケーションの社会学』）として出版、同年リーズ大学より博士号を取得。70年代に入ると王立プレス委員会の学術顧問を務め（74-77）、"The Analysis of Newspaper Content"（『新聞コンテンツの分析』1977）を発表。同年、アムステルダム大学マスコミュニケーション学部長として招請され、97年まで勤務し、名誉教授に推された。ロンドン郊外に居住地を移した後も、サザンプトン大学とアムステルダム大学の教育・研究現場に継続して関わると同時に、ハーバード大学（米国）やサンクトペテルスブルグ大学・モスクワ大学（ロシア）、日本では同志

社大学などの教壇に立ち、若手研究者を指導してきた。著作活動も衰えることなく、最近でもメディア責任理論の編纂に努めたり、ロシアでの講義録を元に『ジャーナリズム原論』をロシアで出版している。また、学術誌 European Journal of Communication（1985年～）の創設編集者でもあり、現在に至っている。

　本書のメディア学上の貢献は先に挙げた概念を具体化しながら、メディアなくして成立しなくなっている私たちの社会において、メディアの諸活動は果たしてその期待された責任を履行しているか、もしそれがなされていなければ、その自主的な社会的責任履行のプロセスはどのようにしたら保障されるのかという課題を、メディアの責務としての「アカウンタビリティ」という視点から膨大な関係文献を比較検討しながら哲学的かつ理論的に解明したところにある。つまり、メディア組織が情報源・著作者と接し、そこから情報を収集、編集し、送り出し、そこに誤りがあれば謝罪し、ときには賠償や法的責任の履行を含め、相応の応答責任および法的責任を果たすという、メディアの社会的責任の履行プロセスの総体を「アカウンタビリティ」と呼び、メディア学各分野の成果に目配りして執筆したものが本書である。
　著者自身の言い方でその姿勢を語れば、アカウンタビリティとは「かなり少数の権力者たちによって支配されているコミュニケーションを、多くの受容者や情報送出をしたいが弱い立場に置かれた潜在的送信者たちの利益を代表して、制限を加え、チェックし、バランスをとるための手段」（本書第8章）だということである。その背景には次のような、現在の公共コミュニケーションの実相への危惧がある。「今のマスメディア産業の核となっているのはあらゆる種類の広報・マーケティング・広告・プロパガンダなどで、本来の公表行為やコミュニケーションは添え物のような状態にあるという事実である」（本書第15章）。
　言うまでもなく、原題に用いられたpublicationという語は「publicにすること」を意味し、一般には「出版」とか「公開」と訳されるが、情報が公開

され、誰にもアクセスできる状態にする行為、つまり情報を社会的に明らかにする行為＝「公表行為」のことであり、通常それを専門的職業としているのがメディアだという事実を前提として解析し、その視座からメディアによる表現行為と社会との倫理的責任と力学関係を論じていく。メディア学やメディア評論ではアカウンタビリティという用語はよく出てくるが、氏がこの議論のために多方面での学問的蓄積を紹介しながら自説を展開していく作業はじつに壮観であり、本テーマでこれほどの総合性を持った深い探索がなされたのは本書をもって嚆矢とする。ただし、実務的アカウンタビリティに関する研究としては、クロード・ベルトラン編『世界のメディア・アカウンタビリティ制度』（和訳は明石書店、前澤猛訳）があり、あわせ利用されたい。

さて、その学風とこれほどまでの落ち着きはどこから来るのか。長年の真摯な研究の蓄積は当然のことだが、このような著作を公刊できる背景にはそれ以上のものがあるに違いない。訳者は長年にわたり原著者と親しく交流してきたが、その第1は、氏が大学で歴史学を修め、その後メディアの現場とその実務関係者との関係を深めたうえで学問の場に移ったこと。第2は、研究の場がイギリスからオランダのアムステルダム大学へ移り、場所の複眼思考が可能になり、それが見事に花開いたということである。小国とはいえ、地理的にオランダはヨーロッパの中心に位置し、地域言語としてのオランダ語を使用しながら、現代のグローバル言語、支配語である英語の使用にも問題はなく、それらが氏の著作に顕著なバランスのとれた多層思考をより確かなものにしたのであろう。アムステルダムの大書店では英語の本が書棚のかなりの部分を占めているが、現地での主要通用言語はあくまでオランダ語であり、学生たちもヨーロッパ中から集まるという平衡感覚がそこにはある。

もちろん、このマクウェールに弱点がないわけではない。批判的に述べれば、氏のアカウンタビリティ論は、これまでの学問的成果、それも英語文献を中心に要領よくまとめられてはいるが単なる処方箋的手続きにすぎないのではないか、コミュニタリアニズム＝共同体主義やパブリックジャーナリズム＝市民ジャーナリズムにも触れられている（第3章）がそれらを超えてメ

ディアと社会全体を展望した改革はいかにしたら可能かという不安も残る。私自身は、人間社会の在り方とそれへのメディアによる情報提供面からの貢献を「メディアの積極的公正中立主義」として総合的な提言をしてきている（「メディアの倫理と社会的責任」『メディアの法理と社会的責任』ミネルヴァ書房、「取材・報道原理としての〈積極的公正中立主義〉」『同志社メディア・コミュニケーション研究』第3号等に収録）が、その点からみても氏の論はやはり控えめにすぎる。また、氏の論にはいくらか歴史的記述がおおざっぱに過ぎる面もある。たとえば、「原初期のコミュニケーションの多くは、文字言語が存在していたところでも、口頭で行われていた」（第2章）という表現。厳密にいえば、どのような社会でも、口頭コミュニケーションが先に存在し、文字言語ができてからも初期の識字率は低いから、両者の併存はいわずもがなのことであるし、途上国だけではなく現在の私たちの日常生活においても両者の併用は当然かつ自然なことだからである。さらにこの第2章にはこうもある。「エイゼンシュタインによれば、印刷は、神の言葉を広める手段として、15世紀の教会によって広く受け入れられたという（Eisenstein 1978: 317）。1521年までの神聖ローマ帝国やそれより後のイングランドでも、印刷物の検閲は課されていなかった」。『アレオパジティカ』（1644年）の例やローマ法王庁（教皇庁）などによる写本の統制例もあり、こうした記述だけでは誤解をまねきかねない（たとえば、J・カラン『メディアと権力』論創社刊の第2章を参照）。また「（現在のコミュニケーション革命には）産業やビジネスの新形態や消費者への豊かな新しいサービスが出てくることが期待される。と同時に、確実な証拠があるわけではないのだが、少数者に権力と特権を与え、大部分の人びとを情報的にも文化的にも貧しくしてきた障害物がしだいに除去されつつあるのであろう」（第15章）といった楽観的記述が安易になされるのも気になる。またインターネットと社会的統制についてももう少し踏み込んだ言及があってもよかったと訳者には思える。

　だが、これらのことは氏が歴史や現状に疎いからではなく、最初に大枠から入ろうとして、その部分の締めをするまえに全体的テーマの結論に進もう

とする表現手法がそうさせていると思われる。現在の学者たちの中にはプロセスの説明に統計数字を駆使しながら、全体の位置づけができないか、数字は科学だといい、その研究対象としての社会現象がもともと数値で割り切れない人間行動を無理して数値化してしまったときから、間違いが始まっていることに気づかなかったり、総合的な学知に基づくことなく、結論を性急に記してしまう者がいる。ソクラテスは物事を追究して「アポリア」（行き詰まり）になり、そこから新たな道の探究にあたる謙虚な姿勢をとったが、氏にも有り余る「フィロソフィア」（愛知）があり、ややあいまいな表現となる場合があるのであろう。

　同じような例は次の記述にも見られる。著作者（author）の代理人としての「メディアはそれぞれに、様々な種類の単独の著作者をオーディエンスのもとに届けるための製作や配信の組織的および技術的手段を提供している……中継するメディアには原著者によるその影響はたいてい分からないし、予測もできないから、伝送者としてのメディアの起因責任は一般的に大きくはない」（第7章）。この部分はメディア側が情報収集に関わるときの「意図」（企画）にそれほどの重点を置いていない、つまりコミュニケーター（情報送出関係者）による編集作業の存在に重きを置かない考え方であるとも読み取れ、現行メディアの実態にはそぐわないだろう。

　こうした部分は断定を避ける氏の筆法の特徴の一つだが、それがプラスになることもある。たとえば第11章の次の記述である。（自由市場主義を標榜して）「物質的商品を扱っている市場では多くの消費者が粗悪品で間に合わせなければならない。このような現実の市場では、すべての人が基本的な平等に基づいて参加し、お互いが平等に意見を聴き、自分の意見を聞いてもらえる形式が保障されてはいない」。これは現代社会の自由主義経済のまやかし（smoke and mirrors）を見事に言い当てている。この一例からも、氏のメディア論がメディアの現状をギリシャ・ローマ時代から押さえることによって、メディアが社会的に情報発信する＝公表行為、言い換えれば、メディアの公共的情報活動を「プレスの自由と責任」という視点から捉え直し、民主的な

社会の維持、推進者としてメディアの位置づけをしようとしていることが理解できるであろう。その意味では本書は第12章で言及される、米国のハッチンス委員会報告書（和訳は『自由で責任あるメディア』論創社、2008年 [1947]）がメディアの自由と責任という課題に対して「メディアの社会的教育機能」という点からアプローチしたことに比肩するものであり、著者本人も同報告書から影響を受けていると訳者に伝えている。

現在の学界の傾向として、小さなことに拘泥して大局を見失ったり、発表した論文や著作はあくまで改訂しないことが権威を保つには必要だという考え方が強い。しかしそうしたタイプの学者たちの多くは現実の社会生活では国家枠組追随主義に与し、保身的ナショナリストもしくは論文点数主義者となるか、米国型実利を重視して当面の強者の枠組に応じて頻繁に立場を変える随伴者として生き延びるしかない。氏の学者としての良心はそうした人たちとは根本的に違う。その意味で、一見、未成熟に受け取られる部分のある氏のアカウンタビリティ論には冷静かつインターディシプリナリー（学際的・倫理規範的）なしつらえがある。

さて、本書の最重要語である「アカウンタビリティ」（accountability）は日本では一般的に「説明責任」として国会の討論等でも多用され、マスコミ用語になっている。しかし、その程度の訳では問題の本質はつかめないどころか、明白な「誤訳」ともいえ、日本社会での言論の質的向上への害毒とさえなっている。氏が本書で展開している「アカウンタビリティ」とは、現在求められているメディアへの要請という観点に立てば、「自発的か否かは別にして、それはコミュニケーターたちが自分たちの公表行為の目的やコンテンツあるいは結果に対して応答責任を果たす過程のことだと定義することができる」ものだとする（第8章）

公共性（社会性と公益性）といえば、本書における議論もそうだが、世界的にもその多くがハーバーマスへの言及から始まる。著者の公共性論もハーバーマスから用語を借用しているとはいえ、「公開の議論の場」という意味

で使っているにすぎない。また、ハーバーマスにしても、その公共性の枠組はハンナ・アーレントの『人間の条件』を参考にして、ナチズム的統制と資本の横暴に服すことをよしとしない彼の頭の中で理想として形成された、「利害」に拘泥しないブルジョア層による「メディアの中の自由論争圏」を加えたものである。つまり、ハーバーマスのいう公共圏（Öffentlichkeit, public sphere）はこれまで現実として存在したことのない概念レベルの理想にすぎないことはすでにメディア史の常識である（前記カランの著作を参照）。私たちが今読むべきはハーバーマスではなく、アーレントで、氏が提起した、人間の公的領域に近い範囲と倫理で活動するメディア活動とその責任論は大枠として今でも有効な概念である（Arendt, Hannah. 1958. The Human Condition. Chicago: The University of Chicago Pressの第2章、とくにpp.50-73）。この公共性問題についてマクウェールが大きく影響を受けているのは先述したメディアの社会的責任論の古典であるハッチンス委員会報告書であり、ハーバーマスのそれは理想概念として便宜的に利用しているだけである（詳細は第2・3章を参照）。このアカウンタビリティの位置づけについて簡便に知りたい人は本書第10章の図10.1を参照されたい。

　先述した日本語訳本リストでも分かるように、これまでの氏のいずれの編著書も人間のコミュニケーション行為をアプローチ対象として、主としてその基本的モデルを提示し、問題点の全体的把握に見事な貢献をするものであった。本書もその例外ではないがそれ以上に訳者を感嘆させるのは、単なる議論ではなく、第1章での「情報の公表行為」の説明から第2章での、古代ギリシャ／ローマ時代からメディア活動のアカウンタビリティが問われていたとするアプローチ、そして各方面での問題を手堅く検証したうえでの、最終章でのメディアの役割とアカウンタビリティを実践的な政策提言としてまとめてみせる手法とその流れの見事さである。

　以上のことから日本語版題名にpublicationの原意を生かし、『メディア・アカウンタビリティと公表行為の自由』としたが、本書で著者が全精力を傾けたのは、メディアは「人びとの期待に応え、その責任を自覚し、責務と

してどう履行するのか」ということの理論的・実践的解明であったことがご理解いただけると思う。

　最後にパーソナルな記述になるが、私、渡辺武達と著者マクウェール氏が最初の直接的な出会いをしたのは、1994年のことで、早稲田大学で開催されたメディア研究の国際化に関する会議であった。その折の歓談が契機となり、97年5月に私が民間親善団体の理事長をしているインド洋のセイシェル共和国主催国際会議（ロンドンで開催）に出席した折、アムステルダム大学を退職し名誉教授（Professor Emeritus）になっておられた同氏をロンドンから1時間あまりのご自宅におたずねした。その後、シンガポールでの国際会議でお会いしたり、折に触れてのメール交換で翌98年5月24日から6月20日までの1ヶ月間、氏を同志社大学大学院新聞学専攻（現・メディア学専攻）の博士後期課程設置記念シンポジウムのゲストを兼ねて特別招聘教授としてお招きすることが実現した。その後も何回か国際学会等でお会いし議論や食事などをともにしてきたが、先述したように、氏は92年に『メディアの活動：マスコミュニケーションと公益』を出版、また97年には論文『メディア・アカウンタビリティと社会』を書かれていたこともあり、同志社大学での滞在中もふくめ、私たちの共通の関心は「メディアにとってアカウンタビリティとは何か」ということであった。帰国時にこれが一冊の本となったときには私、渡辺武達に日本語版を作ってほしいと依頼された。それから5年を経て刊行されたのが本書であり、原著序文には同志社大学への訪問と私の名前が記されている。
　また氏には水彩画の趣味があり、日本でも研究／執筆に疲れると、京都御所横の同志社大学今出川キャンパス明徳館前の木陰の長いすに座りスケッチをされていた。その作品の一つ（クラーク館／重要文化財）を離日時に私たち夫婦に贈っていただいた。次頁に掲げたのがそれである。
　また氏は学生と語らうのが好きで、飲み会にも何回かローズマリー夫人とともに参加された。飲むほどにユーモアが増す表現で、学生、院生の向学心

同志社大学クラーク館（マクウェール先生による水彩画）

を刺激された。スタッフと院生の共同の要望で、2008年10月26日から11月9日までの2週間、同志社大学の特別招聘教授として再度来学され、大学の講義だけではなく、日本マス・コミュニケーション学会のメディア倫理・法制研究部会でもアカウンタビリティをテーマに持論を展開された。

その意味で、本書は訳者である私にとって、個人的にも思い入れの深いものであるが、すぐれて学問的な普遍的問題提起の書であり、楽しみながら日本語訳を担当することができた。以下、訳出作業について触れておく。

この日本語版では、著者と訳者である私とは直接の面談や数十回のメールのやりとりをしている。文章は日本語としてのわかりやすさを優先するように努力し、若干の単語や文章を変更したところがあるが、世界の碩学が渾身の力を注いで執筆し、しかも抽象度が高い著作が簡単に他言語に移し換えられるはずがないことに加え、氏の発想が豊かで、次から次へと書き足されるから、文章がおのずから長くなり、内容も膨らんでくる。私は氏が執筆されている現場をしばしば拝見しているが、どこにいても、ノートを取り出され、メモをとられ、それを何回も見直し、手を入れられる。東京と京都の新幹線の待合室でも乗車中でもそうであった。研究室でもパソコンに向かわれ、それをプリントアウトして、また手を加えられる。そうしてやっと出版社に渡り公刊物となるから、読者がその思考を追うのにエネルギーがいる。そのため、訳出完了に予想以上に時間がかかった。主なキーワードの訳例は冒頭の「凡例」に記した。また読者には専門家が多いと想定されることから本文中のキーワードには原語を併記するようにした。注や末尾の参考文献についても、原著者による誤記を訂正したものを除き、原語のまま掲載した。

この翻訳作業は同志社大学メディア・コミュニケーション研究センター(2003-2007)「メディア学基本図書翻訳プロジェクト」第三弾としておこなった。センターを設置された八田英二学長、センターでこのプロジェクトにご協力いただいた工藤和男・田口哲也・佐伯順子の各先生にはここに記して感謝する。先に出した、ジェームズ・カラン著、渡辺武達監訳（2007）『メデ

ィアと権力～情報学と社会環境の革新を求めて～』論創社（James Curran. *Media and Power*, London: Routledge, 2002）、米国プレスの自由調査委員会著、渡辺武達訳（2008）『自由で責任あるメディア』論創社（The Commission on Freedom of the Press. 1947. *A Free and Responsible Press: A General Report on Mass Communication: Newspapers, Radio, Motion Pictures, Magazines, and Books*. Chicago: The University of Chicago Press）と合わせご利用いただきたい。

　本書の下訳は東さやか氏による。氏は私がその代表を務めた同志社大学メディア・コミュニケーション研究センター（2003-07）の嘱託研究員であった。氏はロンドン大学で修士号（開発援助論）をとり、社会発展と援助活動の公益性の研究を継続している。本訳書では各種の調べものをはじめ、共訳者に値するほどの仕事をしてくれた。本文の校正では同志社大学大学院メディア学専攻の徐園氏、松尾祐樹氏、俣野裕美氏、それにホンコンシティ大学専任講師の章力行氏にお世話になった。

　出版事情の厳しい折、このような学術書の出版を引き続きお引き受けいただいた論創社の森下紀夫社長には今回も格別のお世話になった。また組版と校正では同社編集部の深澤光成氏にお世話になった。ここに記して感謝する。

　カラン氏の著者の翻訳のときにもそうであったが、訳者には著者が通じているヨーロッパの社会史と思想史、メディア研究への世界的目配りをしながら、原著を達意の日本語にするだけの十分な力がない。読者諸賢の忌憚のないご批判と問題提起と読者の支持により、改版の機会を得られればこれに勝る喜びはない。

　　　　2009年6月7日　琵琶湖畔の自宅書斎にて

　　　　　　　　　　　　　　　　　　　　　　　　　渡　辺　武　達

【著者紹介】
デニス・マクウェール（Denis McQuail）
　1935年生まれ。オックスフォード大学歴史社会科学部卒業後、リーズ大学で博士号を取得して、同大テレビ研究センター研究員。王立プレス委員会の学術顧問を務めた後、1977年にアムステルダム大学にコミュニケーション学部長として招かれ、現在、同大名誉教授。European Journal of Communicationの創設編集者（1985年〜）。マスコミュニケーションの一般理論の構築者として知られ、著書はメディア教育の世界的標準教科書となっている。また特別招聘教授として、モスクワ大学・ハーバード大学・ペンシルベニア大学・ヘルシンキ大学・同志社大学などの教壇に立ち、世界的な影響を与えてきた。

【訳者紹介】
渡辺武達（わたなべ　たけさと）
　1944年生まれ。現在、同志社大学社会学部教授。ハーバード大学客員研究員（2001年）、同志社大学メディア・コミュニケーション研究センター代表（2003-07年）。著訳書に『テレビ―「やらせ」と「情報操作」』、『メディアと情報は誰のものか』『メディア・リテラシー』、J・カラン『メディアと権力』、米国プレスの自由調査委員会『自由で責任あるメディア』、編書に『現代のメディアとジャーナリズム』（全8巻）など、多数。市民的利益を重視するメディアと報道の「積極的公正中立主義」を提唱している。

メディア・アカウンタビリティと公表行為の自由

2009年11月10日印刷
2009年11月20日発行

著　者………デニス・マクウェール

訳　者………渡辺武達
　　　　　〔同志社大学メディア・コミュニケーション研究センター翻訳プロジェクト〕

発行者………森下紀夫

発行所………論創社
　　　　　東京都千代田区神田神保町2-23　北井ビル2F
　　　　　郵便番号　101-0051
　　　　　電話：03-3264-5254　FAX：03-3264-5232
　　　　　http://www.ronso.co.jp/

印刷所………中央精版印刷

©2009, Printed in Japan　　ISBN978-4-8460-0866-6
乱丁・落丁本はお取り替えいたします